上海市"十三五"重点出版物出版规划项目
马克思主义政治经济学译丛

Value, Technical Change, and Crisis
Explorations in Marxist Economic Theory

价值、技术变革与危机

马克思主义经济理论探索

戴维·莱布曼（David Laibman） 著

龚剑 译

上海财经大学出版社

图书在版编目(CIP)数据

价值、技术变革与危机:马克思主义经济理论探索/(美)戴维·莱布曼(David Laibman)著;龚剑译.—上海:上海财经大学出版社,2023.8
(马克思主义政治经济学译丛)
书名原文:Value, Technical Change, and Crisis: Explorations in Marxist Economic Theory
ISBN 978-7-5642-3974-9/F·3974

Ⅰ.①价… Ⅱ.①戴…②龚… Ⅲ.①马克思主义政治经济学-研究 Ⅳ.①F0-0

中国版本图书馆 CIP 数据核字(2022)第 043917 号

□ 策　　划　陈　佶
□ 责任编辑　陈　佶
□ 封面设计　贺加贝

价值、技术变革与危机
——马克思主义经济理论探索

戴维·莱布曼　著
(David Laibman)

龚　剑　译

上海财经大学出版社出版发行
(上海市中山北一路 369 号　邮编 200083)
网　　址:http://www.sufep.com
电子邮箱:webmaster@sufep.com
全国新华书店经销
上海华业装璜印刷厂有限公司印刷装订
2023 年 8 月第 1 版　2023 年 8 月第 1 次印刷

710mm×1000mm　1/16　21.25 印张(插页:2)　381 千字
定价:118.00 元

图字:09-2022-0931 号

Value, Technical Change, and Crisis
Explorations in Marxist Economic Theory
David Laibman
ISBN:9780873327367

© 1992 Taylor & Francis

All rights reserved. Authorized translation from English language edition published by **Routledge, an imprint of Taylor & Francis Group, LLC**. 本书原版由 Taylor & Francis 出版集团旗下 Routledge 出版公司出版,并经其授权翻译出版。

Shanghai University of Finance & Economics Press is authorized to publish and distribute exclusively the Chinese(Simplified Characters)language edition. This edition is authorized for sale throughout Mainland of China. No part of the publication may be reproduced or distributed by any means, or stored in a database or retrieval system, without the prior written permission of the publisher. 本书中文简体翻译版授权由上海财经大学出版社独家出版并限在中国大陆地区销售。未经出版者书面许可,不得以任何方式复制或发行本书的任何部分。

Copies of this book sold without a Taylor & Francis sticker on the cover are unauthorized and illegal. 本书封面贴有 Taylor & Francis 公司防伪标签,无标签者不得销售。

2023 年中文版专有出版权属上海财经大学出版社
版权所有　翻版必究

目　录

总序 /001

序言 /001

致谢 /001

中译版序言 /001

第一部分　价值与剥削

第一章　价值与劳动：一项概念重构 /003

第二章　资本主义价值转形 /023

第三章　劳动、价值与剥削 /047

第四章　生产劳动与非生产劳动 /061

第二部分　积累与技术变革

第五章　技术变革与资本主义：一个概述 /079

第六章　技术变革、实际工资与剥削率/090

第七章　最优技术变革与有偏技术变革：单部门情形/109

第八章　包含内生技术变革的两部门增长/127

第三部分　周期与危机

第九章　周期与危机：一个概述/153

第十章　利润周期与投资塌陷/174

第十一章　周期性增长与部门间动态/186

第十二章　从一致性路径到长期危机/199

第四部分　前资本主义与后资本主义

第十三章　生产方式与过渡理论/225

第十四章　对苏联的历史唯物主义阐释/257

第十五章　社会主义：价格、社会结构与劳动力价值/273

第十六章　迈向一个可行的社会主义经济理论/288

参考文献/307

总　序

习近平同志曾在2017年9月主持十八届中央政治局第43次集体学习时发表讲话指出:"学习研究当代世界马克思主义思潮,对我们推进马克思主义中国化,发展21世纪马克思主义、当代中国马克思主义具有积极作用。"[1]"当代世界马克思主义思潮,一个很重要的特点就是他们中很多人对资本主义结构性矛盾以及生产方式矛盾、阶级矛盾、社会矛盾等进行了批判性揭示,对资本主义危机、资本主义演进过程、资本主义新形态及本质进行了深入分析。这些观点有助于我们正确认识资本主义发展趋势和命运,准确把握当代资本主义新变化新特征,加深对当代资本主义变化趋势的理解。"[2]上海财经大学马克思主义学院组织编译的这套《马克思主义政治经济学译丛》,正是遵循着习近平同志重要讲话所指引的方向,关注、追踪、分析、借鉴国外马克思主义在政治经济学领域当中的一些代表性理论成果,试图为国内读者学习研究当代世界马克思主义思潮提供一份助力,帮助读者更深刻地理解资本主义发展的内在规律和最新动向,更精准地诊断资本主义的症结、批判资本主义的反动本质、把握资本主义的变化脉络,为推进当代中国马克思主义、21世纪马克思主义的持续深入发展尽一份绵薄之力。

早在20世纪50—60年代,国内理论界就已经初步开展了对国外马克思主义若干代表人物和理论观点的关注,自改革开放新时期以来,对国外马克思主义的引介和阐释更是有了长足的发展,成为一门"显学"。到21世纪初,党中央领导实施的马克思主义理论研究和建设工程推动设立了"马克思主义理论"一

---

[1] 《习近平谈治国理政》(第2卷),外文出版社,2017年,第65页。
[2] 《习近平谈治国理政》(第2卷),外文出版社,2017年,第67页。

级学科,其中专门设立了"国外马克思主义研究"二级学科,科学界定了这项研究工作的地位和使命,研究好国外马克思主义是我们马克思主义理论学界"在马言马"不可或缺的组成部分。进入新时代,面对着中国社会主要矛盾发生改变,面对着中国胜利全面建成小康社会并昂首阔步迈上全面建设社会主义现代化的新征程,面对当今世界正在经历百年未有之大变局,习近平新时代中国特色社会主义思想全面系统地完善和总结了中国特色社会主义的基本路线、基本方略,并在实践进程中不断展现出中国特色社会主义的制度优势和文明图景,让科学社会主义的旗帜在 21 世纪的中国高高飘扬。当此时刻,通过比较分析国外马克思主义的思想理论积累和当代前沿成果,尤其可以为中国马克思主义的发展提供富源,我们应当像陈云同志所说的那样,以"交换、比较、反复"的辩证态度,对国外马克思主义和中国马克思主义的联系与区别做出深入的分析,继续深入推进马克思主义的科学事业。

而且我们特别需要指出的是,在我国之前开展国外马克思主义研究的几十年间,有一个比较显著的现象就是相关译介和研究的重心集中于哲学、文学、政治学、社会学等学科领域,而马克思主义的创始人早就一针见血地指出,"对市民社会的解剖应该到政治经济学中去寻求"[1],社会变迁和政治变革的终极原因"不应当到有关时代的哲学中去寻找,而应当到有关时代的经济中去寻找"[2]。习近平同志讲话当中关于资本主义的生产方式、阶级、危机等理论主题的阐述,也正是完全契合了马克思主义创始人对问题域的重点关切,具有鲜明的政治经济学属性,指引我们在关注和吸收国外马克思主义的相关成果时,必须尤其注重其政治经济学理论,同它们在哲学等其他学科领域的话语相结合,这样才能厘清资本主义的结构、演进过程、新形态及本质的完整图景。

由于当今西方发达资本主义主导下的全球经济体系遭遇越来越多、越来越频繁的难题、困境、波折,特别是在 2008 年金融危机以及"反全球化"、"逆全球化"浪潮兴起等带有根本性、普遍性的问题冲击之下,国外马克思主义以及更广泛意义上的左翼理论家的研究、分析、批判工作尤其得到了激活,包括国内出版界也注意译介引入了一些相关论著,例如前几年托马斯·皮凯蒂的《21 世纪资本论》等作品就在我国引发了一阵关注和热议。但严格来说,国内这方面的努力还远远不够,对照马克思主义科学事业深入发展的要求,对照习近平同志的指示精神,还有很大的提升空间。尤其,我们可以遵循习近平讲话精神,突出提

---

[1] 《马克思恩格斯文集》(第 2 卷),人民出版社,2009 年,第 591 页。
[2] 《马克思恩格斯文集》(第 9 卷),人民出版社,2009 年,第 284 页。

炼出国外马克思主义这种揭示和分析工作的两大特点：一是"新"，是针对当代资本主义新变化、新特征做出新的批判，而不是抽象地把握既往马克思主义的一些经典理论和做法，将它们简单重复、搬动、套用到今天；二是"大"，是要把握住资本主义的趋势和命运这类宏大叙事，而不是纯粹学究式地沉浸在一些哲学思辨或文本考据功夫当中，或者说这种细节功夫最终一定要落实到为宏大主旨服务中去，彰显马克思主义和社会主义、共产主义的鲜亮底色。

在当代国外马克思主义理论的"新"的方面，是在坚持马克思主义的批判的革命的本性前提下，对于经典马克思主义的一些具体分析社会现实的重要概念，比如劳动、资本、价值、剥削、阶级和阶级斗争等，与时俱进地反思和拓展其内涵外延，从而国外马克思主义在其论述中展现出了与经典作家和正统叙事不同的新见解，例如要结合全球化、金融化、数字化等新形态分析劳动、资本、价值、剥削、阶级和阶级斗争之类范畴的构成方式和经济意义，这成为国外马克思主义理论探讨当中一个非常热门的问题。在当代国外马克思主义理论的"大"的方面，其中的许多论者注意到劳工问题、性别问题、种族问题、生态问题等与资本主义社会当中重大现实政治格局和实践走势有着紧密联系的议题，特别是注意到当今资本主义体系之下的新型社会关系尝试和萌芽，阐发其理论意义，给予其理论前瞻，而这就促使许多论者继承和发展马克思主义政治经济学，抓住经济分析的切入点，挖掘其背后的深层原因和运动机制，揭示全球性资本主义的不平衡发展和内在对立冲突，在新的高度上再次确证资本主义灭亡和社会主义胜利的宏大前景。

上海财经大学在马克思主义政治经济学领域具有深厚的学术底蕴，积累了十分丰富的研究成果，而这也是同我们积极关注和借鉴国外马克思主义政治经济学的有益元素分不开的。例如在"论"的方面，上财学人批判吸收国外马克思主义政治经济学研究的论题、观点和方法，同中国实际相结合，规范与实证、定性与定量研究有机统一，上财努力成为国内推进政治经济学学科范式创新的代表性学术高地；在"史"的方面，上财学人积极构建科学全面的评价话语体系，以程恩富教授主编的《马克思主义经济思想史》（五卷本）为代表，纵览世界范围内的代表性学术流派，给予深入分析和公正评价，彰显马克思主义政治经济学的开放发展性；在"人"的方面，上财学人在研究工作中注意同大卫·科兹等一批当代世界著名马克思主义政治经济学家保持密切往来，多次邀请这些学者前来讲学交流，包括引进他们所培养的优秀青年学人加盟上财团队，保持上财在马克思主义政治经济学研究的朝气和活力。那么同样地，我们对于国外马克思主义政治经济学的关注和借鉴也要体现在"书"的方面，我们以上海财经大学马克思主义学院的学科建设为依托,系统筹划,遴选出 9 部具有代表性的国外马克思主义政治经济学著作,甘做冷门,甘坐冷板凳,以追求真理的热忱将之译介给中国读者,以求开阔我们马克思主义政治经济学研究的理论视野。

这 9 部著作[①]的研究方向和阐述内容大致可以分为三个层次。

第一个层次,是对马克思主义的政治经济学理论的总体面貌,以及政治经济学同马克思主义整体理论和其他组成部分的关系,进行通览性的系统介绍和解读,带有一定的教材性质。《**劳特利奇马克思主义政治经济学手册**》(*Routledge Handbook of Marxian Economics*)作为哲学社会科学著名的通识读本"劳特利奇手册"的一员,全书 37 章依次介绍了马克思主义政治经济学从经典到前沿的一系列研究课题的基本内容、研究情况和发展动向,由当今英语世界学界的骨干学者亲自撰写,十分便于读者了解当今这一领域的研究动态。《**马克思主义体系:经济、政治与社会观**》(*The Marxist System:Economic,Political,and Social Perspectives*)则对马克思思想中的经济学、哲学和科学社会主义做出了卓越的阐述,并着重对其政治经济学要义及相关思想脉络做了翔实的回顾探讨。《**马克思主义政治经济学分析**》(*An Introduction to Marxist Economics*)充分借助了数学分析工具和图形推演,对劳动价值理论、货币增长、利润率下降趋势以及资本主义危机等丰富的话题开展了细致的探讨,从而使得本书无论在分析方法上,还是在结论呈现上都有着独特的价值。

第二个层次,是对马克思主义政治经济学当中一些论题的深入挖掘研究,特别是对资本主义存在矛盾和危机的内在必然性的揭示。《**价值、技术变革与危机——马克思主义经济理论探索**》(*Value,Technical Change,and Crisis:Explorations in Marxist Economic Theory*)针对马克思主义传统中的一些重要主题,如价格、价值、利润、工资、剥削等进行了系统评述,并运用现代经济学的分析工具来完善这些概念,充分结合了定量与定性研究方法,展现马克思主义理论研究的时代性。《**马克思的危机理论:稀缺性、劳动与金融**》(*Marx's Crises Theory:Scarcity,Labor,and Finance*)为解释马克思的危机理论提供了一个总体框架,展示了如何运用马克思的辩证法去严格分析各种资本要素,进而揭示了这些要素之中所蕴含的深层次矛盾和未来发生经济危机的内在必然性。《**全球化与政治经济学批判:马克思著作的新视角**》(*Globalisation and the Critique of Political Economy:New Insights from Marx's Writings*)以一种宏大的政治经济史框架来开展研究,帮助读者以全球视野重新认识马克思主义思想

[①] 因本译丛各书的翻译和出版存在时间的先后,因此,所涉各书名以该书出版时为准。

的伟大之处,充分体现其先进性和科学性,并结合全球化时代资本主义的新变化、新内容,向读者展现了《资本论》等巨著对资本主义经济规律的深入剖析所具有的普遍性价值。

第三个层次,是在马克思主义政治经济学同哲学、政治学、社会学等的交叉领域开展的创新话语研究。《**经济学与权力:马克思主义批判观点**》(*Economics and Power: A Marxist Critique*)探讨了在马克思主义语境下对于"权力"和"竞争"等经典概念的创新阐释,分析了政治经济学语境中的极端自由契约主义,作者的观点充分基于"批判现实主义"哲学,给出了马克思主义对于资本主义中的权力与高压政治的解释。《**知识与阶级:马克思主义政治经济学批判**》(*Knowledge and Class: A Marxian Critique of Political Economy*)则采用某种"后现代主义"的马克思主义解释路径,对辩证法、矛盾、知识、真理、阶级和资本主义等核心概念做出了重构性的阐述,力求突破各种形式的经济决定论视野,进而对马克思主义思想做出了新的构建。《**〈资本论〉与马克思的工人阶级政治经济学**》(原书第二版)[*Beyond Capital: Marx's Political Economy of the Working Class*(*Second Edition*)]主张以具体的雇佣劳动为主线建构起工人阶级政治经济学的新型叙事,突出人的需要与资本主义替代方案之间的内在关系,其理论话语颇有启示价值。

具体就《价值、技术变革与危机——马克思主义经济理论探索》一书而言,其对多种经济体制理论的各个方面开展了综合性研究,关注马克思主义传统中的一些热门主题背后的社会关系及结构,如价格、利润和工资等。

在书中,作者戴维·莱布曼充分运用了现代经济学分析工具,对诸多结构性概念(如价值、剥削和危机等)开展了严谨的重述。具体来说,可分为四部分:第一部分探索了资本主义的本质,对价值和剥削理论中的问题进行了重新检视;第二部分着手解决有关资本主义增长和技术变革的特殊路径的问题,对有偏技术变革和不稳定状态增长理论进行了发展;第三部分考察了资本主义增长的周期性特质以及危机理论;第四部分则将资本主义置于一个更宽泛的生产模式框架下,探讨了有关前资本主义形成的理论和社会主义的实践经验。

值得一提的是,本书在对一些关键主题的研究过程中,充分融合了量化和定性两种分析技术,并开展了政治经济的概念化工作,从而能构建出一种令人耳目一新的循序渐进式的马克思主义社会理论。

总而言之,我们希望以《马克思主义政治经济学译丛》的出版为契机,进一步推动研究分析当代世界马克思主义思潮,进一步发展完善马克思主义政治经济学理论话语,进一步推进 21 世纪马克思主义的真理事业。

我们诚恳希望广大读者能够对我们的译文提出宝贵的意见和建议，鞭策我们保持初心、砥砺前行！

章忠民
上海财经大学马克思主义学院　院长
2021 年 6 月 18 日

序　言

　　大约 30 年前,我刚刚投身政治活动,就确信需要寻找社会经济结构变迁的根源和原理,即社会解剖学。我还持有一种不可逆的观点,这是一种使所有批判性思维都具有革命性的观点:尽管在日常生活中,停滞和永恒在人们的印象中居于压倒性地位,但事物的确在改变。它们在长期中缓慢变化,在关键时刻强有力地迸发,因此,社会图景(不仅仅是物质环境和技术)不断演变,而且在未来某个时候肯定会无法辨认——正如此前几个世纪难以想象当今的资本主义制度和社会现实。

　　自此,我养成了一种研究的习惯:研究资本主义社会的结构、资本主义社会在以往社会结构中的根源,探究其自身转型的原理以及我们能够辨识的并且能够超越它的任何社会形式。

　　多年以来,我秉持这种可能令人难以接受的倾向,思考这幅宏大图景,在其中一些方面开展工作,详细审视了罗伯特·海尔布伦纳(Robert Heilbroner,1985)所说的资本主义性质和逻辑:价值理论、价格理论、剥削理论、技术变革理论、周期理论与危机理论。尽管我们假设这些重大问题能将探索的集合连接起来,使之具有一致性,但这绝不是显而易见的。我时常疑惑它们是否能够整合,以及何时能够整合。

　　当然可以。当有人建议我将在不同时期撰写的一组文献收入一本书,进行更新同时方便获得时,我意识到所收集的不仅仅是论文,而是一系列主题不同但又彼此相关,并且完成于不同时期的研究,随着时间推移,这些研究便形成了一系列论文。我相信这本书不仅仅是一系列论文的集合,正因为如此,这本书才得以面世。大约 17 年前出版的论文经过了再次检视和组织。书中第一、第三、第十六章是新撰写的,其他章节经过了修订,逐渐形成了一个整体。(在参考文献中,章的编号用方括号表示,置于在有待讨论的章节的形成中起主要作用的论文之后。)

  我知道,我不可能从头开始思考这一切,甚至可以说,连很多小说都不是"一下子"构思出来的——如果我们相信它们的作者所坦承的。不过,综观这本书,并且思考其中几个组成部分的来源的多样性,我的确认为,这项已经完成的研究项目具有一定的组织完备性。第一部分通过价值理论的视角,重新审视资本主义社会的基本属性,即其"性质"。不过,第一部分也是对价值理论本身以及现代经济学分析领域的再审视。从马克思主义的立场来看,这个主题是正统的,结论是开放的,我不能宣称价值范畴在资本主义社会理论和更广泛的社会经济构成中的作用已经完成。然而,我相信研究本身是有用的,它有助于人们组织对资本主义的思考,而不会屈从于对"自由市场"文化神话肤浅的重复。在这一过程中,我也在市场均衡福利的性质方面取得了一些成果,这将是并未致力于马克思主义的经济学家所感兴趣的。

  本书第二部分和第三部分的主题是资本主义的"逻辑"或称"运动规律"。在此我将不会概括这些章节的内容,只会提到它们包含了一些例子,这些例子致力于对概念进行严格的形式化,诸如有偏技术变革和长期危机,迄今为止,多数概念仍然没有得到正规的表述。我认为,构建模型对于揭示理论的基础、指出进一步检验理论和发展理论的路径,是有裨益的。

  当我为本书第四部分拟定标题"前资本主义和后资本主义"时,并不自知也无意讽刺。"前"是指前资本主义生产方式的历史唯物主义理论(第十三章),"后"是指对社会主义理论和实践的研究(第十四章至第十六章)。不过,20世纪最后十年的变化速度如此之快,以至于"前资本主义和后资本主义"听起来像是宣示某些国家面临的困境,第十六章直接提到了社会主义,并试图为重申社会主义愿景奠定基础。我不会鲁莽地预测苏联和东欧的短期发展进程,但我确实希望第四部分的论述对于持续观察和解释苏联与东欧的发展有所裨益。

  我相信,这些主题之间的关联及其呈现的渐进式结构,对读者而言是清晰可见的。不过,我没有尝试消除章节中所有的紧张和"史实"。它们研究的时间不同,面对的受众也不同。异端情绪与正统情绪交织,面向专业经济学受众的正式演讲同面向左派受众的更具政治色彩的演讲融为一体,技术性的经济学参考文献同马克思及其之后的马克思主义作家的文献列于一处。我希望,无论二者的相得益彰会带来哪些创新,都能证实对其他人有所裨益,因为它们正在面对同样的问题。我也希望来自不同背景的读者能够在这部具有多样性的作品中,找到所需的介绍性解释(例如第二章和第五章)或是技术性的论证(例如第七章和第八章)。二者都贯穿始终。

我可能无法以合适的方式,通过出版物或直接联络,向对本书产生影响的所有人表达谢意。在为《科学与社会》(Science & Society)这本马克思主义杂志工作的将近二十年间,我在编委会的同事们一直是灵感和激励的源泉,数不清的作者(无论他们的论文是否发表)为我提供了优先阅读论文的机会。我尤其要提到的是良师益友大卫·戈德威(David Goldway),他对我的影响无处不在,难以用任何一种方式加以概括。我从爱德华·内尔(Edward Nell)和埃德纳尔多·阿拉奎因·达·席尔瓦(Ednaldo Araquem da Silva)那里获得了对本书富有价值的批评和建议,令我惊讶的是,我最终接受了他们提出的所有修改意见。我为我的同事和通信者做了例行的开脱,因为我打算以个人名义接受可能出现的任何赞扬,并对批评所带来的(难以容忍的以及其他)麻烦负全部责任。

本书道出了我关于马克思主义、资本主义和社会主义,以及面对当今世界如何做出选择的观点。在此我不再赘述,只会提到我对社会科学和政治领域进步的、科学的和人文主义的研究项目的良好品质抱有前所未有的信心,对于人类运用其巨大的创造潜力克服自身发展障碍的能力抱有前所未有的信心,无论这些障碍是来自外部环境、来自采用现代技术所担负的重任,还是来自过时和不负责任的社会安排。在当前流行的各种马克思"过时"的喧嚣中,能够证明马克思主义传统在学术和政治领域具有持续重要性的,莫过于如果不直面并吸收这一传统用以探寻解决之道,就无法提出在面对当今重大疑难问题时持续取得进步的问题。

1991 年秋季于纽约

致 谢

我非常感谢以下出版物慨允我使用在其期刊或图书中发表过的论文：

The Eastern Economic Association, for "The Marxian Profit Cycle: A Macromodel," *Eastern Economic Journal* 4, 2 (April 1978): 119–28. [Chapter 10]

Kluwer Academic Publishers Group, for "Price Structures, Social Structures and Labor Values in a Theoretical Socialist Economy," *Economics of Planning* 14, 1 (1978): 3–23. Chapter 15 is reprinted by permission of Kluwer Academic Publishers. © The Centre for Russian and East European Studies, University of Birmingham, United Kingdom.

The Macmillan Press, Ltd., and St. Martin's Press, for "Optimal Choice of Technique and Biased Technical Change: From the Steady State to the Consistent Path," in *Beyond the Steady State: A Revival of Growth Theory,* ed. Joseph Halevi, David Laibman, and Edward J. Nell, 1991 [Chapter 7]; "Cyclical Growth and Intersectoral Dynamics: A Simulation Approach," in *Beyond the Steady State: A Revival of Growth Theory,* ed. Joseph Halevi, David Laibman, and Edward J. Nell, 1991. [Chapter 11]

MEP Publications, for "Unproductive Labor: Critique of a Concept," *Studies in Labor Theory and Practice,* ed. William L. Rowe, *Studies in Marxism,* vol. 12, Marxist Educational Press, 1982. [Chapter 4]

MIT Press, for "Two-Sector Growth with Endogenous Technical Change: A Marxian Simulation Model," *Quarterly Journal of Economics* 96 (February 1981): 47–75. [Chapter 8]

New School for Social Research, for "Capitalism and Immanent Crisis: Broad Strokes for a Theoretical Foundation," *Social Research* 50, 2 (Summer 1983): 359–400. [Chapter 12 and parts of Chapter 9]

S&S Quarterly, Inc., for "Values and Prices of Production: The Political Economy of the Transformation Problem," *Science & Society* 37, 4 (Winter 1973–74): 404–36 [Chapter 2]; "Modes of Production and Theories of Transition," *Science & Society* 48, 3 (Fall 1984): 257–94 [Chapter 13]; "Value: A Dialog in One Act," *Science & Society* 48, 4 (Winter 1984–85): 449–65 [parts of Chapter 1]; "Growth, Technical Change and Cycles: Simulation Models in Marxist Economic Theory," *Science & Society* 51, 4 (Winter 1987–88): 414–38. [Chapter 9]

Union for Radical Political Economics, for "Technical Change and the Contradictions of Capitalism," in *The Imperiled Economy: Macroeconomics from a Left Perspective*, ed. R. Cherry, et al., 1987, pp. 33–42 [Chapter 5]; "The 'State Capitalist' and 'Bureaucratic-Exploitative' Interpretations of the Soviet Social Formation: A Critique," *Review of Radical Political Economics* 10 (Winter 1978): 24–34 [Chapter 14]; "Technical Change, the Real Wage, and the Rate of Exploitation: The Falling Rate of Profit Reconsidered," *Review of Radical Political Economics* 14, 2 (Summer 1982): 95–105. [Chapter 6]

中译版序言

在拙著《价值、技术变革与危机——马克思主义经济理论探索》出版30年之际,受邀为该书的新读者写一篇新的"序言",我很高兴,也很惭愧。

本书涵盖了马克思主义科学的政治经济学最为基本的诸多主题——我指的是将有关资本主义、社会主义和历史上社会制度演变的核心问题与经济理论的方法和技术联系起来的研究。本书涵盖了价值和交换价值理论;作为资本主义社会独有社会关系的一般利润率形成;关于生产劳动和非生产劳动的永续争论;资本主义积累和技术变革的过程,尤其是资本密集度的长期动态、剥削率和利润率的趋势;周期性的不稳定性和周期性的危机;生产方式演变和过渡的一般理论(历史唯物主义),以及有关社会主义/共产主义、超越资本主义的生产方式等一些问题。

回顾我在1991年对这些主题的论证,目之所及有不少错误,对有些论题,我现在会以不同的方式去论证它们,在有些地方,更深入的理解可能会使之更为简单和清晰,还有些问题仍悬而未决。不过,我仍然发现了明显的连续性:我当时的研究和我后来可能完成的任何研究,具有相同的目的和设计。我的总体目标仍然是为马克思主义理论的某一个版本做出贡献,它延续了从马克思和恩格斯开始的长期革命传统,但拒绝将该传统同包括使用定量技术在内的科学实践相对立。这意味着我们的工作往往是困难的,而且无从得到快速或简单的答案(马克思是怎么说的?"在科学上没有平坦的大道")。我们必须掌握科学的方法,即使在途中遇到困难和争议,也必须超越它们。不过,通过做出这种承诺,我们可以形成一种科学和革命实践,这种实践因各种来源的贡献,包括来自资本主义国家主流学术实践的贡献,而得以丰富起来。

中国的马克思主义者必须在一个目前资本主义力量仍然占主导地位的世界里,并且在未来的一段不确定的时期内,来实现这一切。他们还必须在自己复杂的社会现实中利用西方马克思主义者的遗产,他们的历史可以追溯到大约五千年前。中国可能会帮助全世界的马克思主义者克服急躁的折磨。我们经常认为,后资本主义、后剥削社会的崛起会很快发生,也就是在我们的有生之年内，甚至卡尔·马克思年轻时也偶尔会犯这种错误。我们不能排除后资本主义、后剥削社会的可能性。虽然我们不能排除快速飞跃的可能性，但中国的悠久历史可能有助于我们获得更多的视角，以避免过度期望让我们跌入失望和幻灭的陷阱。

因此，我希望自己的研究成果，例如本书所收录的这些研究成果，可以在持续重新思考和重新发展政治经济学的过程中发挥作用，并将其应用于日益多样化的世界环境。请接受并使用这里的任何看起来有帮助的东西，但也请抛弃任何没有帮助的东西。我们的事业是一项真正的世界性事业，是一个由科学和民主以及人类可能性的愿景组成的国际社会，必须汇聚成一股真正不可阻挡的力量。

戴维·莱布曼于纽约布鲁克林
龚剑译于华东政法大学马克思主义学院
2022 年 11 月

第一部分

价值与剥削

第一章

价值与劳动：一项概念重构

  价值概念，即嵌入商品和潜在交换关系的抽象社会劳动时间数量，深深植根于马克思主义经济思想。它在古典经济学家思想中有着明确的基础，古典经济学家将劳动视为物品"最初的购买价格"这一幼稚的假设，是马克思构建其思想的知识背景的一个部分。因此人们可能怀疑，如果马克思是在20世纪撰写他的著作，他会不会从一个不同的起点开始(Hodgson,1980)。

  "劳动价值论"居于马克思主义传统的中心地位，却成为争论持续不断的根源，并且这场争论看上去无法解决。这或是因为它是一种独特见解的源泉，又或是因为马克思主义者拒绝摆脱潜科学时期的束缚，并且容许出现一种具有充分替代性的经济学。当然，存在于这些解释之间的冲突，是价值争论持续不断的核心(Steedman,1981;《科学与社会》,1984—1985)。

  爱德华·内尔(Edward Nell,1983b)效仿阿尔伯特·爱因斯坦，提出了一种分类学，用于区分一般劳动价值论(GLTV)和特殊劳动价值论(SLTV)，前者将劳动概念作为价值的社会实体，后者则强调相对价格的特定集合，它与直接劳动时间和间接劳动时间之和成比例。在本章中，我将初步涉及一般劳动价值论以及相关概念，不过，在劳动价值概念的定性和定量方面，并没有硬性的界限，我们将需要一套简单的工具来提出价值计算问题，这些问题将在下一章进行探讨。

  本章第二节将引入价值实体概念，并考察我称之为马克思"否定性论证"的思想来确定劳动时间的作用。

  第三节将在简单商品生产，即前资本主义商品生产的背景下，呈现定量方面的基本内容。它对于克服我所认为的定量计算与交换价值的虚假关联是必要的,换言之,我会尝试打破价值-定性/交换价值-定量的二分法。它也将有助于回应价值概念的一些批评者,这些批评者正确地提出了价值理论如何与经济行为人自身的意识(和理性行为)相联系的问题(参见 Harris,1983;Roemer,1989)。本章最后一节讨论的主要议题是:为劳动价值提供"肯定性论证",并为这一论证提供适当的有效性准则,了解其对我们理解资本主义经济和更一般的经济过程所做贡献的性质。这一方面的详细阐述将在本书第三章继续展开,将在资本主义剥削理论的背景下运用劳动价值概念。

不过,在正式开始论证之前,更仔细地考虑围绕价值议题传统设定的争议,可能有助于准备得更为充分。劳动和价值之间的预期关联,是与对资本主义过程的定性见解不可分割的吗?对于这个问题,"后斯拉法马克思主义者"阵营给出了两种答案(均来自皮埃罗·斯拉法的追随者,但也许不是来自斯拉法本人;Sraffa,1960)。第一种答案认为,马克思关于定性的所有见解,例如劳动在塑造人类属性或"物种存在"中的作用、商品生产的拜物教特征及其与异化的关系、拜物教的作用和社会关系增殖在剥削再生产中的作用等等,都是重要的。但他们宣称,所有这些都与"价值假说"不相干,"价值假说"认为,劳动是"价值源泉"或"价值实体",包含在劳动时间的绝对量之中。第二种答案则完全放弃对"定性观点"的探寻。将马克思经济学束缚在前科学时期的意识形态中,并且认为马克思经济学中无关紧要的正是这种"定性观点",而不是对这些"观点"任何来源的推定。事实是有的,解释事实的理论也是有的,"定性观点"则是没有的。①

不过,"价值假说"已经证明了自身的韧性,就像 H.G. 威尔斯(H. G. Wells)《世界大战》中的外星入侵者一样,不管你向它投掷多少(斯拉法主义的)炸弹,它们都会被弹回来。正统的马克思主义者(这一术语并非贬义)继续坚持认为价值是马克思主义研究项目的本质,证据就存在于斯拉法主义者两大阵营的密切关系中,他们都不能对劳动与价值的关联给予致命一击。

这一点可以借由"真正的信徒"和"顽固的怀疑者"(Laibman,1984—1985)之间假想的对话加以说明:

顽固的怀疑者:价值是多余的、无关紧要的、令人头痛的。

真正的信徒:价值是必要的。没有它,你只能看到资本主义现实的表面,错

---

① 对正统观点的有用陈述大量借鉴了相关的马克思主义文本,参见 Weeks(1981)。斯拉法主义者的第一种见解参见 Bandyopadhyay(1984—1985),第二种见解参见 Steedman(1977),也许还有 Steedman(1982)。所讨论的定性见解当然是那些由价值范畴本身传递的见解,这不仅仅是对"马克思的那些独立于价值量推理的见解"的支持(Steedman,1977,第 206 页)。

过了关键的层级结构。

　　顽固的怀疑者：但是你不能证明劳动理论的有效性。

　　真正的信徒：它是无须"证明"的。它必须在某种程度上是直观的、非人为的认知公理。它的有效性只建立在它所能做的方面，即揭示资本主义社会关系的底层结构之上。

　　顽固的怀疑者：但是，你所设想的那个"次级结构"显然仅仅包含了价值显示其自身这一假设！而论及资本主义的现实，价值是多余的、无关紧要的……

　　于是，讨论如此循环往复。对于对双方都有些同情的观察者来说，这就像海市蜃楼：你时而借助价值的视角审视资本主义，时而又不这样做。

　　为了打破僵局，我将试图以一种严格的方式来阐述劳动价值概念，使它在马克思主义政治经济学创造性发展中持续存在，不过批评者的观点也应该得到认真对待，需要将批判性视角的各个方面纳入其中。最终目标是构建作为劳动的价值在运行中的作用。终极的问题是：价值能做什么？"做"这个词指的是"显示"或"揭露"之外所推断出的潜在现实，它们对资本主义经济、前资本主义经济和后资本主义经济的实际运作方式没有任何影响。从某种意义上说，将价值建构为社会劳动的体现，毫无疑问是清晰可见的，即使对于顽固的斯拉法主义者也是如此。无论这种做法是否最终有效，都应该尝试，因为只有这样才能揭示正统的马克思主义者是否确实曾经做过某些事情，或者他们是否只是出于情感原因才坚持"旧魔法"。

作为价值实体的劳动：否定性论证

　　虽然本节以及本章所讨论的问题在卡尔·马克思的著作中有着明确的基础——如果没有这一著作，这确实是不可想象的——但我仍然假定，这些在19世纪就得到彻底剖析的相关文本，不会自己就产生新的结果，并解决长期公认的模糊和困难。由于我的兴趣在于解释资本主义现实中重要理论的发展，而不在理论史本身，我就没有明确地提到马克思的文本，或者用长篇引用来强化论证。事实上，我无法"证明"我构建的价值范畴完全符合马克思的意图，我也认为这是不可取的。熟悉马克思著作的人会清楚地知道该著作的基础。

　　在《资本论》第一卷（Marx, 1967）中，马克思是从想象商品交换的表观世界开始他那著名的讨论的，在这个世界中，商品，即为交换而生产的物品，以多种比率与其他商品进行交易——多种是对交换比率的数量而言的（即没有一种比率是更为重要的或确定的），在这一意义上，这些比率随着时间推移而不断变化。商品生产不再像是历史上不规则的、偶然的次级过程，处于社会关系中心的边缘，其规范化产生了一组基准价格比率，它们作为重力的中心，控制瞬时比率或市场比率持续变化。于是，综合的第一步，或者称之为从偶然的复杂性中提炼出基本概念的第一步，是将供给和需求的偶然影响抽象出来，包含在使得市场价格（货币交换价值）偏离其基准的力量之中。我们会提出一个替代性问题：是什么决定了交换价值的基准本身？

在这里，我们首次遇到了马克思的"否定性"论证。"否定性"是指将一项属性描述为一个消极的、明显的必备条件，而不是在理论中起着可识别和建设性的作用。有待讨论的问题是价值实体的存在性——这种价值实体隐藏在一种特定商品的众多不同的交换价值背后，并决定交换价值。这是绝对价值的概念，是存在于每种单个商品中的数量，与之对应的是相对价值，它是指两种商品之间的关系或交换比率。当然，自庞巴维克以降，这一概念被马克思的批评者斥为"形而上学的"和过时的（Böhm-Bawerk, 1966），他们所拒绝的"十九世纪"老式的价值概念是一个绝对的外延量，几乎成了一个无须论证的公理。然而，除了可疑的奥卡姆剃刀准则（如无必要，勿增实体），我不知道有任何支持拒绝这一概念的论据。即使为了论证而假定该原则的某个版本，也必须准确厘定"必要"的边界——究竟"需要"什么才是关键。显然，等价交换的概念在我们的经验中有着坚实的基础，并在这种经验的意识中起作用。马克思准确地抓住了仅仅解释在货币方面等价交换，或是平等交换的不足之处（从亚里士多德到休谟，无不掉进这个陷阱），因为商品价值的货币交换只不过是交换价值的一个特定称谓，因此必须借助一些一般原理对其进行解释。

我们回到一个问题：是什么使两种商品以某种数量比例交换的？这个问题可以用图形来有效地表示（见图1.1）。其中的符号⇔代表"等价交换"；交换价值关系表示在图的顶部"幕帘"（波浪线）上方。价值实体是在"幕帘"下方的圆圈里，"幕帘"隔开了可见的、经验的领域（表面结构）和潜在的并最终决定社会关系的领域（深层结构）。我们提出这样一些问题：圆圈里有什么？是什么使得物理性质和人类用途不同的两种商品之间的交换成为可能？这有必要吗？在数量上是确定的吗？"幕帘"上方的领域相当于表象领域，或称经济领域；从古典经济学的高点开始，非马克思主义的正统理论就普遍否认政治经济领域这一幕后领域的存在。这是本质的、隐藏的生产关系的领域，也是真正的科学探究的对象。不过，为了避免"本质主义"，应该指出这两个领域只存在于彼此不断的相互作用中，有意识的商品交换活动应当被视为价值物质再生产的必要组成部分，即由价值物质代表的内部社会关系。

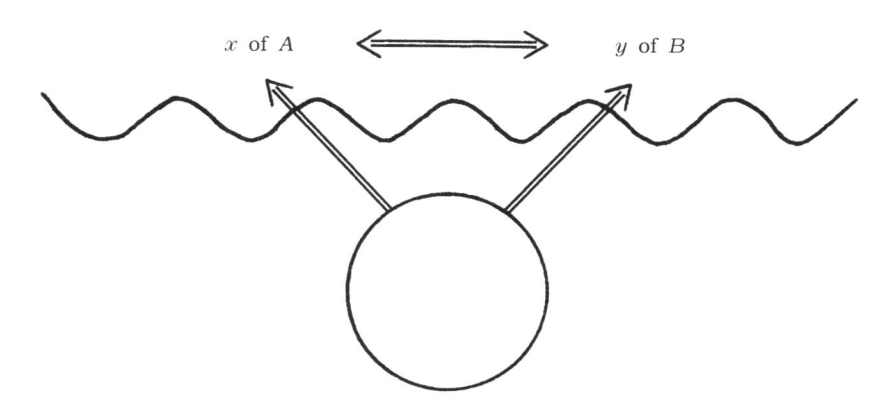

图 1.1　表面结构与深层结构

　　注意逻辑的先后次序：(1)决定交换的可能性；(2)决定交换的必要性；(3)交换的实际比率。理论中的数量方面聚焦于最后一点，这将在下一节中介绍。马克思不无忧虑地批评他的前辈和同时代人忽略了第一和第二阶段，而直接跳到第三阶段。第一阶段即可能性，与论证发展的否定阶段有关；第二阶段即必然性，与肯定阶段有关。我们还处于否定阶段，必须问：价值实体的必备条件是什么？任何自称为那种作用服务的"事物"必须满足什么条件？马克思将劳动确立为价值的社会实体的否定性论证，将通过阐述这些条件来进行——我认为有三个条件——然后表明劳动满足这些条件，并且在所有可能的选项中，唯有劳动满足了这些条件。

　　接下来，我们探讨这三个条件。

　　(1)普遍性。交换比率显然存在于事实上不能轻易或准确识别的大量离散商品(使用价值)中。这就是马克思所说的"价值的扩展形式""x 单位的 A⇔y 单位的 B⇔z 单位的 C"等。很明显，不管价值实体是什么，它都必须存在于所有实际或潜在进入交换等价链条的可以想到的使用价值中。

　　(2)数量同质性。价值实体必须是内在的、基本的、可衡量的。这是因为它不仅要建立在交换的定性现实上，而且要建立在交换的精确比率上；简言之，它必须符合这样一个事实，即通过交换以确定的比例发生，不管这些比例是多少。这是一个微妙的问题，我们要在提出实际发现交换比率的数量问题之前，就在原则上接受确定精确数量比率的需要。

　　正是在这一点上，马克思将"效用"或使用价值从价值实体中排除出去，指出其内在的不可量化性。从与社会消费过程相关的商品属性的历史和文化决定中，抽象出个人心理上的满足，是值得怀疑的，它在经济思想中还没有牢固地固定下来；然而，在现代资产阶级思想的"抽象个体"的稀缺意义上，或者在边沁的社会功利主义意义上，这种现象的不可测量性都是明确的。

因此，我们需要价值实体，它不仅可以量化，而且可以用所有可交换商品共有的单位来量化。

（3）社会客观性。它与可量化性相关，将价值实体与"幕后"有意识行动的世界联系起来，有待讨论的数量必须由所有行为者独立发现，以至于独立的、多重的检验能够促进对任何一对商品之间交换的事实及其比例的接受。社会客观事实的一个例子是物体的称重，以及通常的重量测量和记录它们的仪器（秤）。对不同单个物体称重，比如说以磅为单位进行估计，结果将会非常接近，足以建立一个可以达成一致的量级。这一条件如同可量化条件，涉及拒绝使用价值作为价值实体；尽管一种商品的使用价值是由社会和历史决定的，但它"存在于"消费者个体的心理范围内，这是一个内涵量，它即使是可以衡量的，也只能由相关的个人来衡量，而不能由社会来确认。价值实体必须是外延量，在社会经验上是共通的。

一旦罗列上述条件，否定性论证就清楚了。通过对所有可能性的显而易见的检验，我们排除了效用，也排除了商品的所有物理和化学性质。剩下的是劳动，它存在于所有商品中，无论商品的物理形式如何，可否用传统的时间单位衡量，或者由不同的商品生产者独立地、多重地发现。那么，劳动时间仅仅通过否定的消除过程，就被确立为价值的社会实体。由劳动时间决定的价值量适合与已知的生产技术、惯常的努力程度和普通劳动个人的既定技能水平结合，因此，马克思谈到了平均的、社会必要的劳动时间。对否定性论证来说，进一步的限定是至关重要的：因为很明显，生产不同性质商品的劳动是不同性质的劳动——烘焙、纺织、农业等。为了使它们在时间尺度上具有同质性，我们必须对所涉及的具体活动进行抽象，并根据纯粹的努力付出来看待它们。这一概念不同于根据努力的无效性来描述劳动特征的概念，它所讨论的努力不是特定劳动个人所经历的，而是社会评估的努力现实。就像我们有意识地用金钱来比较两种商品一样，我们也用可用的、共同的社会度量来评价努力，用花费的时间来度量简单劳动的数量。当然，这是马克思对具体劳动和抽象劳动的著名区分；它们是相同的劳动过程，同时被进行评价，但评价是分别从特定使用价值创造和一般价值创造的角度进行的。因此，价值的社会实体得以完全确立，尽管只是默认为抽象的、同质的、不熟练的、社会必要的劳动时间。

在为肯定性理论奠定基础时，我相信这是隐含在马克思的思想中的，尽管记录下来极为困难,但叙述对这种否定性论证的批判性反应是有用的。这种情况并没有持续很长时间,在将近一个世纪之后,中心人物仍然是庞巴维克(1966)。庞巴维克的论证发表于1898年,它同上文罗列的价值实体的每一种状况都针锋相对。我将会强调其中的一种批评。

就普遍性条件而言,存在一种显而易见的例外情形:土地和自然资源显然获得了交换价值,并参与了交换的循环,但是,除去生产设施的开垦、改良、添加等价格构成之后,它们并非劳动产品。如果人们将任何一类商品任意排除在清单之外,否定性论证就不能成立;在这个层面上,这个论证显然没有说服力。如果在确定价值实体时,至少在交换价值的第一近似理论(Hilferding,1966)中,引证了从有待考虑的商品中排除非生产但被占有的物品的肯定性原因,它就超越了纯粹的否定性论证,指向了价值形成的进一步原则,其线索如下。

类似的,数量同质性的条件被视作基于抽象劳动的概念。不过,当马克思假设这种抽象在交换中发挥作用时——具体劳动的抽象核心在由此产生的商品交换时得以揭示,并因此获得社会必要的和公认的劳动产品的地位——他是在循环论证。在一个生产者通常可以从一个行业转移到另一个行业的经济体中,人们认识到具体劳动具有可互换性,可替代的生产活动表现为等量劳动时间的可替代支出形式,因此,劳动时间因其原则上在不同具体形式中的流动性而变得抽象。认识到这一点,我们就能够成功应对这个循环论证问题。按照这一方式,异质劳动变为同质劳动:它并不存在于市场上的商品中,而是存在于具体劳动作为社会劳动"共同基金"的、进化的社会观念之中。

然而,还有一个更严重的问题:事实上,我们不仅面对共同的通用技能水平的具体劳动向量,而且面对具体化技能的层级。在这个层级的每一个水平上,劳动存在于一系列具体形式中,不同形式之间存在可互换性。不过,我们怎样在层级本身的水平中、在劳动时间的基础上解释价值形成? 我们可以想象简单、不熟练的体力劳动,体力劳动需要强化训练和一段时间学徒期,专业劳动需要更长时间的教育,或许需要授权许可,等等。比如说,一个熟练的钟表匠的劳动,同普通农民或者裁缝的劳动同等重要吗? 这里似乎有一个异质维度,困扰着马克思有关劳动的普遍可量化性的否定性论证。[①]

马克思自己也认识到熟练劳动向非熟练劳动的"简化"问题,他说熟练劳动是非熟练劳动的倍数,是由来自历史的习惯力量"在生产者背后"决定的倍数。

[①] 应当注意,不要将技能等级问题与不同生产者在特定种类的具体劳动中运用不同数量的技能混为一谈;当我们关注平均的、社会必需的劳动时间时,已经认识到了这一点。

这样，一个人可以用他的非熟练等价物来计算熟练劳动力；例如，如果给定熟练劳动的"简化系数"是 3，那么 8 小时的熟练劳动将算作 24 小时的非熟练劳动。假设所有的劳动都因此被简化为其非熟练等价物，数量同质性就构建起来了，"省去了简化的麻烦"（Marx,1967,p.44）。这显然回避了一个问题,如果理论是确定的，这个问题就必须得到回答：简化系数是如何确定的？

有一点与之相关：在可以在抛开技术等级问题的情况下提出劳动的同质性问题时，马克思显然依赖于抽象劳动概念以证实这一点。庞巴维克问道：如果劳动可以抽象，为什么效用不可以？马克思似乎再次使用了他的测试。

下一节将更为充分地探讨与否定性论证及其回应的与古典批判相关的问题，届时我们能够为论证提供一些精确的定量分析。不过，已经很清楚的是，这些反对意见击中了要害，证明劳动价值的否定性方法需要补充以超越自身。

作为批判的最后一个例子，我们考虑社会客观性条件。在这种情况下，从基于主观效用的价值实质理论的立场来看，庞巴维克攻击条件本身，而不是提供例外或者可替代的应用。他认为，即使价值实体在社会上不为人知，只作为个人单独拥有的（边际）效用的密集知识而存在，交换价值仍可能是固定的和明确的。给定市场供求双方（以及他们之间）的竞争，交换比率的确定性可以从给定的商品供应（禀赋）中导出，就像著名的"马市"例子（Bohm-Bawerk,1930）一样，它预见了对多种一般交换均衡的证明。这种批评对可量化条件和客观性条件都提出了质疑，因此相当于在某种程度上对问题的框架以及替代性解决方案提出了质疑。

这些批评能够得到回应吗？将劳动确立为价值的社会实体这一论证能否成立？为了回答这些问题，我们必须引入价值决定的定量维度——这一事实本身就证明了经济（幕帘之上）和政治经济（幕帘之下）领域的密切互动。

价值计算与劳动价值假设批判

在构建劳动价值计算的基础之前，我们必须明确进行上述讨论的社会框架。这当然对应图 1.1 的基本原理，政治经济水平对于价值关系的准确决定至关重要，更不用说在定量方面了。

我们的框架是马克思"简单商品生产"的纯粹形式：想象一种经济，在这种经济中，每一个积极的参与者都获得并拥有生产资料，代表着直接或间接与自然互动的可能性。因此，在通过市场与其他人互动之前，每个人都有从事劳动和创造商品的手段。每个人都必须使用自有资源从事劳动，然后交换生产出来的商品,从而获得适合个人消费和再生产的使用价值向量。劳动和所有权的功能、生产和交换的功能,在每个积极的个体身上结合起来。假设所有商品都存在竞争市场,并且交易之间存在充分的流动性。明确地说,我们排除了劳动力的销售——在没有非人类生产资源所有权的情况下的工作能力,简言之,就是雇佣劳动。这当然存在于更高层级的资本主义商品生产形式中,不同类型的社会组织——财产的分配、从财产中获得收入的权利——所对应的不同市场形式之间的区别,是马克思主义市场思想的主要组成部分。①

应该强调的是,将简单商品生产抽象为向资本主义市场高级形式过渡之前的一种历史形式,并不意味着它存在于历史现实之中。在18世纪和19世纪,美国的边疆经济与之相当接近,然而,人们即使在那里也发现了前资本主义和资本主义形式的阶级统治扭曲地存在着——南方奴隶制、契约、航运、银行和铁路垄断,以及资本主义原则对北方工业的早期入侵。在欧洲,包含少量简单商品生产的贸易的出现,被大量存在的长距离贸易公司、政治控制和封建统治阶层所支配(参见本书第十二章)。随着时间的推移,资本主义经济有一种自我"纯化"的趋势,即在混合的社会经济模式中支配和吸收其他元素。相比之下,简单商品生产本质上是内在矛盾的,因为导致积累的竞争会破坏这种生产,它在严格意义上不应被视为"生产方式",其本质上是理解市场和资本主义社会关系演变的方法论工具,我十分赞同罗纳德·米克的双关俏皮话:简单商品生产是"神话学"(Meek,1967a)。

考虑到这一点,我们可以着手对劳动价值进行简单的表述。从生产的总量概念开始,在这一概念中,单个商品是利用其自身和一定数量的同质劳动作为投入而生产的。这种情形可以表示如下:

$$A_a, L \to A \tag{1}$$

其中 A 是(总)产出,A_a 是投入(流量),而 L 是当前投入的(同质)劳动力流量。人们可以想到播种玉米种子加上劳动,从而收获玉米,当然,在一个自生的经济中,$A > A_a$。我们形成了投入与产出的比率,或单位产出的投入 $a = A_a/A$,它是超简单经济的单一物质投入—产出系数。(我们不允许我们的农民使用拖拉机甚至是锄头。)我们也可以定义一个劳动力投入系数:$l = L/A$。这就像是技术系数 a 一样,表示现有的技术理解程度。不过,它也反映了社会关系,因为创造一个产出单位所需的劳动量在工程手册中绝不是固定的,而是反映了激励和习俗的问题;其后,在资本主义背景下,也出现了从属、强制和控制的问题。

---

① 与正在进行的关于苏联和东欧"市场"体系的讨论尤为相关,参见第十六章。

为了计算劳动价值,我们需要把当前生产 A 所需的劳动时间和生产 A 的生产资料所需的劳动时间相加,即 A_a。重要的是,我们对生产资料在劳动时间方面的再生产成本感兴趣,而对历史中生产过程的延伸以及过去某个时间生产某种生产资料所耗费的劳动时间不感兴趣。在简单情形下,所有生产都在当前进行,物品没有库存,如从一个时期进入下一个时期的机器库存。然而,即使有一种观点预见到持有这些存量的生产者或资本家的有意识行为,具有决定性的仍是重置成本而非实际成本。

要知道直接和间接体现在 A 中的劳动时间的价值,我们就需要知道 A_a 的价值,反之亦然。我们不能在不知道另一种商品的劳动时间的情况下,获得某种单个商品的劳动时间,因此必须同时找到它们。我们将单位劳动价值(至今未知)定义为 λ,即单位商品的直接劳动时间加上间接劳动时间。然后,我们可以从生产公式(1)中导出一个以劳动时间的数量表示的表达式,将间接劳动和直接劳动加起来等于总价值 A,即:

$$\lambda A_a + L = \lambda A \tag{2}$$

由此我们发现 λ 可以用生产要素来表示:

$$\lambda = L\left(\frac{1}{A - A_a}\right) \tag{3}$$

用 A 除以公式(3)的分子(L)和分母,可以得到用生产系数 a 和 l 表示的 λ 表达式:

$$\lambda = l\left(\frac{1}{1-a}\right) \tag{4}$$

直接和间接体现在单位商品中的劳动时间随着两个生产系数的变化而变化。如果没有物质投入(纯劳动的生产),$a = 0$,$\lambda = l$;如果系统接近生存极限,$a \to 1$,则单位商品价值接近无穷大。

这种推导的一个有用变形使用了一系列"日期"来表示过去的劳动(记住,所讨论的"日期"是符合逻辑的,而不是历史的时间)。当前的劳动是 L,生产物质投入 A_a 所需的劳动时间(在概念上)与物质投入产出比 a 是一样的。因此,它是 aL。我们并不认为生产可以在那个规模上实际进行,这是一个从现有生产条件出发的概念练习。因此,不存在关于规模报酬不变(或任何其他)的假设。由于简化此前每个阶段的劳动力都需要按前一阶段的比例 a 进行劳动力投入,因此我们有一系列包含总劳动力价值的公式:

$$\lambda A = L + aL + a^2 L + a^3 L + \cdots = L(1 + a + a^2 + a^3 + \cdots) \tag{5}$$

右边括号中的最后一项是收敛级数,其总和为 $1/(1-a)$。用这一项代替级数,我们得到了 $\lambda A = L[1/(1-A)]$,它正好是式(2)。

我们现在把这个简单的例子扩展为一个稍微复杂一点的例子,有两个生产部门:资本品部门(下标 1)和消费品部门(下标 2)。产出和劳动投入由适当的下标表示;物质投入由双下标表示,第一个下标表示产品的初始部门(假设为部门 1)。

$$\begin{aligned} A_{11} \quad L_1 &\to A_1 \\ A_{12} \quad L_2 &\to A_2 \end{aligned} \tag{6}$$

我们定义了 4 个生产系数:

$$a_{11} \equiv \frac{A_{11}}{A_1} \quad l_1 \equiv \frac{L_1}{A_1}$$

$$a_{12} \equiv \frac{A_{12}}{A_2} \quad l_2 \equiv \frac{L_2}{A_2}$$

如同此前在最简单的单个商品情况,我们直接加上间接劳动方程:

$$\lambda_1 A_{11} + L_1 = \lambda_1 A_1$$
$$\lambda_1 A_{12} + L_2 = \lambda_2 A_2$$

用适当的产量 $A_i(i=1,2)$ 除以技术/生产系数的单位价值方程式,可得:

$$\begin{aligned} \lambda_1 a_{11} + l_1 &= \lambda_1 \\ \lambda_1 a_{12} + l_2 &= \lambda_2 \end{aligned} \tag{7}$$

从方程组(7)中,我们最终导出单位劳动价值的表达式及其比率[①]:

$$\lambda_1 = l_1 \left(\frac{1}{1-a_{11}}\right) \quad \lambda_2 = l_2 + l_1 \left(\frac{a_{12}}{1-a_{11}}\right) \tag{8}$$

$$\frac{\lambda_1}{\lambda_2} = \frac{l_1}{l_2(1-a_{11}) + a_{12}l_1}$$

记住式(8),现在可以将注意力转向简单商品生产的假设。劳动价值计算研究中一个普遍的问题是:经济参与者需要知道多少? 我们是否假设他们实际上粗略计算了直接劳动时间与间接劳动时间之和? 事实上,我们只假设简单商品生产者知道他们的工作所产生的净收入比率,即每单位时间耗费的货币收入与物质支出的差额。在这个公式中有两个关键的假设:生产者认为物质投入(包括库存,如果有的话——在我们的简单模型中没有表示)是对他们自己劳动努力的辅助,这主导了他们的计算。在偿付物质成本之后,他们劳动时间的回

[①] 当然,方程组(7)是一般方程 $\mathbf{la} + \mathbf{l} = \boldsymbol{\lambda}$ 的小规模情形。一般方程的解为 $\boldsymbol{\lambda} = \mathbf{l}[\mathbf{I} - \mathbf{a}]^{-1}$,其中,$\boldsymbol{\lambda}$ 和 $\mathbf{l}$ 分别是单位劳动价值和单位劳动投入的 $(1 \times n)$ 列向量,$\mathbf{a}$ 是商品投入系数的 $(n \times n)$ 矩阵。n 种商品部门的方程将在第二章中代入更复杂的价值转形分析。

报是组织的概念,他们并不认为这些成本是预付资本,也不计算预付的回报率。另一个假设是流动性。生产者对不同部门获得的净收入比率具有充分的知识,随着时间的推移,会离开那些比率较低的生产性行业,逐渐进入那些比率较高的生产性行业。考虑到个人迁移的障碍,人在一生中的技能和习俗根深蒂固,流动性可能主要影响新进入经济的人,但随着时间的推移,这将足以带来所需的运动。我们必须想象,子承父业的习俗已经遭到破坏,但不会出现更糟糕的事情了。显然,也没有必要让每个人都知道所有行业净收入比率的整体向量。一些潜在流动的个人必须知道这些比率或相关对照组比率的差异。运动的速度并不是最重要的问题,它只是长期的方向。

考虑到这些假设,可以写下我们的两部门简单商品生产模型的价格方程,其中价格 p_i 是正常的货币价格,每个部门的净收入比率由 η_i 表示:

$$p_1 a_{11} + \eta_1 l_1 = p_1$$
$$p_1 a_{12} + \eta_2 l_2 = p_2 \qquad (9)$$

竞争假设意味着 $\eta_1 = \eta_2 = \eta$。替代并消除 η,我们有:

$$\frac{p_1(1-a_{11})}{l_1} = \frac{p_2 - p_1 a_{12}}{l_2}$$

求解 p_1/p_2,由式(8)可得:

$$\frac{p_1}{p_2} = \frac{l_1}{l_2(1-a_{11}) + a_{12} l_1} = \frac{\lambda_1}{\lambda_2} \qquad (10)$$

因此,这是一个正规的论证,它对最优行为和知识的假设是特别针对纯粹简单商品生产的,基准("均衡")价格由单位商品的直接劳动时间加间接劳动时间比率,即单位劳动价值的比率给定。这只是特殊劳动价值论恰当地代表潜在趋势的最简单的情形,恰当地代表资本主义经济和社会主义经济的情形分别参见第八章和第十三章。相比之下,一般劳动价值论适用于所有情形,但方式不同,有时更为复杂,如果图1.1中"幕帘"下方所象征的社会关系发生了变化,那么人们就有理由预期幕帘上方所衍生出的交换关系也会有所不同。

从式(6)所代表的给定生产情形,我们可以获得名义上的净生产轨迹,在给定部门间劳动的实际转移的情况下(即不对规模报酬做如何假设),不需要对生产系数的恒定性做任何假设。我们可以把这两个部门的净产品写成 Y_1 和 Y_2。在部门1,生产总值和净值不同,因为该部门是向两个部门提供物质投入的唯一部门。我们有:

$$Y_1 \equiv A_1 - A_{11} - A_{12}$$

如果所有劳动力都分配到部门1,即 $A_{12} = 0$,而规模是由 L/L_1 决定,其中

$L \equiv L_1 + L_2$，对于物品 1 的最大（潜在）净产品，我们解得：

$$Y_1^{\max} = (A_1 - A_{11})\frac{L}{L_1} = \left(\frac{1-a_{11}}{l_1}\right)L$$

物品 2 最大净产量求解更为复杂，因为第一部类的比例不能设置为 0，必须保持在重置水平。我们的部门 2 产出等于但不超过两个部类的重置水平 $A_{11} + A_{12} = A_1$，因此 $a_{12}A_2 = a_{12}Y_2$。当然，我们也有 $A_2 = L_2/l_2$。将这个定义与上面最后一个等式结合起来：

$$L_1\left(\frac{1-a_{11}}{a_{12}l_1}\right) = \frac{L_2}{l_2}$$

将 L_1 替换为 $L - L_2$，并求解 L_2，这是可以分配给部门 2 的最大劳动量，同时确保两个部门重置，我们解得：

$$L_2^{\max} = L\frac{l_2(1-a_{11})}{l_2(1-a_{11}) + a_{12}l_1}$$

并且

$$Y_2^{\max} = \frac{L_2^{\max}}{l_2} = L\frac{1-a_{11}}{l_2(1-a_{11}) + a_{12}l_1} \tag{11}$$

如图 1.2 所示，净转换曲线为：

$$Y_2 = Y_2^{\max} - \frac{Y_2^{\max}}{Y_1^{\max}}Y_1 \tag{12}$$

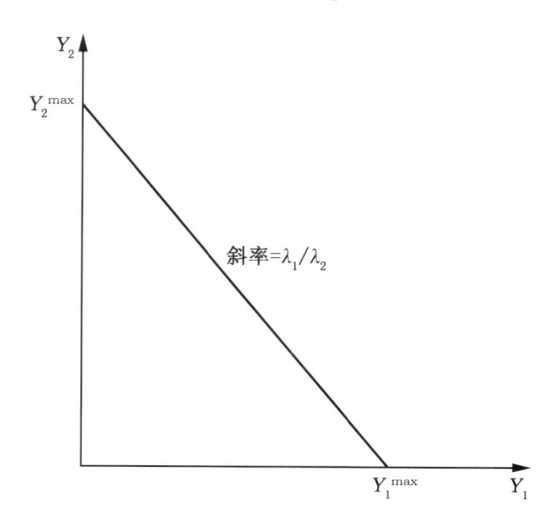

图 1.2　净转换曲线

我们运用最大净产出的导数形式，求解净转换曲线的斜率为：

$$\frac{Y_2^{\max}}{Y_1^{\max}} = \frac{l_1}{l_2(1-a_{11}) + a_{12}l_1} = \frac{\lambda_1}{\lambda_2} \tag{13}$$

显示为单位劳动价值之比。因此,这一比率具有生产商品 1 转化为生产商品 2 的比率的含义:生产者通过重新分配他们的劳动而认识到一种商品转化为另一种商品的可能性的比率。显而易见,在经济的基准位置上,通过市场转换的比率,即生产一种产品并以基准价格出售以获得另一种产品的比率是相等的。

由式(12)表示的转换曲线是设想出来的,它建立在描述单一现有生产结构和产出构成的基础上。劳动力在整个经济范围内从一个部门流动到另一个部门,会在实际中改变系数,如果每个部门或至少一个部门的系数随着规模的增加而增加,那么在宏观层面上,我们对某种固定资源的回报将会递减,净转换曲线将具有凹向原点的传统形状。那么,图 1.2 中绘制的曲线与给定的一组系数有多么相关呢?如果我们认为单个行为单位、单个生产者相对于该生产者所在的部门非常小,我们会得出一个有趣的结果:就单个行为者而言,系数是恒定的,因为个人的规模太小,无法影响总体生产条件。如果整个农业公社从奶制品转向农作物,可用牧场与适合种植的土壤的压力差将导致劳动力/牛奶、劳动力/肉类和劳动力/农作物系数(以及相应的物质投入系数)发生变化,如果只有一个农民调整,影响很小,可以忽略不计。如果个体独立行动,相关的生产转化系数就是单位劳动价值比。不过,发生了向基准位置的收敛(事实上,无论是否发生),在这个位置上,价格比率将系统性地不同于宏观转换曲线的斜率,通常不同于 λ_1/λ_2,因为在这个规模上,系数不是恒定的。即使在简单商品生产背景下,如果没有利润率均等化带来的转形(参见第二章),如果没有技术转换,更不用说再转换,均衡价格反映相对稀缺的观念就会瓦解。

这一点值得用一幅小图,即图 1.3 来表示。当系数取决于一个或多个部门的规模时,可以表明包含这些变化的宏观转换曲线的斜率通常不等于单位劳动价值的比率。然而,后一个比率是单个生产者对价格比率进行比较的基础。如果产出的构成位于点 A,并且个体生产者处于均衡状态,价格比率就必须等于单位劳动价值的比率,或者理论转换曲线 LL' 的斜率。如果消费者在这个价格上也处于均衡状态,这是因为这个价格比率等于边际替代率,或无差异曲线的斜率。然而,这些斜率不同于宏观转换曲线(TT')在点 A 的斜率,结果是图中阴影区域所代表的帕累托无效率。

我们可以用两部门简单商品生产模型来考虑一下涉及土地和自然资源的论证。人们会记得,这些不是劳动的产物,但是它们有交换价值。有没有可能

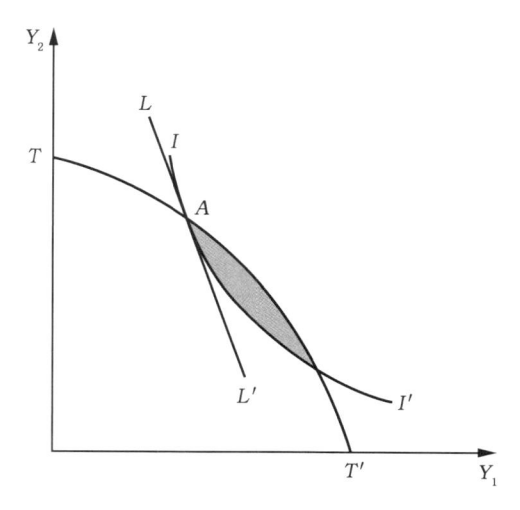

图 1.3 简单市场均衡的次优解

从劳动价值的原理开始解释那些交换价值？

假设部门 2 存在资源（土地）的绝对稀缺。回到最初两部门系统的式（9），我们假设 $\eta_2 > \eta_1$，但部门间移动性被阻止，土地被完全占用了。在这种极端情况下，两个净收入比率完全没有趋同的趋势，价格比率为：

$$\frac{p_1}{p_2} = \frac{l_1}{\left(\frac{\eta_2}{\eta_1}\right) l_2 (1-a_{11}) + l_1 a_{12}} \quad (14)$$

资源固定以及从资源所有制获得收入造成的扭曲，导致价格比率偏离单位劳动价值比率，在 $\eta_2 > \eta_1$ 的情况下，$p_1/p_2 < \lambda_1/\lambda_2$。由第二部类的简单商品生产者或地主阶级占有的租金是 $(\eta_2 - \eta_1) l_2$。显然，固定资源的存在阻碍了一种或多种商品完全的重现性，导致了对劳动价值原则的偏离。

最后，在转向对劳动价值原则的积极保护之前，我们可以通过使用我们简单的定量框架来检验确定熟练劳动力简化系数的问题，从而为这项任务多积累一套工具。为此，我们将回到单一商品的例子，并引入一些新的符号。继希法亭（1966）、米克（1956）和罗森（1980）之后，我将该问题表述为通过技术工人在学徒期耗费的时间来储存社会劳动力，并在实际生产中耗费的时间释放社会劳动力的问题。令 p 为有技术的生产者（比如钟表匠）的生产寿命（以年为单位），t 为学徒时间（以年为单位），α 是有技术的生产者培训学徒的时间占生产寿命的比例，$0 < \alpha < 1$，x 是熟练劳动的简化系数（"增强"可能更好）。当然，关键是要进入这一行业并完成学徒训练，以及指导学徒的成本，而不是进入一个非熟

练行业并立即开始赚钱,劳动时间的增值率必须提高。潜在进入者提高的生产寿命必须等于该人的学徒期,并偿还生产者在培训活动上花费的熟练(增强)劳动力,加上受训者的生产寿命(减去一生中花费在培训替代品上的比例)。用符号表示:

$$xp=t+\alpha xp+(1-\alpha)p \tag{15}$$

从中得出简化/增强系数为:

$$x=1+\frac{t}{(1-\alpha)p} \tag{16}$$

用数字表示:如果 $t=10$ 年,$p=25$ 年,且 $\alpha=0.3$,我们解得 $x=1.57$。钟表匠的单位劳动收入将比一般非熟练工人高 57%。这些计算或多或少会变得复杂,但是希法亭和庞巴维克所得出的结果是相同数量级的。

这里的问题很明显,庞巴维克很快指出:熟练和非熟练行业之间的实际收入差距,更不用说专业和非专业行业之间的收入差距,比这些计算结果所显示的要大很多倍。这与马克思关于简化熟练劳动力问题的隐含方法相矛盾,正如它实际上与亚当·斯密关于不同行业"均衡净优势"的概念相矛盾。这里发生了什么?答案显而易见:存在自发性和制度性垄断。制度性垄断,如行会、医学协会和某些行业工会,可能发挥作用。更普遍的自发因素首先是文化:某些阶层期望他们的孩子成为律师,其他人则不然。此外还有生存压力的因素。在推迟和不推迟获得收入间的选择并非不受约束,因为来自较贫困背景的潜在熟练工人将无法等待,他们除了自己的劳动力(可能还有家庭支持的义务),没有其他直接的支持手段。其结果是,现实中观察到的大多数收入差距是由于流动受阻造成的。

我们再一次发现,对经典马克思主义主张劳动是价值实体的反驳是阻碍完全再生产的障碍,最纯粹的例子是绝对不可再生产的商品——稀有的绘画、邮票——这是李嘉图等都没有考虑到的。集约型设施将定义价格比率,但仅仅是在供应不变的情况下。熟练劳动力简化系数并没有合理地计算出实际差异,而是进入熟练行业后分层和垄断的结果。土地和自然资源扭曲了劳动力价值定价,构成了普遍性规则的一个例外——不过这意味着固定资源的所有权带来了收益。

然而,假设我们的目标是研究收入的形成,以及财产所有权在一个纯粹的商品生产体系中所积累的权力,作为对世界的第一近似值,在这个世界中,固定因素、垄断、分层和其他更偶然的因素将基本阶级权力再分配和复杂化。我们可以把这种方法论假说称为纯粹再生产分析。马克思关注的是资本主义在抽象上的定性和批判,这是一个突出劳动－价值关系的课题。

然而,在排除对否定性论证的反对意见后,劳动作为价值、价值作为交换价值基础的肯定性论证是否存在核心,还有待观察。一个肯定性论证将表明为什么劳动是价值源泉和价值实体,即使在假设条件下也是如此。在假设条件下,否定性论证不能排除竞争性选项,或者劳动价值原则本身没有通过一些检验,需要对其适用范围加以限制。我们现在转向这一肯定性论证的主要内容,同时将分析框架从单一商品环境扩展到资本主义环境。

劳动价值范畴的作用和必要性

我们从后斯拉法(Steedman,1977;Steedman, et al.,1981;Bandyopadhyay,1984—1985;Laibman,1984—1985;Fine,ed.,1986)的基本内容开始。我们看一看没有价值理论我们能走多远。假定一种资本主义经济,其中,无产的工人将劳动力卖给有产的资本家。每个部门都有一种从历史上演化而来的生产技术,以及一个工资篮子或一般生活水平。不需要认为这些是在资本主义社会关系开始之前"给定的",而是随着时间推移而发展的。现在,斯拉法和他的追随者已经证明,价格和利润率是完全和唯一能够决定的,至少在广泛的竞争条件下是如此(参见本书第二章)。应当指出,在经济中真正发生的任何事情——技术变革、工作场所的斗争、财政和货币政策的影响、危机——都可以在这个框架内进行分析,而不需要依赖一些称之为"价值"的实体,这些价值位于均衡交换价值或价格之下。

不过,必须仔细解释资本主义权力的性质。我们需要知道为什么剥削率和利润率是正数,也就是说,为什么资本家能够从对资本的所有权和控制权中获得收入。如果我们从资本主义生活明显的、为人所知的现实出发来回答这个问题,这个问题的困难就暴露出来了。

资本家垄断了生产资料,他们拥有生产资料的合法所有权。工人们别无选择,只能为这个或那个资本家工作,因此没有不出售劳动力的自由。这看似为工人和资本家之间并非被迫的交换协议引入了一种隐藏的强制因素。整件事情由失业后备军所强化,失业、贫困、社会混乱、种族主义和性别歧视在保持向资本家倾斜的权力平衡方面起到的功能性作用,控制了工人提高工资的要求,确保了充足的利润率。

虽然这种描述性方法就其本身而言是有用的,但它并不构成资本家剥削的权力如何再生产的充分理论。例如,后备军机制取决于工人无法逃离,无法寻找到向资本家出售劳动能力的替代品。因此，这可以归结为先前的表述，即生产资料的垄断。暂且不谈"原始积累"问题，即这种垄断在历史上形成的过程（参见本书第十三章），资本主义剥削理论的中心问题是：垄断是如何维持的？

在这一点上出现了两条思路。第一条，产权的阶级垄断可以通过军事和警察权力等武力来维持。这就是由恩格斯给出经典批评的欧根•杜林"暴力论"。它接近于理论上的无政府主义：财产收入最终由国家的军事机器保障的观点，实质上合并了阶级权力与国家权力。"暴力论"往往以更微妙的形式出现：资本家不召集军队，就可以作为纯粹的权威行使权力。他们看上去握有霸权，只有他们才能获得专业知识、技术知识和公众舆论。然而，这个版本的理论，在合法性的基础上，进入了第二条思路："所有权的权力"理论。资本家作为所有者，其法律地位为之赋予了权力。毕竟，财产权在交换经济或商品经济中广泛地合法化，因此资本家特有的产权没有受到质疑，即让他们相当于指挥庞大的劳动大军的权力。

然而，法律和武力方法不能独立存在：法律的力量，即它对人的控制，必须有物质基础。前资本主义形成的绝对统治权有很大的权威，然而，在革命的危机时期，这种权威被抛到了一边。如果资本主义剥削的潜在过程不健全，它的法律上层建筑就会瓦解。另一方面，国家的权力——作为资本主义统治阶级的分支的能力——来自资本的权力，而不是相反。对剥削的强制或合法化解释最终走向循环：资本家有权力剥削，是因为他们有权力剥削。

我们运用价值理论的范畴，会做得更好吗？理论精确而严密的一个关键要求是将资本主义作为一种阶级对抗的生产方式，把资本主义剥削看作一般阶级剥削的一种表现形式，与此同时，抓住它的独特性。首先从一般层面上说，剥削在某种意义上适用于任何阶级社会，是一个阶级对另一个阶级系统地行使权力。权力有很多层次，从短暂（机遇、智力、体力、魅力）层次到根本层次。我们想将后者分离出来。对生存手段即劳动产品的控制显然是根本权力的核心："谁控制了粮仓，谁就控制了埃及。"但还有更深层次的原因：如果在粮仓周围驻扎一支军队，那支军队就必须得到补给，因此真正的控制对象就变成了不断补充粮仓的活动。对劳动过程的控制是任何一种生产关系的决定性特征，因此，剥削必须根据必要劳动和剩余劳动来定义，而不仅仅是由必要产品和剩余产品来定义。

如果权力和劳动之间的联系是在一般的阶级剥削的背景下建立起来的，那么当我们具体说明资本家阶级剥削时，它是在商品生产中单独运作的，就出现了与价值的进一步联系。社会关系，即无论是平等的生产者交换他们的劳动，从而使劳动社会化和抽象化，还是在资本家和工人之间，都采取的是产品交换的间接形式。"商品拜物教"将意识局限于图1.1"幕帘上方"的领域，它不仅是意识形态神秘化的问题，也是资本主义剥削机制本身的一部分。工人在市场过程中作为自由代理人出售劳动力的经历确立了资本主义权力的合法性，因为这种权力是通过同样的过程实现的。然而，正如马克思反复强调的那样，资本要做到这一点，它的力量必须采取一种分散的、原子化的形式：它必须表现为单个资本的一系列独立力量。这些权力能够被分散认证的唯一方式就是通过商品销售，其中体现了价值——它代表社会劳动时间。

劳动作为价值，以及价值作为交换价值基础的作用，则取决于对剥削权力的精确描述，以及这种权力与一般权力行使的关系。这里"权力"的定义并不意味着（必然）损害或支配他人的利益；这是一个系统的过程，个体行为者的独立意志经由这个过程，被塑造成为一个稳定的社会整体。从这个意义上说，社会生活中只要有足够的规律性，就会高效利用社会权力，因此可以定义制度、阶级、体制等等。这一意义的权力有一个重要例子：简单商品生产者相互激励参与市场提供的分工，在这种情况下，有待讨论的权力就是等同的和互惠的。

既然我们想用如此定义的权力来分析社会——将人类联结成相互联系方式一致的"凝聚"力量——如上所述，我们就必须考虑权力存在的层次。直接进入最基本的层面，我们可以控制劳动过程；这是将权力和劳动联系在一起的肯定性论证。反过来，为了将它们与价值联系起来，我们可以注意到，在由商品生产组织起来的系统中，劳动过程中的相互社会关系采取了商品之间交换关系的形式。拥有商品从而支配商品的权力，我们称之为价值。如果生产者的相互关系实际上是涉及劳动交换和/或占有的关系，并且这些关系体现在商品的指挥权中，那么这种权力就建立在劳动数量的基础上。交换价值是基于价值的，因为必须将指挥权解释为一种社会关系；价值是以劳动为基础的，因为它是系统行使权力的表现。这是将劳动和价值联系起来的肯定性论证。

在特定的资本主义背景下，当我们说劳动是价值实体时，就是把资本主义剥削的特征概括为各方面的丰富统一，包括所有权、工作场所强制、武力、法律霸权等，这是建立在增殖化、差别化获取生产资料的基础上的。在这个框架之外，有可能将剥削浅显地定义为劳动时间从一个阶级转移到另一个阶级的一维概念，仅仅源于生产性资产的所有权不同(Roemer, 1982; Lebowitz, 1988; Ware and Nielsen, 1989)。这个复杂总体另一边的简化集中在工作场所强制上，就像一些左翼社会学著作中所说的那样。但是，无论是二工头还是工头的所有权和专制权力都不是从天上掉下来的，它们必须基于更深层次的系统过程。劳动价值论的阐释使我们能够以一种其他方法无法企及的方式来检验这个过程。本书第三章将考察这个阐释的另一方面：计算一个战略性商品组合，即工资篮子的劳动内容，与工人阶级家庭部门的生产和依赖性再生产的剥削之间的关系。

此前的评论直接表明，将权力、剥削、价值、交换价值和劳动联系在一起的理论仍然是开放和演进的，我想将这个建议明确地提出来。它们还把我们带回了更宽泛的问题：价值假说（或假说的集合）具有怎样的认识论地位？劳动理论可以被"证明"吗？在这一章的开头还有一个与之紧密相关的问题：这个理论实际上是做什么的？

我在这里提出断言，它打开了"蠕虫的认识论罐头"（请参见 Hollis and Nell，1975）：价值假设既不是纯粹的逻辑推论，也不是关于现实的经验陈述。它们是先验命题的合成：是关于现实的陈述，而不仅仅是假设的分析性定义或结果。然而，在波普尔看来，它们是不可证伪的。它们不能像数学定理一样得以证明，也不是经验的简单概括。它们的有效性——也许不是它们的"真相"——是通过它们在组织人们思考复杂社会经济现实的不同层次和场所，使之成为系统框架而发挥的作用所确立的，这与其说是理论问题，不如说是范式问题。例如，价值理论不会融入周期性危机理论。然而，这可能有助于我们将对周期性危机的思考置于不断发展的资本主义社会关系的更广泛框架中，并防止片面和肤浅。它提醒我们，资本主义的政治经济学不仅仅是直接经验的"纯粹"系统化（"纯粹"加了引号，以强调系统化本身是一项艰巨的任务）。

除了一般劳动价值论在范式层面的一般作用，特殊劳动价值论显然还有主流经济思想中并未承认的多种用途。它们反过来又强化了政治经济学观点，其中包括肯定性的劳动价值理论，这种理论在纯粹资本主义或资本主义前市场经济的抽象层面上获得了最直接和最有力的表达，我在上文中称之为"纯粹再生产分析"，以支持一般劳动价值论的否定性论证。特殊劳动价值论特定地产生于个人转换曲线概念，它的斜率是简单的单位劳动价值比，并未转型为资本主义竞争，也不受总收益不一致性的影响。稍后将会讨论，简单单位价值是资本主义经济中内生技术变革的趋势性结果（参见本书第八章），也是社会主义经济中计划价格演变的趋势性结果（参见本书第十五章）。总之，我相信正在进行的研究揭示了"劳动价值论"的深刻而持久的作用。

第二章

资本主义价值转形

我们现在准备探讨纯粹资本主义经济中价值的社会实体所采取的形式——所谓"纯粹"是指资本的预先积累是完全的;生产关系由资本家和工人两大阶级组成,不考虑中间阶级和阶层,也不考虑两个主要阶级的中间阶级或阶层,或者称之为分层和分化;资本间竞争是充分的、无限制的和"参数化的"(尽管可能不是"完全的")。我们的目的是考虑"转形问题"受到争议的程度,它涉及在资本主义竞争环境中价值计算的一致性和确定性。在资本主义竞争环境中,所有资本的利润率都是相等的,这不仅涉及否定性的问题,即使用劳动价值概念的可能性,而且集中涉及劳动在阐明资本主义社会关系的性质及其演变趋势中发挥肯定性作用的问题,这种作用不仅被认为是直接作用,而且被认为是价值实体。

我们将在本章中考察转形之争的要点,因为自从恩格斯在《资本论》第二卷序言中提出著名的挑战以来,这一争论一直在发展。第二节介绍了一个几何模型,旨在阐明围绕"不变性假说"或者称之为"不变性条件"的一些问题,并提供了一种独特的劳动价值转形。在第三节中,我们将回顾一些最近的发展,并对所有提出的解决方案的主要(和惊人的)含义进行研究。结论将回到所涉及的潜在的政治经济问题,为第三章对资本主义剥削理论的考察做准备。

再探价值转形

这个问题可以简述如下:资本主义生产关系的核心是剥削率,即无酬劳动时间与付酬劳动时间的比率,或者,等价地表述为剩余价值与可变资本的比率。目前,在理想的资本主义经济中,这个比率在每一个行业或部门都是一样的,也就是说,资本主义之前或资本主义之外的压迫形式和剩余的再分配被搁置在一边,以便更好地观察纯粹形式的运动规律。但是在相同的剥削率下,剩余价值处处与可变资本成正比,换句话说,如果每个工人都受到等同的剥削,那么每个工人的剩余价值在每个行业都是一样的。然而,在不同的行业中,每个工人使用不同数量的物质生产资料,对价值而言,每个工人使用的不变资本数量不同。这是生产不同种使用价值所需各种技术的简单结果。由于不同的总资本(常数加变量)让等量劳动运动起来,因此,不同行业的剩余价值与总资本的比率,或称利润率,是不相等的。但资本的利润率在整个经济中趋于均等是资本主义运行的另一个条件,这是在没有垄断等干扰的情况下以纯粹形式来进行研究的。这表明了一个事实,即平等的资本拥有同等的权力来支配剩余劳动力。因此,剩余价值经历了质的和量的转形。从量上来说,资本家将剩余价值视为利润,这种利润在资本家看来是他的总资本的扩张或生产权力的结果,总资本包括不变资本和可变资本。

在后面的章节中,我们将主要使用纯固定资本模型来研究资本主义增长、技术变革和危机等问题。在这些类型的模型中,不存在对可变资本存量的投资。不过,研究的问题仍然存在,只是形式略有改变。剩余价值,或者说利润,倾向于形成总净产出的一致份额,因为这一比率的倒数,即净产出的工资份额,本质上是剩余劳动力榨取率的一个衡量标准,这一比率在各行业中应该趋于相等。然而,由于技术异质性的内在原因,物质资本与净产出的比率将会不同。因此,利润与资本的比率会有所不同,这与完全市场调整的竞争性假设相矛盾。

困难集中在随后调整的数量方面。在《资本论》第二卷中,马克思通过让资本家现有的剩余价值集中起来,以说明这一过程,然后根据每个行业的总资本来重新划分剩余价值。这样,其生产过程要求人均不变资本(用马克思的术语来说,是资本的有机构成)高于平均水平的资本家就可以获得在别处创造的剩余价值作为补偿;资本有机构成较低(相对于平均水平)的同行被迫放弃在他们领域内创造的部分剩余价值。这一过程的驱动力是资本家之间的竞争,其结果是在整个经济中形成一致的平均利润率。但这种均等化的一个必然推论是,马歇尔意义上的商品长期正常价格,即马克思意义上的生产价格,与它们的价值存在系统性的差异——在有机构成高的商品的情况下是向上的,在相反的情况下是向下的。在马克思的算术中,这些偏差的总和正好为零。因此,可以认为利润之和等于剩余价值之和,这一结果相当于集中和重新划分原始剩余价值的图景，并且生产价格的总和等于价值的总和，这表明价值是最后的调节因素，它们对生产价格的修正，远没有推翻价值规律，只是对该规律的延伸和完善。接下来，马克思的图景的这些方面将发挥重要作用。①

批评者的第一反应迅速而不留情面：这一理论将马克思的体系卷入了"巨大的矛盾"。因为要么价值规律成立，价值是由（直接加间接）劳动时间的数量决定的，利润率是不相等的（很明显——或者说，它被认定为——与经验相矛盾，或者至少与竞争逻辑相矛盾），要么形成了相等的利润率，价值规律不再有效（例如，Böhm-Bawark，1966）。然而，随着马克思最初提出的主张——生产价格与价值的可计算偏差绝不会削弱价值作为"揭示"资本主义生产关系的范畴的作用——开始受到重视，马克思主义者和非马克思主义者都把注意力转移至马克思的计算本身的性质。争论的问题是这种转形是否能以逻辑上一致和独特的方式进行；如果这个问题的答案是肯定的，那么劳动价值论，尽管是在资本主义间接统治下（在数量意义上），仍可以证明是作为表象的经济范畴基础的现实。（下面是我自己的观点，涉及的内容更多。）

马克思计算程序的困难之处在于，在按资本比例重新划分剩余价值时，每个行业的资本要素都是按其价值而不是按生产价格来计算的。用鲍特凯维茨的话说，马克思"没有足够严格地分离价值和价格计算这两种原则"（1952，p.8）。显然，投入和产出都必须转形。尽管有人试图对这一假设提出疑问，认为动态方法将把转形作为一个历史过程，投入以价值衡量，产出以生产价格衡量（例如，Rosdolsky，1977；Mage，1963），但这一提议，即一种商品以一种价格购买，同时又以另一种价格出售，被广泛视为一种"谬误"（Steedman，1977）。众所周知，马克思本人在《资本论》第三卷中谈道，如果不变资本的要素是按照它们的价值，而不是按照购买它们的生产价格来评价的话，就"可能出错"。因此，讨论中主流意见认为，作为问题的一个条件，需要投入和产出同时转形，并同时确定生产价格和平均利润率。

解决方案很快就出现了，我们将在这里考虑那些公认有效的共同核心。在表示每个行业的价值关系的方程组中，对每个价值项设未知数，每个商品（行业）设一个未知数。[注意这里假设的是单一产品行业，在斯拉法（1960）之后，出现了一种关于联合生产的尚未解决的复杂性的文献。]如此转形的投入价值

---

① 关于转形争论的一些重要文献，可惜的是，没有英语版本的被完全忽略了：Böhm-Baverk，1966；Bortkiewicz，1952，966；Sweezy，1956；Winternitz，1948；Dobb，1955c；Meek，1967b；Seton，1957；Samuelson，1970，1971；Emmanuel，1972，appendix V；Laibman，1973。在随后的讨论中，一些较新的贡献会出现在正文中。

总和,乘以利润率与1的和(也是未知量),必须等于每个行业转形的价值或生产价格。因此,等式和行业一样多,乘数和利润率也一样多。未知数比方程式多一个。不过,从利润率和在 $n-1$ 个乘数中设定任意一个,能够使得 n 个方程有解。换句话说,可以将其中一个乘数设定为1,来消除未知量(或者,可以将乘数的一些加权组合设定为1)。当这一方案所隐含的成比例的价值转移得以实现时,每个部门的利润率将实际上等于从方程中解出的利润率。根据我们对乘数或其组合的选择,作为决定其他单位大小的单位,生产价格体系将有多种可能的规模,它们都显示为相同的内部比例和相同的利润率。给定任何两种(给定数量)商品的(转形)价值之间的比例,可以决定两种商品的相对价格(交换价值)。但是转形价值体系的规模至今仍不确定。根据塞顿的说法,"我们可以获得任何一种商品的相对价格的独特解决方案……这就是平均利润法则带给我们的结果"(Seton,1956,p.152)。

为了理解不确定程度是如何在文献中得以解决的,就必须知道在杜冈—巴拉诺夫斯基(Tugan-Baranowsky)之后(见 Sweezy,1956),用来说明转形的三部门模型是由资本品、工资品(由工人消费)和奢侈品(由资本家消费)组成。全部三个部门都从第一部门获得不变资本,即价值形式的劳动手段和对象,从第二部门获得可变资本,即工资账单的价值形式。所有剩余价值都是以第三部门产品,即奢侈品的形式实现的,因此,不变资本部门在所有三个部门消耗掉的不变资本品是在可以确保替换的水平上运行的,并且该系统处于静态平衡状态,即"简单再生产"。或者,正如温特尼茨(Winternitz)所强调的那样,人们可以假设剩余价值部分是在第一部门和第二部门的产品中实现的,因为投资增加了下一阶段的经济规模,即"扩大再生产"。虽然温特尼茨对转形的一般性的强调是非常正确的,但从原理上来说,它只是帮助我们得出问题的微缩版本,将模型(暂时)限制在简单再生产的零增长情形。在这种情况下,每个部门的总产出(供给)在均衡中等于商品价值(需求)的一个组成部分的总和;第一、第二和第三部门的总产出价值分别等于总不变资本、可变资本和剩余价值。

现在,选择一个乘数作为计价物的问题具有如下表现。将一个部门的乘数设为1,等于假设该部门价值总量在转形中保持不变,以及所有部门投入的价值总量的适当分量不变。例如:如果奢侈品部门,即第三部门的乘数是1,那么该部门产出的生产价格将等于其价值。如果工资品部门,即第二部门的乘数是1,那么在从价值到生产价格的转形中,第二部门的总产值以及所有部门的可变资本投入保持不变。[①] 简而言之，将第一至第三部门的乘数依次设置为 1，意味着不变资本、可变资本和剩余价值在转形中是不变的，其中任何一个假设都可以作为确定乘数绝对值的不变性假设，从而确定生产价格体系的规模。其他不变性假设可以通过保持价值体系的任何集合或子集合不变来定义，相关乘数的适当加权平均值将等于 1。

在具有经济意义的不变性假设中，文献中有两个非常突出的假设，它们都来源于《资本论》第三卷所描述的转形图景。首先是总价值不变性（"生产价格之和等于价值之和"），将所有三个乘数的加权平均值定义为 1，权重是每个部门在总价值（毛价值）中的比例。其次是剩余价值不变性（"总剩余价值等于总利润"），在给定零增长的特殊情形下，将第三部门的乘数设为 1。另外两个假设很快就出现了，尽管迄今为止在文献中没有支持者：可变资本不变性（这个短语有一种自相矛盾的味道），它保持总工资账单价值不变；当前劳动不变性（所谓新观点支持者的假设，见下文第三节），保持转形（生产价格）体系的增加值与价值体系的增加值（当前劳动力投入）相等。

虽然在这一点上避免了数学处理，但简要地记录和总结这些可能性是有帮助的。三个部门的总产值分别为 a_1、a_2 和 a_3，a 为总和，X_1、X_2 和 X_3 为它们的乘数，缩写为不变性假设。按照前一段中出现的顺序：TVI（总价值不变性）、SVI（剩余价值不变性）、VCI（可变资本不变性）和 CLI（当前劳动不变性），我们有：

$$\text{TVI}: a_1 + a_2 + a_3 = a_1 x_1 + a_2 x_2 + a_3 x_3 \tag{1}$$

其中，
$$x_1(a_1/a) + x_2(a_2/a) + x_3(a_3/a) = 1$$

$$\text{SVI}: a_3 = a_3 x_3; \quad x_3 = 1$$

$$\text{VCI}: a_2 = a_2 x_2; \quad x_2 = 1$$

$$\text{CLI}: a_2 + a_3 = a_2 x_2 + a_3 x_3$$

其中，
$$x_2[a_2/(a_2 + a_3)] + x_3[a_3/(a_2 + a_3)] = 1$$

这些假设中的每一个都有其特殊的吸引力：总价值不变性似乎将生产价格牢牢扎根于未转形的劳动价值土壤中；剩余价值不变性表达了这个问题的剩余再分配方面。考虑到工人在转形前后的工资相同，可变资本不变性似乎是必需的：我们从单位货币的价值内容的变化中抽象出来，这样，一份固定价值的工资

[①] 不变性规则不适用于"投入"方的剩余价值，因为剩余价值不是生产性投入的价值。与工资品和不变资本品不同，奢侈品在利润率平均化过程中会在资本家之间发生实物转移。因此，剩余价值一栏的组成部分相对于彼此而变化；在可变资本和不变资本两栏中既有"数量效应"也有"价格效应"，这是通过假设技术不变和劳动力分配不变来得以排除的。

就意味着一份固定的货币工资；工人和资本家之间权力平衡的变化可能改变货币工资和工人的收入份额，因为它们与转形问题无关，因此被排除在外。当前劳动不变性是劳动价值体系核算中不言自明的，如果价值总量由劳动时间组成，那么它大概应该等于价值增量的当前劳动时间。

然而讽刺的是，这很容易表明，这些假设一般来说不能同时适用于三部门模型。在一些特例中，技术恰好使得两个或两个以上的假设一致。例如，如果资本的有机构成在第二和第三部门是相等的，那么生产价格的比例就使得 $x_2 = x_3 = 1$，而剩余价值不变性与可变资本不变性会结合在一起（因此，也包括当前劳动不变性）。或者，就像塞顿构造的一个巧妙的数字例子那样，如果第三部门的有机构成等于总有机构成，那么剩余价值不变性和总价值不变性就同时成立。当然，在这些情况下，相关总量的比率必然是不变的。但是这些奇特的结果依赖于对技术完全任意的假设，因此解决问题的基础是不充分的。此外，从直观上很清楚的是，这种方法所支持的所有四个不变性假设，要求所有三个部门的有机构成必须相等，这一条件当然完全消除了这个问题，因为正是有机构成的不相等才导致了价值计算中利润率不相等，这是问题的根源。

在这一背景下，可以简要回顾文献提供的解决方案。鲍特凯维茨和斯威齐假设货币商品（黄金）是在第三部门生产的，这就确定了 $x_3 = 1$。大错特错！如果生产价格以货币商品单位表示，而价值以劳动时间单位表示，那么它们之间就没有数量上的联系，当生产价格是黄金的数量，而价值是劳动力的数量时，断言黄金的生产条件相对于平均生产条件决定了总生产价格将高于或低于总价值，在维度上没有意义。（这一点与黄金不仅仅是奢侈品这一肤浅的批评无关，从这些模型运作的抽象层面来看，将黄金放在第三部门是完全合理的。）乘数是纯粹的数字（只有它才具有有意义的单一价值），因此生产价格体系与价值体系具有相同的维度，即劳动时间的单位。价值体系或生产价格体系都可以转换为货币商品单位，货币商品或是在体系内生产，或是假定外生于体系。在前一种情况下，这种转换可能影响货币的价值含量，在这种情况下，任何给定的总量（当然，除了涉及货币商品化的总量）在货币体系和价值体系中都将具有不同的转换率。但所有这些都与价值体系的转换率无关。

温特尼茨将总价值不变性称作"基于马克思体系的显然命题"，但从未指出一个事实：可能也是"基于马克思体系"的剩余价值不变性，不能像其他假设一样成立。应该进一步指出，总价值不变性"保留劳动时间作为计算单位"的观点没有基础，虽然其他假设可能也没有。核算单位是同质的、抽象的、不熟练的社会必要劳动时间的小时（或者是工作年度，又或者是其他种种），不管生产价格体系的规模如何，这都是真实的。米克在他关于这一主题的文章中指出，"总价格等于总价值"，马克思的意图是"净产出价值与工资的比率不变"。出于未知的原因，它成为总产出价值与工资的比率，与马克思意图的联系似乎非常弱。为了构建它，需要一个特殊的、任意的技术假设（正如上面所讨论的那样），此外，尽管这个假设允许以可变资本不变等于价值总量不变来构建规模，但米克实际上还是采用了剩余价值不变。涵盖所有这些可能性的是一种持续不变的观点，即整个问题实际上根本不重要。非马克思主义者有一种强烈的倾向，要把这个问题归入熊彼特的"伪问题"的废纸篓，在这个问题上感觉到含混和不确定的马克思主义者，向对冲风险的强烈愿望屈服了。例如，米克指出"从纯粹的逻辑观点来看，设定什么关系显然无关紧要"(1967b, p.152；参见 Dobb, 1955c, pp.278—279)。萨缪尔森在对这个问题的著名评论中说，"因为只有比例才是重要的，所以我们如何确定比例或'标准化'数字并不重要：在各自的表格中，任何两个数字都可以用粗体标示，并按照惯例设定为相等"，而且"因为只有乘数的比率是不变的，所以仅仅是规模上的差异是没有意义的"(Samuelson, 1971, pp.425—426)。

尽管马克思主义者和非马克思主义者的观点都很有分量，但我认为，确定转型后价值体系规模的问题对于价值范畴的逻辑实体至关重要。把生产价格的绝对量看作一个任意选择的问题，就等于说在资本主义制度下，价值失去了它作为劳动时间外延数量的意义，这意味着退回到第一章中批评的"幕帘"上方的立场。既然价值理论的伟大目标是"揭示"经验的类型以及它们在生产关系中的潜在根源之间的联系，那么证明生产价格作为劳动时间的数量，可以从直接劳动与间接劳动的总和中推导出来，并且证明这种推导是独特的，当然是必要的。如果做不到这一点，转形问题的一个关键方面就仍然没有解决。我认为，困难是由塞顿提出的，他写道，"似乎没有一个客观的基础来选择任何特定的不变性假设，而不是其他的假设；在这种程度上，转形问题可以说没有完全的确定性。"(1956, p.153)

找到解法：一种几何方法

文献中的模型有两种：第一种，上一节讨论的三部门体系；第二种，完全通用的 n 部门体系（这些将在本章第三节中使用）。两种模型各有缺点。三部门模型假设了一种特殊的生产结构，每个部门的产出根据用途进行专门化，正如我们将要看到的，这限制了对解决方案的重要方面的理解（也引起了对简单再生产和扩大再生产的不必要的模糊讨论；见 May，1948，p.599）。n 部门模型虽然具有完全的一般性，但只允许有形式解，不过为了"深入"这个问题，我们希望能够获得实际的解决方案，并将其可视化。

为此，我提出了一个具有以下特性的双部门模型（更多细节，请参见 Laibman，1973）。A 和 B 两种商品都是由具有一种固定系数的单一技术生产的。两种商品都是作为投入，同时形成净产品（分为工资和利润）。给定数量的当前劳动力按照净产品中的 A 和 B 的比例，完全分配给这两个部门。

尽管对非理论经济学家来说，A 和 B 同时都是资本品和消费品，这一点初看起来可能很奇怪，但这一性质表达了经济过程中最普遍的"宏观"观点，即产品总量与当前劳动力相结合，产生同种产品的总产量（当然，从某种意义上说，在可行的经济中，这一总量将大于投入总量）。这是冯·诺依曼增长模型的观点。在这方面，还应该解释一下，假定给定数量的当前劳动力决定了生产体系运行的规模，这与经济增长并不矛盾。从价值到生产价格的转形是一个概念问题，它与经济的参数和规模随时间发生的变化无关。因此，我们假定技术系数是固定的，剥削率是恒定的（正如我们将看到的），以及在某一时刻有一定数量的当前劳动，尽管这一数量肯定会随着时间的推移而增长。最后，为了最大限度地简化并集中注意力于核心问题，投入在生产的每个时期都完全贬值，没有库存从一个时期结转到下一个时期。

该模型的基本结构如图 2.1 所示，图 2.1 是完整四象限图的缩小版。该技术在图 2.1 中得以明确体现（Laibman，1973）。A 和 B 是两种商品；L 是不熟练、同质的社会必要劳动时间，$\bar{L}$ 是某一时刻经济可用的（固定）当前劳动力数量。

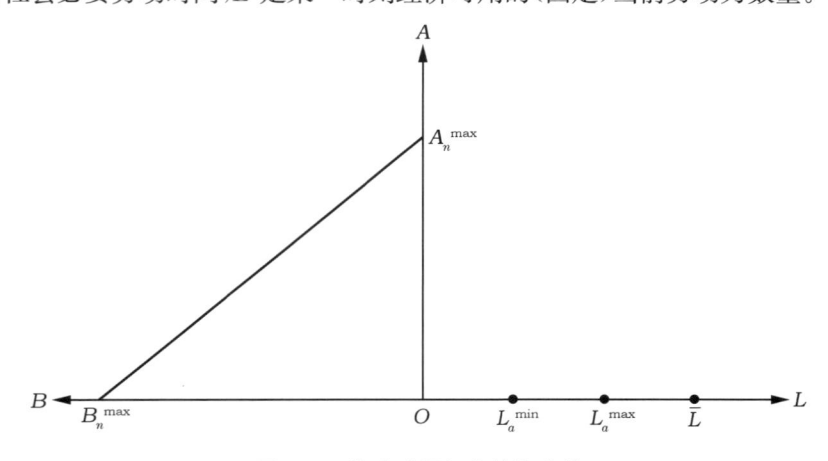

图 2.1 劳动时间与净转换曲线

L 轴显示了当前劳动力对部门 A 的分配。在原点,分配给 A 的劳动量为零,当前所有劳动量分配给 B,在 $\bar{L}$ 上情况相反,0 到 $\bar{L}$ 之间的点代表中间的可能性。然而,根据我们的假设,这些点并非都是可能的劳动力分配。由于 A 和 B 始终没有存货,所以每种商品的总产出必须至少涵盖该商品在给定时期内对这两个部门的投入。$L_a^{\min}$ 是生产 A 总产出所需的劳动量,仅涵盖 A 对两个部门的投入,它代表了部门 A 可以运行的最低水平,前提是需要重置投入。如果劳动力的分配为 $L_a^{\min}$,则净产品仅包含 B——实际上,B 可能的最大净产出,表示为图中的 $B_n^{\max}$。在另一个极端,部门 B 可能运行在最低水平,以确保在生产中用完 B 的替代品,而分配给部门 A 的劳动力处于最高水平 $L_a^{\max}$。与这种劳动力分配以及 B 隐含的净产出为零相对应的是 A 的最大净产出 $A_n^{\max}$。极端情形之间的任何劳动力分配都会产生由两种商品的正数量组成的净产品,并且可能性由连接 $A_n^{\max}$ 和 $B_n^{\max}$ 的直线表示,即第一章的净转换曲线。沿净转换曲线从 $B_n^{\max}$ 到 $A_n^{\max}$ 的运动恰好对应从 $L_a^{\min}$ 沿劳动力分配轴运动到 $L_a^{\max}$。

从技术中推导出劳动价值很直观,图 2.2 描述了这个方法。考虑净产出 B 为零和 $A_n^{\max}$ 的劳动力极端分配。净产出的价值是在此期间增加的价值,必须精确等于系统中的直接或当前劳动时间 $\bar{L}$。因此,如果我们在 $A-L$ 空间中找到 $A_n^{\max}$ 和 $\bar{L}$ 在一起的点 T,并从原点穿过该点画出一条射线,则该射线的斜率等于商品 A 单位价值的倒数。因此,我们将射线斜率表示为 UV_a。设商品 A 的总产量为 A_g,总价值量为 L_a^*,或理解为 A_g 中体现的直接劳动加间接劳动。然后,UV_a 的斜率等于 A_g/L_a^*。现在,从 L 轴上读取 UV_a 时,A 轴上的任何数量都与该数量的价值相关,即生产该数量的直接和间接劳动的总和。尤其是 A,其最大净产出正好是 $\bar{L}$。

净转换曲线 $A_n^{\max}B_n^{\max}$ 有一个可以推导出的重要性质。因为净产出的价值(在我们的极端情况下是 $A_n^{\max}$)是产出乘以单位价值,等于体系中的当前劳动,因此我们有 $\bar{L}=A_n^{\max}(L_a^*/A_g)$,或者 $a_n^{\max}=a_g\bar{L}/L_a^*$。同样,在 B 一侧,$B_n^{\max}=B_g\bar{L}/L_b^*$(请注意,$A$ 侧的所有推导都有对称的 B 侧对应项)。把这些放在一起,我们发现 $A_n^{\max}/B_n^{\max}=(L_b^*/B_g)/(L_a^*/A_g)$,净转换曲线的斜率是 B 和 A 的单位价值之比。当交换与得出的劳动比率成比例时,这个比率相当于价格比率,或者两种商品之间的交换比例。(关于可分解的情况,请参考第一章中该结果的代数推导。)净转换曲线的这一重要性质使我们能够确认 UV_a 是任何劳动力分配的单位价值射线,而不仅仅是净产出为 $A_n^{\max}$ 的极端情况。例如,如果净产出是 W,它将由 OR 单位的商品 A 加上 OS 单位的商品 B 组成。然而,后一

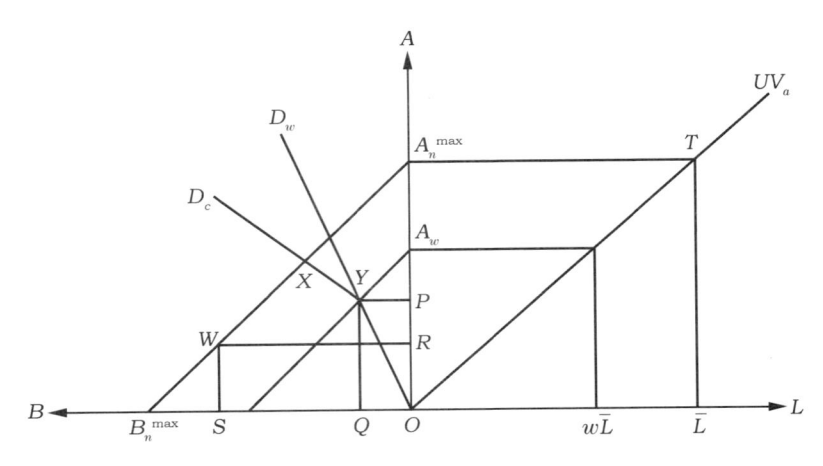

图 2.2　单位价值与剥削

个量可以通过价格比转化为它在商品 A 中的等价物，这相当于 A 的数量是 RA_n^{max}。因此，无论净产出的比例如何，A_n^{max} 都代表净产出，并且 UV_a 对于劳动力分配的变化是不变的（这当然是我们所期望的，因为技术是不变的）。

图 2.2 也描述了剥削的过程，或者说劳动时间在当前工人和资本家之间的划分。设 w 为支付给工人的当前劳动时间作为工资的比例，可用经典符号 $v/(v+s)$ 来表示。由于这相当于 $1/(1+e)$，其中 e 是剥削率 s/v，因此 e 的决定因素本质上是阶级斗争状态，它同时也是 w 的决定因素。给定 w 后，点 $w\bar{L}$ 就是已知的。这代表了经济中的总可变资本。要了解这一工资份额意味着什么，请从 $w\bar{L}$ 向上到 UV_a，再向左到 A 轴，即 A_w。这是 w 给定情况下，工人可以获得的实际工资，即 A 的数量。当然，工人们可能需要一个部分由商品 B 组成的工资篮子。假设工资篮子的比例是固定的（这个假设将在后面放宽），它可以用 $A-B$ 空间中的一条射线来表示，标记为 D_w，可以认为是工人的需求射线。工人们"最初"获得 A_w，并且按照劳动价值价格用 A 交换 B，直到他们在 D_w 上达到 Y。由 A 轴的 OP 和 B 轴的 OQ 组成的实际工资篮子现在已达到所需的比例。注意线段 A_wY 与净转换曲线平行，这一点隐含在劳动价值价格的交易，即隐含劳动比率直接成立的假设中。资本家一般会以不同于工人的比例（当然出于完全不同的社会目的）要求他们在净产品中的份额，因此，资本家的需求射线 D_c 以不同的斜率绘制，决定了 X 点上的劳动力总体分配。

到目前为止，商品一直在以未转换的具体劳动比率进行交换，因此，正如我们所知，这两个部门的利润率是不相等的（当然，除非有机构成是相等的）。在此处使用的简化图的范围内无法明确显示利润率。[①] 不过,对于利润率和最后一部分的部门乘数比率存在一个独特且无争议的解决方案(或者至少我们暂时是这样假设的)。现在,令 p 是商品 B 相对于 A 的价格比率,已经定义为 $(L_b^*/B_g)/(L_a^*/A_g)$。令部门乘数为 x_a 和 x_b,它们的比率为 $y=x_b/x_a$。转换后的价格比率 p'(对应均衡的利润率)为 $(L_b^*x_b/B_g)/(L_a^*x_a/A_g) = (L_b^*/B_g)/(L_a^*/A_g)y$,也就是说,$p'=py$。因此,$A-B$ 空间中的斜率表示对应相同利润率的价格比率是完全确定的,可以根据我们的假设将其绘制出来,而无须显式求解。

例如,考虑为以下这种技术绘制的图 2.3,在这种技术中,资本的有机构成在 B 中比在 A 中更高。剥削率为 $(1-w)/w$,工人在价值情况下获得 A_w,通过与 A_wB_w 进行交易,按价值比例转化为工资篮子 Y。现在,由于有机构成在 B 中比在 A 中更高,将大于 1,价格调整会偏向 B,斜率会上升。因此,新绘制的交易线 $A_w'B_w'$ 以更陡的斜率穿过原始工资篮子 Y。这意味着要达到 Y,工人现在必须能够获得等价于 A_w' 的工资 A。在剥削率不变的情况下,只有当 A 的单位价值正好落在从 UV_a 到 UV_a' 的转换所指示的比例上时,他们才能做到这一点。B 的单位价值(图中未显示)将上升,其幅度恰好是单位价值比率从 p 变为 p' 所必需的程度。

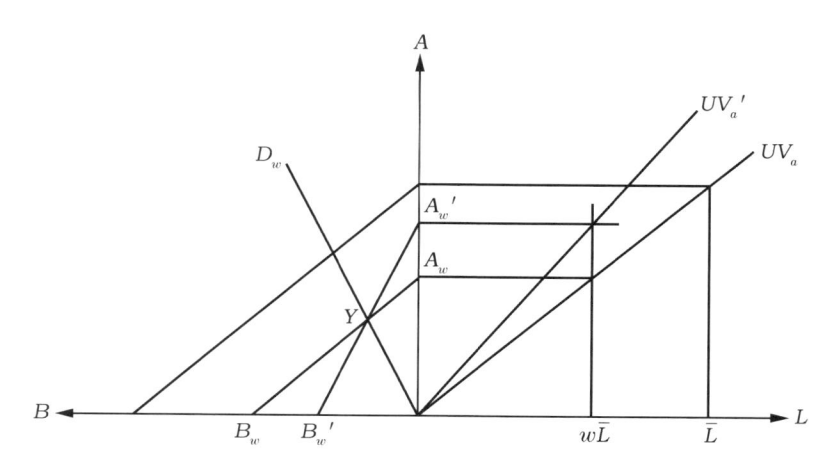

图 2.3　价值转形

[①] 在全尺寸几何图形中,劳动力轴根据当前劳动力的数量进行标准化,因为它们的维度是纯数字,利润率和部门乘数的比率可以在上面同时推导出来。

随着 UV_a' 已知，x_a 也确定了，因为 $x_a = UV_a' A_g / L_a^*$。简而言之，假设在从价值到生产价格的转形中，实际工资篮子（劳动力价值背后的参数）和剥削率（反映阶级斗争的真实力量）不变（因为它们是由这种转形问题之外的力量决定的，不应受到各种力量的偏见），不变性假设的问题就完全解决了，可以确定的是生产价格体系的规模，而不仅仅是比例。下面将讨论这一点的全部意义。就本说明而言，上面的假设可以压缩为"剥削不变性"公式，等价于前面讨论的"可变资本不变性"公式（$w = v/\overline{L}$，$\overline{L}$ 是常量，而常量 w 已包含了常量 v）。

这种推导生产价格的方法，使用几何学明确表示实际工资和当前劳动的价值工资份额，因此非常合理，并且暂时推迟了对这一假设的充分论证。我们现在可以看到提出的几个不变性假设之间的关系。在图 2.4 中，我们有这样一种情况：资本的有机构成在 B 处比在 A 处更大，而在 M 处，UV_a' 如前确定。当前劳动不变性认为，转形后净产出的价值将保持 $\overline{L}$ 的水平。暂时假定工人和资本家对净产出的需求比例相同，即 $D_w = D_c = D$。通过将实际净产出 X 转形为其在（转形）价格比例中 A 的等价物 A_n'，可以求出净产出的（转形后的）价值。① 这个 A 的等价物的价值是通过从 A_n' 向右移动到 UV_a'，再向下移动到 L 轴来确定的。在绘制出的情形中，我们发现净产出的价值恰好等于 $\overline{L}$，因此当前劳动不变性成立。这是根据平面几何中的一个定理，得出 $A_w' / A_w = A_n' / A_n$，然而这个定理仅在 X 和 Y 位于同一射线 D 上的情况下成立。例如，从图中可以看出，如果资本家的需求比例为 D_c'，则转形后的增加值 $\overline{L}'$ 将小于当前劳动力 $\overline{L}$。

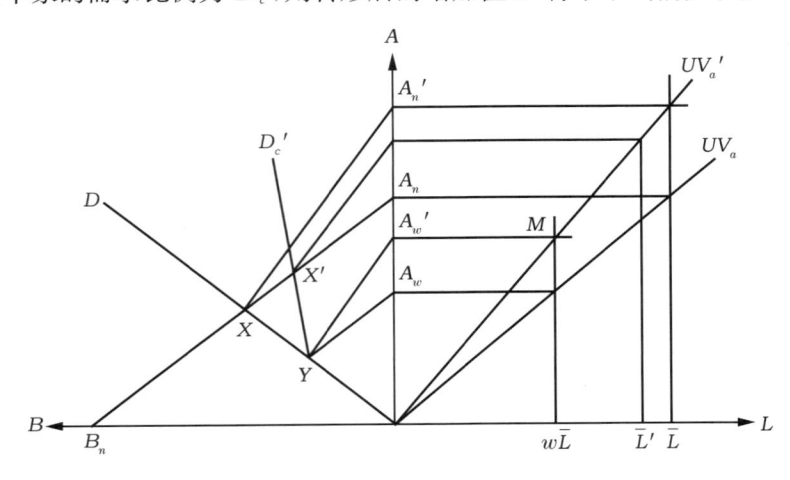

图 2.4　当前劳动不变性

---

① 为了表达方便，我们现在将 $A_n^{\max}$ 简单地写为 A_n，将转形后净产出 A 的等价物写为 A_a'。

那么，我们有以下定理。当净产出在工资和利润之间的划分方面是同质的（工资篮子和利润篮子的比例相同，因此等于净产出的比例）时，可变资本不变性和当前劳动不变性是等价的，决定了生产价格体系的规模相同。显而易见，这种比例在具有专门工资品和专门利润品的模型中是不可能存在的，因此它不会出现在三部门模型中。还要注意，可变资本不变性和当前劳动不变性同时成立也意味着剩余价值不变性（总剩余等于总利润），因此在这种情况下没有做单独分析。

余下的不变性假设，即总价值不变性，可以用同样的一般方法处理。首先，假设净产出具有同质性，这样当前劳动不变性就可以用来决定 UV'_a。在图 2.5 中，直线 JK 是对应净转换曲线的总产出轨迹。其终点位于正的 $A-B$ 空间，因为假设两种商品都作为投入出现，即使净产出仅由一种商品组成。现在，JK 和 $A_n B_n$ 一一对应，位于 A_n 的点 x 以与位于 K 的点 z 行进到 B_n 的完全相同的"速度"行进到 J。由于净产出的比例 A_n/B_n 在此范围内从 ∞ 变为零，而总产出的比例则有所不同，方向相同但在更小的范围内，显然有且只有一种劳动分配，在这种分配中，净产出和总产出在一条发自原点的射线 D 上对齐。此时在劳动力的分配中，总产出和净产出的比例相同，因此这也是总生产资料的比例，在这种分配中，系统是在斯拉法的标准比例中的（Sraffa，1960，第四章和第五章）。图 2.5 以标准比例描绘了一个体系，即 $JZ/ZK = B_n X/XA_n$。总价值或称总产出价值 L^*，是从总产出转型前后的 A 的等价物中推导得出的。使用与之前相同的几何结构，我们看到在这种特殊情况下 L^* 在从价值到生产价格的转形中没有变化，因此总价值量不变性成立，我们将这一结果表述为类似于当前劳动不变性的定理。一个理所当然的推论是，对于任何其他的劳动力分配，一般情况下，总产出将与净产出成不同比例，L^* 不等于 $L^{*'}$，不平等的方向也取决于 D 的斜率和有机构成。请再次注意，标准比例在三部门模型中无法实现（至少在不取消三个部门中的两个情况下无法实现），因此，生产价格总量永远不可能等于价值总量。

前面两段中陈述的定理可以组合成一个一般定理，表述如下：每当价值体系中 c、v、s 和 a 任何两个或更多的总量，或这些总量任意相加的组合具有相同的商品构成时，基于这些总量或总量组合的不变性假设将消失。鉴于剥削率不变性的首要地位，这意味着：(1) 与工资具有相同商品构成的任何总量或总量的组合在转型中将保持不变；(2) 任何两个构成相同但工资构成不同的总量将进行按比例转换（即这些总量的价格价值比将相同）。

谢克（1977）提出了一个有趣的案例，当剩余产品同包括资本品投入和工资

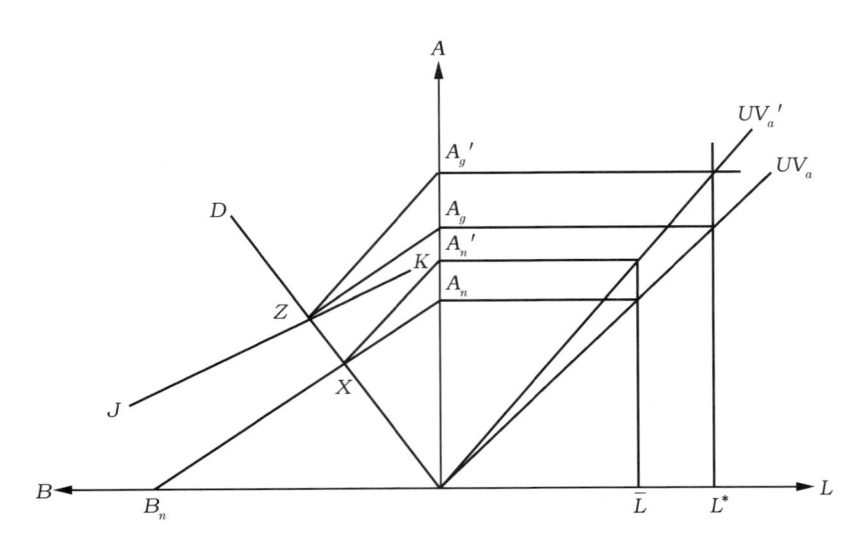

图 2.5 总价值不变性

品在内的生产资料以相同的比例积累时,经济将处于冯·诺依曼比例,剩余将被再投资以获得最大的增长;谢克称这种情况为"纯粹的扩大再生产"。运用我们的定理,我们发现剩余产品 s、成本价格 $c+v$,以及总产出 a 都处于相同的商品比例,因为我们有从剩余价值到利润、从总价值到生产价格、从成本价格到其转形等价物的成比例转形。谢克用这一结果宣布了价值总量不变性和剩余价值不变性的等价性,这似乎证明了马克思初始计算程序是正确的(特别是因为在这种情况下,马克思计算的利润率是正确的)。然而,我认为,剥削率的不变性仍然胜过这种考虑,特别是因为似乎没有令人信服的理由将"纯粹的扩大再生产"视为积累过程的唯一有效的抽象。顺便提一下,谢克得出马克思初始计算程序基本正确的论证(通过表明它可以被视为迭代计算的第一步,收敛于联立方程方法可获得的生产价格)与不变性问题无关,并与剥削率不变性假设和任何其他假设一样起作用。

使用这里提到的工具,可以很容易地构建所有其他可能性,例如,如果劳动力分配将体系置于标准比例,但工资比例与标准比例不同(资本家的需求比例抵消了这种差异),生产价格偏离总价值与增加值偏离当前劳动力的数量将在方向和程度上相同。

最后,请注意,如果获得的标准比例和工资比例是相同的,那么总产出和净产出、利润和工资都由相同的复合商品组成,上一节讨论的所有四个不变性假设同时成立,我们将进入一个马克思价值理论的黄金时代:价值总量等于生产价格总量,剩余价值总量等于利润总量,工资价值和剥削率不变,增加值等于当前的劳动投入。所有这一切都伴随着从不同构成的资本中获得相同的利润率。

在进入转形论证的下一阶段之前,快速考虑转形的动力可能是值得的,特别是放宽需求比例与价格比例无关的假设。在图 2.6 中,转形在实际工资 Y 和可变资本 $w\bar{L}$ 上进行。但是由 $A'_w B'_w$ 的斜率所表示的相对价格变化,导致工人将工资篮子的比例从 D 变为 D'(B 的相对价格较高导致对 B 的替代)。现在,有一个定理:在(转形后的)价格比例中改变工资篮子,即沿着 $A'_w B'_w$ 移动,不会改变均衡利润率和价格比例(证明参见 Laibman,1973)。一旦在 Y 处"发生了"转形,工资篮子就可以沿着 $A'_w B'_w$ 随意改变,随之而来的是劳动力的分配。由此得出结论,如果在生产价格的情形中,工资篮子是 Y',工资份额是 w,那么转形一定是在 Y "发生"的,直接在 Y' 转形意味着 w' 的工资份额不同。注意,只有工人的需求比例决定了体系的规模,资本家的需求比例有助于决定劳动力的分配,从而决定每个部门的价值量和总价值量,但在这种情况下,它们对转形后的单位价值或利润率没有影响。

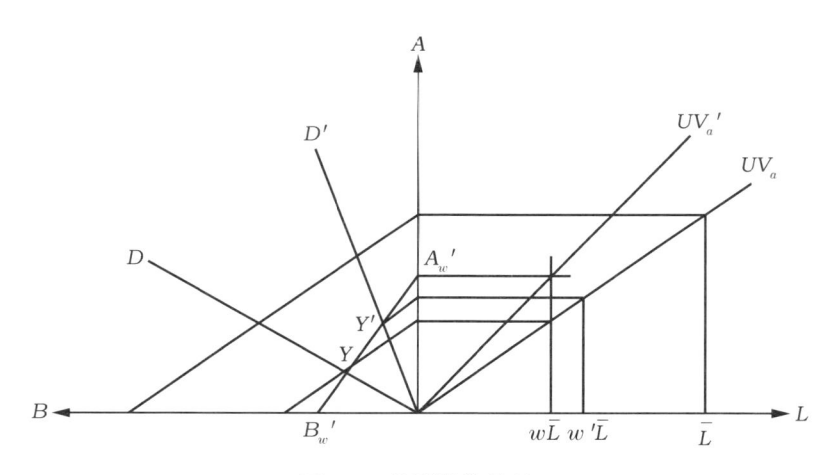

图 2.6 转形整体情况

一般代数公式、新结果和再考察

在我们试图从分析中提取出有意义的结论和政治经济含义之前,重新表述 n 部门线性模型问题将是有用的。我最初是跟着丰富的文献提出这种模型(Sraffa,1960;Brody,1970;Morishima,1973;Pasinetti,1977)。

我们从生产价格的一般表达式开始：均衡价格（从某种意义上说，它们体现了所有 n 个经济部门的均等利润率）具有每单位产出（仍然是同质的）劳动时间数量的维度。从一系列可能性中（包括上一节图形中隐含的流动资本概念），我现在选择投入流量和存量矩阵，利润只在存量中形成，工资从收入中支付（即不作为资本预付）。因此，

$$\pi = r\pi b + \pi a + wl \tag{2}$$

其中 π＝生产价格行向量（$1\times n$）、b＝单位资本存量矩阵、a＝单位投入流量矩阵、l＝单位劳动投入行向量；r＝（标量）利润率、w＝（标量）工资率。需要注意的是，w 是每单位劳动投入的价值量（二者都是流量），因此是一个纯数字。维度分析将揭示 π，然后，仅仅是在那个时候，具有与 l 相同的维度，即劳动/产品。除以任意的 π_n（假设已知），我们将得出 $n-1$ 的实际相对价格：

$$p = rpb + pa + w_m l \tag{2'}$$

其中 w_m 是商品 n 的实际工资率（它在这种情况下与货币工资率无法区分）。

斯拉法价格理论中的经典问题是由方程组（2）决定 p，这必须通过添加一个方程来完成（假设 r 和 w_m 都是未知的）。一个常见的选择是规定工人消费（单位工资篮子）的列向量 c 和工人预算方程 $w_m = pc$。作为对均衡相对价格的描述，这是完全足够的。然而，作为因果解释，事实并非如此：在确定价格 p 之前，不能假设存在向量 c（参见上一节对图 2.6 的讨论）。此外，所有劳动单位的统一消费向量的概念与资本主义社会中劳动力卖方的司法和市场独立性不相容（这与假设的奴隶经济形成对比，在奴隶经济中，由"工人喂养"和"资本喂养"投入组成的模型可能是合适的；Seton, 1957）。需要注意的是，从劳动价值论的角度来看，通过某种劳动力市场机制来确定 w_m 的理论，即使足以决定 p，仍然是不充分的，因为它没有解决 w_m 和 w 之间的关系。我们已经看到，后者可以解释为 $1/(1+e)$，其中 e 是剥削率。w 作为有偿劳动时间在总劳动时间中所占的比重，直接表达了阶级力量平衡的状态，没有因偶然因素而复杂化。因此，我们必须回到（2），它必须确定 n 的生产价格而不是 $n-1$ 的相对价格，基于给定的 w，而不是给定的 w_m。然后由 n 的生产价格 π 加上利润率 r 来确定，我们再次化约一个方程。

体系（2）的闭合实际上是经典的转形问题，本章第一节对此进行了考察，并考察了各种"不变性假设"。任何单一的不变性假设都足以闭合体系，从而可以确定 π。在热拉尔·杜梅尼尔（Gerard Dumenil, 1983－1984）、阿兰·利佩茨（Alain Lipietz, 1982）和邓肯·弗里（Duncan Foley, 1982）的论文中，已经阐述

了一个我们在最后一节称之为当前劳动不变性(CLI)的概念。定义总产出和净产出的列向量 **X** 和 **Y**，当前劳动不变性设定净产品的价值等于当前劳动投入的总和，就我们目前的模型而言，这意味着：

$$\pi \mathbf{Y} = \overline{L} \tag{3}$$

体系(2)因这个假设而得以完备。它还具有与"马克思主义体系精神"产生很好共鸣的以下特性，依赖于(3)建立的(转形后的)增加值和当前劳动投入的等价性，写成：

$$\pi = r\pi \mathbf{b}(\mathbf{I}-\mathbf{a})^{-1} + w\mathbf{l}(\mathbf{I}-\mathbf{a})^{-1}$$

并乘以 **Y**，我们发现(使用 $\mathbf{X}=(\mathbf{I}-\mathbf{a})^{-1}\mathbf{Y}$)：

$$\pi \mathbf{Y} = r\pi \mathbf{b}(\mathbf{I}-\mathbf{a})^{-1}\mathbf{Y} + w\mathbf{l}(\mathbf{I}-\mathbf{a})^{-1}\mathbf{Y} = r\pi \mathbf{b}\mathbf{X} + w\mathbf{l}\mathbf{X} = r\pi \mathbf{b}\mathbf{X} + w\overline{L}$$

使用式(3)，可得：

$$r\pi \mathbf{b}\mathbf{X} = \overline{L}(1-w)$$

它规定总利润等于无酬劳动。然而，像所有基于总量相等的不变性假设一样，这一假设只能以牺牲其他假设为代价才能实现。在目前的情况下，一般来说，总价格不等于总价值，此外，可以表明，对于任意 **c** 来说，$\pi \mathbf{c} \neq \lambda \mathbf{c}$，其中 λ 是未转形的单位价值向量，因此价值工资率不等于单位工资篮子中体现的简单(直接加间接)劳动时间。

不过，我们现在可以考察当前劳动不变性以及所有其他基于总量相等的不变性概念共有的问题。详细阐释(2)和(3)的解决方案可以揭示这一点。令 $\hat{\mathbf{I}} = 1/\overline{L}$，则 $\mathbf{l} = \overline{L}\hat{\mathbf{I}}$。代入式(2)并使用式(3)：

$$\pi = r\pi \mathbf{b} + \pi \mathbf{a} + w\overline{L}\hat{\mathbf{I}} = r\pi \mathbf{b} + \pi \mathbf{a} + w\pi \mathbf{Y}\hat{\mathbf{I}}$$

可得特征方程：

$$\pi = \pi[r\mathbf{b} + \mathbf{a} + w\mathbf{Y}\mathbf{I}]$$

求解 r，

$$\pi[\mathbf{I} - r\mathbf{b} - \mathbf{a} - w\mathbf{Y}\mathbf{I}] = 0$$
$$|\mathbf{I} - r\mathbf{b} - \mathbf{a} - w\mathbf{Y}\hat{\mathbf{I}}| = 0 \Rightarrow \overline{r} \tag{4}$$

然后从以下式子中解出价格：

$$\overline{\pi} = w\mathbf{l}[\mathbf{I} - \overline{\pi}\mathbf{b} - \mathbf{a}]^{-1}$$

现在，考察(4)将解得 $(\overline{r}, \overline{\pi})$，它不仅取决于技术 (**b**, **a**, **l**) 和 w，并且重点取决于 **Y**，即净产出的构成。由于 **Y** 是由需求决定的(不论这是如何设想的)，我们得到的结果是惊人的，即利润率和价格(应当注意，正如上一节的问题一样，它们不仅仅是生产价格 π 的规模，而且是相对价格 **p**)也取决于需求。

这个结果是如此惊人,以至于可能值得再次构建,这一次使用简单的两部门模型的标量方程,以原始的形式:没有资本存量,只有流动资本的流量,利润只形成于实物资本。1 表示资本品部门,2 表示消费品部门,从前面的矩阵方程明显扩展的符号,我们写出这个两部门的价格方程:

$$\begin{aligned} \pi_1 a_1(1+r) + w l_1 &= \pi_1 \\ \pi_1 a_2(1+r) + w l_2 &= \pi_2 \\ \pi_1 Y_1 + \pi_2 Y_2 &= \overline{L} \end{aligned} \quad (5)$$

这里最后一个方程将作为当前劳动的不变性条件。我们还可以写出净转换曲线的方程:

$$Y_1 = \frac{\overline{L}}{\lambda_1} - \frac{\lambda_2}{\lambda_1} Y_2$$

其中未转形的劳动价值 λ_1 和 λ_2 由下式给出:

$$\lambda_1 = \frac{l_1}{1-a_1}$$

$$\lambda_2 = l_2 + \frac{l_1 a_2}{1-a_1}$$

我们定义"系数乘积之差"$m = l_1 a_2 - l_2 a_1$。方程组(5)的解可以写成:

$$\pi_1 = \lambda_1 \frac{a_1 + wmY_2/\overline{L}}{a_1 + mY_2/\overline{L}}$$

$$\pi_2 = \frac{m(1-w) + \lambda_2(a_1 + wmY_2/\overline{L})}{a_1 + mY_2/\overline{L}} \quad (6)$$

$$r = \frac{(1-a_1)(1-w)}{a_1 + wmY_2/\overline{L}}$$

同样,在这个小练习中明确证实的惊人结果是,转形后的价值、均衡相对价格 π_1/π_2 和利润率取决于净产出的构成,这里用部门 2 商品的净产出数量 Y_2 表示。这并不违反佩龙—弗罗宾尼斯(Perron-Frobenius)定理的性质,关键是,给定像当前劳动不变性这样的假设,产出构成的变化意味着工资系数的变化,在给定技术的情况下,这又意味着不同的 r 和价格向量。认识到 $(1-a_1)/a_1$ 是最大利润率,R 和 r 的变化范围可以用 Y_2 的极值表示:

$$r(Y_2 = 0) = R(1-w)$$

$$r(Y_2 = \max) = \frac{R(1-w)}{1 + wR \frac{m}{l_2 + m}} \quad (7)$$

当 $Y_2=0$,部门 2 消失,系统恢复到单部门,并且 r 和 w 之间的简单线性关系仍然适用。同样的情况发生在 $m=0$ 时,即有机构成相等的情况下。不过,一般来说,考虑到工资系数 w,劳动力分配和净产出的变化将导致价格和利润率的变化。应该记住,这是在不存在规模报酬可变的情况下:技术系数是常数。

要领会这个结果的讽刺意味,我们必须回顾学说史。古典经济学产生了两种传统:一种在规模报酬可变的情况下导致了马歇尔的供需剪刀差,另一种是交换比率与需求完全脱节。"成本"决定价格、需求决定数量这一古典—马克思主义学说成为劳动价值原理早期表述的标志,并有意识地与以下观点联系在一起——价值反映生产关系,交换价值的外在形式的决定与需求侧、效用、偏好等无关。现在,马克思主义理论对转形问题刨根问底,并追寻生产价格的完全决定性,以证明劳动理论及其在价值和价格分析中把生产关系提升到首要地位。它通过使相对价格取决于需求而实现这种确定性,构建了比任何新古典主义创始人所能想象的更紧密的价格对需求的依赖,即使当技术系数独立于规模时也是如此。

有些事情显然是错误的,这种情况引发了人们的猜测,在错误的地方寻找不变性假设可能是由于未能充分思考价值决定与社会经济范畴的关系。在上一节中提出,在不变性假设中,最能充分表达马克思理论意图的假设是被称为剥削率不变性(REI)的假设,并且该假设的前提是事先确定 w,以及与未转形的价值关系相关的特定工资篮子的重要性。我们将在下一节中回到这一点。就目前而言,必须再次指出,取决于需求构成的不仅有绝对规模而且有相对价格,这对任何基于可能组成不同但总量相等的假设都是正确的。

有一种方法可以"闭合"价值体系,同时又不引入对产出构成的依赖:选择一种由技术引出的产出构成,因此这种构成不受需求变化和劳动力分配的影响。假设我们有理由相信利润率与工资份额的某个重要衡量标准之间的关系是线性的,并称之为 ω,以区别于我们迄今为止一直使用的 ws,其原因与产出的商品构成及其价值无关。我们回顾一下一般的价格体系,

$$\pi = r\pi\mathbf{b} + \pi\mathbf{a} + \omega\mathbf{l} \tag{8}$$

现在可以使用 r 和 ω 之间的线性关系来完成这个体系,这将具有社会经济身份的地位(参见第三章):

$$\bar{r} = R(1-\omega) \tag{9}$$

那么将式(9)代入式(8)就很简单了,可得:

$$\pi = R(1-\omega)\pi\mathbf{b} + \pi\mathbf{a} + \omega\mathbf{l}$$

并且

$$\bar{\pi} = \omega \mathbf{l}[\mathbf{I} - R(1-\omega)\mathbf{b} - \mathbf{a}]^{-1} \qquad (10)$$

因此，生产价格是完全确定和唯一确定的，而且，人们会注意到，没有净产出向量 Y 的干预，它与需求无关，正如我们假设技术系数独立于规模的情形。因此，这构成了转形问题的解决方案，不需要强加任何不变性假设，为任何商品总量确立条件。不过，应该指出的是，一般来说，总价格等于总价值、剩余价值（无酬劳动）等于利润、净产出价值等于当前劳动、劳动力价值等于工资，没有一个启发式的马克思主义性质是预期可以成立的。显然，如果存在悖论和神秘，它应该在所有索要者之间平均分配。

然而，有了这些技术问题，我们现在可以回到与不变性问题相关的更广泛的问题，看一看在第三章中，当我们从剥削理论的角度考虑价值问题时，是否可以得出任何有用的东西。

不变性与剥削

在前一章中，我们开展了将劳动过程置于资本主义社会关系和一般社会关系分析中心的论证。有效的结论是，当社会关系采取市场关系的间接形式，个人之间相互独立行动时，对社会关系最好从社会劳动的交换和转移的角度来考虑，从而作为交换数量比例的基础而出现。简而言之，这就是"价值理论"。

现在的任务是将这个概念与转形问题联系起来。存在两个层次：第一，不变性条件的问题，假设产出的商品构成以及相对价格和利润率是已知的；第二，当使用传统的不变性时，(π, r) 对产出构成的敏感性问题，进而是对需求的敏感性问题。

剥削率不变性的前提是：对劳动的控制和交换是资本主义和其他社会关系的核心过程，描述这一过程的参数，比它们在产出和价格结构中的表达和相互作用，具有本体论上的优先性。因此，从（未转形的劳动）价值向（转形后的劳动）生产价格转形的一个条件是：基本的阶级关系，即无酬劳动和付酬劳动之间的工作日划分，或者说剥削率，是不变的。这个条件也可以表示为工资在当前劳动时间中的份额（不是工资在增加值中的份额）的不变性，或者说，由于假设当前的劳动时间是给定的并且是恒定的，因此按价值计算的工资总额（可变资本）不变。这意味着，一般来说（撇开劳动的单一分配不谈），增加值不等于当前劳动时间，利润总额不等于剩余价值总额，生产价格总量不等于未转形的价值总量。

或许应该再次强调，价值转形中剥削率的不变性并不意味着这一比率被认为是随着时间的推移而保持不变,正如 $\overline{L}$ 的恒定性意味着劳动力增长率为零。相反,它暗示的是,作为转形过程的结果,剥削率(反映实际阶级力量平衡的参数)发生变化是不合理的。通过保持决定给定价值状况的实际力量不变,即技术以及资本家与工人之间的权力平衡,可以将转形问题隔离开来。然而,正是这些实际力量被任意改变,例如,在著名的鲍特凯维茨表格中,当奢侈品部门的乘数等于1时,可变资本使当前相同的劳动力发生变化。

如果所有这些都有更深层次的含义,那么我认为必须区分社会可见的和不可见的价值表参数。我所说的"社会可见"是指一个社会阶层的相关经验的一部分。现在,从资本家的立场来看,可见的参数是利润率,因为正是这个参数表达了资本控制剩余劳动的权力,这是资本家对社会劳动时间的权力即价值的看法。

同样,工人可见的参数是剥削率、他们所获得的工资的价值(对消费手段的支配)与他们所花费的劳动时间之间的关系。这反映了工人体验社会劳动时间的方式:直接根据持续时间衡量的劳动时间(而不是像资本家那样控制的劳动时间)。工人不关心工资在增加值中的份额,因为增加值不是"可见的";但还有另一种说法,即未转形的剥削率 s/v 是生产关系的范畴,而不是分配关系的范畴。①

剥削率的中心地位可以从另一个角度来看。不变性条件的问题是固定转形之后价值体系的尺度,要确定体系中商品的每一个物理单位的价值量。现在从商品 A 和 B 的角度来看,规模显然"无关紧要",如果它们的单位值作为产出更大,那么作为投入也同样更大。然而,劳动力这一商品有这样一个特点:它的价值与它所代表的使用价值的数量,即在其使用过程中体现的活劳动的数量,有着特殊的关系。生产劳动力的"产业"没有被挪用,因此,劳动力是系统的输入,而不是相关意义上的输出(参见第十五章对这一点的讨论)。故而它对所有商品的单位价值的规模并无差异,单位价值的规模总是指当前劳动的客观数量。换句话说,商品价值含量的规模不是社会可见的事实,而劳动力价值内容的规模不仅是社会可见的,而且位于中心。②

---

① 这里的"经验"概念是指阶级意识的范畴,与阶级心理学相对;见 dos Santos,1970。
② 这里需要谨慎。人们可能认为,对工人来说真正"可见"的不是剥削率,而是实际工资。在后面的章节特别是第六章中,我们将在研究技术变革和利润率趋势时讨论阶级斗争中立性最恰当的定义的问题。在这种情况下,我认为反映相对社会地位和社会福利定义的剥削率至少与绝对工资所表示的生活水平一样重要。然而,在当前的背景下,随着生产力的给定和不变,实际工资意识和剥削率意识是一回事。请注意,一个类别可能是重要的,但不是可见的,参见下一章中对"稳态"参数 ω 和 σ 的讨论。

因此，利润率和剥削率是定义转形的关键参数。增加值和总（毛）价值在社会阶级的经验中没有对应关系，它们的关系是价值理论研究的对象。剩余价值不变性在某种意义上更远离实际意义，因为如上所述，在转形中存在资本家之间的物理转移（即剩余价值量的变化既涉及价值效应又涉及构成效应）。

价值转形前后的两种形式，对应于两个社会阶层体验劳动的方式：一种是从事劳动，另一种是控制劳动。对工人而言，价值实际上是简单商品生产者的价值，是通过劳动支出赋予个人的对社会劳动的普遍权力。对资本家而言，价值是通过控制生产资料即资本而赋予的对社会劳动的权力。随着资本主义的出现，价值的性质发生了变化。控制商品的权力使得劳动力积累起来，变成了施加于人类的对抗性权力，即资本的权力。

转形本质上就是这种性质的转变，每天都在劳动力的买卖中再现。由于资本家和工人是这一重要交换的双方，因此双方在数量上将易手的价值视为相同的社会劳动量。对资本家来说，它是可变资本的总和；对工人来说，是他或她出售的商品的价值。从质的方面看，这种价值总和的社会性质在交换中发生了转形，从追求剩余价值的价值转变为追求使用价值的价值。但是在交换的时点上，劳动力的价值从双方来看是相同的，因此构成了两个阶级立场之间的结合点。这决定了劳动力价值在数量转化中的核心重要性，因此也决定了其不变性，而定量的转形又是转形的外在形式，被视为资本主义生产关系的一个内在方面。

因此，这种转形应当被视为阶级冲突中固有的两种价值范式之间的张力。这要求转形后的价值具有唯一的定量确定性。这可以用以下总结公式来表示：在资本主义条件下，不同构成的资本获得相同的利润率，商品根据它们所包含的社会劳动量进行交换。然而，这些量在系统上不同于生产它们所直接和间接消耗的数量。在这种解释中，转形不仅仅是维护劳动价值论的问题。虽然这一方面被包括在内，但我仍然认为，对价值转形的定性和定量研究，也是资本主义生产关系研究的一个重要组成部分，因为这种关系以价值形式出现，因此在本质上是有趣的。

然而，任务仍然是对围绕转形的早期观点的图景给出一些说明，特别是价格总量等于价值总量的概念，许多人似乎认为这是非常重要的（例如，Mage，1963；Shaikh，1977）。我们已经知道，这个假设必然与另一个同样具有启发性的假设相冲突，即剩余价值总量等于利润总量，它不能满足社会可见等要求。此外，认为该假设是由价值和价格在相同的劳动单位中表达的要求所决定的，是错误的。无论什么假设规则都是如此。如果系统处于标准比例之中，那么知道该假设确实成立,可能让人感到一点安慰。这至少比试图通过有关技术的特殊假设来调和各种假设更有吸引力,因为标准比例存在于任何可行的生产体系中。然而,没有理由假设它们在任何特定情况下都能实现。此外,标准比例不能代替实际比例,这是没有意义的;虽然这种替代使斯拉法能够构建一个具有特殊和有趣性质的商品价值标准,但与拥有自己固有计量单位的劳动价值有关的转形问题,没有任何地方可以与这种替代相对应。

最奇特的情况能让我们认为,总价格与总价值的背离,利润与剩余价值的背离,是由构成生产资料、实际工资和利润的商品组合的异质性造成的。就像我们在谈论"实际国民生产总值"或"使用价值的数量"时所做的那样,从这种异质性中抽象出来之后,图景继续充分发挥作用。在高深莫测的马克思主义一般均衡价值理论中,它并没有这样做,无须认为这是一种生产价格在相关意义上不以价值为基础的信号。事实上,似乎对《资本论》第三卷所描绘的图景的依赖,以及为其提供证据的尝试,都源于对转形过于机械的观点,这种观点认为仅仅是剩余价值的汇总和再分配。将转形解释为本质上是定性的过程,似乎表明对算术更有机的看法,以及对价值和价格总量之间的相关性有一个不那么严格的预期。我想补充一点,我相信这种质变在马克思思想(1967,《资本论》第三卷,157—160,167—170,195—198)中有坚实的基础,抓住了《资本论》第三卷图景中真正重要的方面,即充分发展的资本主义的经济范畴牢牢扎根于表征该体系的社会关系。

我们终于触及了一个问题:剥削率不变性的解决方案如何与价格和利润率似乎取决于产出构成的难题相协调? 第二节的图形已经不够了,因为"预算线"的斜率等于相对价格比率,并不独立于产出的构成。当前劳动不变性案例的练习表明,某些商品的总量,如总产出、净产出、工资等,将进入(x, r),而谜团依然存在。

剥削率不变性的提议可以用一般术语重新表述如下。在完全规模的 n 部门情况下,我们可以得到资本存量和流量:

$$\pi = r\pi b + \pi a + \omega l \tag{2'}$$

这是我们熟悉的起点。现在,我们需要假设一个特殊的、分析性的工资组合 c' 的存在,它既与用 ω 衡量的剥削率有关,也与用未转形的价值向量 λ 衡量的实际劳动支出有关。然后我们可得:

$$\omega = \lambda c' \tag{11}$$

我们可能认为 c' 具有由剥削关系确定的特殊使用价值属性,进一步的讨论将推迟到下一章。

然后由 c′ 决定转形后的价值；(2′) 中 ω 的出现，正是生产关系中工人和资本主义观点之间的"结合点"：

$$\omega = \pi c' \tag{12}$$

现在式将(12)代入式(2′)可得：

$$\pi = r\pi b + \pi a + \pi c' l$$
$$\pi [I - rb - a - c'l] = 0 \tag{13}$$
$$|I - rb - a - c'l| = 0 \Rightarrow \bar{r}$$

将 $\bar{r}$ 代入式(2′)并求解，最终可得：

$$\bar{\pi} = \omega l [I - \bar{r} b - a]^{-1} \tag{14}$$

当然，其中 $\bar{r} = \bar{r}(c')$。现在可以沿着预算线找到工人的实际消费束 c，其斜率完全确定：

$$\omega = \bar{\pi} c \tag{15}$$

请注意，这不同于假设"工人喂养"投入向量 c 并求解 $\bar{\pi}$。我们早些时候将这一计算程序的性质描述为充分但在分析上有缺陷，因为如果不剥夺工人阶级的司法和市场自主权，就无法预先确定工资向量。然而，在目前的方法中，有可能预先确定一个在剥削理论中具有特殊分析作用的特定工资组合。从这个意义上说，一种商品的总量决定了相对价格和利润率，以及生产价格体系的规模。这种商品总量是不是资本主义剥削理论的一个有意义的组成部分，还有待观察。

在刚刚得到的修正形式中，剥削率不变条件假定了一个客观的工资向量 c′，它既提供了价格—利润决定的商品构成维度，又指出了通向更全面的剥削理论的道路。这实际上可能是对前提条件的证实，即转形问题不仅仅是逻辑一致性论证的练习，更重要的是，它是理论链条中的一个环节，其对象是资本主义经济的性质和行为。剥削理论使价值理论得以完整，正如积累和危机理论完善了剥削理论一样。我们现在转向后者。

第三章

劳动、价值与剥削

引言：价值与剥削理论中的问题

我们在第一章研究了价值实体的存在性论证，人们认为价值实体是抽象的社会劳动时间的外延量。这一论证利用了社会理论的两个广阔的领域：其一，工作过程中社会关系的结构，决定了权力与系统性影响，将个人之间的关系束缚在可识别的结构和制度模式中；其二，孤立个体之间自发形成的市场关系背后的社会关系性质。在前资本主义社会形成的漫长历史中，存在市场关系和阶级结构（见本书第十三章），不过它们直到产生了资本主义，才第一次亲密地走到了一起。那么，我们就有了一般的价值理论，即交换关系的社会性质理论以及资本主义价值理论，其中交换关系涉及生产关系中的交换。从另一个角度来看，存在一般的剥削理论，它严格地描述了大量社会产品由从事劳动的生产阶级向所有者阶级、占有阶级的系统性转移，也存在资本主义剥削理论，它在面向所有参与者（其中也包括被剥削者）的"纯粹"市场关系和司法自由背景下讲述了同样的内容。

近年来，围绕剥削和阶级理论产生了大量分析性评论（Roemer, 1982, 1989; Ware and Nielsen, 1989; Dymski and Elliot, 1989; Lebowitz, 1988）。这些"分析马克思主义者"反对经典的剥削观点，认为在某种意义上，剥削"发生在"生产过程中，并且可以用包括有偿和无偿劳动在内的劳动时间来核算。可以认为这是在概念上同剥削涉及工人和雇主在生产中的关系有关，主要是从工作场所中的胁迫、恐吓等方面来解释。相比之下，罗默的同构定理认为，在给定的技术条件下，"资本雇佣劳动"（劳动者将自己的劳动力出售给物质生产资料的所有者）或"劳动雇佣资本"（劳动者从所有者那里雇佣或租借资本品）对于剥削的存在并不重要。在前一种情况下，生产过程的控制权掌握在资本家手中，而在后一种情况下，控制权掌握在工人手中；在均衡状态下，同样会发生劳动的不平等交换（净转移），这种净转移确定了剥削的存在性和剥削率。简而言之，无论是劳动力（权力）市场还是"资本市场"都会实现同样的剥削结果，而剥削在本质上是由生产性资源（生产资料）的初始分配不平等导致的。

当然，这种观点的一个问题是，它留下了一种疑问，即生产资源初始的不平等分配是如何产生的，而这种不平等分配又是如何维持，以抵御受其影响的被剥削阶级的抵抗的。即使我们像马克思那样，把资本的"原始"或"初始"积累降低到抽象程度低于曾经存在的资本主义社会关系再生产的层次（人们可能怀疑向资本主义转型的理论中这一差距是否应该消除，仍旧参考本书第十三章），也应该解释再生产本身。除非我们能够解释财产分配的社会合法性和对财产收入的要求，而不是靠某种未经检验的文化产物或惯性，或者归结为某种"暴力"理论[①]，否则剥削理论是不完整的，尤其是资本主义剥削理论是不完整的。在这一章中，我将论证社会劳动的核算是应对这一挑战的基本要素。

该论证还解决了前面几章中陈述和提出的价值理论中的一个主要问题。以劳动为基础的价值理论是资本主义剥削理论的基础，它受到的主要批评集中在马克思的主张上，即只有商品劳动力创造的价值超过它本身的价值，区别在于劳动力的来源，或称无酬劳动。现在已经明确表明（例如，Wolff, 1984），任何直接或间接进入所有商品生产过程的商品（在斯拉法提出的意义上是一种基本商品）都可以正式作为剥削理论的一种价值实体：商品 X 的数量可以用直接和间接"包含"在所有其他商品中的数量来计算，而且如果技术是具有生产性的，即产出在某种意义上超过投入，则包含在一单位商品 X 中的 X 的数量将少于一单位，从而能计算 X 的无酬/付酬比率。那么在正规意义上，我们可以区分花生与花生能量，表明用花生度量的花生能量少于生产出来的花生数量，从而将剥削解释为对花生的剥削。

一些马克思主义者在试图有力回应这一批判时，发现了劳动的独特性质，

[①] 民谣歌手皮特·西格在对话中讲述了这个故事："滚出我的土地！""谁说这是你的土地？""在我之前是我父亲的。""他从哪里弄来的？""在他之前是他父亲的。""你爷爷是怎么得到它的？""他为之奋斗。""好吧，我会为它和你战斗！"由于未能说明其战斗能力，以及这种能力的再生产最终集中在少数上层阶级手中，它作为社会理论是不充分的。

将它视作价值实体：只有劳动才能进入其他所有商品，劳动是生产的活跃成分等等。在某种程度上，这些回应是循环的：它们断言劳动是唯一重要的，因为我们定义了劳动是唯一重要的，而且没有明确的原因！不过这正是问题的关键：在资本主义经济理论识别劳动的独特功能的意义上，劳动在价值理论中的作用还没有得到明确的证实。简而言之，正如本书的第一章所解释的，挑战在于确定价值范畴对我们分析资本主义本质和动态的独特贡献。正如我们所看到的，对传统马克思主义方法的斯拉法批判（Steedman，1977；Bandyopadhyay，1984－1985）提出了一个强有力的主张，即可以在没有价值即劳动的情况下，分析从剥削到资本主义增长、危机等过程的一切效应，并且应当如此表述，以避免马克思主义遭受批判。然而，如果可以证明劳动价值的概念确实在资本主义剥削理论中发挥了独特而重要的作用，那么正如花生论证一样，斯拉法的立场就失去了力量：人们可以很容易承认，从形式上来说，除劳动之外的任何基本商品都可以作为价值实体，但是我们选择将劳动置于这一角色，是因为在这个理论的其他层面上只涉及劳动。这是本章所遇到的挑战。然而，在构建过程中必须小心。我们一开始就同意，当这些"定量见解"只不过是对劳动价值前提本身的重新表述时，仅仅通过指出与之相关的"定性见解"来宣称劳动价值的独特作用是不够的。换句话说，"价值理论"不进入有关资本主义经济如何表现的理论，只进入其"内在本质"的论证是足够公平的，只要"内在本质"不是根据理论来定义的。（例如"价值在理解资本主义生产关系中是必不可少的，因为只有它才能使我们把剥削想象成对抽象劳动的占有"显然是一个循环论证。）

因此，我们面临双重挑战。第一，剥削理论不完整，其中无酬劳动可能依赖于"生产性资产的差别化所有权"，似乎所有权是一个不需要解释的公理范畴，或者依赖于在工作场所受到的胁迫，好像这也可以简单地假设。资本主义财产关系的合法化依赖于社会权力的某种形式，这种社会权力存在于生产关系中，并通过生产关系本身得以再生产，对劳动力行使的权力也必须根植于资本主义剥削权力的更普遍的概念中。因此，剥削的财产和生产地点方面是相辅相成的，两者都必须进入剥削理论，但即使在它们的相互作用中，它们本身也不是该理论的充分基础。

第二，必须提出价值作为劳动的理论，在资本主义剥削理论中全面识别劳动的作用。如果完成得当，它还应该为价值形成的技术方面提供一些见解，以及为价值计算中的部分问题提供解决方案，这些问题在批判性文献中占据显著位置。我们显然必须转向将价值和剥削合二为一的理论任务，即把价值理论置于资本主义生产过程中。

劳动与资本主义社会经济

当我们论及"把价值理论置于资本主义生产过程中"时,我们想的是在资本主义控制下产生的劳动过程,在商品生产过程中,商品的销售将为资本家阶级带来利润和积累。剥削理论,即资本家和工人之间对立和从属关系的理论,经常遭到轻视,并被附于价值理论的结尾(也许是遵循《资本论》第一卷的表述顺序)。在那里讲述的情况中,长期以来似乎有一种令人不适的随意性,工作日($v+s$)是由斗争中形成的惯例在历史上决定的;劳动力的价值(v)也同样确定;剩余价值(s)是它们之间的差额。虽然这一构建令人钦佩地将剥削与价值等价地联系起来,但它没有解决实际社会过程的问题,而这一问题造成了 $v+s$ 和 v 之间的重大差距。不用说,在这个领域,马克思主义理论不会将什么视作理所当然,人们会疑惑我们是否已经充分阐释了剥削权力再生产的方式。

构成纯粹资本主义经济的两个阶级间关系的一个中心特征,是阶级行为人进入这种关系时具有的自主性,即不受任何政治控制。这些阶级存在于社会中不同的地方。工人离开他们拥有司法自由和实践自主权的地方,进入资本家的巢穴——这个短语让人想起《资本论》第一卷第四章至第七章中的惊人隐喻。为了在没有任何外部或物理强迫的情况下,形成迫使他们这样做的力量,实现对剩余产品的占有,可能有必要首先将资本主义社会经济重新定义为具有两个基本区位或部门的体系:工人阶级家庭部门(H)和资本主义生产部门(C)。总的社会劳动过程发生在两个部门,这两个部门在描述广义的社会经济时都是必不可少的。

这里提出的术语包含一些陷阱和潜在的误解。"资本主义部门"是指家庭部门在资本主义生产方式之外,我打算把它带进去,因此,"资本主义生产部门"决不能暗示生产在某种意义上不发生在家庭部门。反过来,后一术语似乎意味着以小规模生产或简单商品生产为基础,或者说,也许是早期英国工业特有的包工制的残余。可以想象,早期的资本主义正在从简单的也就是分散的和孤立的家庭经济环境中为自己争取空间。然而,我的意图是展现一个更为一般的概念,对这个概念,我可以找到与上面使用的短语同样抽象的定义,即工人阶级所占据的社会位置。在发达的资本主义中,这甚至可能被认为涉及非资本主义合作社,或者国家活动的某些方面充分吸收了流行内容,以代表工人阶级自我再生产结构的一部分。不过,家庭部门的核心决定因素必须始终是劳动力的自主再生产,在这里,潜在劳动力的持有者被赋予了这种独特商品的所有者身份。

重要的一点是,家庭部门与资本主义部门之间的对抗不应将阶级斗争作为工人方面恢复前资本主义经济生活形式的一种动力。

将家庭部门置于价值和剥削分析的中心,立即引出了性别问题,特别是资本主义剥削和压迫妇女的性别职能专业化之间的关系问题。越来越多的文献致力于描述妇女在家庭中的劳动,并概述其特征(Vogel,1983,1986;Barrett,1980;Fox,1980;Landes,1977—1978;Smith,1978)。虽然这里所设想的家庭部门是资本主义社会经济特有的,但问题仍然是决定性别压迫的特定(即资本主义)方面与追溯到前资本主义(实际上是前阶级)社会的对应方面之间的平衡。虽然这里不打算评价妇女家务劳动和资本主义生产部门劳动的众多理论结构,但我仍然要指出,两部门(即家庭和资本主义生产)资本主义经济的概念似乎排除了通过简单类比资本主义生产部门的工人—资本主义关系,来概括家庭中的女性—男性关系的特征。

要进一步阐述这个问题的性别方面,需要通过一个简单的模型更全面地介绍这两个部门之间的关系。我的想法可以用图 3.1 来说明。整个生产过程由两个部门的次级生产过程组成。在家庭部门(以下简称 H 部门)中,家庭劳动力的流量 l_H 和从资本主义部门(以下简称 C 部门)获得的商品 x_H 相结合,产生了社会总劳动力 l。任何一个部门的生产都用双箭头表示。所有商品 x_H 都是从 C 部门进入 H 部门的,由于 H 部门劳动过程的结果不是以离散单位分配的(它们不会成为自有商品),因此不会采取离散商品的形式。因此,在这个表述中,商品本身(为交换而生产的使用价值单位)是一种历史产品,与分散的所有权相关联,这种情况仅发生在 C 部门。H 部门持有的财富存量 X_H 支持了 H 部门的劳动过程,这将在确定 H 部门对 C 部门的依附程度方面发挥间接作用(见下文),也为 C 部门的再生产危机创造条件。[①]

H 部门的社会劳动产出分为两支:一支(l_H)返回 H 部门(虚线),另一支(l_c)(在某种意义上)与 C 部门交换(实线)。l_c 就是我们习惯上所说的"当前劳动力"。如果它是在剥削条件下从 H 部门提取的,那么对剥削事实(和剥削率)的衡量可以从存在"工作日"(l_c)的情况中得出。我们可以定义一个比率,即 H 部门剩余劳动力与其生产的总劳动力之比的倒数形式,来度量这种情况[②]:

[①] 根据 Brody(1970)在本书第十五章中的建议,可以探讨在社会主义再生产的背景下 H 部门持有的资源存量的作用。

[②] 我选择通过 H 部门内保留的劳动力与该部门生产的总劳动力之比来度量剥削的这一维度,而不是通过看似直接的衡量方法 l_c/l,以便其与 ω 平行,这是 H 部门恢复其输出的劳动力份额的本质(见下文)。

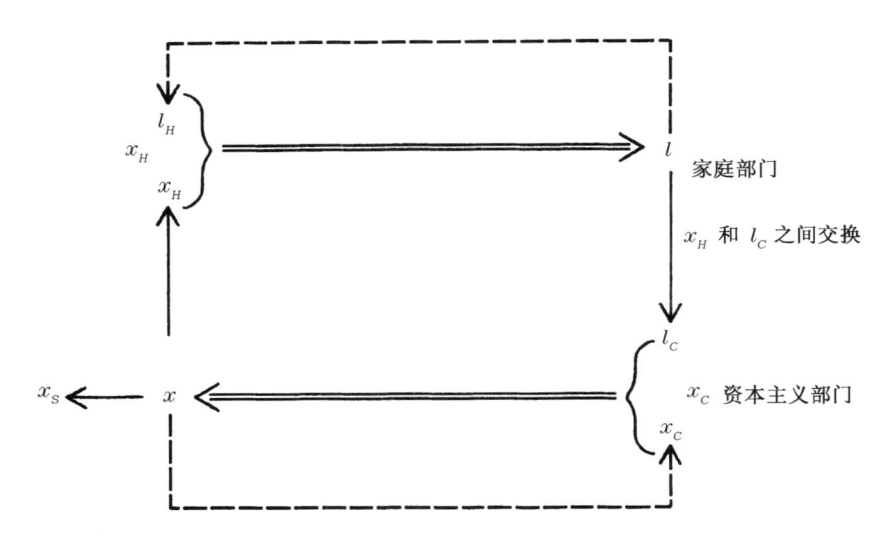

图 3.1 资本主义社会经济

$$\sigma = \frac{l_H}{l} \tag{1}$$

图 3.1 的下半部分显示了在经济分析中更为人所熟悉的 C 部门的生产过程，其中 l_C 与物质流量和存量投入 (x_C, X_C) 相结合，在资本主义所有权和控制下生产商品 x。部分保留在 C 部门，返还给它 (x_C)。净产出分为两部分：一部分 (x_H) 送至 H 部门（"工资"），而另一部分则从生产中提取出来，作为剩余 x_S（"利润"）分配。所有这些都可以用简单的核算等式表示：

$$\begin{aligned} l &= l_H + l_C \\ x &= x_C + x_H + x_S \end{aligned} \tag{2}$$

核心问题当然是 H 部门和 C 部门的关系，如两个流量 l_C 和 x_H 所示。为了理解剥削过程，我们需要分析这些流量对 H 部门本身的影响。l_C 当然是劳动力流出 H 部门的量，x_H 是流入 H 部门的产品。关键概念是 H 部门的劳动活动，如上所述，这并不包含在离散商品中。因此，流量 l_C 通常与 H 部门的活动直接可比，因为它是以相同的单位测量的，并且可以用这些术语理解它的缩减。然而，商品流入 H 部门的影响必须根据它所取代的 H 部门的同等活动来掌握。我把商品 x 总量的家庭劳动时间等价物（HLTE）定义为 H 部门的劳动量，该劳动量确定了相关商品的功能性等价物。需要进行这种比较，以便分析 H 部门和 C 部门之间活动交换的影响，即以劳动换取商品，确定有意义的商品劳动含量。为了避免过度重复这一关键点，所讨论的商品的 H 部门等价物必须确定为劳动时间的数量,因为劳动时间是家庭部门内客观存在的唯一衡量标准。

关键问题是:给定数量的工资商品的家庭劳动时间等价物是什么,它是如何确定的,这里提出的剥削理论将怎样阐述?像马克思主义话语中许多具有光荣历史的概念(物质、实际矛盾、价值实体)一样,家庭劳动时间等价物更容易定位为消极的而非积极的,也就是说,提到它不是什么。特别是 H 部门工资篮子所需的不是家务劳动量,由于剥削的一个方面是 C 部门对规模和先进技术的垄断,所以这种劳动量很可能不仅大于 l_C,而且是无限的。

使用的词汇是"功能性的"。争论的焦点是家庭作为 H 部门的一部分而再生产,覆盖从单个家庭生产到各种形式合作的潜在替代组织形式,取决于整个资本主义社会经济的演变状态,在政治上可行的事情也是如此。一个或两个雇佣劳动者的家庭结构将与此相关,代际关系的特征也是如此。所有这些决定的结果是家庭由于 C 部门投入 x_H 而可以放弃的劳动时间数量,并且不会危及 H 部门作为一个整体的再生产。(下文将进一步考虑再生产危机的可能性以及可能导致这种情况的条件。)

我们可以将家庭劳动时间等价物定义为劳动时间的数量 l_W。核算关系和定义是我们所熟知的:

$$l_C = l_W + l_S$$
$$\omega = \frac{l_W}{l_C} \tag{3}$$

由此,资本主义剥削的一个条件是 $l_W < l_C$,或 $\omega < 1$。确保这个条件必然成立的逻辑理由是不存在的,它的地位等同于与之伴随的条件 $l_H < l$ 或 $\sigma < 1$。σ 和 ω 是资本主义剥削中不同但相互关联的方面的衡量标准(并未假设它们代表了不同类型的剥削)。

当然,式(3)中的剩余劳动力 l_S 也可以定义为家庭劳动时间等价物劳动,并且作为余项得以决定。它以家庭劳动时间等价物劳动的关键数量 x_H 和 l_W 为基础,这些数量的决定发生在 H 部门结构的整个领域,包括其性别属性、技术可能性、与包括国有部门在内的更广泛的社会基础设施的联系。正是 x_H 与 l_W 之间的联系形成了商品独特的、有意义的劳动内涵。我们根据 C 部门和 H 部门之间的关键交换来定义一单位劳动的价值:

$$\lambda = \frac{l_W}{x_H} \tag{4}$$

家庭劳动并不体现在离散的商品中,但它确实呈现出各种离散的形式。问题在于如何真正地抽象家庭劳动，并将其简化为一种以时间衡量的共同社会实体。我将加入那些学者（例如，Mohun，1984—1985）的行列，他们将抽象劳动的合适概念与实现过程联系起来：劳动由于商品在市场上遭遇对手的对抗而具有社会性，从而变得抽象。将这种方法应用到本书提出的资本主义社会经济的两部门概念中，我们把家庭劳动的抽象概念一般性地定位于工人阶级家庭的竞争，并通过与 C 部门的交换，成功地使劳动具有社会地位（请注意，C 部门能够防止 H 部门内非资本主义市场关系的任何显著增长）。因此，家庭劳动的抽象化和劳动力的增殖是一致的。需要强调的是，使用不平等程度 ω，以及将 $\sigma < 1$ 作为剥削的指标，绝不会损害马克思最初对工人和资本家之间劳动力和工资交换（等价物交换）保护价值特性的见解。

然而，我们仍然只有面向剥削理论的框架，它是一种能使资本家从家庭劳动时间等价物中提取 l_S 的权力理论。在本章的余下部分，我将根据"分析马克思主义"学派成员的一些研究成果，来概述该理论可能具有的一些元素，他们主要的优点是以严格的方式提出了剥削的问题。

为了提出这个理论，有必要发明一个具有虚假定量形式的变量，我们将 D 称为 H 部门对 C 部门的依附程度。虽然 D 和其他变量之间的关系有待提出，我们仍然可以想到可以用一些可测量的代理变量来表示 D，至少在原则上是这样。正如我们将看到的，最终将有可能完全摆脱 D。

我们需要提出资本主义社会经济再生产的条件，即 H 部门和 C 部门的相互作用。这要求剥削是正的，即 $\sigma, \omega < 1$，因此要防止 H 部门的独立自我再生产。与此同时，施加于 H 部门的压力一定不能大到完全阻断其再生产自身的能力。

因此，各部门之间的剥削/依附关系似乎有两个相关的（互惠的但有别的）方面：C 部门从 H 部门中提取 l_C 的能力，以及 H 部门从 C 部门提取 l_W 的能力。这意味着 D 和 l_C 之间以及 D 和 l_W 之间的函数关系，分别由图 3.2 中的面板 a 和 b 表示。面板 a 显示了第一个方面，决定过程是从 D 到 l_C：H 部门越依附于 C 部门的再生产，它就越被迫向该部门出口劳动力。代数形式与几何表示的形式相反：

$$D = a l_C \tag{5}$$

如上所述，剥削程度或剥削率的第二个方面可以用工人要求获得回报的能力来表示（l_C），即 x_H 的家庭劳动时间等价物，或者是 l_W（面板 b）。存在一定的绝对依附程度 D_0，工人的议价能力为零。在另一个极端，$D=0$ 可以定义为工人在 C 部门提取其劳动的家庭劳动时间等价物的能力，即 l_C。因此，b 曲线代

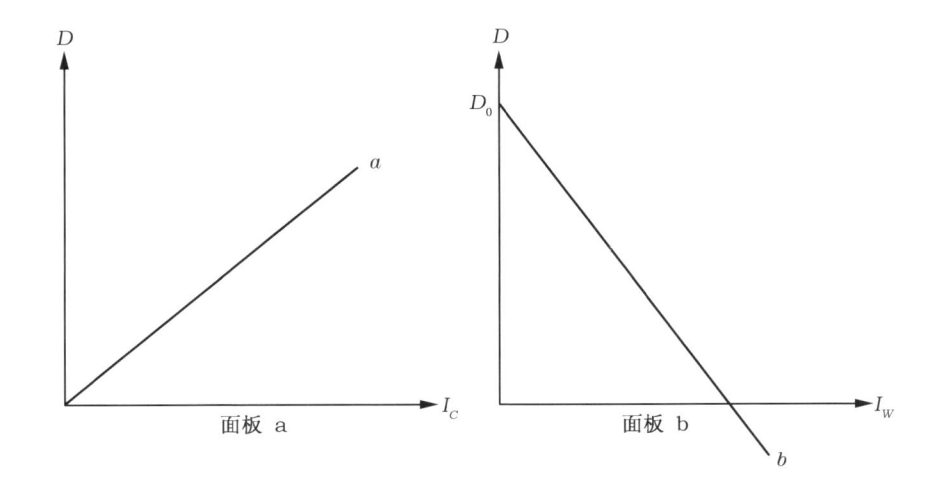

图 3.2 剥削的两个方面

表一组曲线,其中的每条曲线对应面板 a 横轴上的一个位置。第二种关系的形式是:

$$D = D_0 - bl_W \tag{6}$$

然而,在 $D=0$ 时,$l_W = D_0/b = l_C$,b 可以由 D_0/l_C 代替,式(6)可以表示为:

$$D = D_0 - \frac{D_0}{l_c} l_W \tag{6'}$$

结合式(5)和式(6')可得 l_W 和 l_C 的关系是:

$$l_W = l_C - \frac{a}{D_0} l_C^2 \tag{7}$$

使用 ω 和 σ 的定义,并注意到 $l_C = l(1-\sigma)$,我们可以推导出 ω 和 σ 之间的线性关系同时满足两个条件:资本家剥削的能力与工人抵抗剥削的能力相一致:

$$\omega = \left(1 - \frac{a}{D_0} l\right) + \frac{a}{D_0} l\sigma \tag{8}$$

将 $\hat{l}_C$ 定义为 l_C 的水平,它源于依附水平 D_0,且 $l_W = \omega = 0$,可得 $\hat{l}_C = D_0/a$,因此是 ω-σ 关系的最终形式,其中虚假变量 D 已经消失:

$$\omega = \left(1 - \frac{l}{\hat{l}_c}\right) + \frac{l}{\hat{l}_c} \sigma \tag{8'}$$

式(8′)中的关系如图 3.3 所示,其中曲线的相关范围将单位正方形对角线以下部分分割开来(这当然意味着 σ＞ω)。现在可以注意到的是,σ 是与工作日的长度 l_C 反向变动,在一个正在发展的 l_C 与 ω 的关系理论中,工作日的长度在理论上是可以决定的。

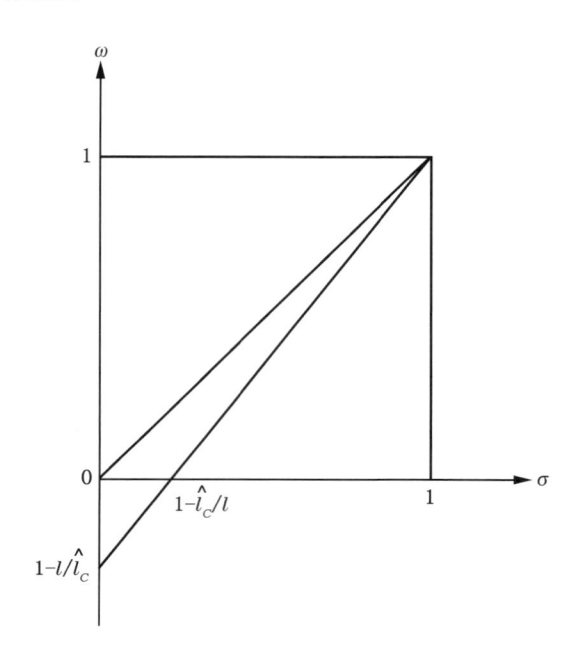

图 3.3 ω—σ 的轨迹

当然,在剥削的双生参数 ω 与 σ 可能的组合的范围内,自由度仍然存在。我们必须发问,是否有可能接近这种自由度?这样做值得吗?出于当前的目的,我只希望确定,依赖这类概念的分析可能对全面理解资本主义社会经济至关重要。然而,如果不去推导"均衡"组合($\bar{ω},\bar{σ}$),允许变化的范围可能缩小很多,一些可能的动态理论的发展表明了这一点。

为了确定 ω 和 σ 的界限,我们回到依附的概念:如果由 ω 和 σ 联合衡量的剥削低于某个临界值,C 部门阻止家庭部门自行再生产的能力可能受到威胁,我称之为潜在的资本主义部门再生产危机(CRC)。在另一个极端,如果 ω 低于一个临界点(当然代表家庭劳动时间等价物的劳动工资份额下降),或者 σ 低于一个临界点(剥夺家庭劳动,可能在双收入家庭增加的情况下得不到支持),那么 H 部门的再生产可能受到质疑,导致家庭部门再生产危机(HRC)。这些障碍也可能反映了健康的 H 部门在加强劳动力稳定方面的合法化功能:资本过度侵入 H 部门的领域,如剥离其传统的功能,破坏工人独立和自决的错觉(这是工资交易平等的神话的基础),造成潜在破坏经济关系政治化的危险(见本书第十二章的"合法化危机"概念)。

我们可以假设如图 3.4 所示的危机障碍,而不必在这个阶段对所有的可能性进行过于精细的定位,其中,粗边框的矩形代表一个没有危机的再生产区域。这一构建显然与本书第十二章提出的结构危机困境模型非常相似,事实上,它表明危机的病因在于两个层面:第一个由 ω-σ 空间代表,用于表达资本主义演化的无意识或稳态水平;第二个由 r-π 空间代表,其中存在阶级行为人有意识的行为。

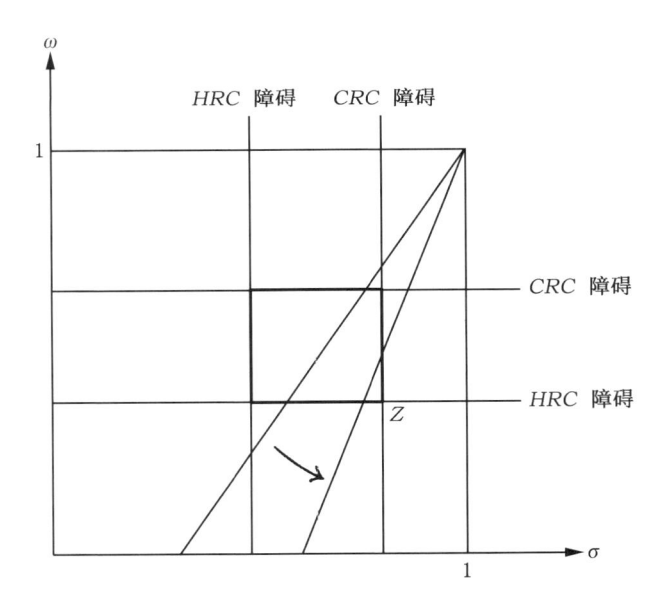

图 3.4 再生产空间和危机障碍

关于趋势,在这个阶段有许多可能性。但依附程度的一个重要决定因素很可能是 C 部门的资本产出比 $X_C/(x_H+x_S)$,它本质上是获得 C 部门资本存量所需的劳动期数,因此是衡量 H 部门依附性的一种标准。如果该比率有上升趋势,并且与 D 直接相关(曾经提到过),就与 $\hat{l}_C$(l_C 的潜在最大值)负相关,而后,在 $\hat{\sigma}=1-\hat{l}_C/l$ 的情况下,ω-σ 将发生偏移,如图 3.4 所示。这表明了一个长期趋势:传统意义上的剥削率上升(ω 下降)、工作日缩短(σ 上升)。它还表明,在 CRC 和 HRC 障碍的交界处,可能出现普遍的再生产危机(图中的 Z 点)。这表明 HRC 和 CRC 可能同时发生,尽管它们分别源于 H 部门的弱势和优势。造成这种悖论的原因是,这两个过程在社会经济领域的不同方面运行。ω 下降可能与利润份额上升的外在形式和众所周知的实现困难有关;在传统宏观措施中没有对应的 σ 上升(或者说,在先进的资本主义经济中,女性劳动力参与率的上升表明了相反的趋势)。如果有效的话,σ 的上升趋势很可能在合法化危机和反霸权形式,即合作、公有化等领域发挥其关键力量。

无论如何,出现了一个双边关键过程的轮廓,类似于在 C 部门本身的积累领域内更为人所知的清偿/实现危机(见第十二章长期危机的模型)。这里的教训可能正如马克思主义者所概述的,在资本主义积累理论后续阶段的 H 部门和 C 部门关系上移动得太快了。更详细的剥削理论将对积累和危机理论产生什么影响还有待观察。

扩展和影响

我们可以从模型中提取出一些关于本书第二章价值转形问题的初步思想("初步"当然意味着还有待进一步研究,而不是确切的结论)。

第一点是剥削理论的中心是基于家庭劳动时间等价物概念在家庭劳动结构、消费品技术和许多其他因素进化中的作用,涉及重要的劳动等价物概念,它反过来又决定了家庭的依附程度等。而后我们在货物数量和绝对劳动时间之间有一个明确的关系,即 $\lambda = l_W/x_H$。在一个商品世界中,这反过来意味着每种商品(总产出、净产出)包含了大量劳动力。无论是否直接"使用",作为劳动的价值都得以构建。对资本主义社会关系的自我平衡方面的分析,在不破坏 H 部门依附性的情况下,确保 H 部门和 C 部门之间关系的一致结构中产生的劳动等价物,得以保证每个部门的再生产,由这项分析得到一个关键参数,这是一个传统经济学(无论是非马克思主义的还是马克思主义的)都不知道的参数,即家庭劳动时间等价物返还 H 部门的份额 w。这不仅是一个普通的工资份额系数,还是一种从基本关系中产生的工资份额,也就是说,它在体现在均衡价格和消费篮子中,即体现在实际现有工资份额 w 之间,就具有社会经济意义了。这是如下前提的基础:剥削率存在一个有意义的度量方法 $(1-\omega)/\omega$,它与实际的工资篮子和价格无关。对于转形后价值的决定,存在一个论证框架,即一个价格向量方程[第二章方程(2)],工资系数为纯数,因此是某种份额系数。我们断言:劳动是具有价值的社会实体,因为它是在对资本主义剥削的全面分析中出现的,并使这种分析成为可能。

转形本身仍存在一个问题。在 ω 或者说 w 的外在形式给定的情况下,价格作为劳动时间的数量得以构建起来,在给定通常的加总等式不变性的情况下,关于不变性问题,或者均衡价格的依附性问题和利润率对产出结构的影响,剥削理论会告诉我们什么?

在这一点上,我并没有尝试得出一个完整的答案。我认为它将转向工资的使用价值构成,这与确定 H 部门的依附性,从而确定剥削率有关。依附性的一个重要方面是工人阶级(相对)不可能"逃脱",即博弈理论家所说的"退出"。如果我们考虑到目前资本品/消费品的产出构成,工人获得资本品(通过节省工资)显然会对它们的可利用性产生影响。更普遍地说,工资篮子有一个经过历史演变的组成,反映了一种特定的文化,包括阶级形成和斗争的具体历史,马克思的《资本论》第一卷第 6 章不仅解释了生活水平作为劳动权力价值的一个方面,也解释了其内部结构,包括住房、食品、服装、娱乐等之间的比例。这些比例不仅是单个消费者效用最大化的问题(尽管理论应该能够适应这方面),而且反映了与剥削的再生产相一致的潜在消费结构,即 H 部门的生存能力和依附性。相应地,绝对劳动价值的规模以及相关剥削率的确定,将与一个客观已知的工资向量 c' 有关,这是一个看似简单但概念复杂的解决方案[见第二章式(11)—(14)]。它与随后沿着工人预算线到正式的效用最大化消费束的交易完全一致,只要该消费束在 c' 附近的某个合理区间内。事实上,所选择的消费束同与剥削一致的消费束的分歧预计会对发展的形式产生影响,包括压力的出现、危机的趋势等。另外,这一推理表明,生产的绝对价格和相关的剥削率的确定取决于一定的商品比例,即在消费束的主要组成部分之间或在消费和储蓄之间。在这种情况下,草莓和蓝莓果酱或者黑色和棕色鞋子之间的喜好变化显然都无关紧要,因此我们不会期望价值决定原则延伸到这个微观层次。实际上,我们将知道消费束的食物成分中(转形的)劳动时间数量,而不能将其分配到该成分中的特定项目。

除了对价值作为绝对的大量社会劳动的存在以及价值转形的影响,所提出的资本主义剥削理论对进一步研究它所隐含的社会关系及其随时间的演变是有意义的。在某种程度上,这就是如下问题的答案:劳动作为价值的方法在何种意义上是可行的,它能让我们做什么?同样,答案必须是初步的。它确实建议对 H 部门—C 部门的动态进行研究,以确定 ω 和 σ 等变量的趋势,这些趋势必然对资本主义经济的内部稳态和潜在危机具有重大意义。这些变量描述了系统的稳态特性和一致状态,尽管它们不像货币工资和利润率那样是阶级主体要最大化的目标。因此,它们描绘了资本主义是一个"没有主体的过程",在"个体代理人"背后"运行"的水平。ω 和 σ 的趋势分析必须依据劳动时间——它是 H 部门活动的核心——以及将商品流量与确定 H 部门在资本主义社会经济中相对依附性的影响联系在一起所需的参照点。涉及劳动时间的可行研究可能包括随着工人阶级家庭的演变对家庭劳动时间等价物的探索；它与性别压迫的专业化关系（男性 l_c 和女性 l_H）；以上所有研究对 ω 和 σ 的长期演变的影响；等等。我们可以看到对工作日时间的理论处理的概述（如上所述）；此外，还有我们期待已久的，从理论层面上，对性别压迫的分析和资本主义社会的理论。以价值作为劳动的研究确实是丰富的。

尽管如此，对于那些劳动没有作为交换价值的人来说，作为劳动的价值似乎是一个空盒子。本章的论证表明，在 H 和 C 部门之间有一个关键的交换，其中劳动力交换价值是必不可少的。另外 $(n-1)$ 个交换价值 (p) 是怎样的呢？显然，这里关于一般水平的传统论证是适当的（参见 Dobb, 1955a, chap. 1）。给定 ω 和 σ 等变量，可以写出 $p=p(w_m)$，其中 w_m 是货币工资，这样就可以了。然而，即使在这里，记住 $w_m=w_m(\omega,\pi_n)$ 也是有用的，其中 $\pi_n=\pi_n(\omega,\sigma)$，因此，像商品 x 和 y 之间的互换比率这样平淡无奇的东西，是生产和再生产关系深层结构的终极表现。

第四章

生产劳动与非生产劳动

在《政治经济学批判大纲》、《资本论》第二卷、《剩余价值理论》和其他一些文献中,马克思试图从古典经济学家关于区分生产劳动和非生产劳动的著作中提炼出有效的本质。在马克思之后的每一代马克思主义作家中,这种讨论一直在继续。[①]

本章并不会综述经典文献或二手文献。正如 E. K. 亨特所表明的那样,马克思的著作深奥复杂,即使我们可以为他关于这个主题的著作确立一个一致的主旨,我们的选择仍然必须通过逻辑、证据和实践而不是文本确认来验证。我将在本章中建议,只提供一个框架来整理有关生产/非生产之间区别的众多定义,提出将非生产劳动纳入马克思主义经济学分析模式的可能方法,并展示这一概念的不同用途。一开始就可以说出结论:就大多数支持者(必须提到还包括马克思)所主张的强大用途而言,生产劳动和非生产劳动的区别是不合理的,应该作为资产阶级古典经济学的残余而抛弃。为了避免这听起来完全是负面的,我应该指出结论也将把文献中的正面线索集合在一起,并提出发展它们的方法,尽管在这里我仍建议避免使用"非生产劳动"这个术语,因为它特别容易引起语义上和实际上的混淆。

[①] 特别是参见马克思(1973)第 273 页及其后各页,马克思(1963)第一部分第 4 章,马克思(1967)第二卷第 6 章"流通费用"。有两本书有助于重振辩论:Baran(1957)和 Gillman(1957)。另见 Yaffe(1973)、Gough(1972)、Bullock(1973)、Barclay and Stengel(1975)、O'Connor(1975)、Holesovsky(1975)、Hunt(1979)(注:从中可以找到更多的参考文献)和 Shaikh(1979)。

非生产劳动的定义

根据价值理论的范畴（不变资本、可变资本、剩余价值）来明确区分非生产劳动的定义问题及其性质的问题是有所裨益的。第一个问题即定义问题，在本节中讨论。第二个问题即分配问题，将在下一节中讨论。

将非生产劳动/生产劳动问题与国有部门内部的劳动性质问题区分开来也很重要，后者关乎国家收入和支出的性质问题，即国家预算的阶级归属问题。为了一次解决一个问题，并且基于我认为合理的方法论基础，我将首先在纯粹的资本—劳动关系的基础上处理定义问题，从国有部门的存在中抽象出来。在下一步，如果不试图解决国有部门的问题，国家在劳动力再生产中的作用的某些方面将会具有相关性。

我们最后注意到，定义非生产劳动就是定义其对立面——生产劳动，从而确定两者之间的区别。

我们可以首先处理非生产劳动的四种定义，尽管它们具有一些历史或理论重要性，但在接下来的讨论中不会起主要作用。这四种定义是主观效用、全局性、斯拉法式和物理主义的定义。

那些接受新古典经济学训练的人会认为区分生产/非生产的唯一意义是，将所有产生任何效用，即"使用价值"的劳动，都视为生产劳动，否则为非生产劳动（例如，Blaug，1968）。这个定义完全取消了相关问题，但也不会阻拦我们。

第二个定义也取消了这个问题，却更为诡计多端。这个全局性的定义归于奥康纳（1975）提及的斯蒂芬·海默。它的关键表述是，"在资本主义社会中，所有的劳动都同时是生产的和非生产的"。此处将非生产劳动含蓄地定义为再生产资本主义社会关系的劳动，特别是那些与工人阶级的从属和控制相关的劳动，从而与生产商品的劳动相对立。全局性的表述来自所有劳动同时扮演这两种角色的洞见。那么，这就是对马克思著名论断"工人不仅生产商品，而且生产资本"（Marx，1967，vol.Ⅰ，chaps.6，24，32）的改写，简言之，在工人生产和再生产其生活的物质条件时，她或他也再生产资本主义社会的对抗性社会关系。尽管这种对劳动过程双重特征的洞见很重要，但似乎没有为之添加第二种表述的理由。

斯拉法式的定义是基于皮埃罗·斯拉法著名的《用商品生产商品》（Sraffa，1960，chap.3）中提出的模型。书中提出了基本产品和非基本产品之间的区别。基本产品是指直接或间接进入其他商品生产的产品，其中包括所有的工资品

（尽管斯拉法对工资的处理在一定程度上掩盖了这一点），因为它们维持了所有生产所需的劳动力流量以及所有资本品，除了那些专门用于生产非基本产品的资本品（这些资本品本身是非基本的）。非基本产品包括奢侈品（仅由资本家消费的商品），加上这些奢侈品的生产手段。非基本产品的特点是，它们的生产条件不影响基本产品的价格结构或利润率，而基本产品的生产条件会影响所有的价格，包括非基本产品的价格和利润率。虽然斯拉法本人并没有指出他的基本/非基本区别将被解释为生产/非生产区别的现代形式，但他的一些追随者提出了这一点（Bullock，1973）。这种定义与上文讨论的第一种定义有很多共同之处，因为它本质上是对所产生的使用价值类型的判断。虽然它也与下文将详细讨论的评价性定义有一些共同之处，但后者更具有一般性，同时也更为聚焦。目前，我们可以简单地说，正如几位作者所构建的那样，斯拉法式定义的区分与马克思及其后续解释者的主流趋势几乎没有共同之处。

我们的第四个初步定义是物理主义的。亚当·斯密提出的这个定义认为，生产劳动是生产实物性的有形商品，从而与提供服务相对。服务可以定义为一种同时进行生产和消费的商品，因此，它不能作为对价值的存储，也不能被再度分离。这种区别就像斯拉法式基本/非基本区别一样，可能在各种情况下都很有用。实物商品（特别是不易腐烂的商品）的有形质量使它们能够在危机或恶性通货膨胀时期作为货币的替代品，随着服务在整体经济活动中的比例上升，这种弹性可能有所降低。但是，就像基本/非基本的区别一样，这一点并不能帮助我们揭示非生产劳动的特有性质。霍尔索夫斯基展现了马克思在《剩余价值理论》中如何批评斯密追逐物理主义而被转移了注意力，从而未能钓到更大的鱼（Holesovsky，1975，p. 4；Marx，1963，part Ⅰ，p. 174ff）。

我们现在准备考虑三个主要的竞争者：社会经济定义、评价性定义和分析性定义。

社会经济定义

这是亚当·斯密的"正确"定义。正如我们将看到的，它的简单性具有欺骗性。在考虑社会经济学的定义时，斯密认为所有由资本支付的劳动都是生产性的，所有由收入支付的劳动都是非生产性的，其中"收入"基本上指的是雇主阶层的个人收入。因此，工人的劳动生产商品、销售商品实现利润，使资本增加，为生产劳动；仆人、专门商品的自营供应商等的劳动，是从积累过程中扣除资金，则为非生产劳动。

马克思的定义更为严格："生产劳动……是雇佣劳动，它同资本的可变部分

相交换,不仅这部分资本再生产出来……而且除此之外,为资本家生产剩余价值。"[①](1963,part Ⅰ,p.152)

因此,非生产劳动是指不产生剩余价值的劳动。如今,虽然这个概念变得难以解释,但我建议保留"社会经济"的标签作为一个明确的解释。亚当·斯密的仆人虽然像资本主义工厂的工人一样挣得工资,但不会为资本家产生剩余价值,因为他们的劳动不会产生可销售的商品。因此,他们不直接在资本主义生产关系中工作,也不直接在资本主义生产方式中工作——当然,他们的一般生活条件是在资本主义社会形成的更广泛框架内决定的。因此,他们的劳动就像工匠、小农和其他没有被纳入资本家直接占有领域的阶层一样——尽管他们的未来很可能就是这个方向。目前的重要性在于,资本家直接控制的领域之外的劳动力,可以客观地与资本控制的劳动力区分开来,因此,基于这种区别的非生产劳动的定义,在操作意义上(仅在这个意义上),有了一个客观的基础,将劳动力分为生产和非生产类别,至少原则上是这样。然而,正如我们将看到的,这种清晰度是要付出代价的,因为社会经济定义不会承担非生产劳动概念的主要用途之重。

有些作者会疑惑,在社会经济定义的意义上,非生产劳动者是否应该被同化为独立工匠,即自雇"小资产阶级",即使他们为工资而工作,或者被同化为工人阶级的行列。这个问题似乎尤其会出现在向资本家提供原材料或加工半成品的个体经营者的情形中(Holesovsky,1975)。然而,根据社会经济定义的标准,他们的劳动的最终产品是直接由资本家(或他人)消费的服务,还是直接进入资本主义领域用于进一步生产的物质投入,并不重要。在其中一种情况下,劳动维持消费水平。人们可能认为,在没有这种劳动的情况下,对生产中确实涉及剩余价值创造的消费品的需求会更高,但这只是加强了劳动作为非剩余价值生产的显著特征。在另一种情况下,劳动产生了不变资本的要素,这当然不会引发剩余价值的创造。

在社会经济的定义中,有一种超越其自身边界的紧张关系。当马克思谈到不"增加资本"的劳动时,给人的印象是,判定标准是劳动生产的产品是否可以通过增加生产性物质资源的存量或维持劳动的资金来增加资本。亚当·斯密当然认为,仆人的劳动是非生产的,因为它象征着从可以用来增加资本,即积累,从而增加"国民财富"的收入中扣除支出。这一思路引出了将非生产劳动与

---

① 参见 Yaffe,1973,pp.11-12:"生产劳动者是为资本的自我扩张而工作,并通过生产商品为资本家生产剩余价值的人。"

资本家消费品生产联系起来的定义,这一定义与上面讨论的斯拉法式定义并不一样。不过,剩余价值的生产意味着"资本的自我扩张",不是在积累的意义上,而是在剩余价值是自我扩张的资本本身这一意义上。①

简而言之,所产生的使用价值的性质与支配生产劳动和非生产劳动之间区别的社会经济关系无关,这句格言必定适用于奢侈品消费的使用价值,可以作为一种特殊情况。

评价性定义

对定义问题的第二个主要攻击,在马克思的著作中找到了线索,这些线索或明或暗地评价一种劳动或其产品,有时是通过社会有用性的一般标准,有时是通过援引一种更高级的社会主义/共产主义形式的社会组织标准。尽管像雅非那样的作者明确坚持马克思避开了任何"道德主义"的定义,但亨特最终证明了在马克思关于这个问题的思想中存在一个评价维度(Hunt,1979,p. 10ff)。例如,在《剩余价值理论》中,马克思谈到了"非生产劳动者……只是由于社会结构的缺陷,才成为有用的和必要的,他们的存在,只能归因于社会的弊端"(1963,part Ⅰ,p. 289)。他在《资本论》第二卷第 6 章中暗示,对簿记劳动的评估可能取决于这种劳动与社会组织体系相关的质量(p. 151)。一些马克思主义作者的研究已经建立在这种方法的基础上(参见 Baran,1957;Gillman,1957)。

如果第一个社会经济定义是可操作的,并且与价值和剩余价值的范畴有明确的关系,那么第二种评价性定义尽管原则上是可操作的,但与价值理论范畴就没有明确的关系。它似乎尤其不取决于人们是否将创造价值的财产分配给非生产劳动。琼·罗宾逊指责吉尔曼从利润中减去非生产费用,罗宾逊指出,非生产费用为律师事务所、广告公司等资本主义所有者实现了利润(Robinson,1959)。不过,无论人们是否担心评价概念与价值范畴之间的关系,根据一个经过深思熟虑的标准——特别是考虑到社会主义建设的经验积累——来确立劳动的社会有用性都非常重要,并可能具有巨大的实际价值。

分析性定义

如果有人坚持马克思的主旨必须从一个概念开始,即生产劳动是创造剩余价值的东西,而不管劳动的社会有用性如何,那么我们就回到了社会经济定义

---

① 这似乎是雅非在上一条注释(Yaffe,1973,pp. 11—12)所引用的一段话中提出的,这段话接着说:"包含生产劳动者劳动的商品的使用价值与这一定义毫无关系;这种商品可能是最为无用的。"

讨论结束时的问题。简而言之,我选择的分析性定义的捍卫者坚持将非生产标签贴在资本家控制下的劳动上,以生产和实现剩余价值,因此属于资本主义的生产方式。与商品流通相关的劳动,同与商品生产相关的劳动相对,往往被列为非生产劳动的主要组成部分(Shaikh,1979)。

分析性定义使我们面临与评价性定义相反的困难。范畴的明确性是毫无疑问的:非生产劳动不会产生剩余价值。不同于社会经济定义的情形,由于我们现在必须从生产剩余价值的企业中的资本家所雇佣的工人中识别出非生产型工人,我们必须得出结论,非生产型工人不会创造价值,否则,我们必须指定某种机制,通过这种机制,非生产型工人只能创造相当于他们劳动力价值的价值。至少可以说,这是一种任意性的发明,它也将迫使我们得出结论:非生产型工人没有被剥削。

问题在于找到一个可操作的标准,以识别出那些没有创造价值或剩余价值的工人。在寻找这样的标准时,我们必须小心,不要回到另一种令人不满意的定义,如物理主义定义或评价性定义。

马克思在《资本论》第二卷中似乎加入了物理主义的标准,尽管他在《剩余价值理论》第一卷中对斯密进行了限制。他举例说,推销员作为"一个出售劳动力的人",他的"劳动既不创造产品也不创造价值"(Marx,1967,vol. II, pp. 149-150)。现在,推销员的劳动力不能被认为是非生产的,因为它不会改变商品的物理形式,除非我们希望包括所有没有生产力的工人,例如艺人或私立学校教师的劳动,他们具有同样的特征。马克思本人对这一点是明确的:《剩余价值理论》中一些更丰富多彩的段落将歌剧演唱家、小丑等的劳动描述为生产劳动——如果他们被资本家雇佣,并且产生剩余价值["那么一种服务的表现就不能属于生产劳动的范畴。从妓女到教皇,这种废物有一大堆。"(Marx,1973,p. 272)]。但除此之外,我们关于分析性定义的目标将商品的物理性质的转换使用从识别特征中排除出去了。生产劳动和流通劳动之间能保持适当的政治经济区别吗?

分析性定义的支持者坚持认为,与运输和储存活动不同的是,与纯粹买卖相关的活动是非生产的,不创造价值或剩余价值。这里的关键问题是,将经济再生产的整个过程分离为不同的生产和流通领域在理论上是否有效。

区分商品的生产和流通当然至关重要,马克思通过发展资本与流通的特殊性和密切依赖性,为《资本论》第一卷中的剩余价值理论奠定了基础。他提出的见解是,剩余价值只在生产中产生,而生产也是流通的一个时刻,既在流通过程中,又不在流通过程中。然而,把生产和流通称为不同的"地方",并试图将一种商品"离开"生产领域并"进入"流通领域的瞬间予以形象化,这完全是另一回事。在后一个"地方"会进行必要的劳动,但这不会产生任何价值。据我所知,还没有任何令人信服的说法,能将这种概念与古典经济学家和马克思关于价格由相对劳动时间决定的过程的操作性说明相协调。通过社会劳动分配的调整,在一种商品通过生产直接转化为另一种商品的比率和通过交换的转换比率之间实现了平衡。后一种比率必须包括实现交换所必需的时间,也就是市场的混乱时间,无论这个劳动时间是在18世纪简单的市场活动的背景下,还是在当今复杂的金融和商业实践的背景下产生的。

关键的问题是,是否可以识别出购买、出售、保险、法律、会计劳动的一个方面,在进一步分析使用价值的转换和处理的某个方面时,这个方面是不可简化的:为抽象劳动和价值创造提供身体形式(用众所周知的《资本论》第一卷中的比喻)的具体劳动活动。销售人员不会改变商品的物理形态,但他们确实会带来商品和潜在消费者在时间和空间上的结合。销售工作包括安排库存和布展、提供信息、说服、填写销售单据和收据,以及一些簿记。

使用价值的产生在什么时候停止?如果我们假设人们可以提炼出致力于纯价值实现的劳动活动,那么考虑到这些活动明显的社会必要性,是否有任何理由将这些活动排除在使用价值和价值创造领域之外?当然,人们可以质疑,由于现有的资本主义社会组织、生产的无政府状态等,社会劳动的一部分在多大程度上只用于必要的活动。显然,一些金融、营销和广告活动都属于这一类。为了避免简单化的错误,我们必须同时声明,在社会主义经济中,参与控制的大量劳动——记账、销售、寻找买家和卖家——将继续是必要的和有用的,尽管这些劳动的社会内容和影响可能发生变化。我们显然已经进入了评价性定义,这本身就很合适,但与我们为分析性定义提供操作基础的任务无关。

这一节现在可以总结了。在非生产劳动的三个重要定义——社会经济、评价性和分析性——中,第一个可操作却无趣,第二个可操作但在价值理论范畴上并不一致,第三个在价值理论意义上雄心勃勃,但不可操作且空洞,因此无效。"不产生剩余价值的劳动"变成了一个空盒子。它的意思要么是"资本主义占有之外的劳动,不是资本雇佣的劳动",在这种情况下,它是一个在历史上重要性不断下降的概念(有一个可能的例外,我们稍后会看到);要么简化为对社会效用的评价,或者简化为一个无论按什么标准都不充分的物理主义标准。如果我们采用亨特提出的评价性定义,就会提出一条非常重要的研究路线。不过,这种研究路线将与劳动时间的核算完全一致,即无论是否按照评价性标准进行生产的所有劳动,都算作创造价值和剩余价值(当然,剩余价值只在资本主义占有范围内)。

此外，我们必须明确指出，正如亨特也正确指出的，我们拒绝关于生产/非生产的区别的主要意图。我相信，随着实践和科学经验的进步，这种概念会得到修正。

非生产劳动的分配

尽管有上述考虑，如果仍然希望采用非生产劳动的分析性定义，就会出现一个新的问题。我们现在转向对分配问题的关注：如何解释代表非生产活动的产出价值的组成部分？假设非生产劳动本身不创造价值，价值生产的产品的哪一个组成部分才是非生产劳动的成本（也许还有非生产劳动生产的固定资本要素的成本）？这一方面是为了解决非生产劳动成本的价值性质，另一方面是为了展示系统的定量确定如何进行，而且这种定量确定既是可能的，也与价值理论体系的其他部分相一致。①

虽然本节将只尝试对该主题进行初步研究，但应该清楚的是，如果价值范畴是可行的，即如果原则上完全具体化是可能的，那么解决该问题是至关重要的。解决非生产劳动问题的这一方面，对于那些坚持分析性区分有效性的人来说是义不容辞的。

由于非生产劳动的成本是一个流动要素，因此它必须融入商品产品价值中的三个流动要素之一：不变资本、可变资本或剩余价值。马克思在《资本论》第二卷中探讨了这个问题，其中相关段落在可变资本和剩余价值之间做了探索。在第三卷中关于剩余价值分配的章节中，非生产费用被描述为从剩余价值中扣除，因此是剩余价值的一部分。在其他地方，马克思将非生产劳动的成本纳入可变资本范畴，内容如下："可变资本的一部分必须用来购买这种仅仅在流通中执行职能的劳动力。资本的这种预付，既不创造产品，也不创造价值。"（《资本论》第二卷，第151页）。可变资本之所以如此命名，是因为它本身不仅创造价值，而且总的来说创造的比它本身拥有的更多。除非我们放弃《资本论》第一卷的基本见解，否则我们必须把这样的段落归结为一种笔记（马克思或恩格斯的），并回到其他选项，即不变资本和剩余价值。

据我所知，虽然马克思从未暗示过将非生产劳动成本视为不变资本的可能性，但这个想法是由肖恩·梅奇（Mage, 1963）提出的，得到了维克拉夫·霍莱索夫斯基（Holesovsky, 1975, p. 13ff）的支持。我们可以拓展不变资本的概念，将

---

① 在这方面，分配问题有点像众所周知的转形问题，在本书的第二章中做过详细讨论。

某些类型的不创造价值的劳动以及物质材料包括在内,这种想法很有吸引力,即使在这个初始阶段也出现了困难,在我们心目中的观点是固定资本流量是不变的,没有对应的存量。

如果非生产劳动的成本是不变资本,那么它的价值就会转移到最终产品上,没有价值创造。这个价值等于非生产劳动的价值,或者非生产劳动在实际工资价值中所占的份额。我们可以设想一个简单的模型,在这个模型中,生产中没有物理元素,因此没有传统意义上的不变资本。投入一产出的情况可以表示为:

$$L_u, L_p \rightarrow X$$

其中 L_u 是非生产劳动,L_p 是生产劳动;X 是物质产出。如果 λ 为产出的单位劳动价值,w 为产出的工资份额(1 加剥削率后的倒数),L 为劳动总量,则非生产劳动的价值为:

$$w\lambda X L_u / L$$

该产品的价值为:

$$\lambda X = w\lambda X L_u / L + L_p$$

求解 X,并将 $l_p = L_p / X$ 作为(生产)劳动生产率的倒数,则:

$$\lambda = l_p \left(\frac{1}{1 - w L_u / L} \right)$$

这一表达式令人瞩目之处在于,产出的单位劳动价值取决于工资系数 w(只要存在正的非生产劳动),这一点一旦出现就很明显。工资越高,不变资本的价值就越高,因此产出的单位价值也越高(这一结果是没有问题的,可以很容易地推广到具有正物质投入的 n 部门模型)。长期存在于马克思主义分析中的一个传统是,劳动创造的价值独立于劳动报酬,使前者依赖于后者"与马克思主义理论严重冲突"(Hilferding,1966,p. 142)。

认为非生产劳动的分配只能在由转形后的价值代表的第二个抽象层次上处理也是不对的,因为(众所周知)工资水平确实影响生产价格的大小。这意味着在未转形价值的形成中,非生产劳动与生产劳动是无法区分的,这反过来会消除现代马克思主义经济分析中使用的价值和生产价格之间独特而重要的对应关系。①

但更为关键的是,由非生产劳动的不变资本分配而导致的单位价值的变化,显然与由统一利润率的形成而导致的变化不属于同一序列或类型;后者是

---

① 在这里,我想到了与统一利润率及其对应值相关的包含定理的结果,以及与产出的奇异组合相关的不变性。见 Brody,1970;Laibman,1973—1974,以及本书的第二章。

剩余价值的二次再分配和伴随发生的资本存量重估的结果,对价格向量要素的影响不同(参见本书第十五章),前者在概念上先于剩余价值的再分配,本质上与剩余价值的形成有关,并在同一方向上一致地影响单位价值。因此,我们必定得出这样的结论:对分配问题的固定资本方面的回答,让我们陷入了看似难以克服的困境。

传统的替代方案是将非生产劳动分配给剩余价值。根据这种观点,非生产部门的资金完全来自生产剩余价值的生产部门。非生产劳动的价值由生产劳动调节,因此非生产型工人的劳动不会创造价值,而无偿劳动不会创造剩余价值。因此,雇佣非生产型工人的资本家不将其劳动作为价值,非生产型工人的工资及其就业所实现的利润都是由生产型工人创造的,并从生产型工人无偿劳动的剩余价值中扣除。

虽然这种方法不会像固定资本方法那样立即产生价值理论的矛盾,但它确实造成了一些严重的困难。首先,我们可以注意到,其中包含了一种可能性,即生产型工人产生的剩余价值可能无法以与非生产型工人相当的速度"资助"非生产型工人的工资,再加上这两部分资本家的利润。很容易给出"利润为负,剩余价值为正"(参见 Steedman,1975)的例子。他对这两个部门的规模,或单个部门的组成部分的大小做出了相当合理的假设。在单一部门的情形中,将 P_r 写成剩余价值的利润成分,并使用与上述相同的符号,可得:

$$P_r = L_P(1-w) - wL_u$$

当剥削率 $(1-w)/w$ 等于 L_u/L_p 时,$P_r=0$,简言之,利润与剥削之间的系统关系就消失了。

目前,利润确实只是剩余价值的一种形式,剩余价值和剥削之间的关系保持完整。然而,这一点只是把注意力集中在剩余价值解决方案无法解决分配问题上。解决方案在生产劳动和非生产劳动之间建立了基本不对称,这似乎不是源于资本主义生产关系的事实。生产型工人可以通过更少的报酬(相对剩余价值的增加)或更多的工作(绝对剩余价值的增加)而被剥削得更多。无论在哪一种情况下,剩余价值都会增加。另外,非生产型工人的报酬可以更少,在这种情况下,剩余价值的利润份额增加;然而,如果非生产型工人的工作时间延长,他们的剥削率将高于生产型工人,但利润不受影响。这是假设的直接结果,即非生产型工人从事的无偿劳动没有被资本剥削,在这种情况下,资本对其数额不感兴趣。认为非生产型工人不进行价值创造,因此其劳动未被剥削,却又用同样的价值理论范畴加以表述,似乎没有用处。要么必须放弃他们被剥削的观点——在这种情况下,他们作为工人阶级的地位受到质疑,他们作为无财产的劳动力出售者的地位成为一个理论问题——要么陷入一个与剥削相矛盾的定义中。

还应该注意的是,特别是对分析性定义的支持者而言,剩余价值分配方法意味着资本家将寻求抛弃大量的非生产劳动,原因在于他们具有一般意义上推动节约劳动的技术变革的动机。人们将被迫得出结论,资本主义所激发的积累将致力于逐步减少非生产劳动所占的份额。这当然与资本主义积累的大量现实相矛盾,也与区分生产和非生产的目的相矛盾,下文将对此进行详细阐述。

我的结论是,解决分配问题的现有方法不尽如人意。这些方法似乎用尽了所有的可能性,甚至可能提出一个不可能的定理。当然,举证责任在于那些希望保留某种形式的分析性区别的人。

非生产劳动的使用

根据生产/非生产区别的用途来重新考虑上述批评,是得不到鼓励的。这主要分为两部分:一是分析描述积累路径的主要比率的趋势;二是分析工人阶级内部的分化和中间阶层的阶级位置。

关于比率:生产/非生产区别用于证明剥削率正在上升,利润率正在下降,增长率也在下降。

肖恩·梅奇是第一个仅基于生产劳动得出这个比率的人(Mage,1963)。不过,他的定义接近于物理主义谬误,因为它将生产劳动与生产型工人的统计类别联系起来。马克思清楚地表示,他打算包括储存、运输,至少在某些段落中还包括一些簿记和销售劳动。事实上,梅奇发现美国的剥削率随时间推移而下降,这一结论与非马克思主义经验研究的主要趋势相一致。另外,雅非在定义生产劳动时,将服务排除在外(这是一个有问题的选择,见上文),并发现剥削率正在上升(Yaffe,1973)。区别在于两位作者对分配问题给出的解决方案。由于梅奇将非生产劳动分配给固定资本,因此生产型工人劳动的剩余价值不包括非生产型工人和服务工人的工资。而雅非将这些工资计入剩余价值,由于在所有先进的资本主义国家,服务业的相对权重都有所上升,因此剥削率上升就不足为奇了。

目前尚不清楚为什么人们应该知道,以服务业工人工资为分子、以生产型工人的工资为分母的剥削率正在上升。假定基本范畴可能不同于它们的表现形式,为了避免唯心的理性主义,必须在基本概念和它们外在的对应概念之间建立联系。如果服务业工人的客观阶级地位与生产型工人的阶级地位相一致,那么加强服务业工人的地位也将加强生产型工人的地位——当然，这是将服务业工人、文书人员和专业人员组织起来实现劳动团结的前提。然而，通过非生产劳动的分析性定义/剩余价值分配，我们不得不说，生产型工人得到加强是因为剩余价值的一个组成部分增加了。除了这种观点中的"蒙昧主义"，即对语义范式几乎神秘的辩护，应该注意的是，在某种程度上，这一比率——在这种情形下是剥削率——的变化趋势，通常以机械的方式与政治立场联系在一起。在目前的情况下，人们坚持认为，除非剥削率上升，否则工人应该为危机负责，基于资本主义内在矛盾的分析应该被民粹主义的主观主义所取代。可以说，马克思主义经济学家必须对趋势进行仔细、务实的分析，并具体发展它们的含义，而不是将丰富的研究领域简化为对世界末日的、某种宿命论的愿景提供语义上的辩护。

梅奇认为利润率的下降主要是通过将所有非生产型工人的工资计入固定资本实现的。上文已经指出了这种方法的困难。对利润率下降趋势的其他解释描述了剩余价值增加的部分必然被引导到非生产活动中，这些描述成为对浪费等的巨大忧虑。现在，对浪费增加的分析，特别是将这种现象与晚近资本主义的矛盾联系起来，是非常有用的。然而，这种思路很明显进入了非生产劳动的评价性定义，因此与分析性任务相分离了。描述和分析是真实且重要的，然而，利润率与这种联系是无关的，因为它是一个价值理论的概念，对其的决定不受社会活动的形式或评价的影响。资本家可以凭借企业生产中浪费的形式积累资本，这也是一种社会有用的形式。这种立场类似于声称非生产劳动比例的增长会导致增长放缓。由于增长率是利润率乘以剩余价值中相对稳定的投资份额，所以这里的结论适用于上文。这个概念基本上是重复的：如果非生产活动的增长比平均水平快，那么生产活动的增长必须比平均水平慢，根据评价性定义，生产活动的增长率是增长率本身，因此，非生产活动的比例上升就会降低增长率。

然而，在阶级和阶层分化领域，非生产劳动的概念造成了最大的伤害。人们只需要回忆一下关于教师是不是"生产型"的痛苦而耗时的讨论。大多数关于这个主题的演讲是从向听众保证"非生产型"并不意味着"社会无用"开始的，此外，也没有假设这种区分可以或应该被用来将工人分成不同的"组织能力"类型，或者暗示有理由进行单独的组织或识别次要的、非对抗性的矛盾等。

用这种区分究竟能得到什么，还不太清楚。每当想象力在这个话题上出现时，折中主义也会如此。如果我们研究大学教师的具体工作条件，他们有薪水、没有财产，有一定的自主权和决策权，这是其他拿薪水的专业人士没有的，我们当然应该这样做(我在这里不深入这个领域)。国家工作人员的问题也同样如此,在这种情况下,在决定工资和工作条件时会有政治因素。同样,从事镇压工作的工人,如军人、警察、狱卒,他们的特殊条件产生了特殊问题,需要分析、组织和行动。就目前而言,有两点很突出:首先,放弃生产/非生产的区别并不会妨碍对这些差异进行彻底的分析,因此,坚持工人阶级的无差别概念存在不足,并不是对这种区别的充分辩护。其次,这种区别会阻碍而不是有助于确定阶级和阶层分化的性质和意义。

结 论

总之,我们考虑了非生产劳动的七种定义,其中最后三个是严肃的竞争者。七种定义分别是主观效用式定义、全局式定义、斯拉法式定义、物理主义定义、社会经济定义、评价性定义和分析性定义。后五个中的任何一个都试图给出区别价值理论,即把非生产劳动描述为不创造价值。只有最后一个定义在七个定义中是最为雄心勃勃的,它需要一个价值理论的表述。

关于这三个重要的定义,社会经济定义是可操作的(它要求非生产劳动,即资本家剥夺之外的劳动,从而创造价值,而不会产生剩余价值),然而,它意味着非生产劳动的重要性递减,因为大多数资本主义国家的服务劳动份额下降了,它不能承担对生产/非生产划分所施加的用途之重。①

评价性定义是可操作的和富有成效的,但不需要一个价值理论的表述。最后,分析性定义是不可操作的和空洞的,它将分析简化为使用其他定义,如物理主义定义和评价性定义,而它的支持者从一开始就在他们的纲领性声明中拒绝使用这些定义。

不过,如果一个人希望在价值理论方面坚持这种区别,他就必须通过解决分配问题来证明其可行性。在本章第二节中,有人认为,非生产劳动的每一种替代性分配,如固定资本、可变资本和剩余价值,都造成了可能无法克服的概念上的困难。

最后,在关于使用这一区别的第三节中,有人提出,对资本主义积累的主要比率及其趋势,或者对工人阶级和中间阶层的分层的认真分析,由于生产劳动

---

① 从20世纪90年代的视角来看,大约十年前,当这些材料准备出版时,人们注意到边际手工业劳动力,即一种隐藏的产业后备军的现代形式增加了,以及保姆、家庭教师等的使用和广告增加了。在里根—布什时期统治阶级的疯狂喂养之后,早期消失的一些统治阶级生活方式可能又重新出现了,给社会经济和评价性定义带来了新的意义。

和非生产劳动之间的区别而变得模糊不清。

不过,生产/非生产的区别确实在两个方面提供了可用的遗产。首先,如上所述,评价性定义为对资本主义经济的浪费进行富有成效的研究开辟了道路。这项研究把基本的/非基本的区别纳入评价范围,并试图度量所有未使用的潜在劳动力,从为腐朽的统治阶级生产奢侈品和生产这些奢侈品的手段,到会计、销售、广告、法律、金融、镇压和其他活动,这些活动在一个理性有序的社会中是多余或不必要的。让这种探究不要被分类所束缚:例如,请注意,汽车工业中生产工人的一些劳动可能被视为浪费,因为涉及过度的车型改变和设计开发,而这些都是为了竞争和销售,与汽车的有用性和美观性无关,在社会主义条件下的汽车工业中是多余的。对这种被浪费的劳动力的认定,或多或少与巴兰的"潜在剩余"(Baran, 1957)相同,在某种程度上具有更大的理论力量,可以证明其在资本主义中的必要性。虽然这种研究属于资本主义社会批判的范畴,而不是确定该社会运动规律的更雄心勃勃的计划的一部分,但它是政治经济学总任务中不可忽视的一部分,并且在社会主义建设的各种经验中具有实际意义。

其次,社会经济定义的一个方面可能具有特殊的意义。如上所述,资本主义社会的进步涉及"资本的统治"传播到更广泛的地方,并且资本在任何可能的地方入侵以前未被占有的领域,并使其服从自己的统治。这是前资本主义的商品生产部门,如小农、工匠等的命运,并逐渐成为零售商、小店主以及仆人的命运,他们实际上是个体服务供应商,尽管他们的收入以向劳动力支付报酬的形式实现。由于资本主义逐渐吞噬这些行业并减少它们的分量,从长远来看,它们的重要性可以忽略不计(当然,根据上文的信息,近年来某些类型的个体服务可能复苏)。

然而,社会经济中非生产劳动的普遍下降却有一个重要的例外。劳动力这种商品的生产不容易受到资本主义占有的影响。随着生产力的发展,劳动力自身的生产需要更多的社会资源,包括劳动力的投入,这是资本主义的核心矛盾,实际上是生产力社会化与私人剥削之间潜在矛盾的表现,资本不能管理劳动力生产部门。这是因为工资谈判的本质,即劳动力作为商品再生产的基石和资本权力榨取剩余价值的基石,要求劳动力在工人阶级家庭部门自发地再生产,并由能够作为商品所有者独立行动的工人推向市场。①

由于劳动力再生产资源超出了个别工人阶级家庭的控制范围,国家已经在

---

① 第三章阐述了这一点对剥削理论的启示,纯粹社会主义经济中理论基准价格的唯一性参见第十五章。

介入。教育机构可能是用于劳动力再生产的资源的主要例子,因此不在资本主义剥削之外。参与劳动力再生产部门的劳动力不会产生剩余价值,因为该部门不能被资本剥削,这样就需要建立一些类似温室或兵营的条件,更像是奴隶经济,而非资本主义经济。对这种战略部门的劳动的进一步分析是非生产劳动概念的另一个遗产。

然而,在被浪费的劳动和实现劳动力再生产的劳动这两种情况下,我敦促避免"生产/非生产"术语。混淆和混合的历史太过漫长,针对语义模糊的表述的情感力量的争论,都只服务于一个有用的目的。

为了澄清和完善价值理论的用途,分析资本主义运动规律,阐析阶级和阶层分化的区别及其演进,并且终结一场通向死胡同的、非生产的和浪费的辩论,我相信对生产劳动和非生产劳动的区别应当停止。它的不朽在于它的后代在概念上是健全的,如果像马克思在不同的背景下曾经说过的那样,"你要在神秘的外壳中揭示出理性的内核"(1967, vol. I, p. 20),就必须发展这些后代。

第二部分

积累与技术变革

第五章

技术变革与资本主义：一个概述

导论：议题

  资本主义社会存在于历史中：它是一个社会有机体，具有从婴儿期和青年期，通过成熟期，到老年期，最终由更高级形式的社会组织所取代的"生命线"。因此，马克思主义理论的一个中心任务是确定资本主义历史局限性的本质：它的老化过程，它的矛盾成熟和深化的方式。

  所有的社会都是从一系列生产活动开始的，在这些生产活动中，人们与自然相互作用以获取他们的生存手段。生产力，即利用和改造自然环境的能力的发展，是一个社会成熟道路的重要组成部分。那么，在追溯资本主义社会的生命线时，技术变革，即劳动过程从工业革命和"机械制造"的兴起到今天的电子革命的变革，起着突出的作用。马克思主义者试图了解推动生产技术变革的力量，及其在工作场所和整个社会中的性质和影响，还有它们的总体发展趋势。技术变革与社会阶级结构的关系在这里无疑是至关重要的，它与利润率的关系也是如此，利润率是资本主义经济效率的最普遍指标，因为这是长期或普遍危机的根源。

  本章对资本家积累中的马克思主义技术变革理论进行了介绍性概述，并不试图用马克思本人的术语来发展马克思的论证，因为这需要对他的特殊词汇和定义进行冗长的介绍，这超出了本文的意图。我也不会对当代马克思主义理论及其评价进行完整的综述。相反，主要问题将以不言自明和尽可能通俗易懂的语言进行非正式讨论,作为本书第二部分后续章节中更正式和更精确的论证的基础。我已将本章的参考文献放在附录中。

历史、社会与制度变革

资本家迫切而持续地革新生产技术,这几乎是没有争议的。马克思关于资本"积聚和集中"(资本的单位越来越少,正如小鱼被大鱼吃掉)和阶级结构两极分化(中产阶级数量锐减,工人阶级招募成员)的主张颇受关注。

人们曾多次试图从历史经验中,用阶段来描述资本主义社会的演变。其中最常见的假设是从自由竞争资本主义阶段过渡到后资本主义或国家垄断资本主义阶段。最近的一些研究将阶级关系中的不同时期称为"积累的社会结构"来阐述阶段的概念。然而,我们必须发问:阶段概念是否不仅仅是对历史事件的描述?有几个阶段?是否有一个渐进的阶段序列,如果有,它的基础是什么?这些问题指向一个议题:阶段是单一社会系统生命线的一部分。为了表明这些阶段共享一个发展过程,我们必须确定资本主义积累中并非每个阶段独有的方面。简而言之,我认为资本主义对技术变革的独特塑造是一条统一的主线。

技术和技术变革反映了产生它们的社会,它们不是一些中立的、预先存在的"自然"或"科学进步"的结果。然而,问题仍然存在:我们是否能够将资本主义经济中的技术变革描述为一个具有确定方向的动态过程?仅仅提到劳动生产率的提高就足够了吗?确实可以提出这样的论证:生产率的提高,以及最终导致生产率的增长率下降的因素,是资本主义危机理论中的重要组成部分。然而,为了公正地对待这一思路,我们不仅需要把握生产力的增长,还需要把握生产结构的变化,特别是实物资本投资与生产劳动量的关系。技术变革的偏见概念源于个体资本家在特定的资本主义框架内追求其目标时对技术变革的选择,这对长期危机,即资本主义生命线的长度,具有重要意义。

技术变革的偏见:经典的论证

为了对以下讨论奠定基础,我们需要一些简单的定义。我们想要考察一个工业资本主义经济,其中固定资本是资本主义投资中最突出的部分;为了简单起见,我们忽略了原材料和固定资本在每个时期贬值的部分。生产由固定资本存量(非人力投入:机械、工厂等)、当前劳动力的流量和产出流量代表("流量"以每年、每周等一段时间衡量)。当我们试图考虑如何衡量这些存量和流量时,常见的问题就出现了：要么想象一种具有直接自然计量单位的通用商品，要么是某种"不变美元"的指数。

争论从两个概念展开，每一个概念都是流动资本和固定资本存量之间的关系。我们把产出比率定义为产出与固定资本的比率，或者单位固定资本的产出。①

产出在工人和资本家两个阶级之间划分（为了目前的目的，我们忽略了中间阶层、政府等），因此，产出等于工资与利润之和。我们的第二个主要概念是利润率，定义为利润与固定资本的比率，或每单位固定资本的利润。请注意，如果工资为零，产出和利润将会相等。因此，产出比率可能的最大值是利润率。

我们现在可以定位至经典的论证：在资本主义经济中，产出比率有一种固有的下降趋势。为什么？从任意的观察开始：在 18 世纪，许多工人可能在一个"工厂"里一起工作，使用继承自工匠传统的简单工具，以及最低限度的机器和设备。相比之下，19 世纪的代表可能是英国纺织业的蒸汽驱动机械，工厂中有成千上万的工人，固定资本发挥着重要作用。最后考虑当下，现代自动化、计算机管理的生产中有大量固定资本。在资本积累的过程中，资本家极大地增强了固定资本存量在生产中的作用。

马克思的论证得到了关于阶级冲突的观察结果的支持，特别是在阶级斗争中使用机器作为对抗工人的武器。在紧张的劳动力市场中，机器不要求更高的工资，也不会罢工、要求茶歇或改变工作规则。此外，资本家用机器取代工人的努力可能导致失业工人数量的增加，并可能产生预期的效果（从资本主义的观点来看），即降低雇员的工资。②

现在可以概述产出比率下降趋势的含义。如果最大利润率正在下降，那么位于零和上限之间的实际比率迟早也必须下降。（推迟的唯一途径是增加产出中的利润份额，这可能暂时抵消单位资本产出的下降。）如果利润率反过来正在下降，那么增长率迟早也会下降。这就是为什么资本主义的矛盾可能随着时间

---

① 有些读者可能希望将本章的论证与那些用传统马克思主义范畴表达的论证联系起来。首先，我会注意到产出比率 $=Y/K$，其中 Y 是产出，K 是资本存量。这又等于 $L/[(L/Y)K]$。L/Y 可以认为是单位产出的价值，其中价值用劳动时间来衡量。$(L/Y)K$ 因此是资本存量的价值（以劳动时间表示）。那么，产出比 Y/K 在形式上等于 $(v+s)/C$，其中 $v+s$ 是当前劳动时间的流量，用标准的马克思主义符号表示，C 是不变资本的存量（也用劳动时间表示）。由于后文提到的原因（参见第六到第八章），我认为马克思的"资本有机构成"最好用公式 $C/(v+s)$ 来表示。因此，本章的"产出比率"是马克思资本有机构成的倒数，产出比率下降相当于资本有机构成上升——这一概念是马克思讨论技术变革趋势的基础。

② 这不一定是资本家合谋实现的；相反，他们用机器取代"昂贵"劳动的动力产生了意想不到的效果——增强了他们对抗工人阶级的力量，改善了他们积累的条件。

的推移而变得更糟,即为什么它的生命线是有限的。在许多方面,利润率长期以来似乎都是核心概念,同时也是资本家自己的战略目标和资本生存必须做的事情(即扩张)的主要指标。因此,马克思对利润率下降趋势的看法,在关于长期危机的讨论中占据了重要地位。[1]

反批评

细心的读者可能已经看到了前面论证中的一些漏洞。我们现在研究它们,从产出比率下降开始。

如果我们用一个稍微完整一些的形式写出这个比率,就可以更清楚地看到这里发生了什么:

$$\frac{产出}{资本} = \frac{产出/劳动}{资本/劳动}$$

在这种形式中,我们可以看到产出比率是一个比率的比率,以每单位劳动产出,即劳动生产率为分子,以每单位劳动的固定资本为分母。显然,当且仅当生产率(它正在明显上升)的上升速度慢于实际资本/劳动的上升速度(它也在明显上升)时,产出比率才会下降。资本/劳动是机械化程度的一个指标,马克思关于使用机械化作为对抗工人的武器的论证当然支持机械化程度上升的观点,正如上面提到的偶然证据一样。然而,问题是,资本/劳动的增长速度是否高于生产率的增长速度。资本家们寻求更高的利润,并使用"攻城槌"来打破全球资本主义渗透的障碍。似乎没有理由支持分母必然比分子上升得更快,因此,整个趋势受到了质疑。

然而,即使我们假设新技术的产出比率比常用技术的要低,即工人能够抵抗利润份额的上升,因此不会发生抵消,也必须回答一个进一步的、看似毁灭性的问题。为什么一直在寻找更高利润率的资本家,会愿意引入能够降低利润率的技术呢?而且,假设他们这样做是由于无法正确解读情形,那么一旦他们发现利润随着新技术的引入而下降,他们就不会回到能产生更高的回报率的旧技术了吗?这个问题似乎一劳永逸地结束了人们对技术变革导致的利润率下降的任何长期趋势的猜测。此外,它将注意力放在任何追踪技术变革和利润下降

---

[1] 如果用符号表示,一些读者可能更清楚这个论证。利润率为 $P/Y=(P/K)(Y/K)$。如果 $P/Y=1$,那么显然 $P/K=Y/K$。如果 Y/K 下跌,那么 P/K 下跌,除非 P/Y 以抵消的方式上涨。现在,股本的增长率可以写成对股本的投资:I/K。$I/K=(I/P)(P/K)$。由此,我们得出结论,如果利润率下降,增长率就会下降,除非投资(积累)在利润中的份额上升到足以抵消这一下降。

之间联系的理论的一个重要要求上,它必须清楚地基于资本家理性行为的假设之上。

一些当代马克思主义经济学家,特别是置盐信雄,呼吁人们关注资本主义竞争中个人和人群之间的关系,这为这个问题提供了一个答案:对技术选择重要的利润率与最终实现的利润率有何不同?

要理解置盐定理,就要想象一个由许多部门组成的资本主义经济,每个部门都生产一种商品。在竞争条件下,资本家可以将资本自由地从一个部门转移到另一个部门,因此,每个部门的利润率都是相同的,投入和产出的价格也相应调整。聚焦于一个行业,注意到它是由许多独立的厂商组成的。最后,考察其中一家厂商,即做出技术变革决策的地方。

一名工程师带着一种新技术的蓝图来到了这家厂商的总部。问题是,这家厂商应该采用它吗?它包含了不同的机械和不同的原材料投入,以及每种材料的不同数量(当前我们忽略了新技术通常意味着全新的投入和产出类型这一事实)。

该厂商将为新技术"提高成本":找到产品销售的预期收入和生产成本之间的关系,从而得出预期的利润率。假设它是这种新方法的创新者,在行业中的竞争对手或潜在的竞争对手有机会复制之前,首先使用新技术。在这种情况下,由于厂商只是生产这种产品的众多厂商之一,因此投入和产出的价格不会受到厂商决定的影响。该厂商正在计算一个非常特殊的"创新者"利润率,除非这种特殊的利润率(第六到第八章中所谓的联结利润率,将完整和正式地阐述这个概念)高于现行利润率,否则它不会决定使用新技术。

现在假设创新者的利润率的确更高。该厂商非常清楚,一旦消息传出,它的竞争者就不会坐视不管,任由它永远获得这些特殊利润。当每个厂商都采取行动时,各种各样的事情开始发生。该行业的投入和产出价格受到影响(市场会注意到这种巨大变化),可能有许多资本进入这个行业,因为它的利润率高于平均水平,而该行业生产的商品的价格也会下降。所有这些价格的变化都扰乱了所有行业的投入和产出价格的微妙平衡(不仅仅是在创新开始的地方)。最终的结果必然是调整所有的价格,这样才能出现一个新的平衡,使所有行业再次赚取相同的利润。就像海明威《老人与海》中的老人一样,创新厂商无法保留其创新的成果,而是必须与贪婪的竞争者分享。请注意,即使一开始的厂商能够预测到这种共享过程,这种创新也会发生:共享不会是即时的,同时厂商将获得那些创新者的利润;如果没有,它的竞争者也会这么做(当然,在海明威的故事中,老人必须在享受之前把鱼带到岸上)。

现在我们碰到了一个关键问题：新的平衡利润率是高于、低于还是等于原来的利润率？为了回答这个问题，置盐做了一个关键的假设：在一个行业的技术变化带来的所有转型动荡中，工人的实际工资保持不变。根据这一假设，置盐定理可以表述为：如果新技术产生的创新者利润率高于原来的平衡利润率，那么新的平衡利润率也会更高。

概括起来：其一，马克思从未断言产出比率下降。其二，他从来没有明确回答过这个问题：为什么资本家会愿意引入一种降低利润率的技术？其三，即使我们引入创新者/再平衡动态，其结果仍是理性资本家永远不会采取行动，从而导致利润率下降。[①]

无论我们对依赖于特定阶段的危机理论方法做何批评，或是解释阶级斗争导致利润率下降（不过该如何解释冲突阶级的力量）或需求不足（在我看来，还没有人提出这种方法令人满意的长期版本），我们尝试将长期趋势与资本主义的技术变革特性联系起来，似乎都走进了死胡同。

一种内生的、可能有偏的技术变革理论

在置盐的方法中，尽管一项新技术要经过复杂的创新者的分析，但它似乎仍然只是从天上掉下来，而不是"内生的"，即由资本主义社会结构支配的。

想象一下，在一个竞争激烈的资本主义经济行业中，利润率统一为 10%。该公司当然挣得 200 单位资本存量的 10%。我们假设产出比率是 50%，所以生产过程产生 100 单位产出，其中 20 单位（即 200 单位的 10%）是利润，其余 80 单位用于发放工资。（20% 的利润份额无疑是不切实际的低水平，选择这些数字是为了便于计算，而不是为了与现实世界相一致。）

和以前一样，一个工程师使用了一种新技术。她提出，产量将提高 10% 至 110 单位，但只有当机械化将资本存量增加 20%，即达到 240 单位时，才能实

[①] 对置盐定理的批评集中在这样一个事实上，即他的论证是根据均衡之间的过渡来进行的，并且"均衡"在任何意义上都违背了马克思的资本主义概念。也有人试图用其他目标取代创新者的或"过渡的"又或"联结的"利润率，或辩称资本家系统性地扭曲了预期。我认为这些反驳都没有击中要害。均衡条件被包括马克思在内的所有伟大的经济学家用作分析工具，这与新古典经济学中被称为"完全竞争均衡"的理想化情形没有任何关系。此外，由于无法在此充分阐述的原因，我认为利润率，以及出于技术变革选择目标的创新者利润率，仍然是资本力量的最基本和最重要的衡量标准，也是资本主义活动的目标，正如商业文献广泛证明的那样。最后，资本主义危机理论只能通过允许它建立在任何观点上而不是预期合理性的观点上来削弱，也就是说，资本家从他们在阶级结构中所占据的独特的和历史上短暂的地位的角度来评估他们的利益，能够从过去的经验中得出结论并据此采取行动。感兴趣的读者可以跟进本章附录中引用的各方观点。

现。从创新者的角度来看，工资仍然是 80 单位；它是由行业和经济的一般情况决定的，不会受到这种特殊创新的影响。这就剩下 30（110－80）的利润，形成了一个创新者的利润比率为 30/240，即 12.5％。这比标准水平高出了 2.5 个百分点。我们再次假设，在竞争激烈的条件下，公司将别无选择，只能使用新技术，这些临时创新者的利润是增长和生存的关键。请注意，即使产出比率降至 110/240，即约 46％时，也会这样做。

这项新技术现在已经推广到整个行业。观点从这里开始，技术变革破坏了所有现有规范，包括工作规则、计件工资的准则、管理层级、工资规模，所有这些都必须重新建立，要么通过谈判，要么通过罢工和停工，或者通过更为非正式的阶级冲突方法。在我们的简单例子中，唯一可以明确处理的项目是工资规模。生产率提高了 10％，问题是：工资会怎么样？

当然，置盐给出的一个答案是：什么都没有。如果实际工资保持在 80 美元，在新技术推广后，利润将保持 12.5％；这反映了置盐的主张，即利润不会因为技术变化而下降。然而，请注意，在这种情况下，资本家从技术变革中获得所有好处，利润份额从 20％上升到 30/110，约为 27％。

但这并不是唯一可能的答案。在竞争条件下，产品的价格可能随着生产力的提高而下降。在货币工资给定的情况下，这将意味着实际工资的上升；事实上，它们的增长率与生产率的增长率相同，均为 10％。事实上，如果我们认为产出中的利润份额是衡量劳资冲突中阶级力量平衡的最合适的标准，那么，假设技术变化并没有显著改变这种平衡，利润份额将保持不变。在这种情况下，工资将增长 10％，达到 88 单位。然后，利润将是 110－88，即 22 单位。利润份额与创新之前相同，即 22/110，或 20％；然而，利润率现在已经降到 22/240，即 9.166％。应该清楚的是，随着产出比率的下降和利润份额保持不变，利润率必然下降。还要记住，公司必须创新，模仿者必须模仿，即使他们的经验表明，实际工资最终将赶上生产力。预计利润将从 10％下降到 9.166％，资本家们仍然别无选择，只能继续采用新技术。

当然，对利润率的最终影响不仅取决于新技术的性质，还取决于技术变革所引发的社会、阶级过程。然而，应该强调的是，这与实际工资不变和相对份额不变的情况一样正确。面对生产力和利润的增长，实际工资要想保持不变，资本家们一定会横行霸道。你会想到，我认为正确的实际情况很可能介于两个极端之间。在产出比率下降的情况下，一个普遍的规律是要么利润份额必须上升，要么利润率必须下降，或者二者同时发生。如果利润率下降以一种方式影响资本主义生命线，利润份额上升以另一种方式影响它，那么我们可能关注前面的问题:为什么新技术涉及产出比率下降?这是批判倾向的潜在来源,我们仍然只是假定它,而不是解释它。毕竟,如果新技术显示产出比率固定或上升,那么利润率固定或上升将兼容于利润份额的固定或下降。使得产出比率下降的新技术的存在性和优越性必须得到构建。

但是在讨论这个问题之前,考虑一下上面提到的技术变革可逆性问题。如果利润率下降了,就像我们的份额不变情形一样,那么为什么资本家不会回到旧的技术呢?考虑一下,如果在新技术得到推广、工资上升到88单位后,一些不幸的(毫无疑问,很快就会灭绝的)资本家回到200单位的资本存量和100单位产出,会发生什么?如果利润率为12/200或6%,那就剩下12%的利润份额了。事实上,这是任何未能在技术之间进行最初过渡的公司都会获得的利润率,这表明了为什么公司会跳跃至新技术,从而将利润率从10%降低到9.16%!如果利润率下降的过程已经存在,那么它是不可逆的。

问题仍然在于:为什么允许我们假设新技术的产出比率低于旧技术的?答案是并非必要。但是为了了解其中的含义,让我们假设我们的工程师不仅仅是在实验室中发现了一项新技术,而是可以开展对一系列新技术的研究,实现机械化程度的不同提高以及相关生产率的提高。

工程师可以带来生产率提高,但当然不是无限的。比如,每一次你让她使生产力增加5%,额外资本存量的"成本"就会更大。例如,要实现最初5%的生产力增长,可能只需要增加4%的资本存量(这将意味着产出比率上升)。但是,再增加5%的生产力(总体增长10%)将需要资本存量再增加16个百分点,总计20%(这是上面例子中发生的情况)。甚至有可能在"短时间"内,将生产力再提高5%,达到15%,但是,根据我们的假设,这可能需要资本存量额外增加30个百分点(总体上升50%)。这种条件无疑会像任何一种"纯粹的"、自然的或技术的因素一样,反映资本主义的社会结构。

此类情况可总结如下:

新技术	产出 变化率	资本存量 变化率	创新者 利润率	新的平衡 利润率
A	5%	4%	12.019%	10.096%
B	10%	20%	12.500%	9.166%
C	15%	50%	11.666%	7.666%

如果技术A、B和C确实是唯一可用的选择,那么从社会的角度来看,采用技术A显然是最有益的,因为它的回报率比普遍的10%要高,尽管可以肯定并

没有高太多(技术选择的社会标准的复杂问题还有很多,但我们在这里不再讨论这个问题)。单个资本家的选择不同,他选择技术 B,创新者的最高比率为 12.5%。新的平衡利润率的数据假设利润份额为 20%,正如我们之前看到的,技术 B 导致这个比率下降到 9.166%。

产生最高创新者利润率的技术(例子中的技术 B)也能降低产出比率的可能性有多大？像 A 这样的技术有可能在创新的资本家看来效果最好吗？如果不提出一个更正式的模型,就很难给出一个精确的答案；这个任务留给了本书第六到第八章。但是我们可以用本章简单的数值再做一个小试验。假设利润份额是 30% 而不是 20%,那么原来的利润率是 15% 而不是 10%。现在如果我们重新检查技术 A 和 B,会发现创新者的利润在 A 为 16.827%,在 B 为 16.666%；至于新的平衡利润率,A 是 15.144%,而 B 为 13.75%。因此,提高产出比率的技术(技术 A)也具有最高的创新者利润率和最高的实际(新的平衡)利润率,私人和社会利益之间的差异导致产出比率下降的趋势被消除。我们可以暂时得出这样的结论:高工资份额(低利润份额)有导致产出比率下降的趋势,反之亦然。不过,在收入分配给定的情况下,问题的关键在于,在没有机械化的情况下,生产率可以提高到什么程度,机械化的报酬递减率是多少？一个社会投入基础科学的资源越少,收益递减越慢(也许是由于长期追求高创新者利润的工程文化造成的),技术变革的道路就越有可能有偏,也就是说,产出比率在下降。虽然这个问题需要做更多的研究,但它指出了(我所认为的)正确方向:资本主义经济结构和与技术变革的实际生产有关的制度之间的关系——科学研究的资金和优先事项的确定、工程界收到的信号类型、竞争资本家的时间范围及其对新技术传播速度的影响等。

结论:技术变革与危机

我们其实只是在故事的开头。我们有一个假设:资本主义经济表现出技术变革的长期有偏,即产出比率下降。当然,这本身就是一个社会组织系统束缚进步的例子,因为产出比率的提高本是可以实现的。但产出比率下降还有另一个重要的含义,我们已经探讨过了:它意味着两个主要的宏观趋势,即利润率下降和利润份额(剥削率)上升,至少有一个必须发挥作用。利润率的下降意味着最终增长率的下降,以及随之而来的金融危机、技术震荡和许多其他需要说明的问题。反过来,利润份额的上升又与有效需求的普遍问题有关:随着相对工资的下降,总需求的基础缩小了,在这种情况下,投资需求将越来越难以填补这一空白,因为投资需求最终必须建立在对消费品强劲需求的预期之上(第十二章将更全面地介绍关于关键趋势及其对周期性和长期危机的影响的论证)。

应该指出的是,如果利润份额随着时间推移而上升(事实上,在基于本章所描述的技术变革理论的资本主义增长模型完整版本中,以及至少在某些资本主义现实的版本中,都会发生这种情况),产出比率下降的偏向将随着时间的推移而减弱,经济将倾向于以较低但不再下降的利润率稳定增长。那么,利润率下降趋势的重要性就取决于在有偏的技术变革仍在发挥作用时,系统是否会遇到最低限度的利润率的障碍。关于这种"融资"障碍和相关的"停滞"障碍(最大利润份额)的理论,将推迟到本书第十二章,它相当于说明与利润率下降和利润份额上升相关的周期性危机成为永久性和"不可再生"的条件。反过来,与这些障碍的接触应当被视为需要进行结构转型的基础,也许会过渡至新的制度或积累的"社会结构"。20世纪30年代的危机肯定推动了这种转型,进入一个新的阶段,在这个阶段中,国家发挥了新的直接作用:它在工人的压力下发展新的制度支持形式("社会工资")来帮助提高最大利润份额(滞胀障碍),并通过研发补贴、金融市场担保、允许私营部门通过与一些行业的贸易条件来剥削国有化行业等手段,帮助降低最低利润率(融资障碍)。然而,政府开支和税收却降低了税后利润率,与有偏的技术变革一起,构成了矛盾激化的第二个来源。

人们很容易将资本主义经济体不断加深的危机(在国际领域最为明显,如金融脆弱性和南北两极分化加剧)视为新的积累体制的危机,新的障碍有可能很有效。这种方法使我们对资本主义社会当前复杂形势的思考与马克思对长期趋势的方法保持一致,而不会使后者成为一种迷信,也不会忽视其早期表述的明显困难。

因此,有偏技术变革理论充当了"统一场论"的角色,将传统马克思主义危机理论中的几条线索结合在一起。它确立了利润率下降趋势的相关性(即便不一定是一直存在的现实),但这样做并没有排除对需求和利润实现问题的分析,也不排除对劳动力(和其他)市场中阶级力量平衡变化的分析。最后,在可以定义技术变革路径的范围内,以与危机理论相关的方式,为资本主义积累所经过的阶段的统一愿景奠定了基础。

这是持续研究资本主义生命线的一个方面,但我认为这是必要的。可以说它帮助我们观察体系的全貌,看到的不仅仅是皱纹、(工人阶级的)老茧和(资本主义的)钻石戒指。

附录：一个介绍性的参考书目

历史、社会和技术变革

关于 20 世纪的经典马克思主义阶段理论，参见佩夫兹纳，1984；费尔利，1980；巴兰和斯威齐，1966。关于最近的"积累的社会结构"方法的样本，参见戈登、爱德华兹和赖克，1981；爱德华兹和韦斯科普夫，1986（尤其是第二章）。关于社会决定技术变革的经典文本，当然是马克思，1967，即《资本论》第一卷，尤其是第十章《机器和大工业》、第二十四章和第二十五章关于"资本的有机构成"趋势的部分。进一步讨论参见布雷弗曼，1974；列维多夫和扬，1981。

技术变革的偏向：经典的观点

除了上面提到《资本论》第一卷，本节的讨论来源是马克思，1967，即《资本论》第三卷。捍卫和发展经典理论的论证，虽然不一定像我在这里所做的一样，参见法因和哈里斯，1979；梅奇，1963；罗斯多尔斯基，1977（第二十六章）；谢克，1978a，1978b；威克斯，1981。

反批评

有大量马克思主义理论的研究文献，我要提到斯威齐，1942；罗宾逊，1942；戈赛尔，1966（第八章）；布劳格，1968；斯蒂德曼，1977；冯·帕里斯，1980。对于置盐定理的原始陈述，参见置盐，1961，1963；关于详细阐述和扩展，参见罗默，1978b。关于源于利润份额上升的、以需求为导向的危机，参见巴兰和斯威齐，1966；福斯特，1982。以阶级斗争为中心的危机观点可以由格林和萨特克利夫（1972）和伊藤诚（1978）来代表。

一种内生的并且可能有偏的技术变革理论

我本人的方法是在以下几篇文章中提出来的，它们以我在一段时间内出版的著作为基础：莱伯曼，1977，1981，1982，1983。

第六章

技术变革、实际工资与剥削率

上一章初步介绍了技术变革理论和资本主义增长趋势的一般问题。我们现在想在两部门经济模型（包括流动资本和固定资本）的背景下更彻底地探讨这些问题。以置盐定理为起点，随着这一起点的确立，替代方案的性质成为焦点，并为内生决定技术变革选择理论的正式化创造条件。

置盐（Okishio，1961，1963，1977）以及随后的辩论所讨论的中心问题是，当技术变革符合资本主义理性时，人们是否能够从技术变革中得出利润率下降的普遍趋势（"普遍"在前面的句子中是指一种趋势，它在合理的有限时间内，超过了它的反趋势）。资本主义技术变革体现为资本构成上升，因此利润率（最终）下降，被认为本质上自相矛盾，理由是任何理性的资本家都不会故意引入降低利润率的技术。那么，问题首先是检视决策过程对技术变革过程的影响方式（"在单个资本层面"）；其次是研究技术变革对利润率的影响，而不考虑控制利润率的其他因素（当然，实际上所有因素同时起作用）。[1]

虽然理论立场和更宽泛的政治立场之间没有必然的联系，但从一开始就概述争议中更深层次的方面，可能是有用的。马克思的利润率下降趋势定律的拥

---

[1] 正如下面将要看到的，也是第五章初步讨论的，有两个关于保持不变的基本"其他因素"的基本概念。第一个来源于置盐，经过森岛再到约翰·罗默，强调实际工资率不变性，即每个工人实际消费的向量的不变性。本章提出的第二个概念涉及剥削率不变，即衡量工人和资本家阶级斗争中实际力量平衡的集中趋势。下文将阐述这种选择的更充分的理由。在这里，我只想指出，固定的剥削率并不意味着阶级斗争和资本主义生产关系在更一般程度上不影响技术变革的过程。事实上，第三节介绍的技术变革路径约束选择模型旨在揭示社会关系与技术变革之间的密切联系。

护者认为,这种趋势是资本主义的核心内在矛盾,放弃它将会消除资本主义危机和社会主义革命的客观必然性,导致马克思主义政治经济学成为激进民粹主义的另一种形式,社会主义则是一个乌托邦,而不是一个科学概念。另外,批评家否认这种解释,认为这是对资本主义内在矛盾过于狭隘和宿命论的观点,这种观点否认了阶级斗争和阶级意识与这种矛盾有关。[①]

我提议超越"机械论"和"唯意志论"的二分法,因为它们分别支持利润率下降理论和反对利润率下降理论,可能带来危险。这一提议将建立在上文提到的剥削率不变假设的基础上。为了发展这一论证,我首先使用一个已经普遍使用的流通资本两部门模型。[②] 第一部分使用该模型,以一种新的方式陈述和证明置盐定理,这种新的方式允许在置盐实际工资不变假设和我的剥削率不变假设之间进行比较。第二部分将开展这一比较。就符合资本主义理性的利润率下降的可能性而言,其结果是对置盐定理的延伸。第三部分考察了一个简单的固定资本案例,并介绍了资本主义特定约束下的技术选择问题,这一理论在本书第七章中的单部门增长模型中得到了充分的发展,并在本书第八章中扩展为两部门环境的完整版本(其中使用了模拟方法研究模型的属性)。本章的结论部分回到了引言中概述的更广泛主题。[③]

置盐定理的两部门模型

我们首先为资本品和消费品建立价格方程,每一种商品都是由(同质的)劳动力和资本品投入的流量所产生的:

$$p = pa_1 R + w_m l_1 \quad (1)$$

$$1 = pa_2 R + w_m l_2 \quad (2)$$

此处 p 是以消费品价格计算的资本品价格(因为消费品被当作计价单位,所以它的价格是1),l_1 和 l_2 分别是单位资本品产出和单位消费品产出的劳动力流量投入,a_1 和 a_2 分别是生产1单位的资本品产出和消费品产出所消耗的资本品流量投入。这里只有流动资本。$R = 1 + r$,其中 r 是利润率(在流动资本

[①] 在这方面参见 Sensat(1979)的研究,其中包含了关于利润率下降的技术问题的优秀讨论,不注意哈贝马斯批判的经济学家可能错过这一贡献。

[②] 阿尔贝罗和佩尔斯斯基(1979)向我提出了使用两部门模型的想法,只不过我使用它的方式不同。

[③] 这里不会尝试总结一个多世纪以来关于利润率下降的争议。在最近一段时间里,除了已经引用的奥基希欧的开创性文章,对利润率下降论证的攻击见于森岛(1973)、罗默(1978a.1978b.1979)、范·帕里斯(1980)。辩护和/或提议的改革见于谢克(1978b)以及阿尔贝罗和佩尔斯斯基(1979)。

的情形下，r 是一个纯数字）。

注意，利润不是在工资基础上形成的。虽然提前假设工资会得出大致相似的结果，但目前的方法便于与固定资本的版本进行比较。在那个版本中，利润只形成于与实物资本存量相对应的金融支出下，而不是形成于工资下，这仅仅是因为在现代条件下，后者在数量上与前者相比可以忽略不计（正如对"制造业工人人均资本"的检查统计数据所揭示的那样）。

我们使用 w_m 来表示"货币"工资率，或用可计数商品来表示工资率（当然，在这个模型中没有完全意义上的货币）。由于可计数商品碰巧是消费品，所以如果我们进一步假设所有的工资都被消费掉（工人储蓄为零，即古典储蓄函数的情形），那么 w_m 也是实际的工资率（每个工人的消费）。

我们可以从式(1)和式(2)中消除 p 来解出 R：

$$R = \frac{1 - w_m l_2}{a_1 + w_m(l_1 a_2 - l_2 a_1)} \tag{3}$$

需要注意的是，R 不仅与 w_m 的变化成反比（如预期的那样），而且与四个技术系数中的每一个成反比（也如预期的那样）。这对 l_1 和 a_2 很明显，通过将式(3)的分母重写为 $w_m l_1 a_2 + a_1(1 - w_m l_2)$，并记住 $1 - w_m l_2 > 0$，可以得知 l_2 和 a_1 的情况。

p 的解为：

$$p = \frac{a_1 + w_m(a_2 l_1 - a_1 l_2)}{a_2} \tag{4}$$

建立以下关系将是有用的。第一个等式直接从式(1)得出，第二个等式从式(2)得出：

$$\frac{1 - a_1 R}{R} = \frac{w_m l_1}{pR} = \frac{w_m l_1 a_2}{1 - w_m l_2} \tag{5}$$

阿尔贝罗和佩尔斯基(1979)推导了每个部门的 p 和 R 之间的关系，并表明当这些关系根据置盐标准（如下面直接描述的）移动时，它们必须在高于原来的 R 处相交。我会遵循一个不同的流程。

首先设定置盐提出的条件，让资本家认为一种新技术优于旧技术，并因此引入它。按现有价格和利润计算，新技术（l_i', a_i'）的运营成本更低。正如谢克(1978b, p. 240ff)所证明的，这意味着创新者的利润率——我更喜欢称之为联结利润率（如本书第五章、第七章和第八章将进一步解释的）——高于现有的平衡利润率。这方面的微观动力学很简单：竞争激烈，厂商如果要想生存下去，就必须努力实现这些暂时的、准垄断的利润。罗默(1978a, 1978b, 1979)将具有相关

特性的技术称为可行的技术,因此,我们可以写出每个部门的可行条件,右上标表示新技术:

$$部门1: pa_1'R + w_m l_1' < p \tag{6}$$

$$部门2: pa_2' + w_m l_2' < 1 \tag{7}$$

需要强调的是,置盐定理假设了单个资本之间原子化的、不受约束的竞争环境。这是资本主义进程充分发展的有力假设,显然是解决利润率下降问题的正确基础,从这个意义上说,它类似于马克思坚持在剥削理论中充分实行价值规律(等价交换)。这并非新古典主义的完美竞争假设,它不否认自由资本主义成长为垄断资本主义阶段的固有趋势,没有取消关于垄断是加剧还是减轻了利润率下降趋势(假设其具有存在性)的进一步辩论。

这一点对于剑桥学派和马克思主义批评置盐式论证而言非常重要。当然,特别是在固定资本占优势的情况下,一般(相等)利润率的形成永远不会完成,人们不能谈论"这个"利润率,而资本家是在历史时间而非逻辑时间中运营的。但是,这些都不是决定性的,除非能够证明潜在的趋势(如置盐假设所揭示的,或者由这里所提出的另一种假设所揭示)被这些考量所扰乱。换句话说,如果基于完全调整的竞争假设,我们推导出任何 r(下降或其他)的趋势,就可以想象这种趋势在一个具有利润率层次的体制中完全起作用,平均利润率受到有关趋势的影响,而各个利润率随着时间推移相应做出反应。如果要想成功地挑战与置盐定理相关的立场,就必须在其自身的抽象层次上开始。

我们将会从部门2开始,考察每个部门的技术变革。甚至没有必要在这两个部门同时进行技术变革。为了符合模型的原子化竞争框架,我们必须假设各部门的行为彼此独立,而不去预期彼此行动的影响。只要我们使用可行条件式(6)和式(7),即资本家无法预测价格变化,他们似乎就不太可能通过在技术变革领域规划彼此的行为来相互作用。因此,我们将单独处理每个部门。

对于部门2,重写可行条件式(7),以显示 l_2' 是 a_2' 的函数,y_m、p 和 R 作为常数处理:

$$l_2' < \frac{1}{w_m} - \frac{pR}{w_m} a_2' \tag{8}$$

这个不等式由图6.1的阴影区域表示。向下倾斜的曲线是式(8)的等式版本;因此,不等式由曲线和数轴围成的三角形(当然确保 l_2' 和 a_2' 为正)表示。可以将三角形称作可行区域,是所有可行的新技术的集合(即产生高于 r 的联结利润率)。注意,现有的技术满足式(8)的等式版本,因此位于直线上。等式给出了过渡利润率与当前技术的均衡利润率完全相等的情形,因此这些技术是略微可行的。

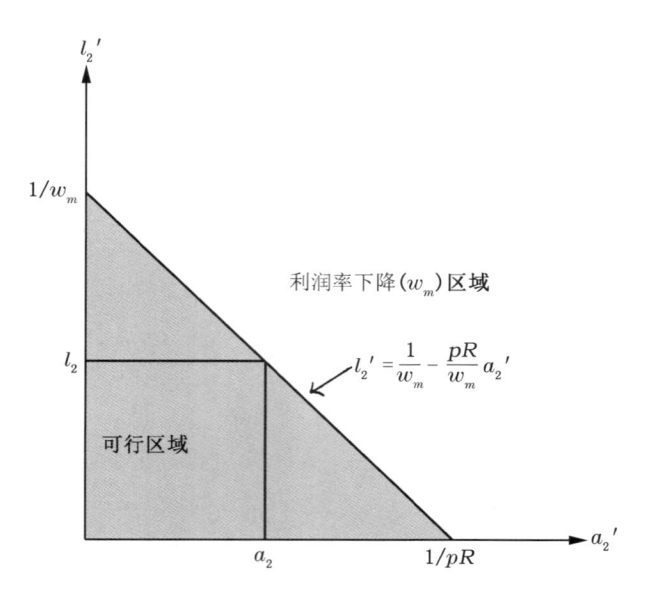

图 6.1 可行性和利润率下降区域：部门 2，实际工资不变

我们在 $R'<R$ 的基础上构建了一个利润率下降的条件，其中，R' 是新技术在重建均衡价格之后的利润要素。在扩展这一条件时，我们必须阐明置盐—罗默—阿尔贝罗—佩尔斯基假设，给定经典的储蓄假设，即 w_m 保持不变，在从一种技术到另一种技术的过渡过程中，实际工资保持不变。然后可以将该条件称为利润率下降条件 $\text{FRP}(w_m)$ 条件，并且使用式(3)可以写成：

$$R' = \frac{1-w_m l_2'}{a_1 + w_m(l_1 a_2' - l_2 a_1')} < R \tag{9}$$

注意，旧技术已经被部门 2 的新技术所取代，而旧技术仍然在部门 1 中。解出 l_2' 的不等式，可得：

$$l_2' > \frac{1}{w_m} - \frac{l_1 R}{1-a_1 R} a_2'$$

并且，由式(5)可得：

$$l_2' > \frac{1}{w_m} - \frac{pR}{w_m} a_2' \tag{10}$$

这与式(8)相同，且不等式方向正好相反。利润率下降条件 $\text{FRP}(w_m)$ 区域因此被同一条向下倾斜的直线所包围，但它位于直线的另一边，即它的右上部。这构成了部门 2 的置盐式结果：没有任何技术处在利润率下降条件 $\text{FRP}(w_m)$ 和可行区域，因此每一种可行的新技术都必须提高新的均衡利润率。

部门 1 的技术变革情况遵循同样的模式，我们可以从可行条件式（6）着手求解 l_1'：

$$l_1' < \frac{p}{w_m} - \frac{pR}{w_m}a_1' \tag{11}$$

此时(l_2, a_2)保持不变，并且用(l_1', a_1')替代(l_1, a_1)，则利润率下降条件$FRP(w_m)$为：

$$R' = \frac{1 - w_m l_2}{a_1' + w_m(l_1' a_2 - l_2 a_1')} < R \tag{12}$$

使用式（5）可得：

$$l_1' > \frac{p}{w_m} - \frac{pR}{w_m}a_1' \tag{13}$$

该式将式（11）的不等式符号反转了。与此前一样，可行技术集与降低利润率的技术集没有交集（见图 6.2），给定实际工资，资本家的理性创新行为不会导致利润率下降。

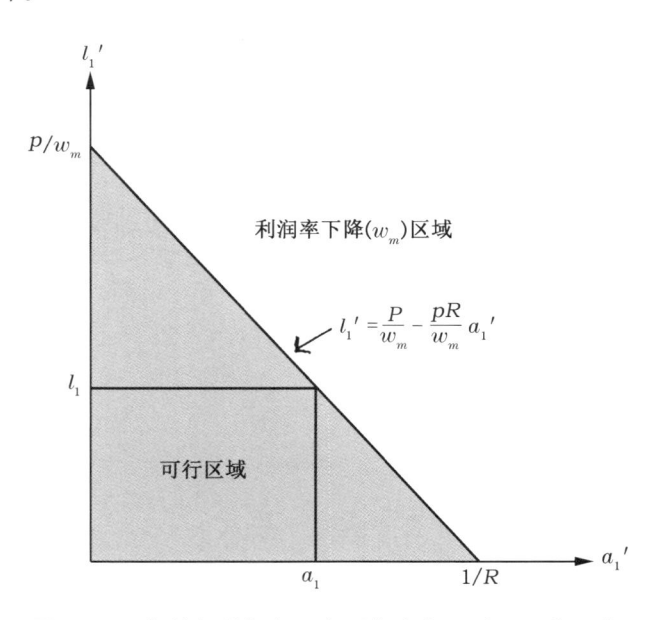

图 6.2 可行性与利润率下降区域：部门 1，实际工资不变

剥削率不变的情形

现在我们转向这样一种情况，当新技术得以推广并出现新的均衡价格时，

保持不变的是剥削率,而不是实际工资。本节关注的是分析,全面讨论推迟到本章第三部分。然而,我们在一开始就注意到,如果新技术提高了劳动生产率——这似乎是最有可能的——剥削率不变就意味着实际工资上升。

必须谨慎定义剥削率 e,在这里就必须考虑劳动力价值了。在古典马克思主义符号中,e 定义为 s/v。而后我们可以将价值型工资率 w 定义为 $v/(v+s)$ = $1/(1+e)$。关键是要把握 $(v+s)$ 是当前的劳动时间,而不是均衡价格中的增加值(即使这些价格表示为劳动时间的数量)。w 代表工资的劳动价值在劳动时间中的比例。剥削率是一个价值概念,而不是一个价格概念,一个关键原因是劳动时间是由工人所经历。作为当前劳动时间的一个份额,工资品的价值就成为一个相关的概念(见本书第二章;Laibman,1980;Yaffe,1975)。罗默(1977)研究了一个相对份额不变的案例;我在此提出分析上更为精确的剥削率不变的案例。

我们的任务是在模型中定义 w。我们将每单位当前劳动时间的实际工资定义为 w_m。可以把 π_2 写成消费品的生产价格,π 规模的决定则是老问题了。① 可以承认,本章第一部分所采取立场中的紧张关系对竞争性价值确定问题的效应很重要,但在某些方面仍未解决。我注意到工人仅仅消费这一古典储蓄假设,这意味着在两部门模型的背景下,当 $\pi_2 = \lambda_2$ 时,e 或 w 在价值体系向价格体系的转型中将保持不变,其中 λ_2 是单位消费品的劳动价值,可以容易地从技术系数中计算出来。而后,我们令 $w_m \lambda_2$ 等于工资品劳动价值与当前劳动时间之比 w。单位价值(参见 Morishima,1973,pp. 129—144,以及本书第一章)等于:

$$\lambda_1 = l_1 \left(\frac{1}{1-a_1} \right) \tag{14}$$

$$\lambda_2 = l_2 + l_1 \left(\frac{a_2}{1-a_1} \right) \tag{15}$$

价值型工资率为:

$$w = w_m \lambda_2 = w_m l_2 + w_m l_1 \frac{a_2}{1-a_1} \tag{16}$$

并解出 w_m:

$$w_m = \frac{w(1-a_1)}{l_2(1-a_1) + l_1 a_2} \tag{17}$$

最后,将 w_m 表达式代入式(3),可以用 w 来解出 R:

---

① π_2 是生产每单位消费品的劳动时间数量(一般不同于单位消费品的直接劳动含量与间接劳动含量之和)。不应将生产价格 π_2 与资本品的实际相对价格 p 混淆起来,p 等于 π_1/π_2。

$$R = \frac{l_2(1-a_1)(1-w)+l_1 a_2}{a_1[l_2(1-a_1)(1-w)-l_1 a_2]-(1-a_1)wl_1 a_2} \tag{18}$$

式(18)具有利润—工资平衡的常规特性：$w=0 \to R^{\max}=1/a_1$，$w=1 \to R^{\min}=1$；资本有机构成相等，$a_1 l_2=a_2 l_1 \to R=(1/a_1)-w(1-a_1)/a_1$，这是一条直线。但与式(3)不同的是，式(18)中并非所有系数都与 R 成反比。具体而言，$\partial R/\partial l_1$、$\partial R/\partial a_1$、$\partial R/\partial a_2 < 0$，不过 $\partial R/\partial l_2 > 0$。可以解释如下：$l_2$ 下降，即部门 2 的生产率提高，直接导致 R 上升，不过由于 w 为常数，这也意味着 w_m 的上升，从而间接导致 R 下降。对 l_2 而言，间接效应占主导；对其他系数而言，直接效应占主导。重要的是记住，在纳入保持剥削率不变所需的实际工资变化时，式(18)显示了 R 和技术系数之间的关系。

我们现在准备像此前分析部门 2 那样，对技术变革进行分析。可行条件式(8)保持不变，它是基于原始的 (p, R)，货币工资率的调整则不参与其中。因此，我们转向利润率下降的条件，现在将其标记为 FRP(w)。在式(18)中用 (l_2', a_2') 替代 (l_2, a_2)，并且重新排列变量，以将带有上标的系数作为变量隔离开来，可得 FRP(w) 条件：

$$R' = \frac{(1-a_1)(1-w)l_2' - l_1 a_2'}{a_1(1-a_1)(1-w)l_2' + [a_1 l_1 + (1-a_1)wl_1]a_2'} < R \tag{19}$$

写下：

$a = (1-a_1)(1-w)$

$b = l_1$

$c = a_1(1-a_1)(1-w)$

$d = a_1 l_1 + (1-a_1)wl_1$

并解出式(19)，可得：

$$l_2' < \frac{Rd-b}{a-Rc} a_2' \tag{20}$$

我们发现变量 $(Rd-b)/(a-Rc)$ 展开后可方便地化简为 l_2/a_2。我们最终得到了 FRP(w) 的条件：

$$l_2' < (l_2/a_2)a_2' \tag{21}$$

由于初始技术 (l_2, a_2) 必须基于可行性和利润率下降曲线，所以 l_2 和 a_2 由这两条曲线的交点决定。

可行区域和之前一样，是由坐标轴和可行曲线围成的三角形。来自式(21)的 FRP(w) 区域是从原点发出的射线和横轴之间的无界区域。因此，图 6.3 中的阴影区域是可行区域和 FRP(w) 区域之间的重叠。给定剥削率不变，该区域的技术都是可行的,并且会导致利润率下降。

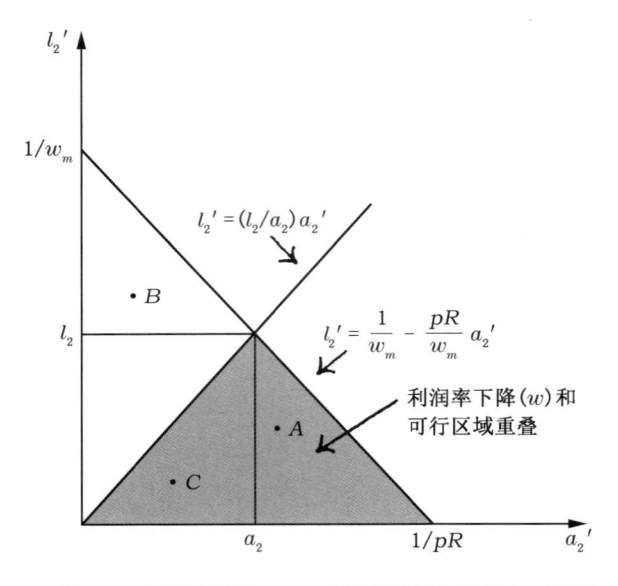

图 6.3 可行区域和 FRP 区域的重叠:部门 2,e 不变

请注意,这个结果并不意味着选择一个处于重叠区域的技术。例如,如果存在新技术 A 和 B(它们都是可能的创新),将会更偏好技术 B,因为它的联结利润率更高。要看到这一点,想一想以图 6.3 的可行边界为起点的一簇直线,从 l_2' 的截距 $1/w_m$ 向内旋转。这些直线的斜率是 $(p/w_m)\overline{R}$,其中 $\overline{R}$ 是 1 与过渡利润率之和。显然这些直线越陡峭,$\overline{R}$ 越大。在这一情形中,新的均衡利润率也将更高(考虑经过原点的一簇射线。每条射线代表给定的 R' 值,射线越陡,R' 越大)。

也有可能像 B 和 C 那样,其中一种新技术具有较高的联结利润率(C),而另一种新技术具有较高的新的均衡利润率(B)。正如我们将在下一节看到的并且将在本书第七章和第八章中更全面地看到),在引入对可能的新技术集的约束之前,无法确定技术变革的实际路径。

在部门 1,故事的情节有点复杂,但其寓意是一样的。与部门 2 的情况一样,可行性不等式(11)没有变化。使用式(18),我们可以得出新的均衡利润率 R',用 (l_1', a_1') 替换 (l_1, a_1),并在最大限度上将带上标的系数隔离开来,以便将它们作为变量处理,则 FRP(w) 条件为:

$$R' = \frac{l_2(1-w)(1-a_2') + a_2 l_1'}{l_2(1-w)(1-a_1')a_1' + [a_1 a_1' + w a_2(1-a_1')]l_1'} < R \tag{22}$$

根据我们通常的方法论,解出不等式(22),用 a_1' 表示 l_1':

$$l_1' < \frac{l_2}{a_2} \frac{(1-w)(1-a_1')(1-Ra_1')}{Rw(1-a_1')-(1-Ra_1')} \tag{23}$$

式(23)的分析比较烦琐,可以总结在图 6.4 中。该图中的曲线描绘了式(23)的等式版本,阴影区域表示不等式成立的地方,新的均衡利润率低于原来的均衡利润率。曲线在 $a_1'=(1-Rw)/[R(1-w)]$ 处有渐近线,a_1' 的平稳值如图所示(包含 w 的正平方根和负平方根)。

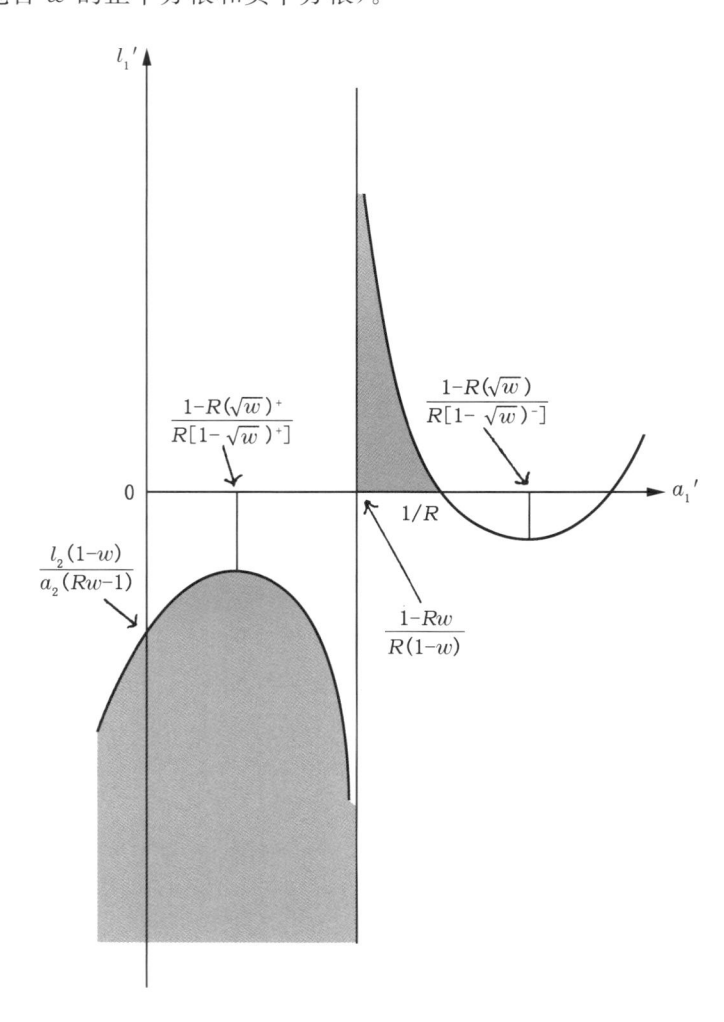

图 6.4 利润率下降区域:部门 2,剥削率不变

图 6.5 只显示了式(23)的相关区域,将系数 l_1' 和 a_1' 都限制为正值。这与式(11)中的可行区域相结合,产生了阴影区域,显示了降低均衡利润率的可行技术。由于原始技术(l_1,a_1)必须位于可行区域和利润率下降区域的边界上,我推断 l_1 和 a_1 如图 6.5 所示,尽管不可能直接推导出这个事实(就像在更简单的部门 2 的情况下那样)。

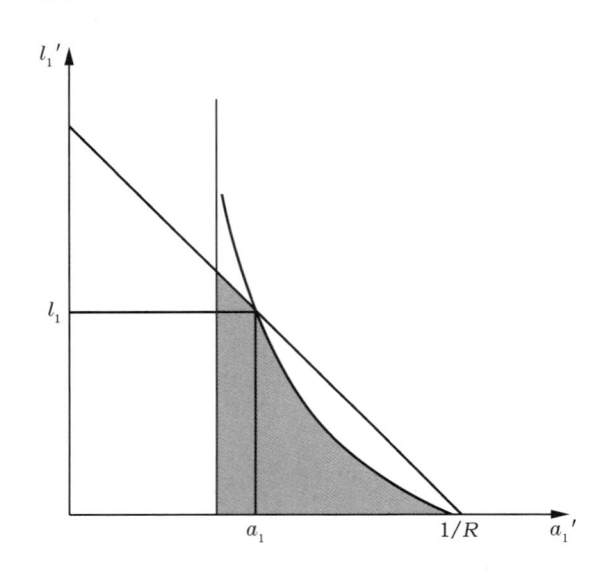

图 6.5　可行区域-利润率下降区域重叠:部门 1,剥削率保持不变

本节的要点可以总结如下。当剥削率在不同技术的转换过程中保持不变,从而使实际工资与(净)劳动生产率成比例上升时,存在的新技术既是可行的(因为它们产生的联结利润率高于原来的均衡利润率),又会在新技术得以普及和价格-利润均衡得以恢复后,导致均衡利润率较低。这不是反驳置盐定理,因为它改变了置盐的一个假设(实际工资的不变性)。它的确表明需要解决这两组假设的理论证明问题,这个问题将在下文的结论中考虑。应该强调的是,有关实际工资的问题是理论性的而不是经验性的,事实上,实际工资随着时间的推移普遍上升,与置盐定理的相关性没有关系。

最后一点是:假设资本家能够计算出未来的均衡价格和利润率,并根据这些计算结果采取行动,那这当然与置盐论证的精神相悖,而且我认为也与资本主义竞争的逻辑相悖。这毕竟是联结利润率概念的含义:它是在立即给定的现实基础上的利润最大化。显然,不能过多地依赖那些通过假设资本家预期高利润率但得到较低利润率来为利润率下降论辩护的模型,在这种情况下,就没有办法解释为什么资本家不根据经验修改他们的预期了。

可能有人认为,这种考虑破坏了本节的论证。如果资本家期望工资与生产率同步增长,他们就知道他们的利润率最终会下降。(我们假设这里所考虑的新技术位于图 6.3 或图 6.5 的"重叠"范围内。)这是否会阻止他们引进新技术呢? 从目前的假设来看,答案显然是否定的。每一个资本家都面临着立即赚取联结利润率的前景,或者让其竞争对手这样做。当紧要关头到来时,在此期间最成功的资本家可能幸存,而那些落后的资本家则会失败。这一紧迫性与他们是否能够预见到新技术引入后的长期调整无关。

固定资本与技术的受限选择

截至目前,我们一直在考虑一个"纯粹的"流动资本情形。本节将重新表述模型,以描述一个"纯粹的"固定资本情形,其中没有物质投入流量,资本品没有折旧。这个故事还介绍了技术可能发生变化的区域之间的关系,但没有解决技术和社会因素是否以及如何在足够短的时间内对技术变化施加限制的问题,以使置盐所假设的竞争机制生效。该模型的固定资本版本是一个有用的工具,可用于探索在确定技术的最佳选择时约束因素的影响。

在纯粹的固定资本情形中,a_1 和 a_2 变为 b_1 和 b_2,分别是产生一单位资本品产出和一单位消费品产出所需的资本品存量。注意维度的变化,a_1 是一个纯数,b_1 是时间单位维度,a_2 是资本品/消费品维度,b_2 是同样的维度与时间单位的乘积(它是存量对流量的比率)。我们用利润率 r 替代 R,它的维度是 t^{-1} (Allen,1967,p. 3)。

价格方程为:

$$\begin{aligned} p &= pb_1 r + w_m l_1 \\ 1 &= pb_2 r + w_m l_2 \end{aligned} \quad (24)$$

现在很明显,该模型的结构与流动资本的情形相同,只是在符号和解释上有所改变[将式(24)与式(1)和式(2)相比],可以看出,置盐的实际工资假设的结果将保持不变。部门 2 的可行性和 FRP(w_m) 条件是式(8)和式(10),部门 1 的条件是式(11)和式(13),R 改为 r,b_i' 代替 a_i'。与之前一样,可行区域和利润率下降区域没有重叠,表明可行的技术变革永远不会导致利润率下降。因此,置盐定理在这个固定资本技术的(非常简单的)版本中得以建立。[①]

当我们转向剥削率不变假设时,会发现固定资本模型大大简化了分析。由于没有折旧或物质投入流量,因此没有"间接劳动力",而且单位价值与当前的劳动力投入系数一致。因此,我们有 $\lambda_2 = l_2$,以及 $w = w_m \lambda_2 = w_m l_2$。

对于部门2,可行条件与实际工资不变假设中使用的式(8)版本大致相同(经过适当修改)。FRP(w)条件为:

$$r' = \frac{1-w_m'l_2'}{b_1+w_m'(l_1b_2'-l_2'b_1)} < \frac{1-w_m l_2}{b_1+w_m(l_1b_2-l_2b_1)} = r \quad (25)$$

式(25)中的不等式可以用 $w_m'l_2' = w_m l_2$(剥削率不变)简化为:

$$l_2' < (l_2/b_2)b_2' \quad (26)$$

可与式(21)相比较。图6.3可以重新解释固定资本情形,以显示可行区域和利润率下降区域的重叠。

部门2的利润率下降条件有一个简单的解释。注意机器劳动比,马克思意义上的资本技术构成 k_i 可以表示为 b_i/l_i,利润率下降条件式(26)仅仅是 $k_2' > k_2$。只要部门1没有发生技术变化,部门2的资本技术构成提高就是利润率下降的充分条件。工人在部门2的生产力增长中按比例获得份额,就不会发生"不变资本的降价"了。因此在这种情况下,马克思的"产业后备军"思想关于技术构成提高的论证足以构建一个利润率下降理论了。当然,一个一般化理论必须允许技术变革在这两个部门同时发生。在单部门("标量")的情形中,$k' > k$ 不是 $r' < r$ 的充分条件,利润率下降需要更强的条件 $b' > b$。

在剥削率不变的假设下观察部门1的技术变革,l_2 不变,w 不变意味着 $w_m' = w_m$。

实际工资不变,直觉立即告诉我们,在这种情况下置盐的结果将是成立的。这一点得到了 FRP(w)条件推导的确认:

$$r' = \frac{1-w_m l_2}{b_1'+w_m(l_1'b_2-l_2b_1')} < \frac{1-w_m l_2}{b_1+w_m(l_1b_2-l_2b_1)} = r \quad (27)$$

使用式(5)的适当变化形式,可将其简化为:

$$l_1' < \frac{p}{w_m} - \frac{pr}{w_m}b_1' \quad (28)$$

[①] 当然,置盐定理已经在更复杂的版本中得以证明。参见罗默(1979)。然而,我觉得其中一些模型引发的问题比它们解决的问题还要多。固定资本的联合生产方法来自冯─诺伊曼(1946)和斯拉法(1960),假设各部门利润率相等,这实际上意味着每个部门都在一个单独的控制单元之下。本书第八章提出了一种替代方法。我还发现阿尔贝罗和佩尔斯基(1979)提出的未来收益贴现的概念值得怀疑,至少对于未来回报高度不确定、战略行为受当前需求支配的资本主义经济来说是如此。

反过来，它又是不等式掉转方向的可行条件。由于没有物质流量或折旧流量，部门 1 的技术变革对工资品的单位价值没有影响，因此对实际工资也没有影响。降低利润率的可行的技术变革是不存在的。那么，在纯粹固定资本情形中，利润率不可能下降，除非消费品行业发生技术变革。

关于在两个部门同时发生的技术变革，我在没有给出证明的情况下提出了以下定理：在剥削率不变的情况下，可行的技术变革同时发生，在另一个部门没有变化的情况下，每一种技术变革都满足自己部门的利润率下降条件，这构成了总体利润率下降的充分条件。以下内容不是一个必要条件：一个部门可能产生一种技术变革，这种变革本身会提高均衡利润率，但它与另一个部门的利润率下降一起，会导致整体利润率 r 的下降（取决于两个部门的相对权重）。

截至目前，我们关注的一直是一个构想出来的问题。是否存在具有某些特性的新技术区域？尤其是，利润率下降区域和可行区域是否会重叠，以至于可能存在理性资本家引入技术，但仍会导致利润率下降的情形？在考虑这些问题时，我们把整个 (l_2', a_2') 空间（如果我们目前局限于固定资本模型和部门 2 的话）看作潜在的新技术领域，我们关心的是以这样或那样的方式对其进行分类。

很明显，这个"投入系数空间"中的一些点是无法实现的。例如，生产力不可能提高（降低）到任意的程度，特别是在与我们关于竞争强度的假设相一致的短时间内。一种观点是把新技术视作不可预测的和外生的事件，倘若如此，我们已经词穷了。不过，如果我们假设有一系列可能的新技术，即生产力的提高可以以增加机械化的代价来"购买"，那么从任何初始位置开始，在降低 l_2 和降低 b_2 之间将有一个权衡。这种权衡将成为对技术选择的约束，而后我们可以研究资本家将如何选择新技术，以便在这种约束下使联结利润率 ρ 最大化。①

这种情形如图 6.6 所示。可行性边界和利润率下降边界如图 6.3 所示，它们的交叉点决定了初始技术的系数 (l_2, b_2)。双曲线显示了在短期内根据给定的技术范围可达到的 (l_2', b_2') 组合，它的形状表明，根据某种选择，任一系数都可以降低，但代价是另一个系数的逐渐上升。曲线绘制于点 (l_2, b_2) 下方，以建立一个小区域，在该区域中两个系数都下降，这是生产力"自主"提高的结果。最优的新技术系数被标记为 (l_2', b_2')，是通过向内旋转可行性边界找到的，在 w_m 和 p 不变的情况下，下降的水平截距表示创新者的利润率 ρ 的上升，当旋转的

---

① 这里引入了技术约束概念，以及随后从可行技术集中选择 ρ 最大化的技术。约束是根据技术系数本身来表示的，关于这种表述的早期单部门版本，见 Laibman，1977。随后，在本书第七章的单部门和第八章的两部门中，提出了一种更动态的方法，它不是对技术系数本身进行约束，而是对技术系数的变化进行约束。

可行性直线与曲线相切时，利润率 ρ 最大化。如图所示，作为最优选择的新技术系数是在该切点确定的。

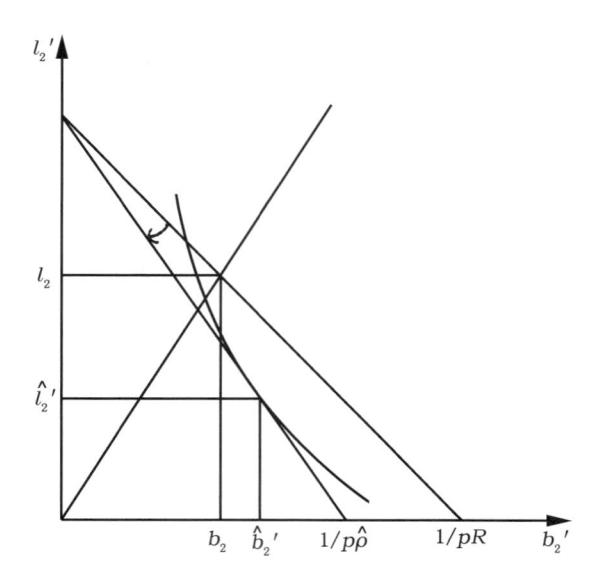

图 6.6　约束下的技术变革与最优的利润率下降

绘制这张图时，新技术(l_2', b_2')位于利润率下降射线的右侧，因此它将导致均衡利润率 r' 较低。当然，这仅仅是图方便之举，该图可以被画成 $r' > r$。对于会出现这种或那种结果的条件，还能说些什么吗？答案是肯定的，但只有指定约束条件的参数，才会给约束条件和模型带来可能被视为毫无道理的精确光环。为了说明如何做到这一点，请考虑柯布－道格拉斯形式。①

$$y_2 = ak_2^\alpha \tag{29}$$

$$y_2' = aGk_2^\alpha \tag{30}$$

式(29)是生产率 y 与资本强度（或资本的技术构成）k 之间的简单关系，且 $0 < \alpha < 1$。式(30)表达了生产率增加与资本强度增加之间的关系，G 是一个大于 1 的参数，代表自主改进因子。由于 $k_2 = b_2 / l_2$ 且 $y_2 = 1/l_2$，式(30)可表

---

① 为了避免误解，应该强调这些形式并不意味着任何关于份额、边际产品或其他新古典主义附属品的东西。除了异质性、多种资本品等，新古典主义使用生产函数的核心是将其弹性与价值概念联系起来，如果要从技术的最佳选择中得出均衡份额，这绝对是必要的。在平衡增长均衡和非自主的技术变革等某些条件下可以证明，最佳的联结利润率具有边际生产率的解释。那么，新古典主义理论相当好地表达了个别资本家的观点；它构成的理论，正如马克思所说，不能超越资本主义在实践中的限度（见 Laibman，1976，1977，以及本书第八章中对这一点的进一步讨论）。

示为：

$$l_2' = (aG)^{-(\frac{1}{1-\alpha})} b_2'^{-(\frac{\alpha}{1-\alpha})} \tag{31}$$

这是图 6.6 中的双曲线约束方程。

通过将式(31)的联结利润率最大化，可以找到最优的新系数 b_2' 和 l_2'。联结利润率为：

$$\rho = \frac{(1-w_m l_2')}{p b_2'} \tag{32}$$

结果是：

$$l_2' = \frac{1-\alpha}{w_m} \tag{33}$$

$$b_2' = (aG)^{-\frac{1}{\alpha}} \left[\frac{1-\alpha}{w_m}\right]^{-\frac{1-\alpha}{\alpha}} \tag{34}$$

为了得到利润率下降条件（由于剥削率不变，它与资本有机构成上升的条件相一致），我们处理式(29)来寻找这一条件：

$$b_2 = a^{-\frac{1}{\alpha}} l_2^{-\frac{1-\alpha}{\alpha}}$$

因此

$$\frac{b_2}{l_2} = a^{-\frac{1}{\alpha}} l_2^{-\frac{1}{\alpha}} \tag{35}$$

$r' < r$ 的条件是 $b_2'/l_2' > b_2/l_2$。使用式(33)、式(34)和式(35)，这意味着：

$$a^{-\frac{1}{\alpha}} G^{-\frac{1}{\alpha}} \left(\frac{1-\alpha}{w_m}\right)^{-\frac{1}{\alpha}} > a^{-\frac{1}{\alpha}} l_2^{-\frac{1}{\alpha}} \tag{36}$$

它可以简化为：

$$w_m l_2 > G(1-\alpha), w > G(1-\alpha) \tag{37}$$

因此，这是（固定资本案例，部门 2）技术选择受限时利润率下降的条件。

该条件是否成立，取决于 w、G 和 α 三个参数之间的关系，其中每一个参数都可能被认为是由复杂因素决定的：在 G 和 α 的情况中，由技术因素决定，这种因素也是资本主义生产关系的重要中介（不应在根本上将这些系数视作"外生"的，它们反映了资本主义社会及其工程文化更广泛的方面）。在某种程度上，由于资本主义社会忽视了基础研究，并且在生产中存在阶级对立，所以 G 被视为一个小的、接近 1 的数；由于寻求高联结利润率的工程文化，α 被视为大数；由于工人阶级增长和成熟，w 相对较高。在这种程度上，我们可以说有一种假设：有机构成上升倾向将压倒相反的趋势。因此，与其说这是资本有机构成上升的"定律"，不如说是对长期影响它的因素的概述，对这些因素需要进一步研究。

结　论

现在，我们可以根据本章介绍性部分所涉及的更大的主题来总结我们的研究结果。

首先，在研究技术变革对利润率的影响时，有必要搁置决定利润率的其他广泛力量，如关于工资谈判和工作条件的阶级斗争。（如上所述，人们理所当然地认为阶级斗争在技术选择中也起作用，这种作用与 ρ 最大化的必要性完全一致。）

为了起一个更好的名字，把阶级力量平衡的变化不影响利润率的情况称为阶级斗争中性条件。我们已经提出了一个问题：如何对其进行最佳定义？

值得注意的是，人们对这个问题的思考很少。在置盐－森岛－罗默传统中，人们简单地假设阶级斗争的中性意味着实际工资的不变。例如，罗默写道："虽然在现实生活中，实际工资并不是固定不变的，但问题是要理解利润率下降是否可以解释为由技术创新本身造成，而与实际工资的变化无关。"（1979，p.379）这可以说是对中性条件的一种物理主义解释。

相比而言，我提出以剥削率不变作为阶级斗争中性的标志。剥削率，即无偿劳动与有偿劳动的比率，表达了某一时期阶级力量的平衡。正是当工资与生产率保持一致时，才不会改变阶级力量的平衡，那么，这就是分析技术变革的中性框架。换句话说，没有理由认为在实际工资不变的条件下，技术变革是在中性条件下发生的：在这种情况下，假设生产率上升，剥削率也在上升。技术变革可能对剥削率产生不同的影响，所有这些影响都是通过意识变化和基于意识变化的行动来调节的，不过，没有理由认为技术变革会自动导致剥削率上升，而这种上升恰恰足以导致实际工资不变。这等于拒斥对这两者之间关系的复杂分析。

需要说明的是，如果不以劳动时间来确定工资品的价格，就不能明确地界定剥削率，因而也不能保持不变。如果这样做是为了使剥削率在（未转型的）价值体系和（已转型的）价格体系中是相同的——这似乎是一致性的要求——那么价值型工资（即马克思可变资本流量）也是相同的，无论是用生产价格还是用劳动价值来衡量，剥削率可以用劳动价值来定义，如上文式（16）。那么，劳动价值范畴在某些分析用途中似乎是不可替代的（参见霍奇森，1980；莱布曼的批评，1980）。

其次，是关于资本的有机构成理论和利润率下降趋势理论之间的关系。再次引用罗默的话:"如果我们相信置盐模型,那么资本的有机构成就不可能增加到降低利润率的程度。除非人们首先有意识地质疑置盐模型的假设,否则追踪资本有机构成的意义何在?"(1979,p. 380)

这个问题可以直接回答:剥削率上升与利润率下降一样,都是资本主义的矛盾来源和内在的批判趋势。除了实际工资不变,罗默还通过森岛继承了置盐的著作中的另一个弱点,即缩短分析阶段的趋势。资本的有机构成本身就是一个重要的变量,对其的分析先于利润率的分析。只要我们假定有机构成有上升的趋势,就一定有剥削率上升的趋势,或利润率下降的趋势,抑或两者都有。这些趋势中的任何一种都可以说是具有产生危机的特性。虽然对这些性质的讨论将推迟到本书第三部分,特别是第十二章,但应该注意到,利润率下降的危机性质往往只是假设;因此,谢克对利润率趋势的讨论出现在一篇关于"多布的危机理论"的文章中,仿佛危机理论和利润率及其趋势的理论是一回事。剥削率上升的危机特性没有得到充分的注意,可能是因为强调资本主义经济的这一特征会被认为是"消费不足主义"。然而,如果剥削率的上升和利润率的下降都会使系统处于潜在的危机之中,那么关键的问题就在于资本的有机构成的趋势。在本章中发展的模型,以及在随后的章节中更充分的探讨,实际上可以被解释为主要针对这个问题,因为在剥削率不变的假设下,利润率下降的情况涉及资本有机构成的上升。

最后,我们提出了最宽泛的问题。马克思主义经济理论能否在资本主义中确定一种内在的批判性倾向(或一系列相关的倾向)而不屈服于机械的宿命论?或者,反过来说,能不能在不屈服于自愿主义的情况下放弃内在批判性趋势的概念?

罗默认为,只要放弃"纯粹的竞争模式",就可以提出各种关于利润率下降的理论。我们再引用一次他的话:

"原教旨主义者"对这些尝试一般是这样攻击的:"新的"利润率下降理论没有从资本本身的发展中推导出利润率下降,而是从各种临时现象中推导出利润率的下降,如阶级斗争(实际工资上涨)、国家作用的增加等等。马克思最喜欢的一句话是:"资本主义生产的真正障碍是资本本身。"……人们可以回答说,原教旨主义者对"资本本身"的定义太狭窄了……只有最狭隘的资本观才会把利润挤压论归类为放弃了资本主义按照其内部矛盾发展的观点。(1979,p. 394)

虽然我同意罗默拒绝原教旨主义的观点,这种观点通过对最高抽象层次的政治经济学范畴的逻辑分析"得出"利润率下降(更不用说无产阶级革命),但我发现将"资本"定义为包括资本主义社会的所有现象、缩小到一个共同的平面也没有什么帮助。对利润率下降的各种近因的讨论确实变成了经验主义和唯意志主义,除非它是通过对更高抽象层次的内在倾向的研究来了解和组织的。

我们已经看到,鉴于阶级斗争中性在剥削率中的首要体现,存在与资本主义微观理性相一致的明确条件,在这些条件下,可以预期会出现资本有机构成上升和利润率下降。因此,置盐定理并没有错,只是它构想得太狭窄了。技术变革的受限选择模型显示了如何确定参数,以解释资本有机构成上升的趋势如何发生,以及何时可能实际发生。这些参数本身是由复杂因素决定的,因此,在最高抽象层次上揭示的过程是在许多层次上确定的。

将剥削率提升到适当地位,再加上技术变革形式受到资本主义具体限制的概念,可以作为改进对资本主义积累过程的理解的基础。反过来,这也是对晚期资本主义动态分析的成熟方法的一个重要组成部分,它必须在理论层面上把对内在趋势的坚定把握与当代资本主义社会的各种变化的现象的丰富性和多层次性结合起来。

第七章

最优技术变革与有偏技术变革：单部门情形

以上两章介绍了技术变革和资本主义增长趋势研究中的主要问题，并在两部门模型的背景下更全面地介绍了置盐定理和替代假设。在本章中，我发展了一个完整版本的单部门（总量）模型，其增长路径基于竞争资本主义的特定社会环境中的技术变革选择。因此，该模型跨越了传统的马克思主义理论和现代增长理论的技术。我们可以考虑，首先将复杂、动态的技术变革过程理论化，使之成为与经济分析相容的简化形式。

在资本主义经济中，技术变革无处不在，事实上，它在所有经济中以这样或那样的方式存在，因此，它应该是所有经济理论的基础。生产方式的存在模式，使稀缺变得相对化，因此是违反稳态的最系统因素，这是正统增长理论的核心，它一方面是有用的方法论起点，另一方面是静态平衡的本体论推断。

此外，尽管技术变革如是命名，但它既是技术性的，也是社会性的：技术进步总是伴随着消费结构和质量的变化，并伴随着工作规则、规范、权力等级和工作经验质量的变化。在思考所有这些问题时，我们面临的挑战是对技术变革进行严格的概念化，捕捉这一丰富现实的本质方面，同时超越传统处理方式的贫乏状态。我们尤其希望将技术变革置于资本主义增长过程的核心，而不是将其视为一种事后反思，也不是将其视为一种在不干扰已经得出的定性结论的情况下引入的复杂因素，并对特定类型经济结构中技术变革的内生决定因素进行全面阐述。

言及于此，必须承认这项任务的巨大困难。我们仍然处于这样一个阶段，即有必要沿着一个复杂维度将技术变革过程形式化，抽象的作用因而是突出的。我将援引人们熟知的使用模型性质的理由,这些性质的简单性并不能解决与异质性相关的困难和随之而来的估值难题:在我们的知识有关这部分的前沿领域会有新的发现,这些发现可能激励和引导纳入对其他复杂维度的探索。我在本章的目标是,在具体的资本主义商业竞争机制、目标、预期和可以称为"工程文化"的框架内,看一看对技术变革的选择和有偏增长路径的可能性能说些什么。为了实现这一目标,我用一个加总的、单一商品的模型展开工作,因此产生了与商品随时间推移而发生的质变以及与异质性和估值复合物有关的债务。在结论中,我将简要地提及解决这些问题的模型的扩展。

本章介绍的模型有两个主要目标。(1)精确地确定资本主义企业做出最佳(这是从他们的观点来看)技术变革选择的方式,以及这些选择可能导致技术变革的有偏路径的条件("有偏"的定义见下文;初步概述见本书第五章);(2)在一个加总的增长模型中植入有偏路径,从而得到稳态增长的一般化,我称之为"一致性路径"。这两个目标分别在下一节和之后几章中完成。我将就主要是在马克思主义框架中关于长期关键趋势的漫长争论,尤其是关于"利润率下降趋势的规律"的漫长争论,得出一些分析性含义。它们构成了长期危机理论的基础,其内容在本书第十二章中得以汇总。

技术变革选择:基本模型

如前所述,该模型将具有最大的简单性和一般性。单一商品(X)的生产采用同质劳动力流量(L),使用包含相同通用商品数量的资本存量(K):

$$K, L \rightarrow X \tag{1}$$

资本品没有贬值,在生产中也没有任何其他的物质投入流量,总产出和净产出没有区别。因此,这就是一个"纯固定资本"模型。或者说,产出 X 可以视作净产出,K 和 L 分别是直接资本存量加间接资本存量,以及直接劳动力流量加间接劳动力流量,隐性地允许物质投入流量。按照惯例,我们定义了两个能充分描述正在使用的技术的比率:资本—劳动比率 $k = K/L$ 和劳动生产率 $x = X/L$。

机械化函数

资本主义的积累本身就是动态的。在任何时候,人们都可以(而且必须)做出选择,但这些选择并不是从静态的预先存在的选项中进行的,相反,它们是对变革的选择。为了表达这些选择受到限制的方式,我提出了尼古拉斯·卡尔多的技术进步函数的一个版本(Kaldor,1957)。我更喜欢把这个概念称为机械化函数,如图 7.1 所示。

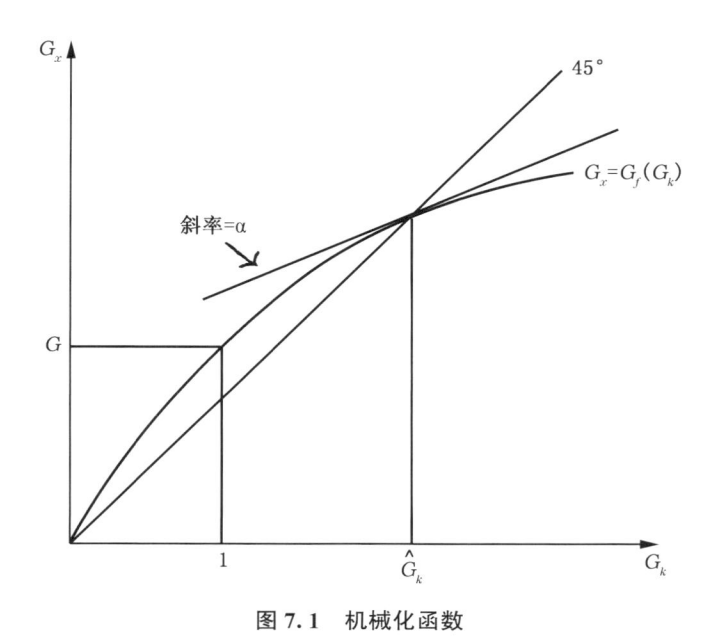

图 7.1　机械化函数

机械化函数假设 x 和 k 的增长因子之间存在直接关系(报酬递减),而不是像卡尔多(和大多数增长模型)那样探讨增长率。任何变量 y 的增长因子均为 $G_y = y_t / y_{t-1}$,即在给定时间段内的变量值与前一时间段内的变量值之比。y 的增长因子可以视为"1 与 y 的增长率之和",不过这种增长率在离散时间模型中是模糊的,增长因子似乎更适合。[①] 增长因子似乎比增长率更好,因为它们从来没有出现过负值:例如,y 下降意味着 $0 < G_y < 1$,以及"绝对最低增长"即消失,意味着 $G_y = 0$。最后,应该注意的是,增长因子是一个纯数,不像增长率具有倒数时间的维数。

在我们用代数说明机械化函数之前,使用部分未说明的形式是有帮助的,这样就可以从分析中得出基本的定性结论,而不必担心这些结果取决于特定的函数形式,特别是柯布-道格拉斯形式(稍后出于阐述的目的而使用)。因此,我们将机械化函数表示为:

[①] 反过来,选择离散时间是因为它更适合计算机模拟,而这似乎又是探索模型属性有价值的辅助,因为至少在目前,无法实现变量的时间路径的显式解决方案。本书第八、九和十一章对两部门背景下的计算机模拟进行了探讨。

$$G_x = Gf(G_k) \tag{2}$$

其中，
$$G > 1$$
$$f(1) = 1$$
$$f'(G_k) > 0; f''(G_k) > 0$$
$$Gf'(\hat{G}_k) = \alpha$$

其中，
$$\alpha < 1$$

$\hat{G}_k$ 是 $Gf(G_k) = G_k$ 的相关根

有 G 和 α 两个参数。G 反映了"自主"的技术进步：组织和技能的提高每次都能少量提高生产力，而与机械化程度(G_k)增加无关。因此，如果 $G_k=1$，即 k 无增长，$f(1)=1, G_x=G$，则它位于 1.005—1.01 的范围内。G 是社会围绕研发的制度安排和生产力进步扩散的集中指标，因此，它超出了资本家的控制，不是战略规划的目标，更不用说短期选择了。

导数符号确保了生产率可以通过增加 k 进一步提高，不过增速下降了。我们需要一个参数来表示函数的曲率，即机械化的报酬递减率。这就是最终限制的目的。$\hat{G}_k$ 是"稳态"的 G_k，此时 $G_k=G_x$，对于 $G_k<1$，我们通过假设 $Gf'>1$ 来确保其存在性。它穿过 45 度线的函数的斜率为 α，α 越高，意味着收益递减越慢，反之则反是。我们假设，在给定的短期科学技术范围内，报酬总是以某种速度下降；通过提高 k 可以进一步提高生产率，但不能以无限的方式来实现。虽然 α 在短期内是外生给定的，但它可能被视为资本家战略规划的一个可能的目标，他们不断被迫在短期内找到大幅生产率增长，作为在竞争性的生存斗争中取得成功的条件(下文会有更多的介绍)。这可能不是一个有意识的政策问题，而是一个类似自然选择的问题，有利于那些成功提高生产力的资本的生存，从而在资本主义社会的工程文化中植入一种不断增长的趋势，然后在个别资本"背后运作"。①

然而，在某一时刻，G 和 α 都是给定的，机械化函数是资本家的技术变革可能性集。资本家根据一个目标函数在上面选择一个位置，对后者必须谨慎确定。

---

① 很容易提出对机械化函数做经验估计。柯布—道格拉斯变形(见下文)将产生线性回归 $\log G_x = \log G + \alpha \log G_k$。由于技术变革被纳入变量的定义中，该函数不会随着时间的推移而上移，因此只需要"直线拟合"，而不需要任何关于"边际生产力"和完全竞争的假设。

应该注意的是，在图 7.1—图 7.3 中，遵循柯布—道格拉斯的特性以及一般情形，增加了额外的性质 $f(0)=0$，尽管这对任何分析结果都是不必要的。

联结利润率

在确定最大值的过程中,我们需要利润率的一般表达式,并考虑工人和资本家之间的收入分布。这些阶级,如同在以抽象资本主义经济理论为对象的模型中一样,得以明确定义,并穷尽经济活动人口。如果 W 代表实际工资总额,则 $W/L = wx$ 是实际工资率,其中 w 是工资在产出中的份额(W/X)。剥削率为 $(1-w)/w$。利润率,通常定义为利润/资本,可写成:

$$r = \frac{X-W}{K} = \frac{x}{k}(1-w) \tag{3}$$

我已经选用实物资本存量 K 定义利润率,而忽略了工资可能被视作从资本中预付的意义。这个选择极大地简化了模型的运行。更重要的是,就像与利润率公式相关的纯粹固定资本假设一样,它准确地反映了成熟的工业化资本主义经济的状况,与实体资本存量挂钩的金融资本规模可以忽略不计。只有后者需要预先积累,如果不是完全由新的收入来支付,劳动力工资的增加也是通过非常短期的借贷来满足,其利息成本是微不足道的。

我们最终得到了最大值。如果卡尔多是我的约束的首创者,那么目标函数来自置盐(1961):如果单个资本是新技术的唯一所有者,那么它会寻求利润率最大化,因此能够以适合现有旧技术的投入和产出价格来运行该技术。在一个多部门的世界里,资本家把价格看作是不变的(因此"未能"预测到新技术普遍采用后的价格变化)。在没有相对商品价格的单部门情况下,相关的常数是实际工资率 wx 和工资份额 w,后者来自 x 代表总生产率的事实,单个资本家假定其为常数。应当指出,没有任何对于新技术普及后 w 和 wx 后续调整的假定。从置盐的常数 wx 到我自己提出的常数 w(见下文),都会在随后追踪实际工资和利润率的变化时才做出假定。①

这个分析假定了资本之间激烈的、竞争性的生存斗争,其中技术变革是一个主要武器。每家厂商都必须把自己当作一个创新者,寻求占据新技术唯一拥有者的准垄断地位,如果它不能抓住这一机会,无论超额回报是多么短暂,它的竞争对手都会这样做,并利用随之而来的优势在市场、多样化和增长的竞争中与它抗衡。[增长是生存的关键这一事实,确定了利润率,而不是利润额,这是

---

① 置盐(1961)对任意的替代技术进行了研究,而不是在这里提出的技术变革选择集。他的技术转换标准,即在给定价格下的单位成本降低,可以证明与联结利润率标准相同。本书上一章介绍了置盐的表述形式和我的表述形式之间的联系,在那里,读者还可以看到关于剥削率和阶级力量平衡之间的关系的论证的补充讨论,可作为 w 不变假设的理由。

核心战略变量;见莱伯曼和内尔(1977)以及谢克(1978b)的相反观点。]根据上一段的线索,这是一种资本主义特有的理性预期形式:资本家可以"预期到"失去他们的特权地位,他们甚至可以"预期到"永远不会获得这种地位。如果他们预期其他公司能够几乎同时转向新技术的话,他们也不能采取规避行动,以避免技术变革和随之而来的后果,因为这将意味着他们的灭亡。

我选择了"联结"一词,而不是更常见的"创新者"或"过渡",以避免像熊彼特(1939)那样僵硬地划分为创新者和模仿者,以及在他们之间有一个不正常的过渡期——黄金时代——的想法。联结利润率是所有资本的最大利润率,通过创新实现成功积累的斗争是一个不断打破均衡的过程。

在确定了这些概念要点后,我们可以定义联结利润率:

$$\rho = \frac{XG_X - (wx)LG_L}{KG_K} = \frac{x}{k}\frac{G_x - w}{G_k} \tag{4}$$

利用增长因子代数式的一个特征,推导出式(4)右侧的表达式:$G_x = G_X/G_L$,$G_k = G_K/G_L$。

式(4)中的第一个等式是定义性的。XG_X 是在以 (G_X, G_K) 为代表的未知技术变革之后的预测产出。所需的新劳动投入 LG_L 是以旧的实际工资率 wx 来估算的。因此,分子是预期的联结利润,并除以必要的资本存量增量 KG_K。式(4)最右一项用密集型(每单位劳动)要素 ρ 来表示。在这里,x、k 和 w 代表现存的定量,选择变量是 G_x 和 G_k。

技术变革的最佳选择

问题现在很直观了。单个资本家在机械化函数式(2)约束下将式(4)最大化。我们可以使用式(2)来消去 G_x,问题还原为求解 G_k,使 $[Gf(G_k) - w]/Gk$ 最大化。其一阶条件如下:

$$w = G[f(G_k) - G_k f'(G_k)] \tag{5}$$

这决定了 $\overline{G}_k$,即 k 的最优增长因子,$\overline{G}_x$ 和 $\overline{\rho}$ 分别来自式(2)和式(4)。

二阶条件表示为:

$$\frac{\partial}{\partial G_k}\frac{G_k G f'(G_k) - [Gf(G_k) - w]}{G_k^2}$$

$$= \frac{G_k^2 G f''(G_k) - 2[GG_k f'(G_k) - Gf(G_k) - w]}{G_k^3}$$

$$= \frac{Gf''(G_k)}{G_k} < 0, f'' < 0$$

所以 $\overline{G}_k$ 确认为最大值。

工资份额变化对 $\overline{G}_k$ 的影响由式(5)的微分决定,其中 $dG=0$：

$$dw = [Gf'(G_k) - Gf'(G_k) - GG_k f''(G_k)]dG_k = -GG_k f''(G_k)dG_k$$

$$\frac{dG_k}{dw} = -\frac{1}{GG_k f''(G_k)} > 0 \tag{6}$$

$$\frac{d^2 G_k}{dw^2} = \frac{G_k f^{(3)}(G_k) + f''(G_k)}{GG_k^2 [f''(G_k)]^2} \gtreqless 0$$

$$G_k f^{(3)}(G_k) \gtreqless -f''(G_k) > 0$$

意味着 $\overline{G}_k$ 直接随着 w 而变化,但是当 $f^{(3)} > 0$ 时曲率不确定。

技术变革路径：中性和有偏

我们现在可以提出这样的问题：微观理性的技术变革 $(\overline{G}_x, \overline{G}_k)$ 是否包含了中性或有偏。我们定义资本－产出比为：

$$Q = k/x = K/X = (L/X)(K/L) \tag{7}$$

观察式(7)中最右一项,倘若将它确定为每单位劳动的资本存量价值,可以发现它很容易被解释为马克思的"资本的有机构成"(记住,在没有明确的物质投入流量的模型中, L/X 是产出的单位劳动价值)。我们注意到 $G_Q = G_k/G_x$，给定 ρ 最大化的技术变革选择,中性意味着 $\overline{G}_x = \overline{G}_k$，回到一阶条件式(5),对于 w、G 和 G_k 来说完全不同：

$$dw = [f(G_k) - G_k f'(G_k)]dG - GG_k f''(G_k)dG_k$$
$$= (w/G)dG - GG_k f''(G_k)dG_k$$

中性意味着 $Gf(G_k) = G_k$，一阶条件变为 $w = G_k[1 - Gf'(G_k)]$。对中性条件求微分,可得：

$$dG_k = f(G_k)/[1 - Gf'(G_k)]dG = [G_k f(G_k)/w]dG$$

将其代换至上文中的 dw 表达式,我们最终得到：

$$\frac{dw}{dG} = \frac{w}{G} - \frac{G_k^3}{w}f''(G_k) > 0 \tag{8}$$

因为我们同时使用了一阶条件和中性条件,式(8)可以解释为： G 变化导致使得 ρ 最大化的 G_k 变化,以保持中性(即 Q 不变),它必须与 w 在相同方向上的变化关联起来。请注意,它不可避免地导致 G_k 的变化,但前提是保留了 G_k 和 G_x 的等量关系。这不同于 G_y 不变的更强情形,在这种情形下,从式(5)可以立即看出, w 和 G 不仅要在同一方向上变化,而且要在同一比例上变化,即 $\dot{w}/w = \dot{G}/G$。

我们现在把注意力转向曲率参数 α，为此，我们提到式（2）的最终条件 $Gf'(G_k)=\alpha<1$。我们使用对中性情形略做修改的一阶条件，可得：

$$w=G_k[1-Gf'(G_k)]=G_k(1-\alpha)$$

所以 ρ 最大化和中性条件一起意味着：

$$\hat{G}_k=\frac{w}{1-\alpha} \tag{9}$$

或写成 $w=\hat{G}_k(1-\alpha)$，根据这一表达式，以及 $\hat{G}_k=\hat{G}_k(\alpha)$，可得：

$$\frac{dw}{d\alpha}=-\hat{G}_k+(1-\alpha)\frac{d\hat{G}_k}{d\alpha} \tag{10}$$

机械化函数式（2）并未先验给出 $d\hat{G}_k/d\alpha$ 的正负性。如果 $d\hat{G}_k/d\alpha\leqslant 0$，则 $dw/d\alpha<0$。如果 $dG_k/d\alpha>0$，则需作以下考虑：我们知道 $\hat{G}_k$ 大于 1 但接近于 1，因为 $Gf(1)=G>1$。由于 $(1-\alpha)$ 为正，且 RHS 的第二项占主导地位使得式（10）为正，$d\hat{G}_k/d\alpha$ 明显大于 1。不过，α 的可能变化范围在 0.1—0.3，远远超过了 $\Delta\hat{G}_k$ 的允许值，这将是一个百分点的范围，如 0.01—0.04。如果 $\alpha=0.5$（举一个合理的例子）和 $G_k=1.01$，当 α 增至 0.6，即 $\Delta\alpha=0.1$，意味着 $\Delta G_k>0.1$，因为 $d\hat{G}_k/d\alpha>1$，则有 $\Delta G_k>0.1$，或者说 G_k 上升到难以达到的高水平 1.11。那么 $d\hat{G}_k/d\alpha$ 显著小于 1，因此 $dw/d\alpha$ 显著为负。

这些解释与 dw/dG 相同，留意负号。如果 α 发生变化，则 G_k 发生变化，以保持中性和 ρ 最大化，那么 w 将不得不向相反方向变化。

我们现在可以在"使用资本，节约劳动"或是增加 Q 的技术变革方面识别违反中性的情况。问题的关键在于确定参数 (w,G,α) 的特征，它们使得 ρ 最大化，也会使得 Q 增加。

随着 Q 上升，$G_Q>1$，$G_x=Gf(G_k)<G_k$。因此，我们可以认为 G_k 从中性位置向上移动。一阶条件可以写成 $w/G=f(G_k)-G_kf'(G_k)$。我们发现：

$$\frac{d}{dG_k}[f(G_k)-G_kf'(G_k)]=-G_kf''(G_k)>0$$

这意味着，对于给定的 α，从 $G_k=\hat{G}_k$ 的中性位置开始，w 增加或 G 减少将使 ρ 最大化的技术变革选择进入 Q 增加的范围（在图 7.2 中的中性点 S 的右边，如 T 点）。推而广之，我们可以说，Q 增加的技术变革更有可能出现在理性的微观（联结）行为中，w 越高，G 越低。

关于曲率参数，利用式（10），我们知道 α 从中性开始上升，将降低保持中性

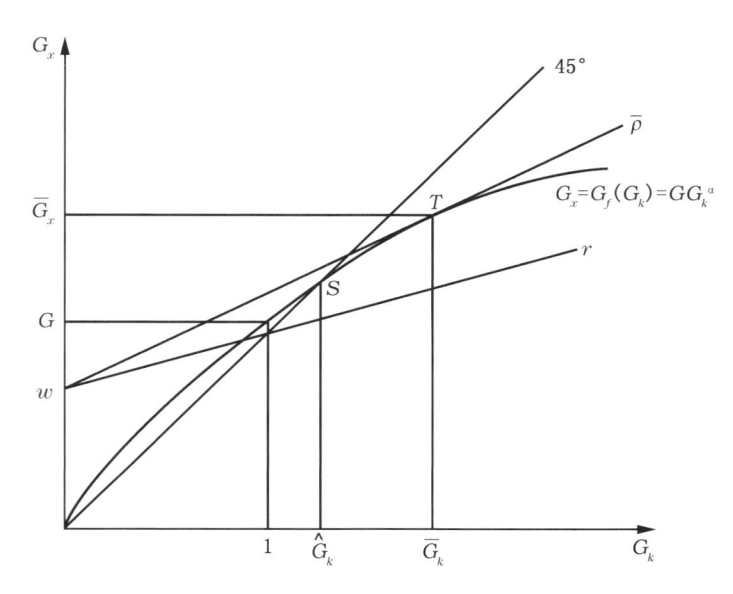

图 7.2　最优技术变革选择

的 w 水平,因为 w 最初的水平高于保持中性的水平,则有 $G_k > G_x$,或 Q 上升。整个情况可归纳为以下几点:Q 更有可能上升,w 和 α 越高,G 就越低。

由此,我们已经能够识别出决定技术变革是中性还是有偏的因子,但不能得出铁定的"资本构成上升规律"。(相反的偏向,即资本节约型、劳动使用型,直接来自这个分析,但此处不直接讨论。)

首先应该强调,如果获得了 w、α 和 G 的必要条件,那么资本构成上升就能确立,并且与微观理性行为一致,事实上,它是这种行为的结果。除了这个观察,在缺乏可靠的经验信息的情况下(但请参见下文在增长模型中的讨论),我们的结论必须是有条件的。如果 G 很小,那(也许)是因为资本主义忽视了基础研究,以及原子化的、浪费的和秘密的重复研究活动抑制了成果的传播。如果工资份额保持得足够高,那是因为工人阶级的规模、同质性和政治成熟度不断提高。如果追求在短期增加 ρ 的技术变革促进了 α 上升,那么只要继续保持上述条件,积累路径将显示出增加 Q 的技术变革和资本构成的长期上升。

界　定

虽然满足式(2)中所列条件的机械化函数的具体形式有很多,但没有一个是特别容易找到的。我在这里列出了五种有效的形式[$f' > 0, f'' < 0, f(1) = 1$,

并且 $Gf'(G_k)=\alpha$]。

1. $f(G_k)=G_k^\alpha$
2. $f(G_k)=[\alpha G^b G_k^{-b}+(1-\alpha G^b)]^{-1/b}(1-\alpha G^b>0)$
3. $f(G_k)=\dfrac{G_k}{G^2\alpha+(1-G^2\alpha)G_k}(1-G^2\alpha>0)$
4. $f(G_k)=1+\dfrac{\alpha\hat{G}_k}{G}\ln G_k$,其中,$\hat{G}_k$ 是 $G+G\alpha G_k\ln G_k=G_k$ 和 $\hat{G}_k=\hat{G}_k(\alpha,G)$

的相关(最小的正)根。

5. $f(G_k)=1-\dfrac{\alpha^2}{G\alpha^{\hat{G}_k}\ln\alpha}+\left[\dfrac{\alpha}{G\alpha^{\hat{G}_k}\ln\alpha}\right]\alpha^{G_k}$,其中 $\hat{G}_k$ 是 $Gf(G_k)=G_k$ 的单位

根。

当然,式(1)和式(3)表现得特别好,在式(2)、(4)和(5)中,"中性"的 G_k 和 $\hat{G}_k$ 不能写成封闭形式的代数表达式,因此,可能需要进一步限制参数,以确定 $\hat{G}_k$ 存在,并且在合理范围内存在。

在这些函数中,为了说明问题,最方便的是柯布－道格拉斯函数(1)式。[①] 因此,我们像式(4)那样,在机械化函数 $G_x=GG_k^\alpha$ 的约束下,使 ρ 最大化。代数是很直观的,解为:

$$\overline{G}_x=\dfrac{w}{1-\alpha} \quad \overline{G}_k=\left[\dfrac{w}{G(1-\alpha)}\right]^{1/\alpha} \tag{11}$$

图 7.2 展现了这个结果,对式(4)求解 G_x,可得:

$$G_x=w+\rho(k/x)G_k \tag{12}$$

可以将其看作一条等 ρ 线,其截距是工资份额系数 w,斜率由变量 ρ 控制。当 $\rho=r$ 时,等 ρ 线穿过 $G_x=G_k=1$,表示没有变革的选项。随着 ρ 增加,直线向上旋转,可实现的最大联结利润率 $\bar{\rho}$ 在 T 取得,即等 ρ 线与机械化函数的切点,它定义了 $\overline{G}_x$ 和 $\overline{G}_k$。

[①] 这为柯布－道格拉斯函数赋予了一种未经检视的有疑的光环,这源于新古典主义生产函数和相关的边际生产率、完全竞争下的产品耗竭等元经济学中对这种形式的使用。这是对道具和情节的混淆。然而,有一个技术问题涉及指数化对维度的影响。例如,在密集型生产函数 $x=ak^{1/2}$ 中,k 与其自身的平方根相乘,这只有在系数 a 的维度与 $x\sqrt{k}=\sqrt{x/t}$ 的维度相同时才有意义,即每单位时间每单位劳动的商品的平方根。不过,无论怎么解释,如果允许指数变化,显然都会引入维度和概念上的模糊性。相比之下,由于增长因子是纯数字,这个问题在柯布－道格拉斯机械化函数的情况下不会出现,G_k 的维度在重复相乘的情况下被保留下来。

资本密度的最优变革 $\overline{G}_Q = \overline{G}_k / \overline{G}_x$ 可以在式(11)中找到：

$$\overline{G}_Q = G^{-1/\alpha}\left(\frac{w}{1-\alpha}\right)^{(1-\alpha)/\alpha} \tag{13}$$

由此容易获得 Q 增加、中性和减少的技术变革条件：

$$\overline{G}_Q \gtreqless 1, \text{当 } w \gtreqless (1-\alpha)G^{1/(1-\alpha)} \text{ 时} \tag{14}$$

式(14)的等式部分具有导数 $dw/d\alpha < 0$ 和 $dw/dG > 0$，正如式(8)和式(10)所预测的那样。

在分析这些条件时，我感兴趣的是，资本主义的经验是否真的会发现可实现的最大联结利润率 $\overline{\rho}$ 和 α 之间的正相关关系。从 $\overline{\rho} = (x/k)(\overline{G}_x - w)/\overline{G}_k$，经过大量操作，可得：

$$\frac{\partial \overline{\rho}}{\partial \alpha} = \overline{\rho} \frac{1}{\alpha^2} \ln\left(\frac{\hat{G}_x}{G}\right)$$

这个导数大于 0，但很小。它表明，存在增加 α 的创新的微弱激励，然而，人们必须对这种效应是否可能产生重大影响保持怀疑。

前面提出的问题是，使 Q 增加的技术变革的条件是否完全取决于强有力的竞争假设？其含义似乎是，在一个拥有垄断权力和串通协调能力的大型厂商体制中，技术变革倾向可能或明或暗地消解，甚至完全被抵消。本书第十二章将讨论关于"晚近"资本主义的适当概念化问题。然而在这里，我们可以提供一种基本模型的变形，提出有一个因素可以增加 Q 值上升的可能性。这种变形是基于纵向一体化的概念[最初在莱布曼(1976)中提出]。

这个想法是，如果一个行业的厂商已经达到了纵向一体化的规模，那么它们将能够计算出技术变革选择对其自身资本存量的影响，从而以预期与新技术相关的单位价值的价格对这些存量进行估值。然而，产出仍然按照现有的技术进行估价。诚然，这是思考纵向一体化的一种相当朴素的方式，但这是在加总模型的范围内唯一可能的方式，如果只是作为更严格的公式的指导，那么结果值得一看。

除了一个关键方面，利润率的表达式将保持不变。在分母中，单位价值系数将是 $\lambda' = 1/xG_x$，而不是 $\lambda = 1/x$。简言之，"创新型企业"（即所有企业）计算并预期生产率增长以及随之而来的资本存量贬值。这时的联结利润率是：

$$\rho = \frac{\lambda X G_x - wLG_L}{\lambda' KG_K} = \frac{xG_x}{k} \frac{G_x - w}{G_k} \tag{4a}$$

比较式(4a)式与式(4)，唯一的不同点是：在等式右侧新增了 G_x 一项。对前文所述的机械化函数式(2)，求 ρ 在垂直整合时的最大化，我们发现：

$$\overline{G}_x = \frac{w(1-\alpha)}{1-2\alpha} \quad \overline{G}_k = \left[\frac{w(1-\alpha)}{G(1-2\alpha)}\right]^{1/\alpha} \tag{5a}$$

为了让结果有意义,需要限定 $\alpha<0.5$。使 π 最大化的 G_Q 表达式为:

$$\overline{G}_Q = G^{-1/\alpha}[w(1-\alpha)]^{(1-\alpha)/\alpha}(1-2\alpha)^{(\alpha-1)/\alpha} \tag{8a}$$

意味着 $G_Q>1$ 的相应条件是:

$$w > G^{\frac{1}{1-\alpha}}\left(\frac{1-2\alpha}{1-\alpha}\right) \tag{9a}$$

α 值在 $(0,0.5)$ 范围内的试验将显示 $(1-2\alpha)/(1-\alpha)<(1-\alpha)$,简言之,确保 Q 上升的参数条件比以前考虑的一般情况下的限制更小。因此,厂商可以在某种程度上预测广义技术变化对自身资本存量的影响,对增加 Q 的技术变革的 ρ 最大化激励似乎更强,更有可能占上风。当然,如上所述,这必然与大型厂商的串通行为所产生的反趋势相抵触,这些行为难以量化。

在下一节构建增长模型时,我们将不考虑一般情形,即非纵向一体化的情形。我们将在以下的增长模型背景下回到 Q 值上升的假设问题。本节可以用一个普通但重要的观察来结束,在本书的其他地方也有这样的观察。我们有 $r=(1-w)/Q$。很明显,作为一个定义问题,Q 上升意味着 r 下降,或 w 下降,抑或两者同时下降。我认为,对利润率下降问题的过分强调是错误的,只要我们的注意力局限于反映技术变革[1]的资本主义特定决定因素的狭义积累问题,内在的关键趋势就是资本构成的上升,因为这意味着要么利润率下降,要么利润份额(剥削率)上升。这些选择没有得到同等的重视,可能是由于有些文献中强调了前者,或者是由于不合理地担心消费不足,而倾向于避免研究涉及实现或有效需求的问题(利润份额上升)。显然,必须仔细阐述关于 r 下降或 w 下降的危机诱发特性的理论。然而,值得注意的是,置盐关于实际工资不变的假设意味着 r 不下降,但剥削率上升,因为所有生产率的提高都归于利润。关于实际工资对技术变革的反应的一个假设,将资本主义经济置于 r 下降/w 下降的两难境地之中,另一个假设将其置于另一个困境中。然而,两难的存在首先是一个更基本的问题,而这取决于使 Q 增加的技术变革。

积累:一致性路径

关键趋势问题可以在一个简单的、非稳态增长模型的背景下得到更好的检

---

[1] 不妨回顾一下莫里斯·多布明智的不可知论:"今天资本主义在世界范围内的矛盾是如此之多、如此复杂,其力量和程度无法用任何单一曲线来概括,就像医院病人的体温计一样。"(1958,p. 103)

验,该模型汇集了古典模型和马克思模型中广泛使用的几个特性。三个主要组成部分中有两个为人熟知:不变的劳动力增长率①、古典储蓄函数(储蓄是由利润获得者以不变比例完成的,工人不储蓄)。缺失的联系是最优技术变革选择理论,现在准备好采取行动了。我们将继续使用机械化函数的柯布—道格拉斯形式,因为这将使我们能够检查一些假设的参数值,并推测不同类型的增长路径的可能性。不过,如图 7.3 所示,模型本身完全可以根据一般机械化函数式(2)提出来,图的第四象限由式(6)给出,而不是由更精确但更脆弱的式(11)给出。

劳动力需求的增长因子取决于所选择的机械化率 G_k(我们降低了符号方便性的门槛),以及资本存量的增长因子 G_K。可以按照 $G_L = G_K/G_k$ 的速度吸收新劳动力到生产中。失业工人(马克思的"产业后备军")在总劳动力人数中所占的份额要求这个比例等于劳动力供应的(不变)增长因子 N。因此,我们写道:
$$G_K = G_k N \tag{15}$$
请记住,这是一个失业率不变的条件,而不是一个充分就业的条件。

所有的储蓄/投资由资本家按照与利润成比例的不变速度 a 完成:②
$$G_K = \frac{K + \Delta K}{K} = 1 + \frac{a(1-w)X}{K} = 1 + a(1-w)(x/k) \tag{16}$$
$$G_K = 1 + ar$$

当然,这是所谓的剑桥方程③的一种变形。

增长路径的所有成分现在都已经到位,图 7.3 讲述了这个故事。式(11)右侧给出了 w 和 G_k 之间的关系,即理想的机械化增长因子,并显示在图的第四象限。式(15)和式(16)分别绘制在第三象限和第二象限,标有 N 和 G_k 的射线的斜率为 n 和 $1/s$。利用所有这些关系,可以确定 (r, w) 空间中的一个点,如

---

① 很容易放宽这一假设,但这样做似乎没什么好处。哈里斯(1983)提出了一个巧妙的假设,即资本家在必要时通过偷袭国内外的非资本主义部门来创造他们自己的劳动力供应来源,但这并不影响积累的路径或利润率。

② 系数 a 是本书第八章将要详细讨论的"积累率"。它在数量上类似于后凯恩斯主义的利润储蓄倾向,即 s_p 或 s_c。但要注意的是,在积累决策的储蓄和投资方面没有凯恩斯主义通常的二分法,这种二分法在短期内是很重要的,而且与我们在此无从研究的金融机制有关,但把它带到长期增长的分析中似乎是不合适的。凯恩斯主义中投资者的绝对自主权可以视作一个极端的概念,与新古典主义中没有自主权和被动最大化所取代的概念相反,这两个极端都不能充分代表资本家的政治—经济形象。

③ 这里又有一个轻微的维度问题。G_k 是一个纯数字;r 具有倒数时间的维数。通过用某种利润因子取代 r 来使这些概念保持一致,似乎并没有用。维度纯粹主义者可以想象一个额外的乘法常数,其数值是统一的,而且有时间维度。

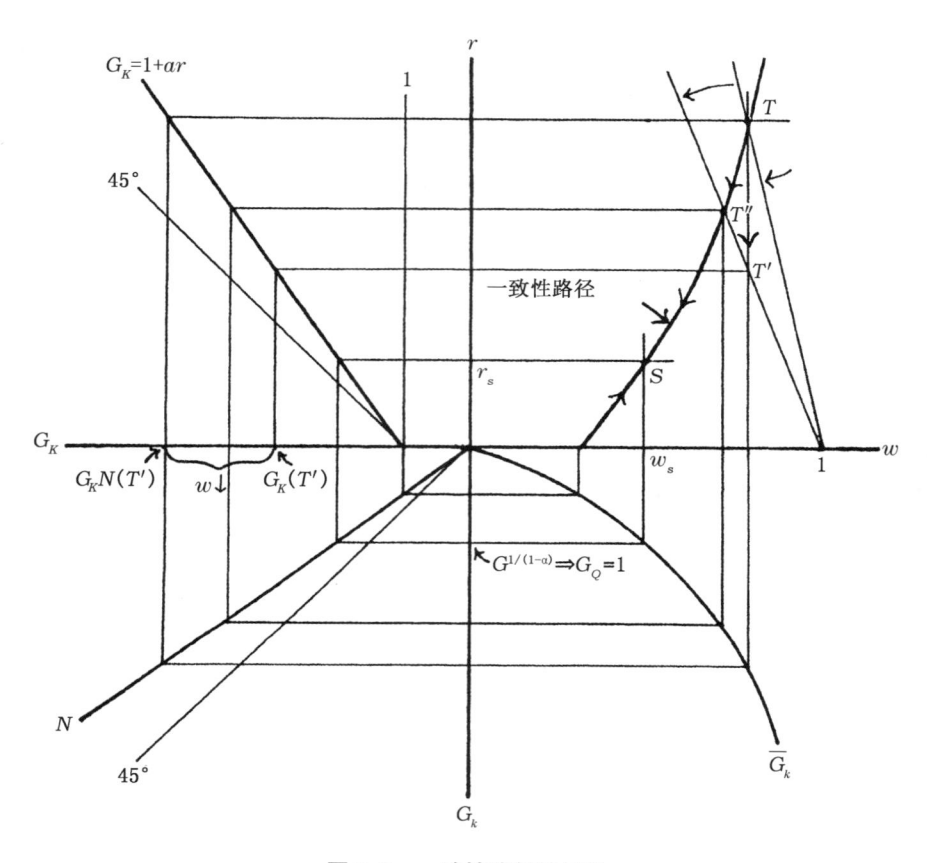

图 7.3　一致性路径的导数

T。我把这样一个点称为一致性点。尽可能简单地说,它是在给定储蓄率和劳动供给增长因子的情况下,利润率与工资份额的联合,资本存量增长因子是确保失业率不变的机械化率,即联结利润率最大化所需的比率。

一致性点的轨迹称作一致性路径,如图 7.3 的第一象限所示。它的方程——式(11)、式(15)和式(16)的解为:

$$r=\frac{1}{a}[G(1-\alpha)]^{-1/\alpha}w^{1/\alpha}-\frac{1}{aN} \qquad (17)$$

点 T 依赖于利润率/工资份额的权衡式(3),并以一定水平的 Q 为前提。非稳态动力学的关键在于 Q 的行为。参考式(13)和图 7.2,很明显只要有 $G_k>G_x$,或者有等价的 $G_k>G^{1/(1-\alpha)}$,即在图 7.2 和图 7.3 中 S 点的右边,Q 会上升。因此，Q 在 T 点上升，工资－利润曲线向内旋转，如图所示。① 当然，由此产生的运动取决于工资调整的社会复杂性，但我们可以分析在 w 或 r 不变时的人为阶段。例如，暂时假设工人最初有能力保持他们的份额，因为生产力随着增加 Q 的技术变革发生而上升，w 保持不变，利润率由 T 下降至 T'。然后，资本积累下降到 $G_K(T')$，由此产生的差距代表了失业率的上升。

在这一点上，工资调整的许多方法都是可能的，实际工资或 w 都可能被视为取决于失业率，例如，最为一般的假设，以及使得调整得以发生的假设，将会把失业和工资份额的变化联系起来。随着产业后备军增长，实际工资下降不再是必要的，这仅仅是因为实际工资上涨的速度慢于生产率。因此，我们可以（保守地）写道：

$$\text{sign}\dot{w} = \text{sign}(G_K - G_k N) \tag{18}$$

工资份额的侵蚀如图 7.3 中从 T' 到 T'' 的移动所显示。这种移动从两个方向缩小了 $G_k N$ 和 G_k 的差距：一方面通过提高利润从而恢复 G'_k，另一方面通过减少使得 ρ 最大化的 G_k。后一种效应是当 T'' 达到一个新的一致性点时，利润没有恢复到以前水平的原因。

因此，一致性路径显示为增长路径的基准，人们通过适当的预防，比如经济的"均衡"路径，使之从周期或者可能的投资崩溃中抽象出来。沿着从 T 到 T'' 的运动，涉及"劳动节约"技术变革、利润下降和剥削率上升（有人认为这是马克思的"相对贫困"概念背后的基本主张）。然而，对于证实马克思主义观点的这些观察，必须指出，该路径的终点是 S，此时 w 已经降至 $(1-\alpha)G^{1/(1-\alpha)}$ 的水平，在这个水平上，ρ 最大化的技术变革意味着 Q 保持不变。我们早先提出的关于 Q 增长的技术变革的可能性的问题，现在可以重新表述为评估达到 S 点的可能性。

虽然不能从包络计算中得到确切结论，但下面的练习至少可以为更全面的分析指明方向。对于 $G_Q=1$，我们有 $w_s=(1-\alpha)G^{1/(1-\alpha)}$。将其代入式（12），有：

$$r_s = \frac{1}{a}G^{1/(1-\alpha)} - \frac{1}{aN} \tag{19}$$

假定 $G=N=1.01$，表 7.1 显示了 r_s（在对角线上方）和 w_s（在对角线下方）对于 α 和 a 的各种假设值。

---

① 虽然目前的表述比较方便，但如果按照利润率/实际工资率的权衡来重新表述这个模型，也不会有什么问题。在这种情况下，最大的实际工资将随着生产力的提高而上升，实际工资率的截点将向外右移。

表 7.1

	$s=0.25$	$s=0.5$	$s=0.75$
$\alpha=0.25$	0.093 / 0.76	0.05 / 0.76	0.03 / 0.76
$\alpha=0.5$	0.12 / 0.51	0.06 / 0.51	0.04 / 0.51
$\alpha=0.75$	0.20 / 0.26	0.10 / 0.26	0.067 / 0.26

关于 G、N、a、w 和 r 的经验值，无疑可以有许多意见，而对 α 则必须进行估计。然而，表格中被粗线框住的区域，此处 α 和 a 都在 0.5 和 0.75 之间，似乎是一个很好的猜测。如果是这样，那么稳态似乎仍然是先进的资本主义经济体所不能达到的，在那里工资份额可能超过 50%，回报率超过 10%。

一致性路径增长与周期性危机和长期危机之间的联系仍有待探讨，它与资本主义发展阶段的概念化也有关系。我推测，在达到 S 点之前，一个沿着（或接近）其一致性路径发展的经济体，可能遇到障碍，即与金融危机相关的 r 最小值和与有效需求危机相关的 w 最小值。这个故事的其中一部分将在本书第十二章中进行讨论。

结　论

我提出了一个资本主义经济体的最优技术变革理论，从中可以推导出资本构成趋势的条件。[①] 这个结论似乎不可避免：增加 Q 的技术变革可能是由理性地追求联结利润率最大化的资本家进行的。我相信，实际上有一种假设，至少在资本主义发展中是如此。置盐定理排除了实际工资不变时 r 下降的变化，但它没有排除 r 下降/w 下降的两难。因此，利润率下降的概念虽然次于使 Q 增加的技术变革的条件问题，但绝不能化约为偶然性问题。随着 Q 增加的变化，如果工资份额是不变的（分析各种可能性的基准案例之一），利润率就会下降。这种情形是人为的，其中需要实际工资提高与生产率增长完全同步，实际工资

[①] 当然，资本主义的微观最优化并不意味着社会的宏观最优化。如果没有进入"社会福利函数"的昏暗水域，我们可以诉诸常识，从社会角度来看，提高每单位产出的资本品需求是无效率的。

不变的假设更是如此。① 任何一种假设都指向了一种内在的关键趋势,而对资本主义特有技术变化的分析,应该会导致一种包括 r 下跌和 w 下跌潜在危机的危机理论。

值得注意的是,新古典主义信念的原始稳定状态遭遇了一种有适当动机和受限内生技术变革的理论的超越,甚至没有离开加总的、单一商品世界的温床。然而,这引发了一个问题。此处提出的内生技术变革理论,也许是有偏的技术变革理论,是否可以在模型的扩展中纳入商品的异质性,特别是纳入资本品?两部门半程模型包括资本品和消费品,为异质性产出,因而具有相对价格,但是资本存量是同质的,其中包括机械化函数和内生技术变革,尽管一致性路径是通过模拟描述的,而不是代数推导出的。不过,所有这些都预示着下一章的内容,供读者参考。

然而,完全的异质性是一个更难解决的问题。对两部门的不可分解版本进行模拟,其机械化函数采取如下形式:

$$G_{x_i} = G \prod_i G_{k_i}^{\alpha_i}$$

截至目前,还没有产生可以解释的结果。我也一直在思考使用标准比例(Sraffa,1960,chaps. 4,5)将 n 部门体系的其中一个行业发生的技术变革与它的标准对应物的相应变化联系起来,因此,标准经济将作为其在现实生活中的另一个模拟,而 Q_s(标准系统的 Q)路径的结果将对应于 n 部门经济的实际路径。目前,我仅仅注意到,就技术变革选择而言,为人所知的导致异质性经济的估值不规则性不应当使用:联结利润率最大化发生在一个固定价格框架中,其中总量的变化应该反映其组成部分的实际变化而非名义变化。

最后,回到本章开头那个更宽泛的主题,应该可以看出,技术变革的宏观偏向只是技术进步内生性决定的一个方面,其含义超越了新古典经济学的本体论稳态。技术本质上既是技术性的,也是社会性的,与某一特定 G_k 相关的 G_x 不

---

① 哈里斯(1983,p. 320)将 w 不变假设描述为"关于劳动力市场运行的具体假设,否则,人们将不得不放弃由劳动力市场决定实际工资的想法,而求助于某种尚未明确的其他决定因素。在这种决定得以提供之前,仅仅假设一个给定的剥削率仍然没有任何行为方面的内容……"现在我已经强调,w 不变和实际工资不变是分析手段,两者都不可能发生。但是,如果需要行为内容,假设工人关心他们的相对地位,而不是他们的绝对收入水平,那么行为是否会减少? 在纽约市的警察和消防员之间,相对地位可以说是主要的激励因素;K-12 教师和大学教师之间也许也是如此。如果这种意识通过劳动力各阶层一直到工资收入与某些种类的财产收入相当的最高阶层,总体效果将是使相对份额变得极为重要。

此外,如果我们假设十九世纪的环境是:由于生产力提高,价格通过竞争而下降,那么,给定货币工资将自动导致相对份额不变,而实际工资不变对货币工资下降与反过来生产力提高的可能性并不作要求。本书第六章已经考虑了这一点,将这一推理扩展到二十世纪的通货膨胀环境中。

仅是一个工程问题,而且是一个社会控制、工作场所纪律、激励、沟通和权力的问题,是根本性的问题。沿着总比例的单一维度进行的分析必须对其他维度的丰富性持开放态度,包括社会对技术变革质量的决定以及对工作生活质量、消费和环境的影响。我们面临的挑战不仅仅是讨论这个多维度的复合体,而是要将其理论化。

第八章

包含内生技术变革的两部门增长

本章中描述的模型将继续我们对特定资本主义增长过程中技术变革决定理论的探索。

我们已经意识到马克思关于资本主义积累的著作中丰富的,甚至能引起共鸣的描述,以及这种模糊的现实主义意识与严格理论的要求之间的区别。与以往一样,本书关注的一个焦点,是超越马克思主义文献中非定量方法与沿着斯拉法和冯·诺伊曼路线,优雅但本质上是静态的线性模型的二分法(Sweezy,1942;Samuelson,1971;Blaug,1968;Morishima,1973)。

我在本章中提出的建议也可以与主流增长理论的传统进行比较,事实上,这在很大程度上要归功于这一传统。然而,我们发现在新古典主义模型和后凯恩斯主义模型之间存在明显区别,前者将投资描述为一种机械的供给行为,最终由消费者的时间偏好或人口的外生增长速度所支配;在后者中,投资和增长是全能企业家的"动物精神"(凯恩斯)的结果(Solow,1956;Robinson,1962,1969;Kregel,1972;Meade,1961)。这两种主流选项最终都从主观的角度来解释资本主义经济增长,从而未能理解历史上特定的资本主义经济关系结构的引领作用。

在本章中,我希望通过一个包含资本主义增长的一些复杂和矛盾方面的模型,来克服经济学范式分歧两方面的不足之处。模型的核心任务是将投资、技术变革和技术选择结合起来,结合方式由资本家做出决策的特定结构所决定。我的目标是为更有效地提出关于长期趋势及其决定因素的马克思主义问题做出贡献,并为增长模型的发展做出贡献,在这些模型中,主要行为者既不是全能的,也不是参数化市场的被动玩偶。

由于这个模型包含了资本主义增长的各种现象,因此比新古典主义和后凯恩斯主义模型处于"较低的抽象水平",至少在目前,它不允许求解主要变量的时间路径。因此,它的性质必须通过直接考察方程,或通过基于假设的但合理的参数值和变量的初数值的计算机模拟来揭示。本章附录提供了这些模拟的一些示例。

指出马克思主义经济学的许多重要特征在这个模型中遭到忽略,是没有必要的。是否存在任何单一的正规模型代表了马克思的资本主义经济的所有方面,是值得怀疑的,当然,当前这个模型也没有这样处理。尤其是有效需求或"剩余价值的实现"问题,以及它与周期性和长期性失业的关系,在下面将要展现的图景中是不存在的。任何排除了需求方的、与资本主义经济有关的故事当然都是不完整的,我们将在本书第十二章中阐述这一点,这一章汇集了长期趋势或最终"运动规律"理论的许多要素。最后,本章介绍的模拟方法将在本书第十一章中得到扩展,将引入周期性动态。

模型:定义、假设和符号

该模型所讲述的故事可以概述如下。生产分为两个部门:资本品和消费品。产出的工资份额,加上用于积累的利润份额,决定了资本品和消费品的相互需求。这些与相对价格比率独立,并决定了该比率。随着市场清算价格比率确定,新的资本品分配至各部门。这些资本品与劳动力结合,以实现最佳的新技术:在现有价格的基础上使联结利润率最大化,它将归创新的资本主义所有(见本书第二部分的前几章)。如果不同部门的利润率有差异,一些资本将从"赤字"部门转向"剩余"部门。在新一轮生产开始之前,一些旧的(早期的)资本品将报废。因此,新一轮生产将包含新的(最佳)机器与劳动比率、产出与劳动比率、部门相对规模,每个部门未启用的新链条,以及(也许)新的工资份额系数。然后这个过程会重复进行。关于模拟程序的一节将对事件序列进行更完整的描述。

部门与役龄:结构

我们现在将更详细地描述这些部门。在部门1(马克思的"第一部类")中,资本品存量与劳动流量相结合,从而产生新的资本品流量。在部门2(马克思的"第二部类"),相同的资本品存量与劳动流量结合起来,生产消费品流量。没有

物质投入流量,资本存量也没有贬值。具体情形可表示如下:

$$B_1 \ L_1 \rightarrow A_1$$
$$B_2 \ L_2 \rightarrow A_2 \tag{1}$$

$$B_1^S \ L_1^S \rightarrow A_1^S$$
$$B_2^S \ L_2^S \rightarrow A_2^S \tag{2}$$

其中,B_1 和 B_2 分别是部门 1 和部门 2 的资本存量,L_1 和 L_2 分别是两部门的劳动投入流量,A_1 和 A_2 分别是资本品和消费品的产出流量。

式(2)中的上标 S 代表不同年份的加总,因为假设每个部门都有一系列役龄。(一般来说,每个部门的役龄都会有所不同。)因此,集合(2)是指各部门的全部资本、劳动力和产出,而集合(1)仅指最新的役龄。随着时间推移,各部门的劳动力都是同质的,所以 L_i^S 是 $L_i(\tau), \tau = s_i, \cdots, t, i = 1, 2$ 的简单加总,其中 s_i 是最早役龄的指数,t 是当前最新役龄的指数。[$L_i(t) = L_i$,在(1)中,为了简化符号而删除时间索引。]当然,产出属于特定部门,但在不同役龄中是同质的,随着时间推移,资本品是一样的,对于消费品也是如此,否则我们不能提出两部门模型。产出 A_i^S 因而是 $A_i(\tau), \tau = s_i, \cdots, t$ 的简单加总。技术变革在此处包含了过程创新,而非产品创新,通过区分生产率(产出与劳动投入的比率)和相关的机器—劳动比率来辨识役龄。新资本品 A_1^S 的产出应当视为油灰,它将硬化为部门 1 或部门 2 存量的增加量(Phelps,1963;Salter,1966)。它在硬化时,体现了最新的固定资本与劳动比率,而劳动力担负了相关的固定产出比率。由于机器不会贬值,其效率也不会随着时间的推移而下降。一旦硬化,它们就不能重新调整,无论是最新可用的机器与劳动比率,还是向其他部门转移。

加总资本存量 B_i^S 显然具有不同的性质,因为一旦发生硬化,给定役龄的机器就是独特的商品,不能添加到不同役龄的机器中。我们将 B_i^S 解释为最短役龄的等价物,即生产所有役龄产出 A_i^S 所需的(同质)最新役龄机器的数量,它们是:

$$B_1^S = B_1(A_1^S / A_1)$$
$$B_2^S = B_1(A_2^S / A_2) \tag{3}$$

在几个备选方案中,我们选择了与最短役龄等价的总资本存量概念,因为它与本章提出的资本市场调整(利润率均等化)的具体概念最为相关。这将在下文中得到更充分的解释。[①]

---

① 此外还尝试了另一种方法,即历史价值加总法:在这种方法中,使用的不是实际的资本总量,而是每个役龄的历史成本、机器价值。虽然可以想象投资者(金融资本的持有者)可能以历史成本来估计利润率,但最新役龄等值法似乎与资本市场的调整更相关。这两种方法的结果高度相似。

现在，我们用最短役龄和加总役龄来定义生产率和机器劳动比率：

$$\begin{aligned} x_1 &= A_1/L_1; X_1^S = A_1^S/L_1^S \\ x_2 &= A_2/L_2; X_2^S = A_2^S/L_2^S \\ k_1 &= B_1/L_1; k_1^S = B_1^S/L_1^S \\ k_2 &= B_2/L_2; k_2^S = B_2^S/L_2^S \end{aligned} \quad (4)$$

部门和役龄：理由

由于迄今为止的模型是一个部门和役龄的矩阵，简单地形成一个使用这些概念的理由可能是有用的。我们希望对资本主义决策单元的性质有一个相当准确的认识，其行为构成了模型的核心。由于资本主义环境的一个主要特征是私人决策独立进行，在一个可管理的准宏观模型的范围内，可以通过将决策单元设想为处在部门的水平上，来捕捉这种原子化的质量；那么，一个部门由许多独立的资本组成，并处于分散的控制之下。激烈的竞争条件迫使一个部门的资本在结构上相似，因此，它们的行为一致，可以汇总。所以，我们得出了一种真实的替代物：每个部门都按照一个单元来行事，而整个经济中控制权的分散则由各部门之间的原子式竞争来代表。

离散部门的模型遭受指责，称它将一个连续的生产过程分为任意间隔，从而导致信息损失（Hicks, 1973; Bortkiewicz, 1952; Steedman, 1977）。我认为这种批评是错误的。部门结构与生产阶段无关，而与社会控制生产的碎片化有关。正是这个关于生产关系的事实，赋予了"过去的"或"凝结"在生产资料中的劳动概念以意义。抽象地看，作为一个大型的纵向一体化产业，资本主义经济表现出在从初步加工到最终产出的各个阶段运行的劳动，马克思的"固定资本"流量消失了。在另一个极端，紧挨着最后一个环节的劳动，到最终产品交付给消费者的一瞬间，都是过时的、过去的劳动。但是，这两个概念都没有抓住生产阶段控制权在私人资本手中的分离，这种分离在很大程度上与历史上形成的控制碎片化的平衡有关，而与生产过程本身的任何固有特征没有什么关系。

反过来，役龄似乎是积累和技术变革联结的一个必要结果。由于资本家持续处于既要在其控制范围内扩大资本，又要使用最新技术的竞争压力之下，他不能报废技术被超越的机器，如果像我们所假设的那样，他不能把它们重新塑造成最短役龄的形式（"外质"），那么他必须积累最短役龄的机器并与早期的机器一起运作（报废早期产品的标准，即确定系数 s_i，将在本章后面给出）。那么，一个部门中每个资本都管理着一系列役龄的机器，而且只有这样做才能生存，因为生存不仅取决于生产率，还取决于规模和市场份额。一个新进入者将从最短役龄的机器开始,并将在一段时间内继续拥有比其竞争对手更新的资本存量。然而,随着它确立,其机器的役龄结构将接近平均水平。

劳动力价值、市场价格和利润率

我们按照马克思的做法,将一个行业产品的劳动内容定义为社会必要劳动时间,也就是管理典型役龄序列所需的劳动时间,这被认为是加总序列的等价物。[①]

还要记住的是,没有物质力量和折旧费用,产出的全部劳动含量由 L 给出,(未转形的)单位劳动价值为:

$$\lambda_1 = L_1^S/A_1^S = 1/x_1^S$$
$$\lambda_2 = L_2^S/A_2^S = 1/x_2^S$$
(5)

劳动力价值 λ_i 现在必须转化为市场价格 p_i,将转形划分为两部分将是很有用的。首先,价值转形为"生产价格",导致各行业之间的利润率均等("资本市场均衡")。其次,生产价格进一步转化为市场价格,确立了行业间贸易中过度需求为零的条件("商品市场平衡")(Brody, 1970; Sweezy, 1942)。

要确定价格水平,必须做出一个标准化的假设。假设所有的价格调整都由资本品决定,消费品的价格将成为计价物,总是等于它的单位劳动价值。[②]

而后我们可得:

$$p_1 = \lambda_1 zm$$
$$p_2 = \lambda_2$$
(6)

在式(6)中, z 和 m 是应用于资本品的单位劳动价值乘数: z 将劳动价值转化为马克思的生产价格,而 m 进一步将这些价格转化为市场价格。如果 $w=1$,则次级商品市场没有转形,利润率均衡时的价格也满足部门间均衡的条件。

---

① 请注意,这里的"社会必要"不仅意味着正常的生产力水平,而且意味着给定的社会安排会导致关于役龄序列的规模的某些选择,从而得出产出的平均单位劳动含量。斯蒂德曼不明就里地认为,既然利润率决定了技术的选择,而技术又决定了劳动价值,那么劳动价值就不可能起到解释作用,就好像劳动价值是原始的数字,没有被先前与资本主义经济的接触所玷污。劳动价值与经济的所有其他方面的共同决定,并不妨碍它们在资本主义社会关系的定量分析和定性描述中发挥作用。

② 这个标准化或不变性条件(参见本书第二章)并不影响利润率(下文将讨论"资本市场均衡")的形成。然而,它确实对部门间动态有影响,因为它影响了市场价格调整决定新资本品在两个部门间的相对分配的方式。这个问题将在本书第十一章进一步研究。任何对定义为劳动时间数量的价格感到不安的人都可以用普通的实际相对价格来代替,即 $p_1 = \lambda_1 zm/\lambda_2$, $p_2 = 1$。同样,任何实质性的改变都没有。最后,加入一个与劳动时间单位和货币单位有关的系数就会产生货币价格,只要货币系数本身不依赖于"实际"价格变量,结果就不会改变。

如果 $z=1$，则未转形的单位劳动价值满足利润率均等化的条件。本章稍后将描述资本从一个部门转移到另一个部门以实现这种均等化的"转移机制"，在这里，我们只是注意到资本可以自由流动，但仍然足够分散，因此部门作为控制单元的概念正确地描述了资本主义行为。

我们将 w 定义为价值型工资率，或称为工资在（未转形）价值增量中的份额，抑或为与之相等的工资（单位劳动的价值量）在当前劳动投入中的份额。因而有 $w=1/(1+e)$，其中 e 是马克思的"剩余价值率"或"剥削率"。

现在我们可以写出两部门市场均衡利润率的表达式：

$$r_1 = \frac{\lambda_1 z m A_1^S - w L_1^S}{\lambda_1 z m B_1^S} \tag{7}$$

$$r_2 = \frac{\lambda_2 A_2^S - w L_2^S}{\lambda_1 z m B_2^S} \tag{8}$$

资本市场均衡

z 的推导很直观。对于利润率均等化，我们设置了 $m=1$。令式（7）和式（8）相等，并且使用式（4）和式（5），我们有 $(z-w)/k_1^S=(1-w)/k_2^S$，由此可得：

$$z = w + (1-w) k_1^S / k_2^S \tag{9}$$

这个表达式具有常规属性：$w=1$，或 $k_1^s = k_2^s$，$z=1$，且价值未转形（Sraffa，1960，chap. 3）。

将 z 代回式（7）或式（8），可得均等化利润率的一般表达式：

$$r = \frac{x_1^S (1-w)}{k_1^S + w(k_2^S - k_1^S)} \tag{10}$$

现在可以解释总资本存量的最新役龄等价物概念选项了。当资本家在一个不断变化和积累役龄的世界里寻求最高利润时，是什么资本存量进入了利润率呢？最令人满意的答案是：现有资本存量的重置成本的预期价值。然后，资本家可以说是根据当前和报废时间之间将发生的预期技术变化来最大化利润。很难想象一个资本家能在自己的行业进行这种计算，更不用说其他行业了。他能想到的最接近的方法是估计最新役龄的重置成本，以替代在未来重置日期可用的尚未开始的役龄，这正是最新役龄等价方法。

我们可以假设，一些资本家会安装二手设备，如果这些设备以折扣出售的话。然后，将会出现一种针对早期役龄资本存量的定价模式（假设这些存量在次级市场的替代用途没有扭曲）。这些价格将把每个役龄的利润率等同于最新役龄的利润率，就价值而言，$\Sigma_{\tau=s_i}^{t} p_{i,\tau} B_{i,\tau} = \lambda_1 z m B_i^S$。由于最新役龄等价资本存量具有竞争力,它将支配决定 $p_{i,\tau}(\tau=s_i,\cdots,t-1)$ 的利润率。因此,整个资本存量以最新役龄等价物为代表。

由于最新役龄的资本品价格与当前资本品产出价格相同,假设"硬化"过程没有成本,尽管存在一系列役龄,但只有一个相对价格的决定会影响增长路径,即消费品价格(Hicks,1965)。早期役龄资本品的价格可以视为存在,而无须对它们做实际计算。

商品市场均衡

为了获得市场出清系数 m,我们必须进一步探索模型的基本假设。两个比率是资本主义经济过程的基础,因为它们的决定是复杂的,不能用其他变量的任何单一函数来近似。其中一个比率 w 是阶级斗争的历史结果,反映了社会力量在诸多层面的社会现实上的平衡。它最初被视为外生,为模型提供了一定的自由度(见 Sraffa,1960),恰恰是为了保留对支配它的力量做进一步分析(也就是说,将其降低到市场价格,就像在新古典主义模型中一样)。

第二个基本比率是积累比率 a,它是(双重转形)剩余价值中用于投资或获得新资本品的份额。a 就像 w 一样,是一个复杂的、历史上进化的社会现实的结果,包括"动物精神"的强度、社会上层阶级的习惯消费水平、该阶级的相对规模、向上流动渠道的性质,等等。①

把积累率当作一个参数,并不是说它在一段时间内是不变的,相反,它的变化太重要了,不能预先假设。特别是我们目前忽略了由于储蓄方面和投资方面的分歧而导致的短期突然波动的可能性存在。②

和 w 一样,a 在各部门中相等。工资份额的均等化意味着同质劳动力的流动,积累率的均等化只是反映了这样一种假设,即上文曾部分提及的 a 的决定因素在原则上同样适用于两个部门的资本家。最后,我们还可以注意到假设工资完全花在消费上,也就是说,我们使用的是一个经典的储蓄函数(Hahn and Matthews,1967;Robinson,1962)。

给定 w、a 和零储蓄,消费品和资本品的需求在价值上是固定的,对价格不

---

① a 为以唯一可操作的方式,即以双重转型的方式定义的利润份额。没有必要在未转型的剩余价值方面假设一个"事先"的积累率,因此,与森岛(1973)相反,没有"动态转型问题"。

② 不过,参见本书第九到第十一章,其中将在周期性行为的背景下介绍投资的突然转变,即"灾难"。文中的表述表明,尽管在凯恩斯主义增长理论传统中很常见,但将短期内的储蓄—投资的尖锐二分法带入长期是不合适的(例如,见 Kaldor,1960)。

敏感。因此，我们有单位－弹性需求曲线，它决定了每个时期价格和产出的分布。[1]

现在很容易决定 m。部门 1 对消费品的需求和部门 2 对资本品的需求分别为 $wL_1^S+(1-a)(\lambda_2 zmA_1^S-wL_1^S)$ 和 $a(\lambda_2 A_2^S-wL_2^S)$。令这些表达式相等，并解出 m，可得：

$$m=\frac{a}{(1-a)z}\frac{L_2^S(1-w)-wL_1^S}{L_1^S} \tag{11}$$

注意，与 z 不同，m 取决于部门的绝对规模，此外，如果部门 1 相对于部门 2 足够大，那么 m 会变成负值。

如果 m 不等于 1，则已实现的利润率将在不同部门之间有所区别[见下文的式(25)]。这可能导致新的资本品从"赤字"部门转向"盈余"部门。（当然，旧的资本品不能转移，然而，m 充分偏离 1 可能迫使其中一些人提前退休。）请参见下文关于转移和报废机制的讨论。

最大值：联结利润率

模型的目标函数是基于联结竞争的假设：在迅即给定的环境（联结）下开展竞争。本书第五到第七章已就这个假设做了一些详细的阐述。就这里提出的模型而言，环境包括现有的役龄序列和现存的价格结构，用于"耗尽"潜在的新技术。为了竭力生存，资本家们选择了新技术，以最大限度地回到最新役龄的安装设备，从而恢复整个资本存量。在计算这一回报时，它们废除了现有价格的替代方案，这确实是创新者在该技术投入普遍使用之前引入它的成本。每个资本家都被迫表现得像是一个孤独的创新者，因为如果他没有这么做，他的竞争者会这么做，这是真的，即使他可能意识到他们的联合行动会发生变化(Laibman,1976,1977；Okishio,1961,1963；Roemer,1978b)。[2]

我使用的是"联结利润率"一词，而不是更常见的"创新者利润率"或"过渡

---

[1] 为了确定在充分竞争的严格假设下增长路径的属性，假定价格完全调整。如果积累率如我们所假设的那样对价格不敏感，那么价格完全调整和市场出清的唯一选择就是引入非预期的库存积累和去积累，这将涉及与模型逻辑无关的复杂和任意的假设。本书第十一章介绍了 a_i 对价格比率敏感的部门投资函数。

[2] 参见马克思(1967, vol. Ⅲ, pp. 264－265)："一种新的生产方式，不管它的生产效率有多高，或者它使剩余价值率提高多少，只要它会降低利润率，就没有一个资本家愿意采用。但每一种这样的新生产方式都会使商品便宜。因此，资本家最初会以高于商品的生产价格出售商品，也许还会以高于商品的价值出售商品……但是竞争会使他的生产方法普遍化并使它服从一般规律。于是，利润率就下降……这丝毫不以资本家的意志为转移。"

性利润率"(见 Okishio,1961;Roemer,1978b)。这是为了强调这个概念与所有资本家有关(创新者和模仿者之间没有区别),这不是一个从一个平衡到另一个平衡的过渡问题,而是一个持续的不平衡状态的问题。

使用上标表示下一时期,单个创新役龄的联结利润率可以写为:

$$\rho_1 = \frac{\lambda_1 zm A_1' - w L_1'}{\lambda_1 zm B_1'} \tag{12}$$

$$\rho_2 = \frac{\lambda_2 A_2' - w L_2'}{\lambda_1 zm B_2'} \tag{13}$$

B_1' 和 B_2' 的大小表示新机器投入 A_1^S 在两个行业的分布,下面左侧为分布在部门 1 的数量,右侧为分布在部门 2 的数量:

$$\frac{a(\lambda_1 zm A_1^S - w L_1^S)}{\lambda_1 zm} \quad \frac{a(\lambda_2 A_2^S - w L_2^S)}{\lambda_1 zm}$$

分子是积累(新机器)的价值,分母是单位价值,因此,这个比率是分配给每个部门的新机器的数量。通过操作和简化,我们发现:

$$B_1' = A_1^s \frac{a(zm - w)}{zm} \tag{14}$$

$$B_2' = A_1^S \frac{L_2^S}{L_1^S} \frac{a(1-w)}{zm} \tag{15}$$

由此可见 $B_1' + B_2' = A_1^S$。

随着 B_1' 和 B_2' 得以决定,根据给定的价格,式(12)和式(13)的分母也得以决定。使创新者利润率最大化,也就和使利润最大化一样了。传统上,马克思主义文献选择利润率作为最大值,而新古典主义理论则集中于利润的绝对水平(Laibman and Nell,1977)。然而,值得注意的是,联结利润率的最大化是通过新古典主义文献中常见的静态利润最大化规则来实现的。新古典主义经济学以高度的一致性将单个资本家的感知形式化,并将这些认知转移到一般市场均衡领域(在那里,它们往往会发展成为逻辑上的矛盾)。

为了决定 L_i' 和 A_i',我们需要了解资本家的目标和新技术中体现的机器—劳动比率和生产率的变化。出于这一目的,以及对创新约束的具体化,定义任何变量的增长因子为 $G_y = y'/y$ 都是有用的,如本书第六章所述,其中上标表示变量在下一时期的值。正如第七章所述,增长因子在离散时间模型中是明确的,不像增长率必须参照任意的基数来定义:$\Delta y/y$ 对 $\Delta y/y'$。(在连续时间内,增长因子将是模糊的,由任意的时间差异决定,而增长率将是明确的 $\dot{y}/y$。注意,作为一个简单的代数问题,$G_{k_i} = G_{B_i}/L_{B_i}$,且 $G_{x_i} = G_{A_i}/G_{L_i}$。

目前，假设目标为 G_{k_f} 且已知，L'_i 和 A'_i 决定如下：

$$B'_1/L'_1 = k_1 G_{k_1} ; A'_1/L'_1 = x_1 G_{x_1}$$
$$B'_2/L'_2 = k_2 G_{k_2} ; A'_2/L'_2 = x_2 G_{x_2}$$

(16)

机械化函数

我们现在希望知道新技术的选择是如何受到限制的。本书第七章在单部门模型中引入了机械化函数模型的概念。在给定的技术范围内，通过机械化（机械与劳动比率增加）可以实现的生产率的提高面临明显限制。机械化函数概念的核心是机械化在短期内报酬递减的假设。这一假设并非自然法则，而是在理论上强调技术对资本主义生产关系的服从：对生产率的拖累源于有限的时间范围，或源于资本主义社会安排强加的偿付期，迫使竞争性创新进入资本深化的渠道。原子化竞争的厂商强调以牺牲基础研究为代价的过程创新。这一假设很难检验，因为在几乎所有资本主义国家的资本主义统治时期，政府支持和资助的研究都发挥着巨大的作用。不过，这一事实表明，国家活动影响了从资本主义过程中自发产生的技术变革路径。在某种程度上，后者仍然体现在工程文化中，资本主义社会关系即使受到抵消的影响，也可能导致技术变革过度资本化的倾向（Mansfield,1968;Schmookler,1966）。

因此，我们假设生产率提高由机械化程度决定，由科学促进因素 G 决定，我们将假定 G（就像 a 一样）基于科技文化和科技资源的通常水平，因此在两个部门是相同的。我们使用柯布－道格拉斯形式表示报酬递减，将机械化函数写成机器与劳动比率的增长因子和生产率的增长因子之间的关系，

$$G_{x_1} = G(G_{k_1})^{\alpha_1}$$ (17)

$$G_{x_2} = G(G_{k_2})^{\alpha_2}$$ (18)

其中，$0 < \alpha_1, \alpha_2 < 1, G \geq 1$。

部门 1 的机械化函数如图 8.1 所示。请注意，式(17)和式(18)是基于最新役龄，而不是基于所有役龄的加总。

机械化函数不是生产函数，它们并不意味着单位劳动投入与产出之间的独特关系，只是意味着它们的增长因子之间的关系，而这比生产函数的关系要弱得多。投入和产出之间的关系取决于不同役龄中体现的劳动生产率提高的全部历史，许多这样的历史将与单一的机械化函数相兼容。然而，这里得到的结果也将来自柯布－道格拉斯集约（规模报酬不变）生产函数（Laibman,1977）。然而，正如本书第七章所解释的，除了众所周知的异质性/估值谜题（Harcourt,

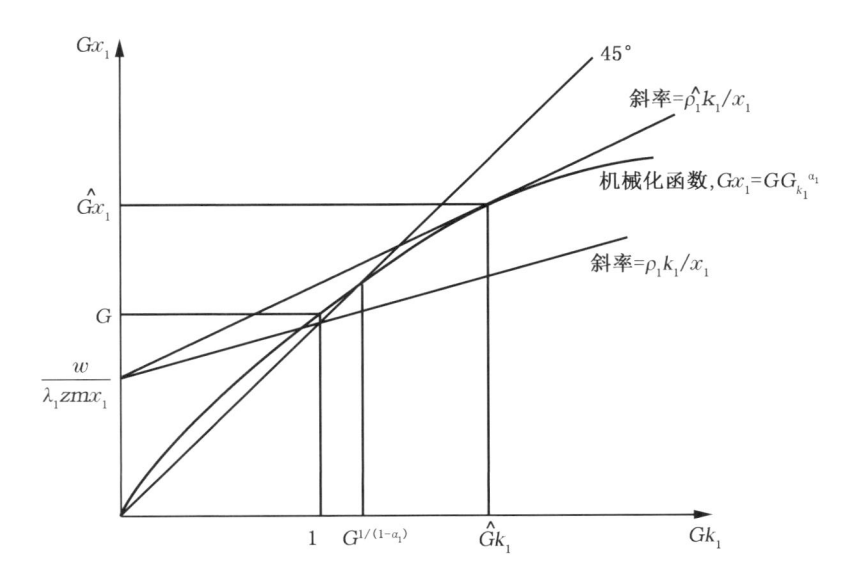

图 8.1 部门 1 的最优技术变革选择

1972；Laibman and Nell,1977），有很好的方法论原因来拒绝柯布－道格拉斯（幂函数）形式,其中函数中的论证不是纯数字(如增长因子)。

最优技术变革与增长路径

G_{x_i} 和 G_{k_i} 价值的解

随着成分清单的完成,我们现在的任务是根据机械化函数式(17)和式(18),使得联结利润率式(12)和式(13)最大化。本书第七章中提出的,从没有资本存量役龄的单部门形成的流程将得到密切遵循。它将说明部门 1 和部门 2 资本品的方法是完全类似的。

将式(16)用于式(12),可得：

$$\rho_1 = \frac{1}{\lambda_1 z m k_1} \left(\frac{\lambda_1 z m x_1 G_{x_1} - w}{G_{k_1}} \right)$$

方括号中的项包含变量 G_{x_1} 和 G_{k_1}。将这一项最大化就是将 ρ 最大化。从拉格朗日表达式可得：

$$M = \frac{\lambda_1 z m x_1 G_{x_1} - w}{G_{k_1}} + \mu \left[G_{x_1} - G(G_{k_1})^{a_1} \right]$$

其中 μ 是一个拉格朗日乘数。令 $\partial M/\partial G_{x_1}=0$、$\partial M/\partial G_{k_1}=0$、$\partial M/\partial \mu=0$，并求解，我们解得：

$$\overline{G}_{x_1}=\frac{x_1^S}{x_1}\frac{w}{(1-\alpha_1)zm};\overline{G}_{k_1}=\left(\frac{\overline{G}_{x_1}}{G}\right)^{1/\alpha_1} \tag{19}$$

我们已经利用了 $\lambda_1=1/x_1^S$ 这个事实。右边的表达式只是式(17)的倒数。G_s 上的横线表示价值的解。部门2的一个类似流程是：

$$\overline{G}_{x_1}=\frac{x_1^S}{x_1}\frac{w}{(1-\alpha_1)zm};\overline{G}_{k_1}=\left(\frac{\overline{G}_{x_1}}{G}\right)^{1/\alpha_1} \tag{20}$$

增长路径的性质

结果式(19)和式(20)位于模型的中心。在机器—劳动比率和生产率的最优增长因子得以决定的前提下，技术变革和增长路径也决定了。可以探讨式(19)和式(20)的一些特征。

价格变量和部门 1

转形系数 z 和 m 成为部门1的增长因子，它们在部门2中不存在。在资本市场和商品市场平衡影响下的价值转形影响了资本品部门的技术选择，但对消费品部门没有影响。在探索这种划分的含义之前，我们就已经验证了马克思主义的部门结构，即一个基于可分解生产结构的实质结果。[①]

看看 z 和 m 为什么进入 $\overline{G}_{x_1}$ 和 $\overline{G}_{k_1}$ 的表达式，但不进入 $\overline{G}_{x_2}$ 和 $\overline{G}_{k_2}$ 的表达式，参见图 8.1，注意从式(12)中和再次使用式(16)，可以就部门 1 写出 $G_{x_1}=(w/\lambda_1 zmx_1)+\rho_1(k_1x_1)G_{k_1}$。这是一个等(联结)利润线的方程，导致相同的 ρ_1(当 $\rho_1=r_1$ 时，利润从初始点开始保持不变)。找到 $\overline{\rho}_1$，即最大化这条线的斜率，可达到的最大斜率由机械化函数的切线给定。截距项($w/\lambda_1 zmx_1$)越高(越低)，$\overline{G}_{x_1}$ 和 $\overline{G}_{k_1}$ 的价值越高(越低)。zm 项(部门 1 对劳动价值的调整总量)清楚地进入了该部门利润的价值，这些利润越高，通过生产力和机械化程度提高

[①] 在《资本论》第二卷第 21 章中，马克思提出了有史以来第一个两部门增长模型。它有一个显著的特点，即第一部门起着积极的、主导的作用，划分工资品和资本品，以实现其外生给定的积累速度，而将剩余部分留给第二部门，其增长率作为余项出现。虽然这个模型目前还在完善，但它确实表明了马克思的信念，即"可分解"部门间结构不仅仅是一种分析上的便利。森岛(1973)把这个模型解释为马克思未能制定一个完备的投资函数的任意结果，因此根本没有区分两部门。他认为自己的模型巧妙地区分了这两个部门，但人们不禁要问他的目的是什么，因为这种区分并没有产生积累路径、技术变革等方面的实质内容。关于《资本论》第二卷第 21 章模型的全面分析，见德赛(1978)。

来最大化联结利润率的范围就越小,反之亦然。在部门 2 的可比图中,截距项是 $w/\lambda_2 x_2$。zm 项没有出现,因为该部门的产出和工资采用相同的商品形式,因此利润的价值不受该部门与资本品贸易条件的影响。

生产率增速下降

生产率增长因子是两项的产物:加总役龄与最新役龄的生产率之比、不变参数比率(在部门 2)或不变参数和变量 zm 的比率(在部门 1)。目前,假设根据我们对结果的预期,zm 会随着时间的推移而稳定下来,我们对这两个部门有以下一般形式:

$$G_x = (x^S/x)c \tag{21}$$

其中 c 为常数,假定它大于 1(为了简化符号,我们现在在 G 项上加一横线)。由于 x^S 是所有在用役龄 x 值的加权平均,我们可以使用简单的算术平均值作为近似:

$$\bar{G}_x = (\bar{x}/x)c \tag{22}$$

对式(22)的时间路径求解很简单,$\bar{G}_x$ 在第 t 期的价值为:

$$\bar{G}_x(t) = \frac{t+c}{t+1} \quad \lim_{t\to\infty} \bar{G}_x(t) = 1 \tag{23}$$

这表明 x_2/x_2^S 趋向于作为极限值的 $w/(1-\alpha_2)$,并且 x_1/x_1^S 趋向于 $w/[(1-\alpha_1)zm]$。它还表明,生产率增长因子将稳步下降至 1,即增长率长期呈零增长趋势。[1]

图 8.1 揭示了所涉及的潜在经济因素:注意到 $x_1/x_1^S = \lambda_1 x_1$,随着时间的推移,$x_1$ 必然上升得比 x_1^S 更快。由于早期低生产率役龄的积累,等利润线家族的截距随着时间的推移而下降,导致了 ρ 最大化生产率增速降低。

z 和 m 的趋势值

由于 $\bar{G}_{x_1}$ 和 $\bar{G}_{x_2}$ 都接近于 1,它们也彼此接近。令式(19)和式(20)左边相等,可得:

$$zm = \frac{1-\alpha_2}{1-\alpha_1} \frac{x_1^S}{x_1} \frac{x_2}{x_2^S} \tag{24}$$

---

[1] 这当然只是一个证据的含义。然而,仿真结果证实了研究结果,见附录。这里应该强调的是,这种时间路径分析的目的是确定模型的趋势性,并且仅为此目的。例如,这并不意味着机械化函数的参数随着时间的推移是稳定的,因此实际经济可能遵循给定的路径。这个概念暗示了一系列短期不平衡状态,以寻找一个不断变化的"长期"配置;在这个概念中,市场均衡系数 m 永远不会达到 1,市场价格继续在塑造技术变革的路径中发挥作用,参见下文的式(25)和式(26)。

早在生产率的比率 x_i^S/x_i 分别接近于 1 之前,比率的比率就接近于 1 了,因此 zm 的趋势值为 $(1-\alpha_2)/(1-\alpha_1)$。由式(7)和式(8),并使用式(9),可得:

$$\frac{r_1}{r_2}=\frac{zm-w}{z-w} \tag{25}$$

由此可以很明显地看出,当 $m \gtreqless 1$ 时,有 $r_1 \gtreqless r_2$。伴之以式(11),这表明 m 偏离 1 是自我校正,$m>1$ 增强了部门 1 的积累,使得 L_1^S 相对于 L_2^S 有所增加,并使得 m 降低;对于 $m<1$ 则结论相反。因此,我们有 $m \to 1$,z 的趋势值为:

$$z_{lim}=\frac{1-\alpha_2}{1-\alpha_1} \tag{26}$$

成比例增长、不成比例增长和稳态增长

如上所述,生产率增长因子在趋于 1 之前相互收敛。一旦我们足够深入地设定 $G_{x_1}=G_{x_2}(=G_x)$,我们就可以构建增长路径的一些特性。

考察第一种情形 $\alpha_1<\alpha_2$。我们有 $z_{lim}<1$,且从式(19)和式(20)右侧来看,有 $G_{k_1}>G_{k_2}>G_x$。因此两部门的生产率按照相同比率增长,资本集约程度则不然。在 $m=1$ 且利润率相等的情况下,$G_{B_1}=G_{B_2}$,这意味着 $G_{L_1}<G_{L_2}$,因而有 $G_{L_1}^S<G_{L_2}^S$。我们据此得到了不成比例增长的情形,其中的比例是指劳动力分配到各部门的比例,它随时间推移而改变。当不等号反向时,可以对 $\alpha_1>\alpha_2$ 做类似分析。[①]

余下的一种情形是 $\alpha_1=\alpha_2$。在这种情形中,$z_{lim}=1$。[②]

和以前一样,$G_{x_1}=G_{x_2}$,但在这种情况下,我们也有 $G_{k_1}=G_{k_2}$,因此有 $G_{L_1}=G_{L_2}$,并且最终有 $G_{L_1}^S=G_{L_2}^S$。此外,正如很容易验证的那样,$G_{A_1}^S=G_{A_2}^S$。部门 1 每个变量的增长速度与部门 2 对应变量的增长速度相同,这是成比例增长的情况。

---

① 我们在这里假设 $G_{x_1}/G>1$,该假设与导致资本深化型增长的参数有关。这一假设是根据马克思主义的观点选出的,然而,如果结论的反面成立,仍然会得到本段的不成比例结果,只是不等号的方向相反。

② 这可以通过结合式(19)和式(20)来检查式(9)来验证。由于 $\alpha_1=\alpha_2=\alpha$,我们有 $G_{k_1}=G_{k_2}(x_1^S x_2/x_1 x_2^S zm)^{1/\alpha}$。

随着生产力比率之比接近于 1,$z>1$ 意味着 $G_{k_1}<G_{k_2}$,从式(9)可得 $k_1^S>k_2^S$。反之,在 $z<1$ 时,反过来的结果也成立。随着时间推移,k_1 接近 k_2,k_1^S 随后接近 k_2^S,且 $z \to 1$。这并不是一个完整的证明,因为它没有排除 z 和 m 之间相互作用的不稳定性(如果选择足够"野性"的参数值和初始值,这种相互作用确实会发生)。

再次参考图 8.1:如果部门 1 的生产率增长低于部门 2,那么 z 将随着时间推移而下降,因为 G_{k_1} 也将低于 G_{k_2},等 ρ 线的截距将向上移动,G_{x_1} 将上升。类似的分析也适用于 $G_{x_1}>G_{x_2}$ 的情况。

区分成比例增长和稳态增长很重要,稳态增长除了成比例增长的条件 $G_{k_i}^S = G_{x_i}^S$,还有 $G_{B_i}^S = G_{A_i}^S$。由于 $G_{x_i}^S$ 的极限值等于 1,只有在自主进步因子 G 等于 1 的情况下才有可能。只要 $G>1$,长期来看,$G_{k_i}<1$,机械化程度的下降速度与自主进步的累积速度相同。然而,模拟结果表明,这个"长期"确实相当长。最新役龄的资本集约程度并没有开始下降,直到生产率增长因子非常接近于 1,这是在增长路径的收敛特性建立很久之后。

资本构成及利润率趋势

单位劳动的资本价值,即马克思的"资本有机构成",用双重转型的术语来说,就是部门 1 和部门 2 的资本有机构成分别是 $Q_1 = zmk_1^S/x_1^S$ 和 $Q_2 = zmk_2^S/x_1^S$。由于 zm 随着时间的推移而稳定,Q_i 的趋势将取决于 k_i^S 和 x_i^S 的增长因子。考察式(19)和式(20)表明,生产力增长的速度由 w、α_1 和 α_2 之间的关系所支配。自主进步因子 G 只进入 k_i 增长因子的表达式,很容易看到,由于 $G_{x_i} \gtreqless G$,有 $G_{k_i} \gtreqless G_{x_i}$。如果 $G<1$,由于机械化报酬递减,资本构成必将上升。对于 $G>1$,资本构成有可能是稳定的或下降的;事实上,如上所述,它们最终一定会下降。这大概是一般情形(暂时不考虑"超长期"),如果不对 w、G 和 α_i 的决定因素进行更多的理论和实证研究,就不能对 Q_i 的趋势做进一步的说明。如果我们推断资本主义生产关系导致 α_i 高和 G 低,w 受到自主上升的压力(Itoh,1978),那么关于资本有机构成上升趋势定理的详细陈述,大致上与该模型的单部门版本得出的结果类似(即本书第七章)。这种说法尽可能地接近马克思的"法则",一个合适的理论概念是否会涉及或应该涉及资本构成的同步上升,是值得怀疑的(Blaug,1968;Dobb,1955a;Sweezy,1942;Roemer,1978b;Robinson,1942;Laibman,1976)。[1]

然而,在给定合理参数值的情况下,任何一个部门或两个部门都很有可能表现出资本构成上升,并且在 w 给定的情况下,利润率随时间推移而下降。这与常识矛盾吗?有人认为,利润率下降本质上是一个内在矛盾的概念,因为资本家总是可以回到以前利润率更高的技术(Steedman,1977)。正如本书第五章所初步讨论的,答案是资本家总是前进或后退,直到到达联结(创新者)利润率最高的位置。以当时流行的价格和实际工资,被取代的技术可能有更高的利润

---

[1] 从式(7)、式(8)和 Q_i 的定义,我们可得 $r = (z-w)/Q_1$ 和 $r_2 = (1-w)/Q_2$(给定 $m=1$)。因此,在 w 不变和 z 稳定的情况下,利润与 Q_i 成反比。由 $r_1 = r_2$,我们发现 $z = w + (1-w)Q_1/Q_2$,由于 Q_i 各不相同,所以 z 也不等于 1。因此,假设有机构成不相等,$e = (1-w)/w$ 和利润率同时相等在逻辑上并不矛盾,参见布朗芬布伦纳(1965)。

率。问题是，哪种技术具有最高的利润率呢？如果式(17)和式(18)中的参数表明在这个意义上最好的技术包含 Q 的上升，那么被取代的技术提供的报酬较低，并将被彻底取代。利润率的持续下降可能与理性(ρ 最大化)行为相一致。

由于利润率下降趋势问题长期以来都引起马克思主义经济学传人的关注，因此可以对本模型的方法和结果进行进一步解释。首先，我认为在考察资本构成的动态与工资系数 w 对利润率的影响之前，最好先考虑资本构成的动态。如果 Q_i 上升，我们有一个重要的结果：要么 w 下降，要么 r 下降，要么两者都成立。这个结果的有用性并不取决于 r 下降情形的实际发生(Bronfenbrenner, 1965)。保持 w 不变，以确定 $\overline{G}_{x_i}$ 和 $\overline{G}_{k_i}$ 在任何假设下都有效：在短期联结情形中，价格和实际工资是固定的(创新的资本家有更高的生产率和产出，他的工人在自己的产出中的份额下降，但用较低的工资系数 w' 来表示这一点，就等于重新计算它)。如果假设 w 随时间推移保持不变，那么实际工资的增长率与部门2的生产率相同。这似乎是一个值得分析的有效情形，就像它的对立面，即实际工资不变的情形一样(Okishio, 1961; Roemer, 1978)。事实上，w 不变的情形似乎是阶级力量保持平衡的最佳象征：竞争将迫使价格随着生产力提高而下降，允许实际工资上升，除非资本家能够实行货币工资削减。(当然，工资可变并没有什么令人反感的地方，在下文关于劳动力市场的小节中会介绍这样一种情形。)

必须强调，在 w 不变的模型中，资本家知道随着新技术的推广，实际工资将会上升，但这一事实并未阻止他们进行技术变革。与此同时，他们不能错过从创新者地位中获得的垄断利润。如果资本家可以共谋，并集体同意避免进入一条技术变革的道路，从而导致所有人的利润下降，那么是可以避免利润率下降的。这是对当前模型的一种中心制度假设，即这种共谋不会发生。

众所周知，由于工人份额不变，节省劳动的技术变革意味着利润率下降。本模型提出的是，这种路径与资本主义 ρ 最大化的理性相一致，并从机械化函数参数和工资系数方面说明了这种理性将导致 Q 上升路径的具体条件。

模型的进一步具体化

模拟程序

我们现在更详细地描述计算机模拟程序，并给出该模型对部门间资本流动和报废过时役龄的解释，然后对结果进行更宽泛的阐述。

该程序的结构如下：

1. 加总所有现有役龄的资本存量、劳动力和产出：简单加总劳动力和产出，并由式(3)给定最新役龄等价方法下的存量。

2. x_i 和 k_i 的最新役龄和总量，以及 λ_i 都由式(4)和式(5)决定。

3. z 和 m 由式(9)和式(11)决定。

4. r_i 由式(7)和式(8)决定，利润率的差别只是由最新役龄计算得出。

5. G_{x_i} 和 G_{k_i} 由式(19)和式(20)式决定。

6. B_i'、L_i' 和 A_i' 由式(14)、式(15)和式(16)决定。

7. ρ_i 由式(12)和式(13)决定。

8. 转移机制(参见下文)。

9. 再次决定 B_i'、L_i' 和 A_i'（参见第6步）。

10. 报废机制(参见下文)决定了在下一环节中，将加总的剩余役龄。

11. 重复上述步骤，根据需要重复多个"役龄"。

资本转换机制

迄今为止，我们对该模型的解释还没有规定部门间资本流动性。这方面包含在转移机制中，它在利润率均衡模型中是必不可少的。首先，回想一下，这些资本存量一旦硬化为"陶土"，就不能在其他行业重新使用。因此，流动性只适用于每个时期投入使用的新资本品。部门1的资本家将把部分或全部新资本品转移到部门2中，反之亦然。当技术信息来源由私人持有，知识远不完整，部门1的资本家可以察觉到该部门的联结利润率，但只能察觉到部门2的实现率，部门2的资本家恰恰相反。换句话说，需要一个行业的内部知识来计算技术变革对利润率的可能影响。在这种情况下，当且仅当 $r_j > \rho_i$ 时，部门 i 的资本家控制下的资本品将被转移到部门 j。（实现率和联结利润率的形式必须是可比较的，或是在总量上可比较，或是在最新役龄上可比较。在模型目前的版本中，已经使用了后者。）

我们还假设跨部门流动存在障碍，因此，利润率的差异程度将决定新资本转移的比例。那么，两个部门的资本存量的转移增加量将如下所示：已实现的利润率的差异，以及 ρ_i 和 r_j 之间的差额，将直接与 m 对1的偏离程度有关。如果 $m=1$，$r_1=r_2$，并且由于 ρ_i 总是大于 r_i，就不会发生转移。令 $\delta=1/[1+(1/|1-m|)]$，在 $m=1$ 时，δ 定义为0，否则就像上面的公式给出的那样，随着 m 偏离1向任一方向上升。然后，用双上标来表示每个部门的资本品积累的转移数量，如果：

$$r_i > \rho_j \tag{27}$$

那么,

$$B_i'' = B_i' + \delta B_j'$$
$$B_j'' = (1-\delta) B_j' \tag{28}$$

只有当 m 与 1 的差距很大时,转移才会显著。当 m 接近 1 时,式(27)中所述的条件将不再保留任何方向,然后模型进入"不转移的漏斗"状态。当然,收敛并不需要转移机制,因为 $m \neq 1$ 意味着利润率不相等,以及不同部门增长率自行纠正的差异。

报废机制

我们最后来谈谈报废早期的问题。由于 G_{x_i} 为正,而工资份额是不变的和外生的(如上所述,反映了劳动力市场中阶级力量的平衡),实际工资的增长速度与消费品的生产率相同。在这种情况下,较长役龄相对于较短役龄会逐渐变得低效,在某一时刻,必须做出报废役龄的决定。我们假设报废过程本身是无成本的,进一步假设它是不可逆的,也就是说,如果价值或生产率增长因子发生合乎心意的变化,那么机器一旦报废,就不能再重新投入生产。[①]

为了使报废决定具有实质意义,显而易见会有一系列可能的行为规则。在其中一端,利润率最大化意味着除了一个役龄(最为盈利的),其他役龄都要报废。这一规则与资本家面临维持规模、市场份额以及盈利能力的假设相冲突。在另一端,产出规模最大化建议永远不要报废,早期的役龄可能不包括运行成本,但它们确实增加了总产出。

在利润率最大化和产出最大化之间有第三种可能性,正如我们所看到的,这种可能性与综合利润率的指导作用相一致:简单的利润最大化。在这种情况下,只要一个役龄能增加总利润,也就是说,只要它的产量(以部门 1 的价值量计算;以部门 2 的实际量或价值量计算)至少与运营它的工资成本相当,它就得以保留。这就是这里采用的方法。

报废机制的代数表格参见表 8.1。

[①] 在放宽不可逆假设的情况下做了一些实验,即用"封存"机制来代替报废机制。结果表明,部门 1 很少发生逆转,因此,理论上在部门 2 也是不可能的。在家庭部门之外,对封存的需求很少。

表 8.1　　　　　　　　　　　　　　　报废准则

	部门 1	部门 2
所有役龄的价值型工资	wL_1^S	wL_2^S
τ 期役龄的价值型工资	$wL_1(\tau)$	$wL_2(\tau)$
τ 期役龄的实际工资	$wL_1(\tau)/\lambda_2 = wx_2^S L_1(\tau)$	$wL_2(\tau)/\lambda_2 = wx_2^S L_2(\tau)$
τ 期役龄的产出(部门 1 为消费品等价物)	$\lambda_1 zmA_1(\tau)/\lambda_2 = x_2^S zmA_1(\tau)/x_1^S$	$A_2(\tau)$
报废役龄的条件	$wx_2^S L_1(\tau) \geqslant x_2^S zmA_1(\tau)/x_1^S$	$wx_2^S L_2(\tau) \geqslant A_2(\tau)$
也就是说,如果	$x_1(\tau) \leqslant wx_1^S/zm$	$x_2(\tau) \leqslant wx_2^S$
其中	$x_1(\tau) = A_1(\tau)/L_1(\tau)$	$x_2(\tau) = A_2(\tau)/L_2(\tau)$

该程序从未报废的最长役龄开始,扫描较长的役龄。然后,它找到第一个不符合报废条件的役龄并将该役龄的索引指定为 s_i,即新的起始役龄,用于在下一阶段中对 B_i、L_i 和 A_i 求和。

劳动力市场

截至目前,我们已经假设工资份额系数 w 是外生的,这意味着劳动力市场中的力量平衡不受劳动力需求的增长率相对于供给增长率的影响。社会和政治因素无疑调节了供求关系对工资的影响,完全忽视这种影响似乎太过分了。如果劳动力供给增长率是外生的,且劳动力需求增长率是如上文对 G_{B_i} 和 G_{k_i} 描述的那样,失业趋势即产业后备军将由它们之间的关系来给出。失业率上升对 w 产生不利影响。我们可以回顾本书第七章得出的一致性路径,它定义为失业率不变情况下利润率和工资份额的位置。如果在初始配置中利润率下降,劳动力需求的增长因子也下降。那么就导致了 w 的渐进式下降,从而减轻了资本深化的趋势[参见式(19)和式(20)],直到利润水平不再有下降压力。此时在准稳态下,技术进步局限于自主进步因子 G,利润率和相对份额保持稳定。直到此时(该模型表明趋同可能需要很长时间),马克思主义利润率下降规律和剥削率上升规律似乎得以证实了,从某种意义上说,它们相互补充,而不是彼此矛盾。[1]

模型中已加入劳动力市场对工资的影响,具体如下。令劳动力需求和劳动

---

[1] 如上所述,在这种准稳态下,稳态增长需要 $G=1$。那么,只有在部门 1 的 $\alpha_1 = \alpha_2$ 的情况下,我们才有 $w = (1-\alpha)$。$(1-\alpha)$ 项可以解释为单位劳动产出对劳动的弹性。那么,似乎有且仅有这种非常特殊的情形,与边际生产力解释一致。由莱布曼(1977)可见,边际生产力条件表示单个资本家的观点,如果他的竞争保持不变,他将最大限度地提高联结利润率,因此价格是不变的,这是新古典主义理论表达单个资本家观点的另一个准确例子,只有在逻辑矛盾的代价下才能扩展到整个经济。

力供给的增长因子分别为 G_{L_d} 和 G_{L_S}，定义 G_{L_d} 为 $(L_1^{S'}+L_2^{S'})/(L_1^S+L_2^S)$。如前所述，$G_{L_S}$ 是外生的。新的工资份额由以下公式给出：

$$w'=w\left[d\frac{G_{L_d}}{G_{L_s}}+(1-d)\right] \quad (29)$$

其中，d 是大于 0 的系数，它表示劳动力供求平衡对工资的影响。

在本章附录中，模拟得到更详细的描述，随着利润率下降，工资经过最初的调整后缓慢下降，并最终稳定下来。

结果分析

技术变革的社会决定

也许该模型最为显著的特征是 z 的趋势值，或资本－劳动的比率。它是由机械化弹性 α_1 和 α_2 决定的，它们不是工程参数，而是社会组织的函数，是资本主义优先性和必要性塑造工程文化的函数。更重要的是，生产力和资本密集化的增长路径受社会结构参数 w 和 a 的支配。虽然并未标榜该模型是资本主义增长的一般理论的基础，但它至少应该作为现代经济学中如此盛行的技术决定论的解毒剂。根据这种理论，技术进步要么完全是经济过程的外生因素，要么在一个排除了社会关系，特别是资本主义社会关系影响的框架内，受制于最佳选择。

生产率下降的增长：资本家的矛盾？

该模型意味着，对于任何合理的（非爆发性的）初始值和参数，生产力的增长率都会连续下降。据我所知，马克思不是凭直觉想到这个观点，但它似乎是资本主义体系内在障碍的实质，因此符合马克思主义的世界观。

收敛于劳动价值

上文指出机械化函数弹性相等，$\alpha_1=\alpha_2$，将导致 $z_{\lim}=1$，而且这是成比例增长的一个必要条件。虽然参数 α_1 和 α_2 远非经验估计，但它们明显表达了生产的最普遍的社会和技术特征，而不是具体技术和过程的表现。因此，我们应当预期二者相等，或者在一般原则上没有显著差别。

这意味着价格有一个显著的且迄今未被注意到的特性。由于 $\alpha_1=\alpha_2$，两部门的机器劳动比率接近于 1，资本有机构成趋于一致。因此，利润率均等化的生产价格接近未转形的劳动价值。这一结果表明,劳动价值概念在严格的分析性经济学中的作用,远远大于一个多世纪以来非马克思主义学界,以及在相当程度上马克思主义学界所认为的作用;"劳动价值论"又经历了一次复活。①

结　论

模拟揭示了该模型有待解释的其他特性。例如,市场价格系数 m 会突然出现波动。在报废之初,即其稳定到正常模式之前,最初役龄的报废将会产生波动,导致变量的波动难以解释。在某些版本中,存在联结利润率的周期性崩溃,暗示"清偿危机",然而,现在就把危机理论建立在这些基础上还为时过早。在其他参数值下,特别是在机械化函数的柯布－道格拉斯形式的替代模型下,还有很多工作要做。正在进行的是一个不可分解版本,其中有两种资本品。引入物质流量和折旧,扩展到 n 部门,以及为时间路径寻找精确的数学解的艰巨任务,都摆在面前。本书第九章和第十一章将探讨抑制技术变革的两部门模拟工作,以关注周期和产生突然危机即"塌陷"的机制。

然而,现在说这里提出的模型强烈支持将马克思观点的某些方面纳入增长理论,是并不为过的:部门间的市场调整、资本主义竞争的特殊性和创新者的作用、由累积的役龄组成的资本形成一致利润率、资本家对回报率及其基本决定因素的看法对技术进步的塑造、技术参数的内生性、阶级斗争在塑造增长道路上的半自主作用。按照这一思路,我们发现该模型产生的结果证实了马克思的主要结论和概念。我们发现,对支配技术变革长期偏向的因素的说明,并不需要受制于资本有机构成上升的铁律。在这种高规格的形式下,这个概念对于确定资本主义经济赋予技术变革的倾向以及这些倾向可能受挫的条件方面相当有用。

我们特别注意到技术变革推动生产价格,即长期基准价格或"均衡"价格,趋向于《资本论》第一卷中未转形的劳动价值的趋势。在对劳动价值概念的反驳,甚至在后斯拉法运动中拒绝使用并取代这一概念(Steedman,1977;Bandyopadhyay,1984－1985)之后,这一结果具有特殊意义。

---

① 当然,这只是指数量意义上的劳动价值法则,但也适合于形式化的经济模型。这里没有考虑劳动价值理论在更宽泛的政治经济框架中,被视作系统化社会关系背后的感知工具。读者可以参考本书的第一部分,特别是第三章,本书第十五章也探讨了在更广泛意义上,劳动价值概念在社会主义背景下的相关性。

附　录

我们在表 8.2 中详细介绍了该模拟程序的一次运行，并对通过改变参数而获得的结果进行评论。

表 8.2　　　　　　　　　　　　基准模拟

t	z	m	r_1	r_2	w	s_1	s_2	G_{x_1}
0	1.500	0.888 8	0.156 2	0.187 5	0.500 0	000	000	0.937
5	1.314	0.790 6	0.120 4	0.206 33	0.584 4	000	000	1.037
10	1.273	0.743 2	0.105 2	0.196 9	0.639 0	000	000	1.009
15	1.215	0.756 8	0.099 8	0.176 9	0.671 3	000	000	1.012
20	1.166	0.798 6	0.098 2	0.160 3	0.688 7	000	000	1.008
25	1.065	1.125 3	0.133 8	0.106 3	0.409 7	000	001	0.474
30	0.981	0.886 6	0.120 9	0.136 0	0.474 6	000	001	1.051
200	1.005	0.985 7	0.075 0	0.076 8	0.538 2	081	083	1.014
210	1.002	0.989 6	0.074 2	0.075 4	0.538 3	088	090	1.013
220	0.997	0.997 4	0.073 8	0.073 9	0.536 3	096	098	1.004
230	0.999	1.000 3	0.073 1	0.073 0	0.535 7	104	105	1.004
240	0.999	0.997 0	0.072 3	0.072 4	0.535 3	111	112	1.005
250	0.995	0.998 9	0.071 8	0.071 7	0.531 4	118	122	1.011
300	1.002	1.003 2	0.069 5	0.069 2	0.526 9	162	160	1.002
350	1.001	0.999 6	0.067 5	0.067 7	0.524 1	200	201	1.008
400	0.999	1.000 2	0.066 4	0.066 5	0.521 9	242	242	1.009
450	1.000	1.000 6	0.065 6	0.065 5	0.519 7	286	286	1.005
500	1.001	1.001 3	0.065 0	0.065 0	0.517 6	332	332	1.003

参数：$a=0.4; a_1=0.6; a_2=0.6; G=1.002; d=1; G_{L_S}=1.015$。

初始数据：$B_1(0)=80; L_1(0)=20; A_1(0)=20; B_2(0)=200; L_2(0)=100; A_2(0)=100; w(0)=0.5$。

该模型运行了 500"年"，并不是因为相信方程（更不用说参数）在这么长的时间内是稳定的，而是为了最充分地测试模型的特性，特别是变量的趋势值。（当然，"年"不需要是严格意义上的日历年；它是生产的平均周转率，也许远远低于 12 个月。)由于在几百个增长期之后,绝对量级就变成了天文数字,因此有必要以浮点形式计算,只有六位有效数字,这产生了一些四舍五入的误差。

从表中可见,z 和 m 分别从初始值 1.500 和 0.888 8 开始收敛至 1,后者是由于部门相对规模的稳定调整,前者是由于 $\alpha_1 = \alpha_2$,价格接近未转形的劳动价值。w 最初徘徊,然后开始稳定缓慢下降,从第 200 "年"的 0.538 降至第 500 "年"的 0.517 6。目前还不可能推导出 w 的极限值。利润率最初有所不同,同时由于 $m \to 1$ 而持续下降,从一开始的 15%—18% 下降到第 500 "年"的 6.5%。当模型处理初始值的任意不平衡时,部门 1 的生产率增长因子(部门 2 的行为类似)最初会发生变化,一旦它的节奏建立起来,就会显示出明显的下降趋势。役龄的第一次报废发生在第 25 "年"的部门 2,第 63 "年"的部门 1(未显示)。此后,每个部门最早未报废役龄的指数(s_1, s_2)一起移动。

同样的模型以 $\alpha_1 = 0.6$ 和 $\alpha_2 = 0.5$ 来运行。同之前一样,m 收敛于 1,不过在这种情况下 $t = 500$ 对应于 $z = 1.193$。[给定式(26),趋势值为 1.25。]利润率的表现几乎与第一种情形完全一致,但 w 降至 0.62,比第一种情形整整高出 10 个百分点。在第三次运行中,$\alpha_1 = 0.5$ 和 $\alpha_2 = 0.6$,模型再次符合预期,$z(500) = 0.847$(理论极限值为 0.8)。w 在最初上升之后,下降至 0.507。在第二种情形和第三种情形中,报废是固定的,但这些部门以相同比例报废的趋势似乎更弱了,在 $t = 500$ 时,最早未报废役龄指数仍然有 30 "年"的差异。

第三部分

周期与危机

第九章

周期与危机:一个概述

　　随着内生技术变革理论和一致路径构建起来,我们现在必须面对将资本主义积累路径不稳定性予以理论化,以及捕捉马克思以周期性运动与反复性危机形式看待不稳定性的组织化观点的艰巨任务,周期性运动与反复性危机正是路径再生产其自身的媒介。本章将概述一些主要概念,因此从一些全球政治经济视角开始。本章对有偏增长的基本模型进行了扩展,引入了"内部"和"外部"资本之间的区别以及它们之间的财务关系,并且会介绍财务和技术变革选择决策之间的相互作用。我还将更详细地讨论读者在本书第八章中已经遇到的模拟方法,它作为一种工具,从大胆结合"困难"行为的模型中得出洞见,因此不认可完整的数学解决方案。本书这一部分的第十章和第十一章将介绍周期和危机的模型,第十一章将主要介绍模拟方法,第十二章着眼于与长期危机和资本主义最终历史局限性相关的更广泛、更长期的问题。

　　我们可以通过考虑琼·罗宾逊的著名挑战来开始这一章的组织过程:一方面是缩小正统经济学和马克思的视野之间的差距,前者有着精细打磨的分析工具和脱离实际的氛围,后者虽有待完成但值得称赞,并且务实。当然,应对挑战的方式可能并不相同。如果分析方法意味着我们的注意力限制在可以完全解决的数学模型上,那么由此产生的"平衡路径"似乎排除了紧张、冲突和质变的所有因素,我们假设这些因素应该存在于马克思主义对资本主义现实的表述中。另一方面,如果不追求马克思主义理论最严格的表述,关键的模糊性和不确定性将会继续存在,简单的逻辑错误就更不用说了。我认为,与其他任何事物相比,这一点尤其给马克思主义的讨论带来一种历史停滞的气氛,任何一个人都会观察到新一代激进经济学家几乎逐字逐句地重复着上一代人的辩论,并且出现同样的错误和局限性时,都会感受到这一点。

因此,目标是构建严格的模型,将其与马克思图景的主要组成部分结合起来,这不是任意为之,而是理论大厦的内在基础。这些模型不仅可以作为详细研究(包括实证研究)的指南,而且可以用于测试核心概念本身的有效性,并作为一个洞察力的来源,否则可能仍然是隐性的来源——现在谈论任何单一的、包罗万象的模型还为时过早。正如下文将更为全面地解释的那样,计算机时代的出现为这种模型构建开辟了新的视野:可以构建动态模型,其丰富的内部结构使得变量的时间路径的正式解不可能得到(至少考虑到适当的数学工具的发展阶段),然而,这些模型的特性可以通过计算机模拟来揭示和研究,其中的"资本主义经济"随着时间推移而增长,它的属性都是由假定的行为和结构相互作用决定的。

在本章的下一节中,我们将研究模拟模型的一些概念基础,简要地研究经济思想史,并提出一种危机的简单数值例子,我认为这有助于构建一些因素。在接下来的一节中,我将研究模拟方法在资本主义增长建模的某些问题上的一些应用,这些问题是周期运动和关键的结构断裂的时刻,其中一些将在本书第十章(理论)和第十一章(模拟)中进行更充分的探讨。

马克思主义的概念基础:根源和要素

在古典和后古典经济学家的各种贡献中,马克思的贡献是超越当前经济理论地位的发展的独特基础,这是我关于增长、周期和危机的经济学理论的前提。虽然我在这项研究中避免了长时间的探索,并将继续这样做,但从经济学史的角度扫视这个理论,可能是值得的。

出于当前的目的,我聚焦于社会体系关系,并提出经济过程的动态和发展特征的分析方式是不言而喻的。图9.1所示的内容将说明为什么马克思主义传统似乎是古典传统的其他部分的贡献一直延续到现在和未来的漏斗。我已经区分了"果断行动领域"和"果断行动模式",插入"决定性"一词是为了阻止斯密、李嘉图或现代新古典思想家的崇拜者从精神上的(也许是合理的)反驳,他们可能对自己崇拜对象因此遭到这种归类而犹豫不决。不过,我相信,当各个学派被剥离到它们最基本的元素时,这种分类法可以有效地区分它们的基本贡献(Walsh,1991;Blaug,1983)。①

	果断行动领域		
	自然	社会体系关系	市场
果断行动模式 — 静态	重农学派	社会主义者	新古典主义者
果断行动模式 — 动态	李嘉图	马克思	斯密

图 9.1 一种经典的分类法

重农学派和李嘉图在各自的理论中都在决定性的时刻诉诸自然:重农学派(魁奈、杜尔阁)认为农业是唯一的生产部门(Gleicher,1982;Meek,1962),李嘉图(1951)从农业报酬递减中得出了运动的中心定律,马克思称之为"从政治经济学撤退到有机化学"。与重农学派分享静态模式的,是马克思和恩格斯口中的乌托邦主义者(例如傅里叶)。他们聚焦于社会体系,认为它只是人类产物或社会契约的表达,而新古典主义经济学则以市场均衡为中心(后者可能是某个时刻的一般均衡的形式,这是一种静态均衡的序列,或称定量和比例不变的稳态增长经济,在这个词的任何意义上,都没有构成适当意义上的动态分析,参见Halevy,Laibman,and Nell,1991)。李嘉图和斯密有一个动态图景,但它完全根植于市场关系的分析(Smith,1970;Lowe,1954)。

马克思的思想占据着将动态的视野和方法与对社会制度的关注相结合的战略地位,其最广泛的方面必然以社会变革为中心,从而包含了独特的和不可逆转的见解,即现有的社会结构——其中包括经济结构——在时间和历史上都是有限的,并且将被超越(当然,假定人类继续生存。参见本书第十三章),就像过去人类发展时期一样。将马克思从他的知识环境中分离出来,并让他摆脱了古典经济学家(更不用说"微不足道的后李嘉图主义者",Samuelson,1957;Steedman,1982)的观点的,正是这种特征,而不是任何特定的理论、分析工具或经验预测,所有这些都可能被证伪和/或修正。

---

① 琼·罗宾逊曾在某个场合说过,当你问一个学派的支持者最后会放弃什么的时候,你就找到了这个学派的核心。我相信在图 9.1 中的经济学家或学派如果受到罗宾逊式的攻击时,会退回到分配给他们的盒子里。

如果我们要构建资本主义现实的理论概念，并且纳入周期性和关键性现象的不稳定性概念，那么我们必须在马克思的图景中寻求体现这些现象的因素。

马克思主义经济学：组成因素及其相互作用

与新古典理论不同，在许多古典和后古典理论的介绍中，经常强调剩余的存在。这种剩余在生产中产生，并产生一套独特的生产价格，在这种价格下，它与资本所有权成比例地均匀分配，在财产、价格和分配之间建立了新古典思想中明显缺乏的密切联系（Sraffa，1960；Nell，1972）。现在，虽然马克思主义思想分享了这一古典图景，但我相信，它也有更深层次的含义。

准自主：w

争论的焦点是剩余本质上是社会性的，而不是技术性的。换句话说，尽管一定水平的技术发展对于剩余的存在是必要的，但仍不充分。两个基本社会阶层在榨取剩余，即剥削方面的对立关系既"发生"在生产（工作场所）中，也发生在更广阔的领域或"场所"（即资本主义生产部门和工人阶级家庭部门之间的关系，在那里正在发生一种不受资本家控制的特殊生产形式，参见本书第三章），它涉及交换（劳动力对工资的至关重要的交换），但也包含了不能简化为交换或市场关系的社会关系，即工作场所的支配和控制形式、教育系统在再生产阶级关系中的作用以及其他（Bowles and Gintis，1986）。

现在，所有这些都对工资份额系数 w（无论如何定义）有重大影响。剥削理论要确定 w 的水平（$w<1$ 足以确保剩余的存在和占有），这一理论涉及社会过程在几个层面上的相互作用。因此，w 是一个复杂决定的变量，无法用函数形式精确而完整地识别。它在马克思主义理论中占据着与投资水平在"原教旨主义"凯恩斯理论（Keynes，1961；Coddington，1976）中相当的战略性地位。特别是，在劳动力市场上不存在均衡，不能把其中的对立力量之间的紧张关系视为这些力量同劳动（力）市场本身发生过程的独立关系，例如，在一个错误的拔河比赛的比喻中，如果两端施加的力量相等，绳子的位置可能是静止的。需要仔细留意的是：这不是一个不均衡的问题，而是一个非均衡的问题，当然，根据一般系统性的相互联系的原则，这也会延续到商品和资本市场。出于这个原因，工资系数 w 可以被看作是准自主的，在这个意义上，我们希望避免过早地通过某种"劳动力市场"机制来确定它，这肯定不能公正地处理所涉及的复杂社会关系。

准自主：a

古典思维的第二条线索通常是，一旦确定维持生计的工资，就必然会在增长和积累与利润驱动的奢侈品消费之间做出权衡。我们再一次面对积累或利润的投资比例，决定因素是复杂的，因此是准自主的。这里还有很多理论有待发展。这两个比率（w，a）在马克思的社会系统关系中以至关重要的方式相互作用：例如，利润中的消费水平对财产收入的合法化和对管理性官僚机构的（潜在的和实际的）激励有影响，而管理性官僚机构的运作有助于确保这种合法化。其他维度大致对应于"投资功能"的凯恩斯问题，包括外部融资的可用性以及利润率对积累激励的影响（下文有更多介绍）。

联结原理

这已经在本书的第二部分详细讨论过了，在这里可以简单地讨论一下。马克思在他关于"单个资本"和"整体资本"之间相互作用的表述中，将今天所谓的"微观—宏观"关系置于动力学的前沿。竞争性的斗争要求单个资本在给定的时刻行动，仿佛它本身对这个时刻的影响可以忽略不计；这是由微观理性产生的宏观非理性的潜在来源，表现为有偏的技术变革。

内生技术变革

再次简明扼要地提及第二部分的内容：动力学要求用技术变革选择的概念来超越自主发生的技术变革或现有的技术范围，资本家对变革没有反应，也不选择技术。相反，他们在特定的资本主义社会关系的约束下选择了一条技术变革的道路：短视，忽视以长期效果为目标的基础研究，偏向机械化，从而主导了资本主义社会的工程文化。人们可能会问，当今的电子革命是否对这种概括提出了挑战。在这里，我不做长篇大论，我给出一个提示：当代技术变革背后的动机问题及其对资本主义社会关系的影响，必须着眼于资本的国际部署，在全球范围内加以解决。

控制的分散：部门层面

资本就其本质而言，是作为"许多资本"存在的。控制的碎片化意味着生产过程中地点的离散——事实上，离散商品的存在本身就是由这种碎片化所再生产的。因此，部门的出现不是历史的偶然，也不仅仅是将生产从初级投入品到最终产品的连续流动分割成几个阶段的分析工具（Hicks，1973；参见本书第八章中更全面的讨论),而是作为资本主义特有的离散地点,在这些地点进行战略上独立的决策,并且信息和感知的流动极其有限。这不仅对分析部门间竞争具有特殊的意义,而且还表明,借助三角化将经济分解为部门的特殊结构,可能不仅仅是一种经验上的偶然或说明上的便利,而是可能反映资本主义经济行为的一个操作上的重要方面。很明显,马克思是从这个角度来看待他在第一部类(生产资料)和第二部类(消费资料)之间的区别的,而在特定的部门优势范围内对企业行为进行建模似乎支持了这种区别(Lowe,1976)。

部门内竞争

一个行业中的单个资本为了利润、增长和生存而激烈竞争。在这场竞争中,规模不仅仅意味着规模经济,还意味着有能力吸收意料之外的损失,开拓新市场,经受住周期性的金融风暴,并承担新技术磨合期的成本。反过来,技术变革意味着不断更新和安装先进的设备,这些设备与老化的资本存量一起运行。简而言之,积累加上技术变革意味着资本品的多个"役龄"共存:一种异质的资本存量。在这种持续的更新过程中,资本在任何时候都存在一定范围内的平均生产率(Shaikh,1978a)。资本积累不仅包括通过利润再投资的增长,而且包括企业规模的增长,以及通过实力较强的资本吸收实力较弱的资本来改变企业结构(即马克思的"资本集中")。

战略行为

资本主义企业行为的重要方面是"参数化的":即使在明确知道它们将会改变的情况下,也将企业环境中的外部社会经济现实视为既定的和不可改变的。然而,资本不受约束的自由竞争远非新古典微观经济学的"完美竞争"。作为部门分割的结果,也是关于产品和工艺创新、营销战略等的竞争性保密的结果,不完全信息因素单独为资本主义竞争赋予了一种战略性的、可计算的性质,这在资本主义积累的正规模型中必须保持。

上述所有特点表明,在我们继续研究在马克思主义框架内研究周期和危机的几种方法之前,有一套更广泛的"一般原则",值得在这里一一列举。

1. 在马克思主义文献中,有几条关于周期性危机的起源和资本主义经济长期发展的道路的线索。所有这些都可以追溯到大师的著作,产生了大量的诠释性文献,在这些文献中,引用和解释都被用来支持这种或那种危机"理论"的合法性:消费不足(Bleaney,1970;Foster,1982)、利润挤压(Glyn and Sutcliffe,1972;Itoh,1978;Bowles,Gordon and Weisskopf,1983)、利润率下降(Weeks,

1981)。我本人的方法是基于一种坚定的承诺,用一种综合的方法来超越这种"对抗"和文本的方法,这种方法将各部分编织在一起,努力模拟资本主义积累和危机的多层次和结构丰富的现实。没有必要将这种整合视为一个过程和(在某种意义上)一个目标,我不会声称在任何一个模型中完全实现了这一点,更不用说在本研究提出的模型中了。

2. 如果我们要从形式上成功地把握资本主义进程,或者至少是这个进程的某些方面,我们就必须接受非均衡的动力学。这包括处理非稳态位置;根据违反"平静的"(琼·罗宾逊语)相等利润率假设的市场价格做出决策;多个行为方程的相互作用,其中几个变量是内生的,且在函数中相互依赖。为了研究涉及这些复杂性的情况,通常需要不能用代数方法完全求解的模型,用于完全确定的时间路径,其性质得以正式揭示。另一种选择是计算机模拟,其中一个周期的交互行为产生下一个周期的起始位置。通过改变变量的初始参数和启动值,可以生成不同的路径,并观察这些路径的属性,或许还可以收集到肉眼看不到的见解。

3. 本章和本书之后各章所阐述的方法的一个基本承诺是,资本主义经济的部门结构有很大关系(如上所述)。[①] 如果经济在某种意义上划分为资本品部门和消费品部门反映了生产控制的分散性和跨市场的感知和信息障碍,而不是生产本身的任何固有特征,那么这种划分将发挥实质性的作用,因为我们得出的结论将取决于对部门结构的精确说明和作为这种结构的结果所出现的行为。

4. 最后,如果模型要有任何解释力或产生新的洞察力——事实上,如果它们要抓住资本主义积累的周期性和关键方面——就必须超越完美信息和预见的同义反复陷阱。系统性的不完全信息、感知的门槛、受不确定性和存在结构性限制的感知和动机制约的预期,所有这些都必须发挥关键作用。在正统的凯恩斯主义方法中(Robinson,1979;Leijonhufvud,1968),预期和不确定性往往给经济增长的概念带来一种任意性和外生性,部分原因是它未能提供一个决定性的替代瓦尔拉斯一般均衡的方法,目前以"理性预期"之名重新出现(Shaw,1984)。我认为,在本章和本书第十一章所介绍的一些模型中所发展的方法,至

[①] 实证性投入-产出结构研究的开创性来源是列昂惕夫(Leontief,1976)。森岛通夫(Morishima,1973)严格详细地发展了两部门结构,部门1由一个正方形的投入流量矩阵表示,部门2由一个矩形的投入流量矩阵表示。然而,所有这些似乎只是基于形式上的考虑,对所获得的任何实际结果没有明显的影响(参见本书第八章)。在本章中,我将研究资本品/消费品部门,这在本书第二部分的技术变革选择问题中已经提出。然而,部门概念可以而且应该得到更广泛的解释,例如,包括将资本分为"内部"和"外部"两部分——这一概念在下文技术变革选择模型的一个扩展中得到发展。

少有潜在的突破性,那就是将预期和看法与结构条件联系起来,这些条件制约着结果。[1]

有了所有这些辛辣的配料,我们就能煮出一锅醉人的酒,其中包括非稳态增长、结构性变化、周期、周期性塌陷(周期性危机),以及走向永恒的长期危机和制度转型的内在趋势。然而,仍然可能有人会问,为什么有必要将所有这些假设和属性都视为"马克思主义的"?此外,相关研究分散在古典经济学家中,当然也包括后来对政治经济学伟大传统贡献最大的人:凡勃伦、熊彼特、凯恩斯、卡莱茨基、罗宾逊。为什么我们必须"命名"我们的理论框架?为什么不采取我们需要的任何工具,从我们能找到的任何地方,建立一个描述性和分析性强的理论?

支持这种方法的理由很充分,我邀请任何有此倾向的人考虑沿着这种方法构建的模型。然而,我自己发现马克思主义的基础特别有用:它是将所有成分黏合在一起的黏合剂。如果没有统一的资本主义生产关系概念,所有其他要素就会变得分离和任意。

周期性危机建模:三种方法

在本节中,我将提出三个互补但不同的模型,每个模型都形成了资本主义积累的周期性和关键组成部分的一个方面。我没有尝试完全合成这些方法。第二种方法将在本书第十一章中进行全面和详细的介绍。

部门结构与实现危机

我们从一个(相对)简单的模型开始,这个模型基于马克思的《资本论》第二卷第 21 章(Marx,1967)。

假设经济分为两个部门:资本品("第一部类")和消费品("第二部类")。每个部门都有用于生产的资本品存量,其(劳动力)价值为 $C(i=1,2)$,没有折旧或实物投入流量(继续第二部分的"纯粹固定资本"抽象),以及生产中的当前劳动力流量 v_i+s_i 也是增加值的流量,v 代表回到工人工资的增加值部分,s 代表计入资本所有者利润的增加值部分(马克思的读者会发现符号代表了古典马克思主义的固定资本、可变资本和剩余价值概念)。为了简单起见,我们假设资本

---

[1] 除了源于马克思主义传统,这些观点在很大程度上要归功于我以前的老师阿道夫·罗威的工作。他在增长理论方面的主要研究(Lowe,1976)提出了部门/预期的关系,成为几十年来沿着这些路线进行的调查的顶点——这种调查从任何角度看都是非正统的。

存量（储存的劳动）与相关的劳动力流量的比率 $Q_i = C_i/(v_i+s_i) = Q$ 在各个部门是相等的。在理论上更加合理的情况下（相对于实际操作中的便利），我们还假设工资份额 $w_i = v_i/(v_i+s_i) = w$，以及（外生给定的）利润的积累份额（作为有形资本存量的增量返回生产，$a_i = \Delta C_i/s_i = a$）相等。这些假设可以理解为：第一，假设基于工人流动性的各部门剥削率是相等的（适合于"一刀切模型"的高度抽象）；第二，假设没有内在的理由说明为什么资本家的积累或投资函数取决于资本主义者恰好在哪个部门。

可以用表 9.1 来讲述一个不断增长的资本主义经济的故事。从表中可以看出，总价值=增加值（Wert）在工资和利润之间平均分配（第 1 期），利润在资本家的消费 $(1-a)s$ 和积累 as 之间再次平均分配。利润率 s/C 为 10%，增长率 as/C 为 5%。将每个部类的 ΔC 加到 C 上，我们得到从第 1 期到第 2a 期的一期增长。在每个时期，第一部类产生的消费者需求价值和第二部类产生的资本品需求价值（矩形内的项目）相等，这表明，在每个时刻和整个时期，部门间的平衡条件是得以满足的。（很容易表明，在第三个周期或第 n 个周期的继续，可以在不违反这一条件的情况下完成。）到目前为止，这个例子描绘了"扩大再生产"（马克思）或"稳态增长"（现代增长理论）的一致路径（Laibman，1981，1983；关于新古典稳态增长的一般概况，见 Jones，1976）。

表 9.1

时期	部类	C	v		$(1-a)s$		as		W
1	I	100	10	+	5	+	5	=	20
($w = 0.5, a = 0.5$)	II	300	30	+	15	+	15	=	60
2a	I	105	10.5	+	5.25	+	5.25	=	21
(w 不变)	II	315	31.5	+	15.75	+	15.75	=	63
2b	I	105	7	+	7	+	7	=	21
(w 降至 1/3)	II	315	21	+	21	+	21	=	63

如果我们假设潜在参数发生了一些变化，情况就会变得更加有趣。例如，假设剥削率正在上升，导致 w 从 0.5 下降到 0.34。表 9.1 将新的位置描述为 2b 时期。这些矩形立即显示，部门间的平衡条件现在遭到了违反：第二部类的供给比第一部类的需求大 7 个价值单位，经济中充斥着消费品。（该模型的正规化将揭示如何恢复平衡：将 7 个单位的劳动力和相应的 35 个单位的资本品

从第二部类转移到第一部类。）

在这一点上，可以讲述一个有效需求的部门间危机，或称实现危机的故事——这是马克思主义通过价格机制解决正统平稳调整的解药。故事如下：第 1 期和第 2b 期显然是连续时间过程中的任意时刻。不过，把它们挑出来是有道理的，因为资本主义经济中的信息是系统性不完善的：在资本家意识到这种差异之前，必须达到一定程度的扭曲或门槛。如果正在进行数量调整，第二部类的库存上升（和第一部类库存的消耗）最初可能解释为随机现象，直到 2b 时期到来，参与者才会意识到这种发展中的不平衡的系统特性。如果正在进行价格调整，利润率就会出现差异，同样，必须在达到门槛后才能感知到这种分歧，并采取行动。

现在，在第 2b 期，我们正处于门槛。第二部类的资本家是否会对利润率的差距做出反应，并转移到第一部类？体现市场解决方案的教条的显而易见的答案是："是的"。更好的答案取决于关于相关信息和标准的精确假设。如果第二部类的资本家能够知道——因为他们是资本品需求的来源——第二部类过度扩张，对资本品的需求为零，他们对进入一个没有需求的市场的恐惧将阻止他们，并使他们转向流动性，尽管第一部类的回报率（理论上）很高。部门必要的重组受阻，随之发生的是一场实现危机——一场由总体有效需求不足导致的危机。由于信息不完全的系统性，以及资本主义行为在一定程度上基于需求充足性预期的假设，价格机制崩溃了，这种预期是由部门结构内的特定优点形成的。

这种简单的需求理论，或者说"消费不足"危机，也在很大程度上建立在"联结"行为的假设之上——这种假设认为，每一单位资本都独立于其他单位资本而行动，并且必须这样行动，以利用瞬时的情况，无论随后的重组是否可以预期。（这一假设当然在较早发展起来的有偏技术变革理论中起到了主要作用。）抽象地说，我们可以知道，在表 9.1 中第 2b 时期的位置，如果能够协调从第二部类到第一部类的必要转移，消费品的过剩供应将会迅速消除，第 2 期实现条件以及随之而来的资本品需求的复苏将会恢复。问题是，没有哪个资本家能够独立于其他人进行这种跳跃，因此，没有资本家会这样做；进一步地说，重组必须采取危机的形式。

从这个非常简单的模型中可以梳理出另一个见解：可以观察到这个过程在各部门之间是不对称的。（事实上，这对于确定部门结构与危机的相关性是必要的。）例如，在工资份额上升的情况下，第一部类将逐渐过度扩张，一旦达到感知门槛，所需的转移将从第一部类转移到第二部类。然而，在这种情况下，对实现困难的感知不起作用：第一部类的资本家能够知道，当他们进入第二部类时，会把对消费品的需求带在身上,由于消费品供不应求,单个资本家的预期会在相对较高的利润率下无障碍地实现,单个资本可以独立于其他资本流动。资本主义经济可以比相反方向更容易地实现低剥削率、低利润率和低增长率——至少就需求侧危机而言是这样。数字测试将揭示,资本构成 Q 的上升与 w 的下降具有相同的部门间效应,Q 的下降与 w 的上升具有相同的部门间效应。这使人们对技术变革的长期有偏或中立性的问题更加感兴趣。

当前引人注目的是,从这种低配的模型中可以得出大量的经济学知识,尤其是该模型似乎抵制进一步正规化的努力。我们有了一个需求不足周期性危机理论的轮廓,它与部门比例失调有关,我认为这一陈述在澄清产生这一结果所必需的基本假设方面超越了现有的理论。然而,还有许多没有解决的问题。特别是,感知门槛的水平是简单假设的,而不是推导出来的。如果有一个门槛范围,随着利润率差异开始出现,一些资本可能先于其他资本做出反应,这种可能性削弱了最终必须通过系统性危机来完成的论证。同样明显的是,当部门间非均衡出现时,价格扭曲和利润率的差异会导致增长率的差异,产出相对稀缺的部门能够通过内部积累更快地增长,而没有任何跨部门的资本流动。因此,这是一种"自动"的平衡趋势,肤浅的模型并没有告诉我们这种趋势是否会流行,以及在什么情况下会流行。最后,该模型只描述了工资份额的一次外生变化的影响,如果把它放在工资份额和就业动态的内生决定过程中,会更有说服力。

周期、部门间动力学、塌陷

我们可以改进这个简单的数值模型,将它与马克思主义周期思想中的另一链条,即劳动力市场状况和积累条件的相互作用相结合。在这里,我们以摘要的形式介绍这个结合,把完整的形式化保留到第十一章。

我们已经假设工资份额 w 和失业率之间的关系,以适当的形式将非稳态一致性路径描述为均衡路径。用与失业率相反的就业率,或劳动力中就业的比例(称之为 v)开展研究将是有益的。我们可得 w 取决于 v,$\partial w/\partial v > 0$。这让我想起了反向因果链,其中 w 通过对积累的影响来控制 v 的变化。

这隐含在围绕一致性路径的周期性运动中,并且迫切需要沿着 R. M. 古德温在经济学中引入洛特卡—沃尔泰拉掠食者—猎物方程(Goodwin,1967,1990)时提出的路线形式化。用星号表示增长率,所有参数都大于 0,

$$\begin{aligned} v^* &= a - bw \\ w^* &= -c + dv \end{aligned} \quad (1)$$

这是标准的建构。v 和 w 的稳定值分别为 a/b 和 c/d。当工资份额从下往上与门槛值 a/b 交叉时，就业率开始下降。它最终会从最高点穿越到最低点，工资份额达到顶峰并开始下降。当 w 重新回到其固定值时，就业率就会陷入低谷（衰退的底部），并开始上升。当它从 c/d 的下方到上方时，工资份额开始下降，然后开始上升。至此实现一个完整的循环。

为了研究周期性而非趋势性的动力学，我对本书第八章的两部门、技术役龄模型做了一些改变。首先，消除了技术变革，随之而来的是异质资本存量。其次，假设资本品和消费品部门的资本存量与劳动力比率相同，这是为了更容易将注意力集中在市场价格与价值/生产价格的偏差上。这个假设的一个结果是简化性质，即这两个部门资本存量的增长率立即等于劳动力需求的增长率。在大的模拟模型中，每个独立试验中出现的所有奇异性质都同时起作用，这种模型在未来仍有很长的路要走。

这个周期可以结合图 9.2 的流程图来描述。在上一轮中是资本品和消费品中的同质劳动数量，分别是 L_1 和 L_2。根据总就业 $L=L_1+L_2$ 和劳动力供给（L_s）之间的关系得出就业率 v。就业率对工资份额的影响是以一种简单的线性方式来建模的（也许是更为雄心勃勃的思想，详情见本书第十一章）。接下来发生的事情就比较复杂了。

首先，w 决定了部门的利润率 r_1 和 r_2。它也直接进入市场价格 p_1 和 p_2，因为工资是完全消费掉的，因此，工资和利润之间的收入分配是资本品和消费品的相对需求的主要决定因素。利润率反过来影响积累（储蓄）比率 a_1 和 a_2。如本章前一节所讨论的，有一个潜在的基准储蓄率 a，作为社会经济结构的一个瞬间而被复杂地决定。不过，我们感兴趣的是部门间动态以及跨期动态。对 a 的偏离将以一个部门自身的利润率相对于最近（在这里描述的简单版本中，是指刚过去的一个时期）的变化为基础而发生，或者以该部门的利润率与其他部门的利润率之间的关系为基础而发生。因此，a_i 对 a 的偏差与 $\dfrac{r_i(t)^2}{r_j(t)r_i(t-1)}$ 对 1 的偏差有关，其中 i、j 表示部门，t 表示时间。[琼·罗宾逊（1962）将凯恩斯的俏皮话"企业家的动物精神"转化为"动物精神函数"$a(r)$。]

积累率 a_i 连同 w 和各部门的承接规模 L_i 决定了市场价格 p_i。然而，这些都是通过图中所示的反馈回路进入利润率方程的，相对市场价格显然会影响两个部门的实际利润。r_i、Q_i 和 p_i 的方程组在代数上是很麻烦的。然而，它实际上是可解的，目前研究的实质表明了迭代循环是可取的，动态可能是这样的，即在新出现的配置启动下一阶段之前，可能不会发生完全闭合。在模拟中，有一

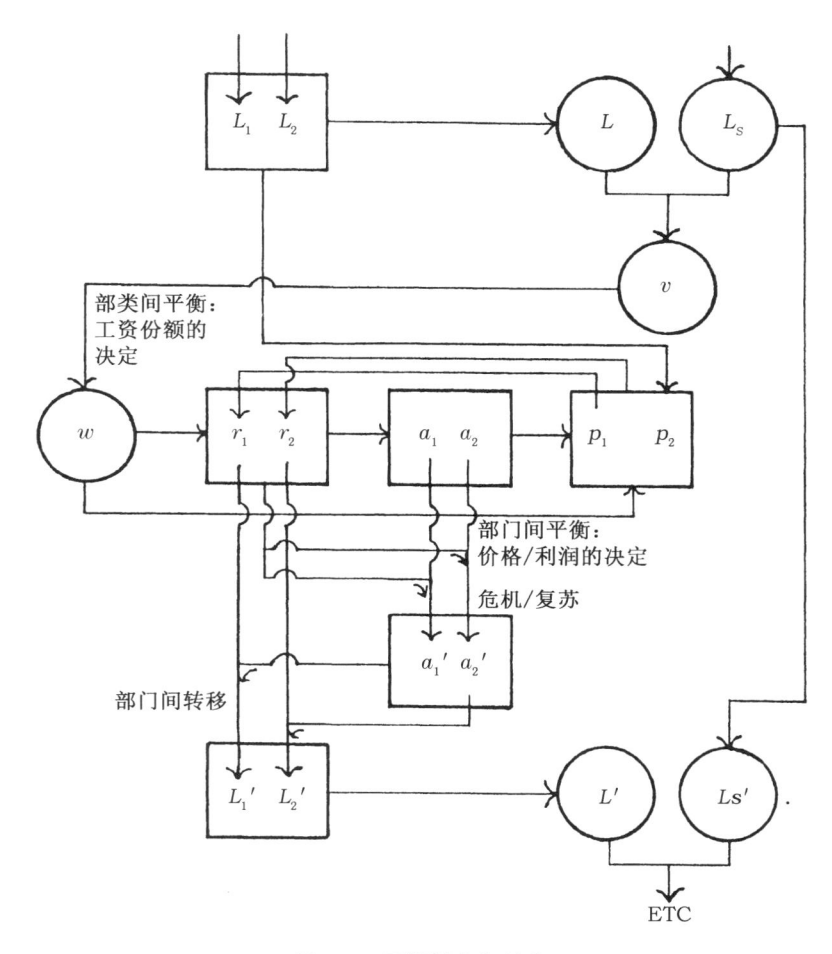

图 9.2　周期性危机流程

个参数可以调节(r, a, p)体系的完整"解"实现的程度。

在周期的下一个阶段,危机和/或复苏要么发生,要么不发生。危机有两种,取决于其产生的方式:清偿危机和实现危机(Sweezy,1942)。在这里出现了一个关键的非对称性元素,我们以前曾遇到过它。每当前一时期的利润率下降到超过一个给定的感知门槛时,这两个部门都会以同样的方式发生清偿危机。这种恐慌反应源于企业无法立即感知或计算整个经济(甚至是整个部门)的变化,经验法则是生存法则。然而,根据上一节提出的概念,实现危机只能发生在消费品部门:当有利于资本品的利润率差异超过感知门槛时,就会产生积累危机(而不是将资本转移到资本品中),因为消费品厂商知道自己部门供给过剩的情况，并且不能预测资本品的充分需求，即变现条件。单个消费品厂商预期对其产品没有需求，不能从一个部门转移到另一个部门，即使它可能想象到在许多消费品公司同时转移的情况下，消费品市场的出清和需求的恢复。这种不对称性至关重要：有利于消费品的利润率差异在阻止资本品部门的转移方面没有同样的效果，因为消费品的需求主要来自工资，而单个资本品厂商不需要"等到"转移之后才预见到对新产品的足够需求。

无论是实现危机还是清偿危机，都包括系数 a_i 瞬间向下移动，降至某个低水平，这个水平是外生的，可能不等于零。当利润率连续三个时期高于之前的峰值时，复苏就会发生。最后，为了应对利润率的差异，一个部门的一定比例的资本将转移到另一个部门，并与差异的大小成比例。这种转移不是大规模的，也不是完全的，因为各部门之间的信息流通不完善，企业对信息的获取也有差异。一旦危机/恢复和部门间的转移过程完成，原来的市场均衡利润率 r_i，连同最终产生的积累率 a'_i，就决定了这一轮的劳动和就业（及生产）需求 L'_i 和 L'，后者连同 L'_s 从劳动力的外生增长，再次启动整个运动过程。

我们从模拟中学到了什么？本书第十一章中将给出数值细节，但由此产生周期的一般形式如图 9.3 所示，其中显示了 w 和 v 的典型时间路径。这两个变量都是周期性的，v 周期的波峰和波谷先于 w 周期。周期振幅的增加及其爆发性的特点，也显示在这些模拟的每个版本中，这一点值得评论。模拟是在离散时间周期的基础上进行的，没有对变量获得的数值进行平滑，以接近每个周期内的平均水平。与恒定极限周期的理论预期相反，这个因素可能是模拟中明显的爆发性和不稳定性的来源（Semmler, 1986; Jarsulic, 1991）。古德温最初关注的是解释周期的持久性：它既不是通过阻尼波动消失的，也不是通过爆发性波动来消亡整个经济的。然而，爆发性的循环可能在危机中出现，这就提供了一个机会，使马克思对危机最深刻的见解之一得以实施：危机是系统性（暂时）恢复无危机增长可能性的手段。图 9.3 中的竖线表示清偿危机的开始（在某些版本中，消费品部门的实现危机可能首先发生），然而，迄今为止，在这些模拟的任何版本中，我都没能让经济摆脱危机，进入波动在"正常"范围内的周期性增长时期。

还有一个问题：对周期进行平滑处理在理论上合理吗？我认为保留离散时间周期是一个很好的例子。变量值的跳跃对应感知门槛的存在所引起的不连续性，而超过这些门槛的感知值大概是相关的，因为它们直接激发了我们试图模拟的行为。然而，我不会将周期性增长的爆发性和不稳定性理论仅仅建立在这个基础上，相反，我认为它代表了导致长期不稳定的因素，比如 Q 上升，这在

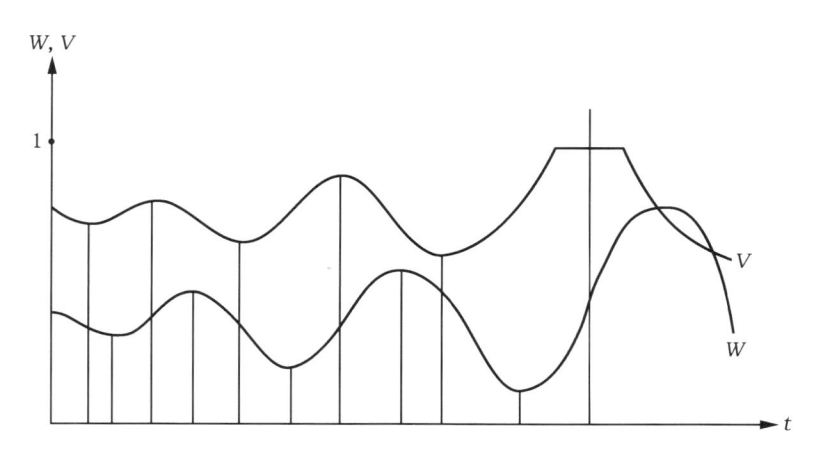

图 9.3 工资－就业周期与危机

迄今为止提出的危机模拟中没有出现。当然，所有这些都是开放的领域，需要做更多的工作。

应该对各部门在周期中的行为说些什么。当然，消费品部门在 w 上升时有一个时间滞后的扩张，而在 w 下降时有一个时间滞后的收缩。这个时滞导致两个部门的利润率（和价格）之间的差异，这种差异越大，允许部门间资本流动的转移机制越"慢"。这里存在实现危机的可能性，它发生在 w 下降的时候（如果有的话）：经济中的消费品变得饱和，而消费品的相对价格下降不足以阻止相对利润率达到危机门槛。这又要求系统快速"解出" r、a、p 体系的能力受到限制。因此，信息和流动性的障碍似乎对证实源于需求方的危机很重要。本书第十一章对这里描述的模型有详细介绍，其中深入分析了行为的性质和含义。

融资关系与技术变革的选择

资本主义积累和资本主义危机的融资维度似乎一直是核心问题，在理论层面上没有得到充分的研究。虽然积累的融资维度和周期性危机之间的联系还没有得到充分的研究，也没有可靠的模拟结果可以报告，但考虑一个开始研究这个问题的模型似乎是有用的。

马克思在《资本论》第三卷中提出了利率的结构性观点，认为它是两种或两个层次的资本之间的中介：一方面是内部的/主动的/企业家的，另一方面是外部的/被动的/投机的。这是他的"生息资本"概念的核心，尽管他很清楚这种纯形式的分析概念并不出现在（我们选择称之为）现实中，而是与"货币经营资本"

"商业资本"等混在一起(Fine,1985—1986)。按照这种方法论的线索,我们可以把内部和外部资本(我们以后称之为两个组成部分)之间的关系这一纯粹的问题分离出来,而不提及诸如消费贷款、工人储蓄和相关的融资关系等杂项,来看看内部/外部关系是否以及如何影响增长和周期性危机。伊藤诚(Itoh,1978)依靠融资竞争的投机性繁荣特征来解释周期中上转点的锐度。在下文中,我希望提出一种更精确的方式,将融资(内外部)关系整合到理论中。

首先应该指出,内外部的区别虽然与众所周知的股权和债务之间的区别有相似之处,但不应与后者混淆。当然,厂商的总资本中有一些要素,如小股东被动持有的股份价值,其本质上是外部的,也就是说,它们的所有者在公司的决策策略中没有起到积极的作用。相反,偶尔也有一些大的债务持有人,主要是银行和其他金融机构,它们可能有足够的影响力,在公司的控制活动中发挥正式或非正式的作用。对内外部分歧制定一个适当的经验定义,并追踪其随时间的演变,将是非常有用的。我在这里的努力是比较适度的:仅仅是从理论上检验"活跃"的资本家利用他人的资本积累自己的资本这一典型事实可能产生的影响。

我们从本书第七章的单部门一致路径模型开始,使用该章的注释(包括增长因子的设置),但增加了这个关键定义:$D = K_o/K_i$,即外部资本与内部资本的比率。这被认为是在单个公司的控制之下——一个政策变量——因此要按照本书第二部分的一般方法,通过优化决策来确定。与以前一样,最大值将是联结利润率,或者更准确地说,是联结利润率的期望值。以前被称为机械化函数的约束,现在可能更一般地被称为生产率增长函数,具体如下(为方便起见,使用柯布—道格拉斯形式):

$$G_x = G G_k^{\alpha}(1+D)^{\beta} \tag{2}$$

其中 $0 < \alpha, \beta < 1$,G 与之前一样,为自主生产率的增长因子。将 D 和 G_x 之间的正向关系包括在内的理由,只是假设生产力增长和规模之间的正向关系:能够在更大的规模上进行生产和销售,一个厂商就有更多的机会在短时间内实施提高生产力的已知方法。反过来,规模在很大程度上取决于外部资金的筹集。为方便起见,我们使用$(1+D)$,即总资本与内部资本的比率,而不是使用D。

然而,机械化和债务的收益都在明显减少。为了模拟内部厂商对最理想外部比率D的选择,我们需要表达出等式的另一面:债务使公司容易失去内部控制,最终通过代理人之争或破产法被接管。单个资本家必须尽可能大规模地管控积累的巨大压力,在这样做的同时,还要承受极大的外部融资的压力,同时避免完全失控。虽然使用更复杂的博弈论和动态优化方法是可能的,但它适合根据目前的目的来定义生存概率 p,并写出一个生存概率函数:

$$p = 1 - \frac{1}{b}D \tag{3}$$

这里 b 是一个参数,定义为外部比率,在这个比率下,可以肯定外部资本的控制权会丧失,因此,$p=0$。

联结利润率的定义如下:

$$\rho = \frac{1}{Q}\frac{G_x - w}{G_k} = \frac{1}{Q}[GG_k^{a-1}(1+D)^\beta - wG_k^{-1}] \tag{4}$$

其中最右边的项包含了生产力增长函数,将 ρ 作为两个选择变量 G_k 和 D 的函数来表示。

然而,为了将生存概率方面的计算包括在内,我们引入了一个更细化的方法。我们不使用 ρ,而是将其期望值最大化,并定义为概率的加权之和:在生存的情况下收到 ρ,而在相反的情况下没有收到:

$$E(\rho) = p\rho + (1-p)0 = p\rho$$

式(3)和式(4)给出了显式最大值:

$$E(\rho) = \frac{1}{Q}\left[GG_k^{a-1}(1+D)^\beta - wG_k^{-1} - \frac{1}{b}GG_k^{a-1}D(1+D)^\beta + \frac{1}{b}wG_k^{-1}D\right] \tag{5}$$

现在,我们再次直截了当地使 $E(\rho)$ 相对于 G_k 和 D 最大化。设置 $\partial E(\rho)/\partial G_k = \partial E(\rho)/\partial D = 0$,解得:

$$\begin{aligned}
\overline{G}_x &= \frac{w}{1-\alpha} \\
\overline{D} &= \frac{b\beta - \alpha}{\alpha + \beta} \\
\overline{G}_k &= \left[\frac{w}{(1-\alpha)G}\right]^{1/\alpha}\left[\frac{\beta(1+b)}{\alpha+\beta}\right]^{-\beta/\alpha}
\end{aligned} \tag{6}$$

关于这组解,有几件事值得注意。首先,生产力的最优增长因子的参数形式与本书第七章的更简单的模型相同,没有融资变量和融资关系,这个结果显然是相当稳健的。

其次,这个模型确定了一个最佳外部融资比率 $\overline{D}$,从而对长期以来寻找债务—股权比率及其趋势的理论做出了贡献。对于参数的合理值来说,结果是合理的。例如,$\alpha = \beta, b > 1$ 导致 $\overline{D} > 0$,我们要记住,b 是 D 的最小值,大概至少在 3—4。$b = 3$ 意味着 $\overline{D} = 2$,在这种情况下,内部资本家会寻求以外部资本的形式将他们内部持有的价值增加一倍,以最大化联结利润率的预期值。请注意,

在 D 的表达式中出现了 α 和 B,那么,表达技术特征的系数(机械化收益下降的速度)就进入了融资决策和融资结构。

最后,所选择的机械化速度 $\overline{G}_k$ 不仅取决于技术参数,而且取决于融资结构参数。据此,技术变革的路径在一定程度上由内外部资本关系决定,特别是由控制接管或失控危险的金融机构决定,因此(更一般地)由资本主义社会结构的历史特定方面决定。此外,机械化的速度以及因此 Q 值增加的技术变革的可能性,与 b 的变化成反比。这是一个矛盾转移的例子,因为机械化偏向对利润率压力的释放会溢出到外部杠杆的增加,以及相关的不稳定性。

还有一个问题:内部资本和外部资本之间的关系能否在这个抽象层次上得以确定? 这就需要确定外部回报率 r_o,并且在外部资本和内部资本之间保持稳定的平衡(事实上,马克思认为这是不可能的,或者说,在写《资本论》第三卷的笔记本时,他是这样认为的)。

我们可以推测,外部资本家也有同样的主观概率 p,可视为一个积极的结果,但是外部资本家不了解内部的战略考量,不能"看到"联结利润率,而必须依靠观察到的实际比率。那么,外部回报率必须等于整体回报率的期望值:

$$r_o = \mathrm{E}(r) = (1-p)r = \frac{D}{b}r = \frac{b\beta - \alpha}{b(\alpha + \beta)}r \tag{7}$$

总利润率、内部利润率和外部利润率的关系由以下等式表示:

$$r_i = r + D(r - r_o) \tag{8}$$

式(7)和式(8)一道体现了内部(实现)率和外部(实现)率之间的关系:

$$r_i = \left[\frac{b(\alpha+\beta)^2 + \alpha(1+b)(b\beta-\alpha)}{(b\beta-\alpha)(\alpha+\beta)}\right] r_o \tag{9}$$

可见,给定参数取值的合理范围,如预期所示,$r_i > r_o$,则有:

$$\partial(r_i/r_o)/\partial b \gtreqless 0, \text{当 } b \gtreqless 2(\alpha/\beta) + 1$$

特别是,当 $\alpha = \beta$ 时,比值 r_i/r_o(即"利差")将同小于 3 的 b 成反比。假设这是真的,那么 b 的长期增长——战后美国的历史和日益复杂的金融控制似乎表明了这一点——将迫使内外部比率之间的利差下降,导致无数理论家设想的那种"利率挤压"危机加剧。

为了做好将融资维度纳入本书第十二章长期危机理论的准备,可以对模型的融资方面进行一些小的变动。在理想情况下,生存概率函数将用于基于最大化预期内部收益率的完整模型中。由于这个模型还没有产生可解释的结果,我建议使用下面的低配(或更低配)的版本。最大值仍然是 ρ,而不是 ρ_i。此外,我们用两个特别的表达式来代替生存概率函数,这两个表达式分别试图捕捉内部和外部资本的行为特征。

从后者开始:假定内部资本家根据以下公式得到一个意愿的或"需要"的外部比率 D:

$$D=b\left(1-\frac{r_o}{\rho}\right) \tag{10}$$

在式(10)中,b 再次表达了对某些控制权丧失的内部看法。如果外部资本是"免费"的($r_o=0$),b 将是合意的外部比率,大概在 D 正常范围的上限。当然,在 $r_o=\rho$ 的另一个极端,接受外部资本没有什么好处,合意的 $D=0$。

当然,外部的观点是相反的。在 $r_o=0$ 的情况下,没有资本会选择在外部(合意的 $D=0$)。在这一点上必须应用感知能力的关键不对称,假设外部资本可以看到包括已实现的内部回报 r_i 的结果,但不具备使内部资本家获得 ρ 的战略层面的视野。因此,我们假设,当 $r_o=r_i$ 时,外部比率上升到某个上限 m。那么,外部所需的 D 的函数形式是:

$$D=\left(\frac{m}{r_i}\right)r_o \tag{11}$$

这里将 r_i 视为一个参数:它是从上一个时期获知的,而不是当前时期计算的。我们假设 $m<b$,尽管这对报告的结果来说是不必要的。

我们已经得到了式(4)中的联结利润率。最后,我们需要重新表述 ρ 最大值的一阶条件,给定生产力增长函数,以及 $\overline{G}_x=w/(1-\alpha)$ 这一事实,这实际上是 $\overline{G}_k$ 和 $\overline{D}$ 之间的权衡:

$$G_k^\alpha(1+D)^\beta=\left[\frac{w}{(1-\alpha)G}\right] \tag{12}$$

我们现在有一个由四个方程组成的方程组:内部行为和外部行为式(10)和式(11),以及最优化方程式(4)和式(12)。每一对方程都给出了 ρ 和 D 之间的关系。内部和外部头寸之间的一致性(融资"市场"中的"均衡")意味着:

$$\rho=\left(\frac{br_i}{m}\right)\left(\frac{D}{b-D}\right) \tag{13}$$

合并两个最优化方程可得:

$$\rho=\frac{\alpha}{Q}\left(\frac{w}{1-\alpha}\right)\left[\frac{w}{(1-\alpha)G}\right]^{-1/\alpha}(1+D)^{\beta/\alpha} \tag{14}$$

图 9.4 绘制了式(13)和式(14)的两条曲线,并分别标为 A 和 B。式(13)在 b 处有一条垂直渐近线。式(14)是为 $\beta<\alpha$ 的情况而绘制的,如果 $\beta=\alpha$,它将是一条直线;如果 $\beta>\alpha$,它将是凸的,而不是如图所示的凹形。A 和 B 两条曲线共同决定了最终的最佳联结利润率 $\hat{\rho}$ 和最佳外部比率 $\hat{D}$。

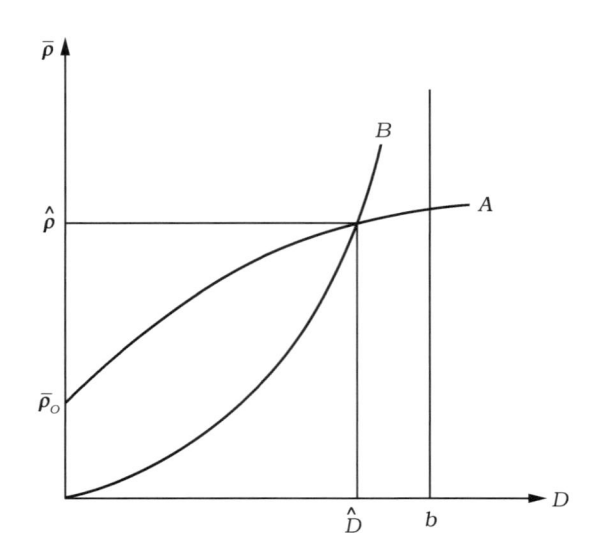

图 9.4　最佳联结利润率与外部比率

这项研究是否给出了融资结构可能的时间路径的线索？也许有一些提示，这取决于我们对参数 b 和 m 的可能趋势的理解。b 上升的趋势可能反映了内部资本越来越复杂，或者至少反映了对控制或管理越来越大的外部资本的能力认识的增强，也可能反映了相对更被动的外部资本形式的出现，如养老基金、终身寿险和由许多小业主组成的货币市场共同基金。反过来，m 上升的趋势可能反映了对积极所有权附着的"感性""淹没在利己主义打算的冰水之中"的程度的增加。无论如何，我们可以暂时假设这两个参数都会向上漂移。看图 9.4 就会发现（代数明显更麻烦），这将意味着 $\hat{\rho}$ 和 $\hat{D}$ 也有上升的压力。

随着外部比率的上升，出于长期危机理论的目的，我们最后可以研究 r_i 和 r 的关系。式(8)和式(11)意味着：

$$r_i = r\left[\frac{m(1+D)}{m+D^2}\right] = \gamma r \tag{15}$$

我们观察到 $\partial \gamma / \partial D < 0$。因此，如果来自 b 和 m 的根本压力是提高最优外部比率，那么意味着对内部实现收益率的稳定和累积的挤压，这种挤压可能被视为一种内在的关键趋势，因为控制着关键资本单位的战略决策行为的是 r_i 而不是 r。

我们将在本书第十二章继续讲述这个故事，进一步研究融资变量在长期危机背景下可能的作用。融资结构对周期性危机性质的影响还有待研究，目前可以说,参数的突然波动应该是可以预期的,而且这显然增加了关键的潜力。

结　论

研究周期性危机理论的一些要素只是一个开始,但即使在这个阶段,也可以从本书第二部分的一致性路径模型开始,并以初步方式推进本章提出的想法,从而阐明研究中的一些差距。首先,必须使一致性路径分析完全成为多部门的分析,必须在确定其对晚近资本主义的确切意义方面取得进展,特别是与其稳态终点相对的路径的相关性。两部门的 $w-v$ 周期应该重新纳入一致性路径框架,包括技术变革的选择、包含技术役龄的资本存量和一个关于利润率均衡的一般性的故事,以便包含资本市场和金融市场。必须解决融资变量的问题,特别是主动和被动资本的形成及其相对规模的理论。必须改进两部门周期模型的危机机制,特别是必须将引发灾难的时刻纳入模型中,而不是由外在因素来假设,而且必须将模型的复杂程度提高到我们开始理解资本主义经济如何摆脱危机以及如何进入危机的程度。正如一些人所说的,这只是一个开始。

第十章

利润周期与投资塌陷

在围绕积累的一致性路径对产生周期性和危机现象的过程完成初步调查之后,我们现在面临对周期和危机进行形式化分析的任务。

当然,马克思关于结构丰富的资本主义增长过程的著作激发了许多形式化的尝试。然而,模型作为我们的出发点,无论是作为对马克思的解释,还是作为对资本主义的表述,都存在一定的缺陷。古德温增长周期(Goodwin,1967)基于沃尔泰拉的"猎物和捕食者"微分方程,假设资本构成(Q)不变,因此未能纳入技术变革路径的这一重要维度(可以在古德温模型中引入有偏的技术变革,但这不会改变它的基本属性)。古德温模型还使用了一个投资函数,我认为这个函数过于僵化:投资占利润的比例不变。这个"经典储蓄函数"确实在本书第七章的非稳态增长模型中使用过,但现在是时候看看我们是否能做得更好。马克思的投资具有爆发性的灾难特性,这源于积累过程的无政府特征。积累率绝不是时间或其他变量的平滑函数,它一方面是盲目的积累的产物,另一方面,它在市场持续增长的预期破灭的情况下是一种恐慌。由于这个原因,关键变量的运动将是不平滑的,并且通过微分方程来回避描述,该微分方程可以针对连续时间路径来求解。

罗伯特·V. 伊格尔利(Robert V. Eagly,1974)在一项将"内生"马克思循环形式化的提议中,提出了一个模型,该模型隐含了变量的时间路径,因此比古德温模型更容易管理。然而,伊格尔利的等式是以严格采用市场的萨伊定律的假设为前提的,这与马克思称之为实现条件的再生产不可避免地分道扬镳。这种严格的萨伊定律立场使得周期中的关键转折点无法解释,我们的任务是提出一个加总模型,该模型包含了马克思在《资本论》第二卷中讨论的实现和比例失调问题的各个方面,而没有明确地将分解引入多部门。① 我们已经看到了危机的比例性和实现方面的一个简单的数值公式(第九章),在第十二章我们将回到整合各种视角的问题。伊格尔利对周期潜在趋势的分析还依赖于关于工作日长度和资本有机构成增长率的周期性变化的任意假设,这些假设要么是不必要的,要么基本上被本书第二部分提出的工具,即内生技术变革选择和一致性路径所取代。

另一个富有成效的策略,特别是从实证测量角度来看,是使用联立差分方程,其高阶简化形式产生循环(Sherman,1972,尤其是附录 3—5;Menshikov,1975,chap. 7)。不过,正如我将在下文中更充分地论证的那样,这些依赖于加速器类型的投资功能、将投资描述为利润或收入变化(或两者兼有,如谢尔曼的更复杂的案例)的平滑函数,未能抓住马克思积累的爆发性和不连续特征——并且可以说,也未能捕捉到资本主义增长的"真实"世界。此外,这些模型还忽略了技术变革的有偏,这种有偏已经成为资本主义经济理论的重要组成部分,尽管实证图景喜忧参半,但至少在"真实"世界中具有潜在的重要性(Perlo,1968)。

在下一节中,我将描述一个利润周期模型,其中包含最低限度的技术细节,旨在克服现有马克思主义周期方面的文献中的一些弱点,并且建立在本章第二部分的一致路径分析框架之上。最后一部分将展示模型的正式版本。

利润周期:一个概述

周期模型将利用技术变革路径的一般性质,使用基于最简单和最一般范畴的劳动力需求方程,这也是众所周知的"剑桥"增长方程的推广。虽然本章的正式模型是单一商品模型(类似于第七章的模型),但生产资料(马克思的第一部类)和消费资料(马克思的第二部类)的部门划分起着隐性作用。虽然注意力主要集中在非均衡路径上,但对价值均衡和萨伊定律的偏离被纳入循环,并在证实转折点方面发挥了主要作用。② 函数关系将不可避免地忽略《资本论》论证的

---

① 关于三部门生产模型的特殊动态,请参见 Lowe(1976)。内尔(1973)的文章很有帮助,但它主要关注前资本主义积累的问题。

② 有观点认为,引入实现或消费不足方面,削弱了马克思对资本主义的批判,而资本主义应该建立在严格的"内生"力量的基础上(Eagly,1974)。我认为这种方法在解释马克思的思想时没有用,马克思明确地把建立在限制大众购买力基础上的"生产过剩危机"视为积累过程的一个必要方面,即内生的。事实上,正如我们会看到的,对萨伊定律的违反是整个内生循环过程的一部分。

一些丰富结构,不过,我希望它们能抓住这个论证中的大部分内容。

第十二章将详细对比清偿和实现引发的危机,前者源于利润率的下降,后者源于需求侧的不足。这里提出的周期模型使得清偿和实现触发两个方面都适用于较高的转折点,其形式是这样一个命题("投资函数"):当投资者的市场增长率急剧下降,预期实现困难时,他们通过将投资率大幅降低到某个最低水平并持有流动资产,来应对利润率下降。投资的最低水平取决于保持资本完好无损和具有竞争力所需的最低限度,最高水平要尽可能高,因为快速积累是生存的关键,但它与总利润的界限是需要为社会上层阶级保持一定的消费水平(一个从属于一般化的"资产阶级"的社会学范畴,见 Domhoff,1967)。投资在周期中的适当点从高到低突然波动(塌陷性的),从低到高也同样如此,因为单个资本不能自由选择中间水平:当水平达到最高时,任何资本家都不能做得更少,否则将面临灭绝的痛苦,同样,当水平处于最低时,情况也相同。①

居于中心的因果机制是失业率(U)和资本家对劳动的需求(L^*)增长率之间的联系。失业率下降耗尽了产业后备军,并使力量平衡转向有利于工人,这给利润率带来了下行压力(Harris,1983)。它还通过内生技术变革选择和联结利润率最大化机制刺激资本构成的更快增长(见第二部分)。考虑到利润的投资率,r 的下降和 O^* 的上升都会降低 L^*,反之亦然,这些变量之间的关系如图10.1所示。

$$U\downarrow \rightarrow \begin{Bmatrix} r\downarrow \\ Q^*\uparrow \end{Bmatrix} \rightarrow L_d^*\downarrow \quad U\uparrow \rightarrow \begin{Bmatrix} r\uparrow \\ Q^*\downarrow \end{Bmatrix} \rightarrow L_d^*\uparrow$$

图 10.1　失业与劳动需求增长:因果联系

劳动力供给增长率是最后一个因素。马克思否认劳动力供给增长与劳动力市场状况之间存在任何马尔萨斯式的联系,因此我们可以将劳动力供给增长率视为人口增长率的稳定函数,并且外生于模型。或者说,人们可以假设绝对剩余价值和工作日长度之间存在联系:更高的失业率迫使工人工作更长的时间,增加了劳动力供应,反之亦然(参见 Eagly,1972,p. 525ff)。似乎应该主要强调相对剩余价值的变化,无论如何都应该避免对最低工资概念做出过于僵化

---

① 在精致的"猎物和捕食者"循环中,利润和增长率连续追赶失业率并被反追(Goodwin,1967),使用的投资函数是简单的比例函数,因而是连续的。我们已经在第九章看到了这个过程,它将在第十一章的综合模拟模型中占据显著位置。通过将 r 和 U(失业率)设定为控制变量,将投资设定为行为变量,将这一周期与崩塌性投资行为理论联系起来是很有趣的,其特征是行为表面的"尖头"。关于突变理论的介绍,见塞曼(1976)。

的解释。在马克思看来,劳动力价格围绕其价值的变动有相当大的余地(Marx, 1967, vol. Ⅰ, chap. 6)。哈里斯(1983)引用了《资本论》中的一些段落来支持一个假设,即资本通过利用非资本主义部门和阶层的劳动力资源来调节恒定劳动力的供给。无论如何,虽然该模型可以很容易地适应劳动力供给与失业率的直接或反向变化,但这样做似乎没有任何好处,因此,我们认为劳动力供给在任何给定的时间内都是恒定的,并且与失业率无关。图 10.2 绘制了增长率与失业率,其中 L_s^* 是水平的,$L_d^*(U)$ 曲线的斜率为正,反映了图 10.1 所示的 U 和 L_d^* 之间的直接关系。这样的曲线有两条,每一条代表一种投资水平,较高的一条显然代表较高的水平。

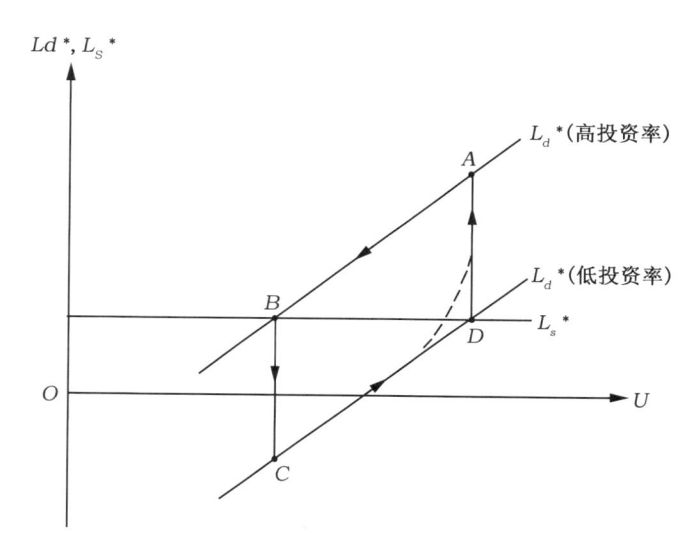

图 10.2 典型的利润－失业周期

我们可以从 A 点开始(出于方便起见)描述周期。这是产出和就业周期的低谷,但由于工人及其组织的弱势地位,利润处于顶峰。在高利润和快速增长的预期下,高投资维持了实现。然而,这种增长需要 $L_d^* > L_s^*$,并且失业率下降。经济从 A 点向左移动,产出(和市场)的增长速度大于 L_s^* 加上生产率增长的趋势速度,繁荣如火如荼。然而,劳动力市场趋紧给利润率带来了下行压力,并导致机械化率大幅上升,这两者都降低了劳动力需求的增长率。L_d^* 在 B 点与 L_s^* 相等,使失业率的下降停止下来。当劳动力增长率稳定时,商品的终端市场也会稳定,如上所述,资本家会预见到实现困难,并"意识到利润率下降"。他们在恐慌中转向最低投资率,将经济灾难性地带到 C 点。因此 B 点获证为周期的上转折点。值得注意的是,在这种由预期实现困难引发危机的概念中,危机发生在工资上升而不是下降的时候(以实际工资或工资份额衡量,这取决于精确的标准,请参阅下一节)。

在 C 点,L_d^* 比 L_s^* 小(如图所示,实际上是负数,但这不是必要的),失业率上升。事实上,它再次规训工人,恢复了利润率,但只要失业率上升且市场疲软,资本家就不愿意在这些恢复的盈利条件下采取行动。在 D 点,当失业率停止上升时,资本家能够对潜在的高利润率和积累做出反应,当少数人做出反应时,所有人都必须这样做,积累在 A 点回到高速状态。经济可能不会在 D 点达到精确的转折点;在贪得无厌和害怕失败的浮士德式冲突中,高利润率对一些资本家来说比对其他资本家更重要,因此沿着图中的虚线逐渐恢复更高的积累率。然而,很难想象只要追逐还在继续,资本家就会逐渐放松投资,上方的转折点似乎已经稳固。因此,这一过程在上转折时更"关键",在下转折时更具"周期性"。

一个正式的版本

我们从马克思主义宏观经济学的基本核算恒等式开始:总产值的价值等于不变资本(原材料和折旧)加上可变资本(工资),再加上剩余价值(利润):

$$W = c + v + s \tag{1}$$

与前几章的零折旧、零物质流量("纯固定资本")方法不同,我发现用资本存量和流量来提出这个模型很方便。c、v 和 s 是流量,即单位时间内同质劳动的数量,也就是价值的数量。因此,它们不能被认为是其所对应的"真实"量值的指标。或者,它们可以被认为是"货币"流量,只要人们愿意搁置确定货币单位价值含量的问题,至少暂时如此。对应 c 和 v 的资本存量是 C 和 V。定义以下变量:

$Q = C/(v+s)$,资本有机构成,不变资本存量与当期劳动投入流量之比;

$e = s/v$,剩余价值率(剥削率);

$L = v + s$,当前劳动时间,单位为小时或人一年;

$a = $ 积累率,剩余价值用于(净)投资的比例;

$n = $ 可变资本的周转系数,将可变资本(工资)流量与实现该流量所需的资本存量(工资基金)联系起来;$V = vn$。

如前所述,变量后面的星号代表增长率,例如 $Q^* = (dQ/dt)/Q$。

现在,将利润率定义为剩余价值流 s 与总资本存量 $C + V$ 的比率:

$$r = \frac{s}{C+V} = \frac{s}{C+vn} = \frac{s/v}{[C/(v+s)][(v+s)/v]+n}$$

或者

$$r = \frac{e}{Q(1+e)+n}$$

在工业发达的条件下,当资本主要由固定厂房和设备组成,很少"预付给劳动者"时,可变资本的周转系数可以忽略不计(见本书第五到第七章对这一点的讨论;出于这一点和更基本的概念原因,省略了可变资本存量 V)。因此,我们设置 $n=0$,利润率变为:

$$r = \frac{s}{C} = \frac{e}{Q(1+e)} \tag{2}$$

当然,生产过程中的所有要素都有周转系数。对应零库存或可忽略库存的流量均可定义为相同(任意短)的生产时期,不变资本的周转系数隐含在比率 C/c 中,并且的确是 Q 的动态的核心,将在这一背景下得以考察。我明确可变资本的周转系数只是为了给选择不计算预付工资利润的利润率公式提供基础。①

需要注意,可变资本不需要在每个生产期之前积累,以与这一利润率公式保持一致。因此,剩余价值的全部积累都用于形成不变的资本存量:

$$\frac{dC}{dt} = as$$

其中

$$C^* = \frac{as}{C} = ar$$

从 Q 的定义可得:

$$Q^* = C^* - L^*$$

通过重新排列和替换,我们得到:

$$L_d^* = ar - Q^* \tag{3}$$

其中下标 d 标志着式(3)为劳动力需求方程,表示劳动力需求增长率与积累率、利润率和资本构成增长率的函数关系。如果后者为零,式(3)简化为 $L^* = ar$,即剑桥增长方程,劳动力以与资本存量相同的速度增长。当 Q^* 为正时,增长脱离稳定状态,劳动力需求的增长速度低于资本存量。

---

① 这个模型也是在流动资本和预付工资的基础上建立起来的,它的性质看起来或多或少是相同的。

积累周期基于关于系统行为及其主要参与者行为的三个假设，当然，它们对应上一节中对模型的非正式介绍。

第一个假设将资本构成的变化率与失业率 $U[=(L_s-L_d)/L_s]$ 联系起来。当失业率处于低水平时，利润压力很大，资本家有强烈的动机用机器代替劳动力，反之亦然。我们将使用这种关系的一个简单的线性形式，它可以从第七章 ρ 的最大化中精确导出，加上一些关于失业对工资份额影响的假设。出于当前的目的，我们可以简单地写下：

$$Q^* = \gamma - \beta U \tag{4}$$

其中 γ/β 是失业率（可能会高），它将导致资本构成的增长停止。

第二个假设与剥削率 e 的决定因素有关，即马克思关于劳动力买卖条件的支配力量的讨论出现在《资本论》中一些内容丰富的部分，在所涉及的诸多因素中（包括工会的兴起和规定工作日长度的立法），有两个因素可以在剥削职能中明确表现出来：失业水平（马克思的"失业的产业后备军"），以及生产率提高对"相对剩余价值"生产的影响。

在这些因素中，第一个几乎不需要讨论。产业后备军在塑造工人和资本家的相对谈判地位方面至关重要。高失业率降低工资，增加剥削率 e，反之亦然（Marx，1967，vol. Ⅰ，chap. 25；Bronfenbrenner，1965）。如果假设实际工资的变化滞后于生产率的变化，那么第二个因素就会起作用。这可能代表了一种看法，即向上重新定义劳动力价值从来不是对生产率提高的自动反应，而是必须通过阶级斗争来实现。更具体地说，人们可能注意到，在有工会合同的劳动力市场上，工资增长是以固定的时间间隔发生的，而生产率的增长是持续的，工人可能遭受"伸缩能力不足"的困扰，这使得他们的附加值份额对生产率变化的速度很敏感。

在提出确定 e 的线性模型时，在生产率和资本构成正相关的合理假设下（例如通过机械化功能）将 Q^* 作为 y^* 的代理指标将是方便的。我们可以写成：

$$e = b_0 + b_1 U + b_2 Q^*$$

其中 $b_0, b_2 \geqslant 0, b_1 > 0$。[①] 使用式（4）来消去 Q^*，并重新整理，可得：

$$e = (b_0 + b_2\gamma) + (b_1 - b_2\beta)U = \mu + \alpha U \tag{5}$$

其中 $\mu = b_0 + b_2\gamma$，而 $\alpha = b_1 - b_2\beta$。我假设后备军效应超过了生产力效应，因此 $\gamma > 0$。

---

① 计量经济学家不应抱有过高的期望，Q^* 没有可靠的时间序列（Perlo，1968），识别和多重共线性问题将是压倒性的。

第三个也是最后一个假设涉及定义适当的积累或投资函数的难题。马克思的模型显然与新古典增长模型和后凯恩斯模型不同，在新古典增长模型中，投资被技术选择问题吞噬，在后凯恩斯模型中，投资（显然）从天而降，马克思的模型则将资本品（净投资）的积累描绘成一个狂热的、强制性的过程（"积累啊，积累啊！这就是摩西和先知们！"），其趋势率是由历史上从剩余价值中得出的消费水平决定的，剩余价值只占总消费的一小部分，并且周期性地被提款恐慌所打断，提款恐慌是对系统本身内部工作过程的反应而产生的预期被突然逆转所导致的对流动性的间歇性冲击（一句古老的银行业格言说："不要恐慌；但如果你恐慌了，那就做第一个！"）。

最近在数学突变理论方面的工作（Zeeman，1976）有望最终从潜在的假设中推导出一个不连续的投资函数。目前，这个函数必须简单地表述为一个假设。鉴于投资水平（增长率）的主要决定因素是利润水平（利润率），我们仍需说明实现领域和市场的紧张转化为积累率突然变化的机制。

正是在这里，经济部门的划分（马克思意义上的部门）开始发挥隐性的作用。积累在很大程度上取决于市场的存在，资本品市场在最后一种情况下受消费品市场增长的支配，而这反过来又受到工人阶级消费可能性的支配。这里至关重要的是绝对收入，而不是工资率或剥削率。收入又反过来取决于总体就业水平，我们回到失业率，它作为控制收入增长率的关键因素。如果失业率正在下降，或者已经停止上升，收入的增长速度将超过劳动力，人均收入将会上升，而对更广泛的消费市场的预期将证明高投资需求是合理的。如果失业率停止下降，人均收入将以众所周知的加速器方式趋于平稳，对投资品的需求可能转为负值。在人们对消费品市场增长的预期发生转变之前，相互的需求是相辅相成的，过度扩张并不明显。当它最终变得可见时，它会引发突然的恐慌，积累会暂时枯竭。①

而后，我们可以将积累函数写成如下形式：

---

① 在此不做详尽的记录，可以引用马克思的两段话。"如果工人阶级提供的并由资本家阶级所积累的无酬劳动量增长得十分迅速，以致只有大大追加有酬劳动才能转化为资本，那么，工资就会提高，而在其他一切情况不变时，无酬劳动就会相应地减少。但是，一旦这种减少达到这样一点，即滋养资本的剩余劳动不再有正常数量的供应时，反作用就会发生：收入中资本化的部分减少，积累削弱，工资的上升运动受到反击。"（1967年，《资本论》第一卷，第680页）。这就留下了一个问题：是什么决定了利润的"正常数量"。下面我们将假设，可接受的最低利润率会使失业率的下降停止，从而破坏市场和持续积累。关于恐慌和涌入流动性："昨天，资产阶级还被繁荣所陶醉，怀着启蒙的骄傲，宣称货币是空虚的幻想。只有商品才是货币。今天，他们在世界市场上到处叫嚷：只有货币才是商品！他们的灵魂渴求货币这唯一的财富，就像鹿渴求清水一样。在危机时期，商品和它的价值形态（货币）之间的对立发展成绝对矛盾。"（马克思，1967年，《资本论》第一卷，第155页）

$$a = \begin{cases} \bar{a}, & \begin{cases} U^* < 0 \\ U^* = 0 \text{ 且 } dU^*/dt > 0 \end{cases} \\ 0, & \begin{cases} U^* > 0 \\ U^* = 0 \text{ 且 } dU^*/dt < 0 \end{cases} \end{cases} \tag{6}$$

如果失业率下降或者停止上升,积累就会高速进行,如果失业率停止下降,积累就会下降到零,并保持在这一水平,直到失业率停止上升。

如上一节所述,我们使用最简单的劳动力供给增长公式,并写成:

$$L_s^* = \delta = 常数 \tag{7}$$

在马克思看来,劳动力市场"均衡"是不存在的。正如剩余价值理论是完成价值理论所必需的,在实现后者潜在的概念的意义上(见第一部分,特别是第三章),剩余价值率(工资和利润之间净产品的分配)的确定也成为积累理论的一个问题。因此,我们只需要定义一个动态的劳动力市场均衡,这个"均衡"只意味着随着时间的推移,失业率水平保持不变:

$$L_s^* = L_d^* \tag{8}$$

我们现在准备将上述成分混合在一起。首先,我们将(2)、(4)和(5)代入(3),得出劳动力需求增长率作为失业率的函数:

$$L_d^* = -\gamma + \beta U + \frac{a}{Q} \cdot \frac{\mu + \alpha U}{1 + \mu + \alpha U} \tag{9}$$

但是式(9)有两种形式,这取决于积累比率的有效水平:

$$L_d^* = -\gamma + \beta U + \frac{\bar{a}}{Q} \cdot \frac{\mu + \alpha U}{1 + \mu + \alpha U} \tag{9a}$$

并且

$$L_d^* = -\gamma + \beta U \tag{9b}$$

前者相对于 U 具有正的一阶偏导数和负的二阶偏导数。当 $U \to \infty$,RHS 的最后一项 $\to \bar{a}/Q$。(9a)因此上升到渐近线 $(\bar{a}/Q - \gamma) + \beta U$。

在图 10.3 中,劳动力需求的增长率(在 $a = \bar{a}$ 和 $a = 0$ 处)和劳动力供给的恒定增长率相对于失业率而绘制(遵循与图 10.2 相同的整体格式)。现在可以从 A 点开始讲述这个周期的故事了,这个故事基本上重复了上面介绍的非技术版本。失业率很高,因此剥削率和利润率也很高,因此,积累率很高,劳动力需求的增长率大大超过劳动力供给的增长率。失业率下降创造了对未来更高消费需求的预期,并使有竞争力的资本家有必要进行投资,以增加或至少保持市场份额。投资品部门产生的需求不会永远导致高投资率,它最终必须在消费品中实现。另一方面,高失业率和高利润率并存在逻辑上是不可能的,这是简单化的和消费不足的(关于这一点,请参阅 Sweezy,1956)。

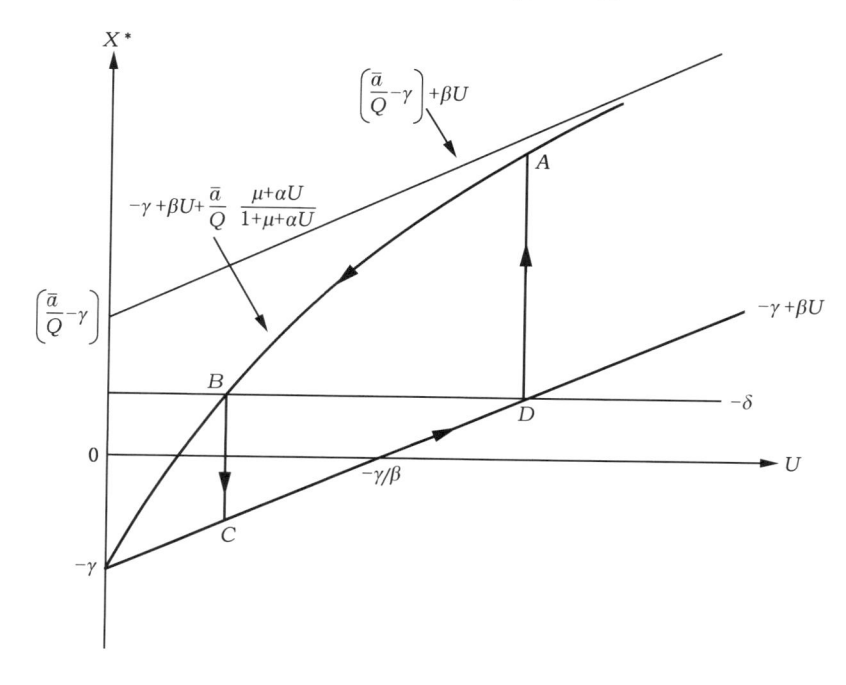

图 10.3 周期:正式的识别

在 A 点,当 U 值较高时,由于工资(相对)较低,对资本密集型技术变革的激励较弱。这与高利润率相结合,导致劳动力需求增长率超过劳动力供给增长率,失业率下降(如我们所见),随后,剥削率和利润率下降,资本构成的增长率上升。上涨正在进行中。劳动力需求的增长下降,直到达到 B 点,此时它等于劳动力供给的增长率 δ。在这里,U^* 变成零,$dU^*/dt>0$,并且由式(6),$a=0$,劳动力需求增长率变为负值。经济处于 C 点。①

在 C 点,劳动力供给以 δ 的速度正增长,大大超过了需求的(负)增长率,失业率开始上升。这样一来,就有可能立即再次获得高于 $\bar{r}$ 的最低利润。② 不过,

---

① 如果资本市场不完善,使得两个部门存在某种独立进行积累的倾向,Q 的上升将加强第二部门的相对过度扩张,参见第九章。

② "可接受的"最低利润率 $\bar{r}$ 与 B 处的失业率相对应。依赖这一概念的马克思利润周期模型很难解释 $\bar{r}$ 的决定因素及其趋势,只要这些因素被认为是周期本身的外生因素。通过整合危机的"利润率"方面和"实现"方面,可以克服这种不确定性。斯威齐(1956,第九章和第十章)在仔细区分这两个方面的同时,不幸地人为地将它们分开,将实现危机和清偿危机放在单独的章节中,好像它们是完全不同的危机"类型",见第十二章对这一点的进一步讨论。

竞争的游戏规则已经生效,资本家看到失业率上升和市场萎缩,尽管剥削和利润率已经恢复,再投资也无法恢复。只有当失业率停止上升时,经济衰退才会结束。在这一阶段,劳动力需求的增长率之所以为正,是由于一旦失业率上升到 γ/β 以上,资本构成就会下降。由式(6),在 D 点,积累过程恢复,经济向 A 点移动,利润高,劳动力需求增长过度,然后循环往复。[①]

只要参数 δ、γ 和 β 不变,最大失业率 U_{max} 将保持不变为 $(\delta+\gamma)/\beta$,最低失业率可以通过等式(7)和(9a)得到。这就产生了 U 的二次曲线,如下式所示:

$$\alpha\beta U^2 + \left[\frac{\overline{a}\alpha}{Q} + (1+\mu)\beta - (\delta+\gamma)\alpha\right]U + \left[\frac{\overline{a}\mu}{Q} - (\delta+\gamma)(1+\mu)\right] = 0 \quad (10)$$

并且通过隐函数微分,可得:

$$\frac{\partial U}{\partial Q} = \frac{\overline{a}(\mu+\alpha U)}{Q^2\left[2\alpha\beta U + \frac{\overline{a}\alpha}{Q} + (1+\mu)\beta - (\delta+\gamma)\alpha\right]} \quad (11)$$

选择产生实际失业率和增长率的值或参数——$\alpha=20$,$\overline{a}=0.8$,$\delta=0.02$,$\beta=0.4$,$\gamma=0.04$,$\mu=0.02$——并且假设 $Q=10/3$,我们发现 $U_{min} \cong 0.0137$ 和 $\hat{r} \cong 0.068$。由于 Q 不在模型内确定,所以选择的是任意值,然而,一些实验表明,对于 $0.25 \leq Q \leq 20$ 范围内的所有 Q,式(10)中 U 项的系数是正的,并且常数项为负,用于选择其他参数的值。这确保式(10)只有一个正根,并且 $\partial U/\partial Q > 0$。因此,最低(周期性峰值)失业率随着时间的推移而上升——这确实可以直接看作式(9a)中渐近线随着 Q 上升而向下移动的结果——并且很容易将其视为这一过程的理论基础,人们很容易将此视为美国战后几十年中常见的重新定义官方"充分就业率"或"自然就业率"的过程的理论基础。由于 U_{max} 是常数并且 U_{min} 在长期中上升,平均失业率会周期性上升,这至少证实了马克思主义所提出的随着资本主义的成熟而加剧危机和不稳定的概念的一个方面——"内在矛盾"。然而,也应该注意到,在这个版本中,周期的跨度及其持续时间随着时间的推移而下降,这与马克思的一些解读相反。[②]

[①] 需要注意的是式(9a)包含的 Q 是可变的。因此,当 $Q^*>0$ 或者 $Q^*<0$ 时会向上和向下循环移动,向下的移动可能超过向上的移动,因为 Q 具有整体向上的趋势。因此,图 10.3 中描绘的周期是一种近似,是上侧摆动的真实平行四边形的简化,而不是对增长变量时间路径的精确描述。

[②] 如果我们将较低的积累比率设置为不为零,且小于 a 的正值,如前所述,那么 U_{max} 将不是常数,但很可能也有上升趋势。然而,式(11)的微分表明,U_{max} 的增长率将小于 U_{min} 的增长率,因此不会改变关于周期下降幅度的结论。第十一章的模型中包含了比率累积的正的但较低的下限的假设。

结论性评论

我们可以以批判性评价的精神提出几点,来结束对利润周期模型的讨论。

1. 式(4)参数的理论和经验基础亟待加强。虽然我相信以上给出的假设有一个基础,即 Q 会随着时间的推移而上涨,并且内生技术变革的模型为确定 Q 的变化率提供了一个开端,但对经验图景仍需要做相当大的澄清。当前的观点是,近几十年来,美国的资本—产出比一直保持不变或略有下降,尽管有一个消息来源反驳了这一观点,称原始数据中的偏差是扭曲的原因(Perlo,1968)。就本章介绍的模型而言,常数 Q 会将劳动力需求方程简化为剑桥方程式 $g=ar$,它的准确形式是:

$$L_d^* = \frac{a}{Q} \frac{b_0 + b_1 U}{1 + b_0 + b_1 U} \tag{12}$$

对于 $\bar{a}$ 而言,式(12)的上分支源于非常接近原点的点,因为 b_0 很小,它在 $\bar{a}/Q$ 处有一条水平渐近线。假设 $(\bar{a}/Q)[b_0/(1+b_0)] < \delta$,上转折点 B(在图 10.2 或图 10.3 中)因此仍然存在。不过,式(12)的下分支是 $L_d^* = 0$,下转折点 D 失去了精确的基础,劳动力需求增长率保持为零,在某个难以确定的时刻,高剥削率和相应的高潜在利润率使资本家清醒过来,积累重新开始。在 Q^* 为正但对 U 不变的情况下,也是如此,在这种情况下,L_d^* 上升到上分支的渐近线 $\bar{a}/Q - \gamma$,截距 $(\bar{a}/Q)[\mu/(1+\mu)] - \gamma$(可能为负),下分支是 $L_d^* = -\gamma < 0$。

2. B 点的实现危机为关键的向下转折点提供了基础,但这并不是说其他因素可能不会干预和改变该转折点的位置和特征。可能涉及的其他因素包括与利率相关的利润率下降、长期财务义务的承担、风险、国外部门。需要进一步研究这一点,以确定 r 是否具有依赖于劳动力供应增长率以外的因素的趋势。

3. 最后,该模型可能会扩展到包括现代资本主义的发展。尤其是凯恩斯主义风格的大规模国家干预和大规模跨国公司的出现必然会影响产生周期的原子主义竞争行为,显而易见,结论是,周期得到了缓解。这个模型,或者它的一个更完整的版本,能对这场经典的辩论有所启发吗? 当然,所有这一切都与崩溃的幽灵有直接关系,经济学家比过去更加认真地对待这一概念,或者是这一概念的一种更温和的形式。但是,如果我们认真对待这种经济学——马克思肯定是这样打算的——我们就不能满足于一个过于机械的概念,无论是它试图模拟的过程,还是最终结果及其对社会经济转型的影响。

第十一章

周期性增长与部门间动态

本书第九章描述了周期性临界增长的总体"哲学",并提出了一个两部门增长的简单数值模型。该模型利用联合竞争的关键假设、特定部门的信息感知差异和感知阈值,得出了发生有效需求/不均衡危机或实现危机的条件。它还介绍了危机起源的另一种形式,即清偿危机,它是在有悖于最近经验的利润完全实现率下降的基础上提出来的。将这两种类型的危机起源与猎物和掠食者的利润周期结合起来,并模拟绘制出最终的增长路径。第九章中对这一点做了概述。本章的任务是详细介绍模拟模型,从中梳理出一些新的见解,并指出可以扩展和用于检查积累过程中的复杂性附加层级的方法。

模型:假设、定义与形式化性质

符号和结构

我们继续用简单的两部门模型:部门 1 代表资本品,部门 2 代表消费品。我们还将注意力限制在纯固定资本的情况下,正如本书第九章所预期的那样:资本品不会贬值,生产中没有实物投入流量。因此,投入的唯一流量是劳动力,假设为同质的,可以在部门之间转移。资本品也是非特定的,可以在部门之间流动,也就是说,它可以用来生产自身或者消费品。正如许多简化的假设一样,这一假设将被令人不安地压到临界点附近,因为我们还希望假设这些部门占据离散的"位置",它们之间的感知和信息流动受到限制。我还可能希望纳入的动力学最终需要资本品具有更多的洛维式特性(Lowe,1976)。

为了关注部门间关系和危机的产生,我们像以前一样从技术变革入手。假定技术不变,抽象出资本品的役龄也是简单的常识,留下完全同质的资本存量。由于不存在技术选择问题,我们可以进一步简化,两个部门的实物资本与劳动力比率相同,这种资本构成相等的假设消除了众所周知的部门间利润率均等化问题,使我们能够将注意力集中在市场价格与简单劳动价值价格的偏差上。

生产可以用以下式子表示:

$$K_1 L_1 \rightarrow X_1$$
$$K_2 L_2 \rightarrow X_2 \tag{1}$$

其中,K_i 是资本存量,L_i 是劳动流量,X_i 是产出流量($i=1,2$ 代表资本品和消费品)。

我们也定义了资本—劳动比率 $k_i = K_i/L_i$,以及单位劳动价值 $\lambda_i = L_i/X_i$。注意劳动价值是劳动生产率系数的倒数,物质投入流量的缺失意味着"间接劳动"的缺失,总产出和净产出的整个劳动含量由 L_i 给出。

价值问题

我们小心翼翼地绕过价值理论中(仍然)尚未解决的问题(见本书第一部分),但对此进行一些评论是必要的。任何对 λ_i 感到不适的人可能将其乘以一个假想的单位劳动货币系数,从而得到某种任意法定货币标准下的货币价格。另外,我们通常从一种或另一种商品的单一实际相对价格来思考,在研究利润率平均化问题时,这显然足够了。然而,当我们关注市场价格时,我们需要保留单独确定的 p_1 和 p_2,这是因为绝对价格在将资本品的当前产出分配给这两个部门,从而决定它们各自的积累速度方面发挥关键作用。因此,价格问题不仅仅是一个形式问题。如果用劳动价值来表述价格方程,价格 p_i 就具有无量纲乘数的特征,部门间的均衡可以简单地用 $p_1 = p_2 = 1$ 来表示。因此,我选择了这种公式。如果引入某种外部货币,实质上不会有什么变化,不过,也不会增加什么。

然而,调整价格的问题仍然存在。我们希望将 w 定义为工资份额,它是一个纯粹的数字(按照前面几章的做法)。问题来了,它是什么的份额?有两种直观上的可能性:w 可能代表当前劳动时间的份额 L,也可能代表市场价值增加值的份额 $p_1 l_1 + p_2 l_2$。[注意,$L_i = \lambda_i X_i$,即(净)产出未扭曲的劳动价值。]劳动价值的表述使我们能够将这两种用途等同起来。如果我们这样做,就可以得到一个价格乘数的正规化条件。

$$p_1L_1+p_2L_2=L(=L_1+L_2) \tag{2}$$

需要顺便指出的是,这一条件与确定均衡利润率体系的劳动价值价格规模问题无关,并且不支持该体系中任何现存的"不变性假设",与所有这些提议并不一致(参见本书第二章)。正如人们所预料的那样,p_i 与 1 的偏离意味着利润率不平等,因为这种偏离是对部门间不平衡的一种度量。

在此还必须指出,式(2)在某种意义上是一种正规的认识,不过对模型运行而言,它是有实质性结果的。如果这个讨论揭示了价值问题尚未解决,那么它也揭示了其自身在市场非均衡的背景下是至关重要的。

价格与利润方程

假设在市场非均衡的一般情形中,$p_i \neq 1$,产出价值是 $p_i\lambda_iX_i=p_iL_i$。其中工资份额是 wL_i,对于资本主义经济来说,假设工资是契约性的,而不是剩余性的,工人不会参与同 p_i 的变化有关的损益。[①] 利润份额为 $(p_i-w)L_i$。a_i 将其进一步分割为每个部门用于积累的利润份额。我们还假定一般情况下有 $a_1 \neq a_2$,但不是出于任意的原因,接下来将进一步提出各部门特有的积累函数的理论。当然,工人不积累资本(储蓄、投资)。我们现在可以写下两个部门的价格方程[②]:

$$\begin{aligned} &\text{I}: \boxed{wL_1+(1-a_1)(p_1-w)L_1}+a_1(p_1-w)L_1=p_1L_1 \\ &\text{II}: wL_2+(1-a_2)(p_2-w)L_2+\boxed{a_2(p_2-w)L_2}=p_2L_2 \end{aligned} \tag{3}$$

与本书第九章一样,矩形标志着部门间的均衡条件:来自部门 1 的工资和资本家消费的需求必须等于来自部门 2 的资本品的需求。相应地,为了达到均衡:

$$wL_1+(1-a_1)(p_1-w)L_1=a_2(p_2-w)L_2 \tag{4}$$

联立式(2)和式(4),市场价格由下式决定:

$$p_1=\frac{a_2L-w(a_1L_1+a_2L_2)}{(1-a_1+a_2)L_1} \tag{5}$$

$$p_2=\frac{(1-a_1)L+w(a_1L_1+a_2L_2)}{(1-a_1+a_2)L_2} \tag{6}$$

当然,其中 $L=L_1+L_2$。

---

① 当然,这表明如果工人的收入(可能是一部分)作为企业利润的份额而形成,结果可能有很大的不同。参见本书第十五章关于 F-价格的讨论;Vanek,1977。

② 除了此处的储蓄等于投资,主流增长理论中为"古典储蓄函数",见 Jones(1976,chapter 6)。

检验积累率相等的特殊情况,即 $a_1=a_2=a$,式(5)和式(6)可以简化为:

$$p_1=\frac{L}{L_1}a(1-w) \tag{5'}$$

$$p_2=\frac{L}{L_2}[1-a(1-w)] \tag{6'}$$

部门间均衡($p_1=p_2=1$)意味着 $L_1/L=a(1-w)$,以及 $L_2/L=1-a(1-w)=1-L_1/L$,所有这些对于部门的相对规模来说显然是直观的结果(用于计算本书第九章例子中的均衡)。

这两个部门的利润率很容易用得自资本存量的利润除以市场价值来计算。当然,这体现了一个可能过于短视的假设,即当前的市场价值是对资本品预期重置价值的最佳估计。同样,在一个既没有折旧也没有技术变革的模型中,这又是一个相当大的想象空间,因为对于资本存量的相关"重置价值"或资本存量的再生产成本,实际上应该视作一种过去的、免费的商品,使利润率变得无关紧要。唯一可能的辩护理由是,目前的模型是在推广到更一般的情形下产生的。此外,即使在目前的限制性框架中,由此产生的增长率也将产生重要的部门间后果。

正如定义所示,利润率可以写成:

$$r_1=\frac{(p_1-w)L_1}{p_1\lambda_1 K_1}=\frac{p_1-w}{p_1\lambda_1 k_1}=\frac{p_1-w}{p_1 Q} \tag{7}$$

$$r_2=\frac{(p_2-w)L_2}{p_1\lambda_1 K_2}=\frac{p_2-w}{p_1\lambda_1 k_2}=\frac{p_2-w}{p_1 Q} \tag{8}$$

增长率与劳动力市场

对于稳态增长(在 Q 不变的意义上),从利润率到增长率是一个简单的问题。在同一步骤中,我们再次引用 Q 为常数的假设,要指出资本存量的增长率也是每个部门就业的增长率。用星号表示变量的增长率,我们有:

$$L_1^*=K_1^*=a_1 r_1=\frac{a_1(p_1-w)}{p_1 Q} \tag{9}$$

$$L_2^*=K_2^*=a_2 r_2+\frac{a_2(p_2-w)}{p_1 Q} \tag{10}$$

如果我们把劳动力供给的增长率 L^* 作为外生常数,我们就可以写出就业率的表达式(即失业率的倒数):

$$v=\frac{L}{L_s};v^*=L^*-L_s^* \tag{11}$$

我们可以通过(从目前到开始模拟)假设 $p_1=p_2=1$ 和 $a_1=a_2=a$，得到 v^* 的一个简单的固定值，在这种情况下，式(9)和式(10)化约为 $L^*=a(1-w)/Q$，并且，使用式(11)收集未连接的常数，

$$v^* = \left(\frac{a}{Q} - L_s^*\right) - \frac{a}{Q}w \tag{12}$$

此处 Q 和 L^* 是常数，a 暂时是常数。我们将工资份额 w 视为本质上可变的，并询问是什么决定了 w^*。遵循古德温(1967)(除了这里的目标变量是工资份额，而非古德温的实际工资率)，我援引了一个产业后备军机制(古德温当然是在遵循马克思，尽管这种关系也可以被认为是菲利普斯曲线的一个变体)，其中 w 的增长率是就业率 v 的正函数，而且暂时是线性的。具体来说，

$$w^* = \rho(v - \gamma) \tag{13}$$

这里的参数 γ 是工资份额不变时的失业率水平，既不上升也不下降(在之后的模拟中，我假设它为 0.9)，ρ 是一个强度系数，表示当 v 上升到 γ 之上或下降到 γ 之下时，w^* 为正或负的程度。如果 $\rho=1$，则表示充分就业的最大 v 值为 1，这表明工资将在每个时期上升 10%。

方程式(12)和式(13)合在一起，或者当 $a_1 \neq a_2$ 和 $p_i \neq 1$ 时更复杂的对应物，产生了现在众所周知的沃尔泰拉"猎物和捕食者"周期，由古德温引入经济学。当 w 较低时，在式(12)中 v 上升。v 最终会上升到 γ 以上，w^* 会在式(13)中变成正数。随着 w 上升，它最终会在式(12)中上升到超过 $1-QL_s^*/a$，w^* 变成负数。随着 v 下降并最终重新低于 γ，w^* 在式(13)中变成了负数，w 一直下降到 v^* 在式(12)中变成正数，我们又回到了起点。这个马克思—沃尔泰拉—古德温周期将提供动态机制，形成更复杂的模型中部门间动态的背景，我们现在就来讨论这个问题。

模拟：进一步的理论探讨，结果

一般的考察及概述

本书第九章中以摘要形式提出了模型的总体结构，可以描述如下。最初给出了一组投入和产出以及劳动力的分布，连同参数(有些仍有待定义)。形成了一个相互依赖的系统，包括价格、利润率和积累率。利润率的分散及其随时间的变动在每个部门进入一个"危机/复苏"系统，在这个系统之外，给定部门的积累率可能崩溃——如果最初处于高位，则恢复到一个较低的范围，并且形势会

要求其恢复,或反向运动。然后,就业(伴以资本存量)根据 r 进行更新(增加或减少),在每个部门都成对。根据利润率的差异,资本品和劳动力将从一个部门转移到另一个部门,其数量与差异的大小成正比。工资份额根据古德温式的就业率得以更新,而劳动力以其恒定的、外生的速度增长。这与就业的总体增长一起,决定了新阶段开始时的就业率。新的工资水平已经确定,劳动力在各部门之间的分配已经由转移机制所确定。经济已经为下一轮行动做好了准备。

非均衡市场

在模型的给定"年份"或模型开始时(应该强调的是,没有理由把一个单一的周期与一个日历年联系起来),价格由式(5)和式(6)决定,利润率由式(7)和式(8)确定。积累率 a_i 最初设定为一个外生给定的水平,它由"高"比率 AHI 定义。在这一点上,我假设 a_i 是可变的,实际上是由部门间的"动物精神"决定的(见 Robinson,1962,关于这个永恒的凯恩斯主义俏皮话的形式化)。具体来说,每个部门的积累率不是对该部门利润率的绝对水平做出反应,而是对自有利润率的近期变化,以及自有利润率与其他部门的利润率之间的关系做出反应:

$$a_i' = \frac{a_i \theta_i}{1 - a_1 + a_i \theta_i} \tag{14}$$

其中

$$\theta_i = 0.01 \left[\frac{r_i(t)^2}{r_j(t) r_i(t-1)} - 1 \right] + 1$$

首先考虑 θ_i 的表达式。方括号中的比率是 $r_i(t)/r_j(t)$ 与 $r_i(t)/r_i(t-1)$ 的乘积。如果两个部门(i 和 j)的利润率相同,并且特定部门(i)的利润率在现在(t)和上一个时期($t-1$)之间没有变化,那么它就等于 1,而括号内的项就等于 0(这两个比率抵消的位置当然是可能的)。如果这种情况成立,$\theta = 1$,由式(14)可得 $a_i' = a_i$ (上标代表新的或改变的 a_i)。系数 0.01 缓解了 r_i 和 r_j 之间以及 $r_i(t)$ 和 $r_i(t-1)$ 之间的差值对 θ_i 以及 a_i' 的影响。当 θ_i 偏离 1 时,$a_i' \to 0$ 或 1。

由 $p_i = p_i(a_i)$、$r_i = r_i(p_i)$ 和 $a_i = a_i(r_i)$ 三个方程显然构成了一个相互依赖的反馈系统。这几个方程可以用代数方法求解,但没有实际效果。在任何情况下,完整的解决方案都相当于植入一个瓦尔拉斯式的部门间拍卖者,他会拖延所有交易,直到完全达成一致。然而,"虚假交易"并不"虚假",这无疑是现实。在模型中,对于给定的迭代次数,经济围绕三组方程循环,迭代次数可以设置得很小,以反映相对不完全的收敛,也可以设置得更大,以允许市场在更大程度上自行解决。在这一点上,就像在喜剧中一样,时机就是一切。我假设,在危机/复苏机制运行之前,可能发生一定程度的收敛,但如果这一机制开始发挥作用,它就会在固定价格的时间框架内发挥作用,在开始下一轮生产之前,不会对价格和利润率产生进一步的反馈。

危机与复苏

当诸如上述市场调整综合体的方程组相互作用时,解的幂会越来越高,展现出尖点或折叠的形态和内生的跳跃,即灾难,系统从一个状态突然转变到另一个状态(介绍性文字参见 Zeeman,1976)。在追求实现这种有价值的内生性模型的同时,希望能为这种模型的分析奠定基础,可以说,推导出隐含的危机机制是有用的。

为此,我给清偿危机下了定义,对两个部门来说都是共同的。只要一个部门的利润率下降一个特定值,即一个参数 η 时,就会出现清偿危机。这个参数假定了一个阈值,在这种情况下,也许不是可认知的阈值,而是解释性的阈值,例如,如果 $\eta=0.66$,那么低于三分之二的利润率下降可能被解释为随机的或者短周期的影响。当 $r(t)/r(t-1) \leqslant 0.66$ 时,就达到了一个爆发点,在这个爆发点上,最终的生存机制,即涌入流动性开始发挥作用。当这种情况发生在部门 i 时,a_i 从外生的高水平 AHI(实际上是市场调整后 AHI 的变化),切换到外生的低水平 ALO(可能是也可能不是零)。此时已经发生清偿危机。

如果当利润率上升到危机爆发时的水平之上,也就是说,如果危机发生在 $\bar{t}$ 时期,则从 $r(\bar{t}-1)$ 开始。资本家是谨慎的,利润率必须上升到该水平之上,并且(我假设)在连续三个时期保持在该水平之上,此时 a_i 将从市场调整的 ALO 转换为 AHI(与第十章的投资函数中的转换假设相比较)。

然而在部门 2,为了得到第九章的低配版本练习的见解,情况就更为复杂了。在此,预期的有效需求的问题也发挥了作用。使用与之前相同的阈值参数 η,当 $r_2 \leqslant \eta r_1$ 时,对市场饱和度的看法变得非常关键,在这个临界点上发生了实现危机:a_2 从(调整后)AHI 向下跳到 ALO。当 r_2 上升到 r_1 以上,并且连续三期保持在这个位置时,就会发生从实现危机中恢复过来,即反向跳跃。该模拟程序标志着这两个部门的危机和复苏,而部门 2 则揭示了正在发生哪种类型的危机或复苏。

转移机制,修正的劳动力市场

利润率的差异除了引发部门 2 的实现危机,还带来了资本品和劳动力的转

移,从一个部门转移到另一个部门,当然是在资本家的倡议下。这种机制(不同于危机)在各部门之间是对称的,其形式如下:

$$\Delta L = \begin{cases} \delta L_1, \delta < 0 \\ \delta L_2, \delta > 0 \end{cases} \tag{15}$$

$$L_1' = L_1 + \Delta I$$

$$L_2' = L_2 - \Delta I$$

其中

$$\delta = \frac{r_1 - r_2}{\mu + |r_1 - r_2|}$$

参数 μ 控制 δ 的大小,从而控制部门间的转移量。当 $\mu \to 0$, $\delta \to \pm 1$,意味着所有资本从一个部门转移到另一个部门,μ 越高,转移越少。通过这种方式,我们可以研究部门间转移程度的不同增长路径。假设 $\mu > 0$ 相当于假设不完全的流动性:组成一个部门的各个资本以不同的困难程度收到诱发转移的信息,或者能够或多或少地对该信息做出反应,结果是转移的数量将与 r_1 和 r_2 之间的差距程度直接相关。

劳动力市场的行为是按照古德温模式进行的,但有一些不同。当然,劳动力供给是以恒定的外生速度 L_s^* 增长的:

$$L_s' = L_s(1 + L_s^*) \tag{16}$$

如上所述,工资对就业率做出反应。然而,模拟方法比沃尔泰拉极限周期提供了更大的灵活性,虽然这种关系可能是线性的,如式(13)所示,但没有必要以这种方式限制它。因此,我尝试了以下形式:

$$G_w = 1 + w^* = [1 + \rho(v - \gamma)]^2 \tag{17}$$

$$w' = \frac{wG_w}{1 - w + wG_w} \tag{18}$$

w 的增长用增长因子 G_w 来表示,当 w^* 在零附近变化时,G_w 会在 1 附近变化。然后,v 的影响可以通过式(17)中的幂任意增加,当然,如果需要的话,它可以高于 2。式(18)的目的是确保新的 w 和 w' 保持在 0 和 1 之间。

在继续描述一些结果之前,先总结模型的变量和参数可能是有帮助的,后者(也许有点武断地)分为"结构"的和"行为"的两类。图 9.2 中的流程展示了该模型的基本结构,这张图描绘了模型的单个周期或"经过"的几个阶段。

变 量

w:工资份额,给定初始数值;

L_1,L_2:分别为部门 1 和部门 2 的就业量,$L_1+L_2=L$;
L_s:劳动供给总量,对 L_s 与 L_i 赋予初始值;
a_1,a_2:部门 1 和部门 2 的积累率,a_1,a_2 为初始值 AHI;
v:就业率为 L/L_s;
p_1,p_2:部门 1 和部门 2 的价格;
r_1,r_2:部门 1 和部门 2 的利润率。

结构参数

以下都是初始化的数值和参数:
Q:资本构成;
L_s^*:劳动供给增长率;
AHI:基准积累率上限;
ALO:基准积累率下限。

行为参数

以下都是初始化的数值和常数:
d:p_i、r_i、a_i 部分收敛的迭代次数;
ρ:v 对 w^* 的冲击强度;
γ:$w^*=0$ 时的基准 v;
η:诱发危机的阈值 $r_i(t)/r_i(t-1)$ 和 $r_2(t)/r_1(t)$;
μ:r 的发散程度对部门间转移的影响强度;
δ:劳动力在部门间转移的百分比,每期从 r_i、μ 得出的数值。

结　果

我在模型的一个基本形式上尝试了许多变化,如下所示。$L_s=100,L_1$(初始值)$=13.5,L_2$(初始值)$=76.5$(因此,L 为 90,v 的初始值为 0.9)。$Q=5$,$AHI=0.3,ALO=0.1,L_s^*=0.03$,这些值定义了 $w=0.5$ 的稳定状态,在这个状态下,$v^*=0,p_1=p_2=1,r_1=r_2=0.10$,当然,在 v 恒定为 0.9 的情况下,$w^*=0$。(在稳定状态下,一个重要的行为参数是 γ,它设定为 0.9。)选择这种形式是为了将变量保持在经验上合理的范围内,尽管在这种类型的抽象模型中,这仅在一定范围内是可能的。例如,资本品部门的规模相对较小,这是理论模型中消除了实物投入流量的结果,这一特征使得资本品的价格调整比消费品的价格调整更不稳定,并且考虑到当前市场价格决定利润率,导致利润率的总体变化比其他情况更多。

余下的初始化行为参数是:$d=10, \rho=0.5, \eta=0.66, \mu=0.8$。$\eta=0.66$ 需要 r 的偏离达到 2/3 才能引发清偿或实现危机。$\mu=0.8$ 是相当高的,排除了行业间大的变动,除非利润率相差很大。这样做的目的是更好地了解与古德温周期相关的价格波动,因为(正如人们所预料的那样)转移机制越强,价格波动的范围就越窄。

爆发性古德温周期

通过将一个关键变量从其基准水平移开,可以产生非稳态行为。相应地,我设置 $w=0.55$。模拟运行了 150 个"时期"。

古德温(w,v)周期是所有试验的一个共同特征。对于以上给出的特定数字,就业率立即下降到 0.9 以下,因此 w 从 0.55 开始下降。v 在 $t=18$(第 18 期)到达第一个谷底,为 0.875 3。v 的第一个峰值是在 $t=48$ 时的 0.938 7,w 的第一个峰值是在 $t=61$ 时的 0.619 2。图 9.3 提供了一个周期机制的直观概述,它是对 w 和 v 的典型时间路径的特征性描述。

价格与就业率的周期大致相同,p_1 和 p_2 的周期性变化是相反的,一个的高峰与另一个的低谷相吻合,或者最多相隔一个时期。而且,当 p_1 从 1 以下穿越到 1 以上时,p_2 朝反方向穿越,反之亦然。p_1 波峰/p_2 波谷与 v 波谷大致重合,p_1 波谷/p_2 波峰大致与 v 波峰重合。因此,随着就业率降至最低点,资本品稀缺,消费品供给过剩。不过有趣的是,一旦就业率见底,工资将继续下降,但价格向相反方向移动:p_1 下降,p_2 上升,而 w 下降,这反映了转移机制的作用,增加了部门 1 的相对规模(L_1/L)。最后一个指标与 w 的阶段(大致)不同,随着 w 上升而下降,随着 w 下降而上升(正如人们所预料的那样)。当然,利润率与 w 周期成反比。r_1/r_2 比率在与 p_1/p_2 比率相同的时间达到峰值,即在 v 波谷处,反之亦然。

因此,该模型描述了一个合理的周期,从 w 的一个波谷到其下一个波谷的恒定周期约为 58"年",其中工资份额、利润率和部门比率(L_1/L)处于一个阶段,就业率、相对价格和相对利润率处于另一个阶段。然而,最令人惊讶的发现不是周期的长短,而是它的振幅:在 $t=32$、90 和 148 时,w 波谷分别为 0.439 5、0.360 2 和 0.225 1,w 峰值在 $t=61$(0.619 2)和 $t=119$(0.763 2),v 波谷($t=18,76,134$)为 0.875 3、0.841 8、0.774 1;v 波峰($t=48,105$)分别为 0.939 7 和 0.996 2,简而言之,这个周期是不稳定的,随着时间的推移,振幅在增加。古德温模型没有预测到这种爆发性的行为,该模型推导出一个稳定的、自我重复的极限循环。我必须强调,爆发性是模型运行中的一个不变特征,特别是:(1)当使用线性 $w^*(v)$ 关系式(13)代替非线性关系式(17、18)时,它就会发生;(2)无论 w 初始设置多么接近其稳态水平,哪怕是 0.51、0.505,它都会发生;(3)当 a_i 是固定不变时,它也会发生。这种爆发性的不稳定性将使危机机制发挥作用,并表明一个动态不稳定的系统,其持久性取决于内生纠正机制的存在:恢复相对稳定(尽管是周期性的)增长条件的是危机,而不是任意给定的下限和上限,直到爆发性的属性将系统推向另一场灾难。

这一特性提出了一个问题,即如何解释沃尔泰拉方程的稳定性与模拟的爆发性行为之间的差异问题。这种差异显然不是来自两个部门的动态。在一个与古德温模型相同的单部门案例中(技术进步率为零),我得出了极限周期的预期转折点,但模拟的 w 和 v 最终超过了这些转折点。

本研究中的模拟使用离散变化来表示基于连续函数和瞬时变化率的模型的特性。没有使用平滑算法来消除离散计算和其理想对应物之间的差异,可能是古德温模型的稳定极限周期和这里报告的模拟的爆发特性之间的结果分歧的原因。如果这是真的,那么可以说反映了经济决策和行为现实的是离散的模拟,而不是连续的理论表述,即实时是离散的时间,感知的阈值概念适用于时间量,也适用于价格和利润率。然而,这是一根极其细长的"芦苇",在此基础上建立了一个关于长期不稳定和危机的理论,我们应该回顾所有在模型中不存在的东西,即技术变革、资本集中和集中化、阶级结构和公司组织的变化,这只是举几个比较明显的例子。有人认为,古德温模型的极限周期性质是由于其方程采用 $w^*=w^*(v)$ 和 $v^*=v^*(w)$ 的形式,而不是更一般的 $w^*=w^*(w,v)$ 和 $v^*=v^*(w,v)$ 的形式,即增长率函数以两个变量作为自变量。在一般形式下,极限周期确实是一个极限情况,将阻尼振荡或爆炸性振荡的更普遍的可能性分开。不过,我认为,所引用的特性是建立在对线性联立微分方程的分析之上的,古德温方程在 $(\dot{w},v)$ 或 $(\dot{v},w)$ 中不是线性的。此外,仅连续性考虑就表明,当相关系数 $w \to 0$ 时,涉及 $w^*=w^*(w,v)$ 的系统的行为应接近 $w^*=w^*(v)$ 的行为。这些问题需要进一步研究。

积累函数

读者还应记得,a_i 根据 $r_i(t)/r_i(t-1)$ 和 $r_i(t)/r_j(t)$ 围绕其基准水平(AHI、ALO)而变化;也就是说,作为给定部门利润率近期变化的增函数,以及它与其他部门利润率的关系。a_i 周期的方向相反,并且与 w 而非 v 同向,这表

明自身的 r 效应主导了交叉 r 效应。a 的波峰与 w 的波谷大致吻合,在 $t=32$、90 和 148 时,分别为 0.299 8、0.296 6 和 0.287 0。谷值出现在 $t=5$、62、120 时,分别为 0.298 7、0.293 8 和 0.280 0。对于 a_2,峰值($t=4-13$、62、120)分别为 0.301 7、0.306 7 和 0.328 0,谷值($t=24-33$、79-93)分别为 0.301 5 和 0.306 2。

除了温和的和预期的周期性,这些数据系列最引人注目的是它们的趋势:对 a_1 来说,是向下,对 a_2 来说,是向上。模拟的这一属性(像爆发性特征一样)似乎是稳健的,当转移参数 μ 或市场出清参数 d 变化时就会出现。在报告的例子中,危机没有发生;因此,对于上面给出的所有 a_i 数字,基准值是 AHI=0.3。当式(14)的乘法系数 θ_i 这一隐含参数发生简单变化时,可以改变分歧的程度,但趋势仍然存在。就目前而言,对这一趋势在模型的基本属性方面似乎没有明显的解释。这为进一步的研究指明了方向,特别是用式(14)的替代形式进行试验。

偏离 AHI=0.3 的 a_2 上升趋势,比 a_1 相应的下降趋势更明显。与价格不同的是,a_i 变化的权重与部门权重(L_i/L)直接(而不是反比)相关。由于(L_1/L)从未超过 0.25,a_i 调整的负担由部门 2 承担,因此,a_i 的加权平均数随着时间的推移而上升。结果是反过来又对就业和工资产生了长期的上升压力。它是否还影响到危机和复苏(尚未完成),仍有待考察。

波峰和波谷可能并不精确,特别是一些变量在转折点会不确定地"摇摆"。p_1 尤其如此,它在波峰而非波谷摇摆了 12—17 个时期。更显而易见的是,价格波动足以引起 r_1/r_2 交替高于 1 或低于 1,从而使资本和劳动力在部门之间的流动发生逐期逆转。这发生在 $w-v$ 周期的振幅变得明显的时候,即 $t=122-130$。在一个包含金融变量和行为的模型中,周期引起的不确定性可能引发另一种危机。

清偿与实现危机

随着 w、v 周期的振幅稳步增加,有理由认为 η 的阈值最终可能得以跨越,无论是在任何一个部门或两个部门。

考虑一种情况,仍然使用大多数相同的基本数值假设,不过 $\mu=1$,$\rho=0.75$。r 的波谷当然对应 w 的波峰。到 $t=94$ 时,爆发式分歧使 w 达到 0.75,在这个水平上,r_i 在 0.01—0.06 的范围。在 $t=95$ 时,部门 1 的摆动使 p_1 从 0.80 降至 0.73,r_1 从 0.01 降到 −0.01,跨过 $\mu=0.66$ 的门槛,引发部门 1 的清偿危机。危机状态将持续 12 个时期。a_1 从 0.28 下降到 0.10,并在此处徘徊,直到在第 107 期恢复到 0.3。在危机阶段,有明显的价格波动,但没有足够的力量推动 r_2/r_1 低于 η,并在部门 2 引发次级实现危机。然而,这确实发生在第 107 期复苏点附近。在第 108 期,本书第九章的低配版模型遗留的任务得以达成,即导致部门 2 的内生实现危机:p_1 达到空前的 1.15,r_2/r_1 下降到 0.533,次级实现危机在部门 2 发生。随后对资本品需求的崩溃压低了 p_1 和 r_1,引发了部门 1 的次级危机。从这一点开始,两个部门都反复陷入危机——在部门 2,两种类型都发生——尤其是部门 2 表现出长期危机的模式,复苏仅持续一个时期。危机阶段也破坏了 w 和 v 整齐的共生关系,在这个版本中,v 趋向于充分就业的界限,而 w 则跌落到合理范围之外(见图 9.3)。模拟危机通过将变量恢复到正常范围来恢复无危机增长条件的过程的目标仍然没有实现,并且很可能继续保持这种状态,直到现实世界调整的重要方面,即贬值、数量调整、负增长等能够被纳入模型。

在结束这个项目的初步报告之前,应该指出的是,在这些模拟中所说明的阈值概念,提供了一个重要问题的答案,为什么利润率下降可能很重要?当利润率较低时,绝对规模经济中的事件,如部门间的转移,对利润率相对值$[r_i(t)/r_i(t-1), r_i(t)/r_j(t)]$的影响一定比利润率处于较高范围时更明显。

结论:展望与拓展

虽然还有很多工作要做,但我相信通过对周期和危机理论的模拟得到的结果,证明了这种方法是正确的,它提供了一种将正式的经济分析与对"混乱"现实的考察相结合的方法,如果没有这种考察,资本主义经济就不会是现在这样——一种非线性、扭曲、闪点和潜在灾难的动态演变的结构性混乱,通通包裹在一个普遍稳态的、自我调节的性质中。我希望最终能将本章提出的版本与早期的模拟(本书第八章)结合起来,模拟资本品的役龄和技术变革路径的选择(包括有偏变革)中体现的技术变革。提高模型的结构稳定性将使对其预期和行为属性的更大胆的实验成为可能——经济将能够承受更多的惩罚,并仍然产生可解释的变化路径。

第十二章

从一致性路径到长期危机

问题陈述

在本书前几章中,我们发展了有偏(Q增加)技术变革理论,并考察了资本主义增长路径上的一些周期性危机模型。现在是时候着眼于更长远的未来,问一问在理论上是否存在一种长期内在的不利趋势,这种趋势以周期性危机的形式表现出来,但超出了周期性框架,存在一种内在的批判趋势,用马克思的名言来说,"使系统受到考验,一次比一次更具威胁性"。简而言之,是否有可能在理论上超越说服性描述和唤起性语义学领域,把资本主义生产方式的历史界限予以理论化?战后美国的证据当然表明,周期的跨度越来越大,随着时间的推移,复苏在恢复持续增长的条件方面越来越不起效。从这个角度来看,20世纪80年代相对温和的情况预示着未来相当大的麻烦。另外,从同样的角度来看,20世纪30年代的大萧条似乎并不是一个可怕的异常现象,而是发展方向的一个指标,其异常严重性可能反映了政治和经济对制度变革的抵制,而这种变革是由基本经济趋势所带来的。

在本章中,我提出了一个思考长期危机的建议框架,以及它与非资本主义制度发展阶段的关系。如果这个基础是有用的,那么它应该有助于提供一些关于积累阶段或积累的"社会结构"的理论支持,参照的是资本主义生产方式的水平和具体的资本主义形式,如美国和当今的资本主义经济(Bowles, Gordon, and Weisskopf, 1983; Kotz, 1990)。为此,简要地重新表述一致性路径的理论将是有益的，现在根据的是利润率和利润份额，而不是第七章的工资份额，这是在本书第二部分中完成的。接下来，我们继续研究最初由斯威齐（1942）提出的一种区分，我把它解释为（本书第十到第十一章）两种类型的周期性危机起源之间的区分，从这里我们开始尝试描述长期的障碍，在此基础上可能衍生出永久性危机和制度变革。我们将开始扩展这一长期危机模型，以纳入一些"晚近"资本主义现象，特别是占主导地位的资本主义企业的金融特征和国家的作用。然后，这个模型将用于解释美国最近的经验。

自由资本主义中的积累：构成增加型的技术变革

积累的根本困境

我们首先假设一个单部门经济，或者是一个多部门异质经济，其中总量（以某种方式）得到良好定义，读者可以为自己选择一个适当的立场，在严格和现实主义之间权衡（Harcourt，1972）。工人和资本家阶级是明确的，我们忽略了中间阶层。我们假设完全（并非"完美"）竞争，资本毫无限制地流动，寻求更高的利润率，并在此过程中迫使自己执行利润率在各部门之间均衡的趋势。

我们重拾本书第五章介绍的故事的主要内容，使用以下简单的术语和概念：完全由资本家拥有的资本存量（K）；（净）国民收入（Y），分为利润（P）和工资（W）。我们消除了流动资本（原材料和资本存量的折旧）；那么，剩下的就是一个"纯固定资本"模型，同之前一样，它足以说明主要观点。

这一论证是根据众所周知的基本比率进行的：剥削率 $e=P/W$，利润率 $r=P/K$。从一个角度来看，e 显然是收入分配的一个指标，它的名字意味着对这种分配背后的工人和资本家之间的社会关系的一种特殊解释。如上所述，我们将用相关比率 $\pi=P/Y=e/(1+e)$ 来计算，该比率可视为收入或产出中的利润份额。

第三个比率是马克思的"资本的有机构成"，$Q=K/Y$。这是资本－净产出比率，它在概念上等同于每单位劳动投入的资本存量的价值，这一点可以这样来看。一单位产出的价值，以劳动时间为单位，是 L/Y，其中 L 是当前的劳动投入，假定是同质的（不存在流动资本品和固定资本折旧，意味着不存在"过去的"或"间接的"劳动时间，所以 L 代表 Y 的全部劳动内容）。记住，资本存量定义为经济同一产出的数量，它的价值是 $K(L/Y)$，它的每单位当前劳动的价值是 $K(L/Y)/L$，或者简单说是 K/Y。我们使用 Q 作为我们的"资本构成"概念，而不是传统马克思主义的 C/V,因为它把注意力集中在资本存量上,对剥削率是不变的(撇开估价难题不谈),而且它避免了与"可变资本"(马克思的术语)存量的麻烦概念有关的概念问题,即用来支付工资的资本(这个问题在本书第六章和第十五章更全面地讨论)。人们会注意到,我们对利润率的定义始终避免把工资当作资本的预付,正如可以很容易验证的那样,与长期束缚在有形工厂和设备中的资本相比,束缚在短期证券中的金融资本可以忽略不计,因此,这里使用的假设似乎适合现代工业条件。①

我们可以写下涉及这三个比值的基本马克思主义方程。使用这些定义,应该可以明显地看出:

$$r = \frac{\pi}{Q} \tag{1}$$

当然,这只是一个涉及三个相互定义概念的恒等式。

技术变革在资本主义条件下是不间断的,资本家在阶级斗争和资本主义间的竞争性斗争中利用它,使它具有资本主义的特征和方向(Braverman,1974;Levidow and Young,1981)。众所周知,马克思提出了构成递增的技术变革(1967,vol. I,chap. 25)。在本书的第二部分中,我们已经注意到了这一有偏的模型,在此我不再赘述这一论证。我在这一节的目的是为讨论 Q 值增加的长期路径的后果奠定基础。参照式(1)和图 12.1,我们可以看到,Q 的上升意味着要么 π 在增加,要么 r 在下降,或者两者都有。我们可以把 π 的增加和 r 的减少称为 π 和 r 的反向运动。任何一个变量都有可能保持不变,如图 12.1 中的路径 A—B 或 A—C,甚至可以不做反向运动,但这需要另一个变量的大量补偿性反向运动。一个典型的路径可能涉及一个内部位置,r 和 π 都有反常的运动,如假设的路径 A—A′所示。

为了预测下一节的论证,假设利润率下降与以某种方式产生的周期性危机有关,而利润份额上升则与以另一种方式产生的周期性危机有关(我在这里只提到危机的可能性,触发衰退的实际机制以及赋予它的关键特性,将在本书第十章中进行研究)。那么,这就是资本主义积累的根本困境:任何缓解利润率下降压力的运动都会加剧利润份额上升的压力,反之亦然(Dobb,1955a,chap. 4)。

这个简单的练习揭示了技术变革是构成增加的假设的重要性。如果没有这个假设,我们就会回到稳定状态的世界中,有不变的相对份额和不变的利润率。然而,正如本章第二部分所详细解释的那样,Q 值上升的理论并不清楚。

---

① 在 1977 年的美国制造业中,平均每个生产工人被束缚在机器和设备中的有近 25 000 美元,这几乎是支付一份工资所需资金的 100 倍(《美国统计摘要》,1980 年)。

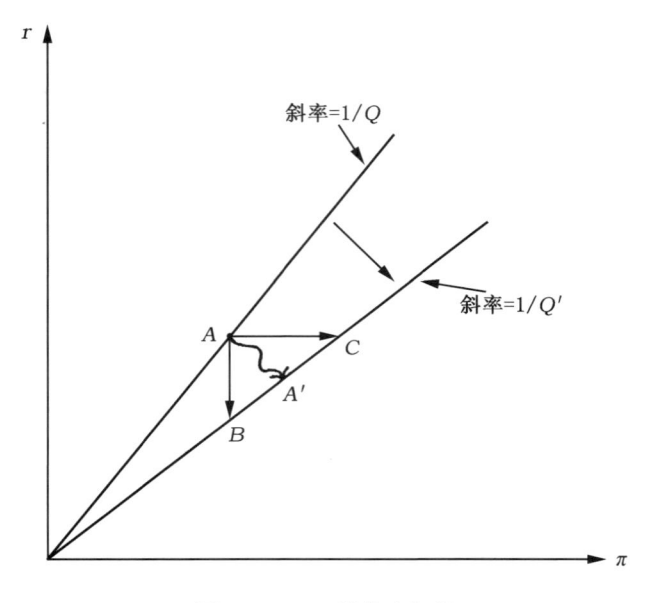

图 12.1　r-π 的基本权衡

在不详细讨论有关联结利润率最大化和有偏技术变革选择的可能性的情况下，我们需要进一步探讨机械化函数和一致性路径的理论，以便集中讨论其对潜在危机的结果。

技术变革的社会构成

中心假设是，资本主义通过一个非个人化的机制网络（"一个没有主体的过程"），在其工程文化中留下了特有的印记：技术需求似乎从天而降，或者来自研究人员实验室的深处，尽管它们实际上在重要方面体现了资本主义竞争的需求。资本主义竞争并不发生在过程中保持不变的单位（"公司"）之间，相反，资本单位转变为更强大的单位，是竞争性斗争的主要目标，也是生存的当务之急。因此，随之而来的不确定性和对周围条件的无知并不是一个"自然"或存在的事实，它是经济过程的一个特殊的社会构成的结果，涉及保密、快速的应变行动，以及最重要的——决策的原子化，因此，决策是在无视宏观配置的情况下做出的，而如果决策是合理的，这些配置应该是基本数据的一部分。在这种情况下，再加上周期性的不稳定因素，就出现了单个资本家生存的基本规则：在短期内采取行动和计划,而没有长期的发展。①

实际上,资本家告诉他的工程师,要在很短的时间内大幅提高生产率。当务之急是尽快收回投资,避免与固定资本库存相关的流动性损失,即流动性不足。因此,目标不是专注于基础技术,而是实现生产率提高,以对抗竞争,甚至以机械化程度的大幅提高为代价。

这种情况是通过第六章和第七章介绍的机械化函数来描述的。这个函数显示了资本－劳动比率的增长率($k=K/L$)和生产率的增长率($y=Y/L$)之间的关系。机械化函数分别称这些增长率为k^*和y^*,断言y^*可以在短期内进一步增加,但只能通过与k^*成比例增长。② 有两个参数:一个称为G,表示"自主"技术变革的影响,另一个表示机械化收益递减的速度。(第二个参数a介于0和1之间;当$a=1$时,没有收益递减,而当$a=0$时,k^*对y^*完全没有影响。)

我们假定,G取决于支持基础研究和建立其与技术应用联系的社会机构的广泛特征。这个参数相对较弱(考虑到资本主义的一个核心外部不经济因素:私人公司忽视基础研究的动机),而且不受单个资本家的控制。相比之下,A是可以操纵的,资本家将它向上推(如果只是通过达尔文式的偶然发现过程,使参与这种发现的幸运资本得以生存下来)。

在任何时期,资本家都会根据机械化函数选择新技术,以使暂时的利润率、创新者利润率或联结利润率最大化。由此产生的Q、Q^*的变化与a直接相关,与G和利润份额系数π成反比(结果的代数部分见本书第二部分第六到第八章)。对参数a和G的合理假设表明,Q^*在本质上是正的。此外,该模型支持了在马克思的描述中强烈存在的直觉,即利润份额的下降压力将刺激增加Q的技术变革。[马克思的论证支持k-增加的变化,即资本家(无意地)通过用机器代替工人来维持在劳动力市场的优势力量,但显然不支持更强的Q-增加的结果。]Q是否真的会因为受限的联结利润率最大化而增加,这是一个没有答案的问题。我们只需要说,在G小和A大的情况下,利润份额的合理值表明,技术变革将是使Q增加的(见本书第七章)。③ 不过,如果π上升,它会趋近于一个

---

① 《华尔街日报》上有一幅漫画,一名商人在读到报纸标题后感到震惊:"世界将在35年后结束。"他的反应是:"哇!有那么一分钟,我以为它说的是3到5年!"

② 读者还记得,机械化函数是以增长因子而不是以增长率来表述的,后者将在本节中进行充分讨论。在增长率的形式下,机械化函数实际上非常接近卡尔多的版本;见 Kaldor, 1957; Kaldor and Mirlees, 1961—1962。

③ 因此,例如G是0.005,与机械化无关的技术进步以每"年"二分之一的速度发生,而$a=0.5$,只要利润份额小于0.495,就会出现增加Q的技术变革。如果$a=2/3$,在$\pi<0.662$的任何情况下,我们都会得到Q的增加。

值,在这个值上进一步的变化将是中性的,即 $Q^*=0$。

重复第二部分的一个主要结论,这是我们能够最接近 Q 上升的"规律"。这是一个或有定律,更像是一个假设,因为它取决于工程文化的参数值,这些参数值有可能获得,但也有可能获得不了。在构成增加方面,我们可以观察到,如上所述,资本主义技术变革结构的内部动态推动了参数向这个方向发展。另一方面,这确实是对私人资本不能支持基础研发这一假设的确认——参数 G 由政府支持的研究支持,此外,随着资本主义公司成长为目前的大型金融公司,竞争机制和短期范围的影响可能削弱(见下文)。

一致性路径

以上总结的模型给我们留下了两个非常有用的关系:π 和 k^*(物质资本与劳动比率的增长率)之间的反向关系,以及 π 和 Q^*(资本构成的增长率)之间的反向关系。有了这些,我们就能在 r—π 空间中推导出一致性路径。

图 12.2 讲述了这个故事,它是从图 7.3 修改和简化而来的。我们从射线 $1/Q$ 上的 A 点开始,并假设上一节的社会技术参数促使追求利润率最大化的资本家开发增加 Q 值的新技术。因此,这条射线向下旋转到 $1/Q'$。在这一点上,我们可以以不同的方式进行。如图 12.2 所示,一种方法是假设由 π 代表的阶级力量的平衡是恒定的,因此,工人赢得了与技术改进带来的生产力提高相应的工资增长。在 π 不变的情况下,利润率沿着 A—B 路径下降。现在,考虑到资本家所希望的机械化程度的增长速度 k^*,r 较低意味着劳动力需求增长率的下降,随着劳动力供给以(大致)恒定的速度增长,失业率将增加。这里就是马克思的"产业后备军"发挥作用的地方(Marx,1967,Vol. I,chap. 24)。各种动态机制可以具体说明,但问题的核心是,后备军的增加破坏了工人在阶级力量平衡中的地位,而这将导致利润份额的上升。反过来,π 上升有两个影响:一个是利润率的(部分)恢复,表现在沿 $1/Q'$ 射线从 B 到 C 的运动中。另一个是确定一致性路径的关键是使联结利润率最大化的 k^* 下降。随着机械化程度的下降,一定的劳动力供给增长率可以在较低的 r 条件下得以吸收,因此,当达到与 C 点相关的 r 时,失业者的后备军停止增加,π 稳定下来。因此,A 点和 C 点确定为一致性点:在这些点上,考虑到劳动力供给的增长率和积累的利润份额,保持失业率不变的 k^* 与期望的 k^* 相同。像 A 和 C 这样的点的位置构成了一致性路径。

严格来说,在图 12.2 中的 A—B—C 这样的循环中,失业水平将永久上升,其变化率首先为正,然后回落到零。然而,这个周期是一个伪命题,它是由把这

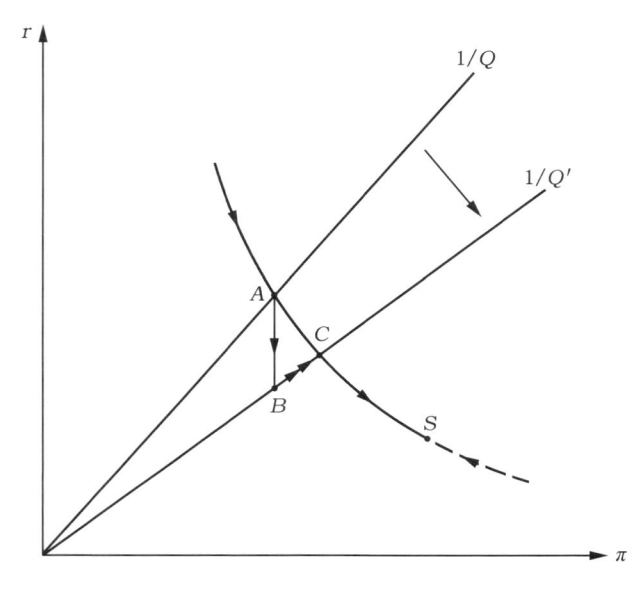

图 12.2　一致性路径

个过程分成两个不同的阶段（A—B 和 B—C）而产生的,其目的仅仅是为了分析。如果两种运动同时发生,那么"三角形"是任意小的,并且我们沿着一致性路径接近连续运动,并有一定规模的后备军。(这个故事的另一个版本假设一个恒定的利润率,所有技术变革的好处都归资本家所有。对劳动力的需求将超过其稳定水平,带来利润份额的减少,直到 k^* 上升来补偿。在这种情况下,有限三角形表示后备军的下降。)

一致性路径是一条动态(但非稳态)的均衡路径,从左上方向右下方运动。应该指出,这种运动体现了马克思的两个主要预测,这两个预测都证实了矛盾激化和危机来临的直觉[①]:利润率下降和剥削率上升(见下文)。然而,我们必须再次回顾,利润份额的上升会降低理想的 Q^*,最终使其降至零。在图 12.2 中,它发生在 S 点,因此它代表了一个稳定状态的终点,在 S 点下方,如箭头所示,运动的方向相反,从右下方到左上方。问题来了:相对于一个成熟的资本主义经济的位置而言,S 在哪里? 如果一致性路径只代表一个早期阶段,此后趋向于稳态增长,那么一致性路径作为支持危机长期加剧的论据的力量就被大大削

[①] 为了防止混淆,我转载了《兰登书屋大学词典》中的这些定义:immanent:留在内部、内部的、内在的;imminent:可能在任何时刻发生;即将发生。这种区别显然具有政治意义,也具有词汇学意义。

弱了。[1]

周期性危机：竞争模式

一致性路径是一条平滑的趋势线，它应该被视作对真实路径的抽象，被周期性（痉挛性）过度生产危机所打断。我们现在的任务是从理论上把握资本主义积累的这个方面，尽量不要忽视这个过程有节奏的周期性特征，也不要忽视它涉及周期性的断裂，如尖锐的断裂、不连贯性、再生产的定性混乱在周期的上转点。显然，假设经济在其一贯的路径上向 S 的左上方发展，危机产生的趋势、下降的 r 和上升的 π，都与周期性的关键过程有关。我们现在就来讨论这个问题。

清偿危机

我们记得，根本困境的一个方面是利润率的下降——资本通过占有剩余价值进行自我扩张的能力趋于下降。我们现在必须发问：为什么这对周期性危机的理论很重要（我们将在下面的长期背景下再次提出同样的问题）？上一节的一致性路径模型表明，利润率是远离零的：零利润率当然意味着一个体系的深刻危机，在这个体系中，统治阶级的权力和统治地位来自其通过财产所有权索要收入的能力。但是，利润率可以下降到零，或者下降到某个大于零的界限，而利润总量则不断地增长，因此，为什么利润率的下降是重要的，这不是一个空洞的问题。

一个成功的危机理论取决于它在假设中是否包含了资本的内在特征，即它在历史上独特的行为结构。如果一个人含蓄或明确地用"完全竞争厂商"代替马克思的资本家或资本，那么从理论上就不可能构建一场危机。[2] 我们必须关注历史上具体的资本主义竞争形式：市场活动必须被视作个别资本之间为生存（等价于增长）而进行的持续斗争。因此，即使在自由主义阶段的经典的、无限制的竞争中，也存在着战略因素。[3] 还有一个始终存在的问题是，在创造利润的同时，也要实现利润，因此，除了价格，还有其他信号（如库存变化），这对行为很重要。最后，信息的战略性隐藏，加上生产和营销活动的基本特征和原子化特征，意味着资本在一个系统性的信息不完全（"信息不完全"似乎并不能充分地

---

[1] 参见卡尔多（1955—1956），对增长的两阶段解释，在早期阶段有偏向性，在后期阶段有中立性。
[2] 参见霍利斯和内尔（1975），尤其是第六章"新古典主义的假设"。
[3] 早期的深刻描述与新古典主义思想中竞争概念的不现实形成鲜明对比，见熊彼特（1939）。

描述这一点)的环境中行动,因此,它们对周围发生的变化的感知阈值可能成为一个极其重要的问题。

如果这一点得到认可,那么触发清偿危机的机制就可以以一种相当简单的方式建立起来。当单个资本的利润率下降到超过感知阈值的程度时,内在的生存反应就是退出清偿,即中断生产循环,以便从低的或下降的利润率转到高的或上升的利润率。资本为了响应生产和需求条件的不断和随机变化,在各行业之间流动,单个资本的生存取决于其快速完成这些变化的能力。当然,单个资本知道它自己的利润率的变动(超出感知的阈值),它没有关于一般或平均利润率的可靠信息,也不可能费心去关心它。在一般利润率下降的时期,这个利润率可能在大约同一时间进入许多行业、所有行业或其中一个重要行业的资本的感知领域。普遍认识到利润率相对于惯常水平有所不足,将激起对流动性的争夺(马克思说"只有货币是商品")。随之而来的需求崩溃,即没有资金可以转移的地方,标志着危机的开始。这种机制本质上是周期性的,因为它涉及利润率从任何先前的惯常水平上开始下降,无论高低。一旦资本家习惯了一个新的、较低的利润率,积累就会恢复,无论新的利润率有多低。在这个论证中,没有明显的长期趋势。

实现危机

由于有效需求不足而引发的危机,以及由此导致的资本家无法(以货币形式)实现其产出的全部价值所包含的利润是非常重要的,不能留给消费不足主义者(Bleaney,1970)。我们必须尝试对此做出一些说明,而不是诉诸凯恩斯主义将投资需求与收入完全分开的权宜之计(Nell,1978)。(资本家,即凯恩斯的"投资者"或"企业家"虽然很强大,但并没有那么强大。)一条攻击路线是引入信贷体系和内部与外部资本的区别;这在本书第九章中得到了发展,并将在本章再次提及。我们在这里所关注的另一种方法,是明确地介绍资本主义经济的部门间结构,特别是资本品(马克思的"第一部类")和消费品("第二部类")之间的区别。

承认经济的部门特征不是一个生产建模的问题,如果是的话,我们很难回答奥地利学派的问题:在从较高的生产阶段到较低的生产阶段的链条中,在哪里可以任意地把一个部门从另一个部门中砍掉? 与基于连续型投入的生产模型相比,这难道不意味着信息的损失吗?(Hicks,1973)。部门之间的区别不是一个描述生产的问题,它是控制权碎片化的一个方面,即资本只作为"许多资本"而存在的事实。在这个意义上,资本品/消费品模型("可分解的"两部门模型)值得研究,不仅是因为它的简单性和可解决性,而且因为它抓住了向其他资本家销售商品的资本家和向最终消费者销售商品的资本家(工人和"资本家")之间的实质性和物质性区别。

如果这两个部门之间的关系是正确的,那么它们之间以基准(利润率相等)价格进行的销售可以出清市场,并使扩大的再生产以理想的速度进行。如果每个部门的 Q 和 π 不随时间变化,那么每个部门可以通过积累(再投资)自己的利润(或该利润的相关部分)来扩大,而不会出现不成比例的情况,因此需要将资本从一个部门转移到另一个部门。一个简单的问题是,如果 Q 或 π 在上升(或两者都在上升),那么每个部门的内部积累会导致消费品部门相对于资本品部门的逐步过度扩张吗?(见本书第九章的详细数字例子)我们依靠感知阈值的论证,这一过程一直持续,直到出现显著的不成比例,消费品部门相对过度扩张,因此面临实现困难,以降低价格或吸收不必要的库存。当然,资本品部门的情况正好相反。[1]

在这种情况下,价格比率将向有利于资本品的方向摆动,以前相等的完全实现利润率将会分开,资本品的利润率更高。在这一点上,关键的问题是:利润激励,即价格机制是否足以完成资本从消费品生产向资本品生产所需的转移?

在这里,这个过程的战略特征开始发挥作用,它集中于消费品资本家在评估转入资本品部门的选择时所使用的标准。[2] 因此,考虑到在削减价格和保持库存之间的权衡,必须通过削减产能利用率来消除库存。这决定了近期的利润率,也影响了贸易条件,从而决定了资本品的近期完全实现利润率。现在,"完全实现"这个术语体现了关键的区别。资本家考虑价格和盈利能力,但不是抽象的考虑,他们也考虑预期利润和利润率的实现条件,只要他们能够知道这些条件。很简单,消费品部门的资本家在经历了市场饱和、利润低迷和产能闲置的情况下,知道他们自己对资本品的需求,无论是用于替代还是净增产,都已经完全崩溃了(加速原则的应用)。因此,他们知道,无论价格优势如何,资本品的预期实现利润率都很低。当然,我们可以看到,大规模地从消费品生产转向资本品生产,将消除消费品的库存过剩,并恢复该部门对资本品的充分需求的条件,因此,如果所有消费品资本家能够在一个宏观决策下进行协调,将他们的部分生产资源转移到资本品部门,他们可以预期,在这种经济重组中,对消费品的需求将恢复到充分状态。然而,这是假设资本家以原子化方式行动的一个主要

---

[1] 忘记这一事实是一个简单的消费不足主义者的典型错误。
[2] 阿道夫·罗威提出和研究了结构上决定的期望问题,是了不起的:在部门间生产关系的框架内,支配预期的行为。Lowe,1976。

结果,即没有一个资本家能够成为率先进入资本品部门的人。在危机中,期望值变得静态,每个资本家都在等待,看其他人会怎么做。奇怪的是,与"有保证的增长率"相适应的动态预期,只有在经济处于合理的轨道上时才能保持;当预期没有实现时,其动态特性就会解体。①

这一论证可以通过考虑相反的情况来得到证实,即资本品部门相对过度扩张。此时价格扭曲有利于消费品,在该部门产生了更高的利润。如果预期实现这个高利率没有困难,资本将根据需要从资本品部门转移到消费品部门。由于消费者需求并不取决于资本品部门的资本需求,在这种情况下,资本的部门间转移和部门间平衡的恢复确实没有障碍。如果把 Q 和 π 的增加指定为这些变量的反向运动(参考本书第九章提到的区别),我们可以得出结论:资本主义能够通过价格机制充分处理反向的运动,但不正常的变化可能引起实现危机,即生产的普遍中断,然后是产出和就业相互加强的下降,这是由于消费品的饱和以及随后由资本品需求的(正确)预期崩溃而导致的向资本品转移的阻塞。② 与静态凯恩斯模型不同的是,该模型将投资者的"动物精神"从经济的结构属性中抽象出来,这一论证将有效需求的崩溃定位在一个周期性重复出现的结构性非均衡中。

关于清偿危机和实现危机之间区别的结论是:我们已经确定了这些不同"类型"的危机,因为它们分别来自 r 下降和 π 上升的关键趋势。然而,重要的是要记住,资本家不知道"价值"在哪里,因此无法区分一种形式的危机和另一种危机。一旦危机发生,无论循环链条最初中断的原因是什么,处于循环链条后续环节的资本家都会把它视为需求的崩溃,此外,一旦危机开始,它本身就会诱发次级清偿,或涌入流动性。清偿和实现应该被视作一个危机机制的不同方面,在特定的条件下,其中的一种可能发挥触发作用。例如,不可能通过实证研究将这些标签分配给特定资本主义经济体的具体衰退,除非从比率的先前运动(r 下降,π 上升)中简单地推断出触发的特征。

在本书第十章中,我们构建了一个周期模型,它依赖于就业和利润及增长的波动,双方以猎物和捕食者的方式相互追逐。这个周期的上转折点被一场投资塌陷所打断,而这场灾难是由"高"就业导致的需求增长中断所引起的。现在我们可以设想这个周期为本节的简单清偿和实现危机所覆盖。清偿危机将发

---

① 关于古典马克思主义对增长受制于静态预期的描述,见卢森堡(1951)。卢森堡的论证基本上是循环的:由于资本主义处于扩大再生产的永久危机中,所以预期是静态的,这就是危机的原因。有趣的是,我们可以把哈罗德的"有保证的路径"看作对卢森堡的回答(Harrod,1966)。

② 罗威(1976)展示了一个相关的不对称性:资本主义管理扩张的能力,以及管理收缩的无能。

生在周期的上段,即 r 下降的地方。简单的实现危机可能发生在高水平,由上升的 Q 引发的不相称性会缩短繁荣期;或者发生在低水平,由 π 上升引发的不相称性会延长低迷期。

在本书第十章的利润周期模型中,我们假设后备军的枯竭能够有效地让工人迫使工资上升,考虑到生产率的提高,足以对 π 和 r 产生不利的影响。这就是工资推升、利润挤压的可能性(Weeks,1979;Itoh,1981),我要毫不客气地指出,尽管它在某些方面得到了不好的评价。阶级力量平衡的周期性变化、利润率的下降,以及实现困难的反复出现,这些都是可以交织在一起的,形成一个严格而全面的周期性危机理论的线索,在本书第十章中发展的模型和在这里放大的模型,是为了向这个理论方向迈出一步。

模型的完整版本显示,考虑到对行为函数形状的合理假设,随着资本构成的周期性上升,平均失业水平会从一个周期上升到另一个周期。事实上,可以直观地看到,如果在两个时间段之间 Q 值较高,而 r 值较低,那么对于给定的失业水平,劳动力需求增长更慢,本书第十章模型中描述劳动力需求增长率的曲线已向右移动,表明在较高的失业水平上有上、下两个转折点。这是危机日益严重的一个重要指标,并指向了一个长期的趋势。然而,随着时间的推移,Q^* 趋于零。我们又回到了资本主义经济的道路是否无限长,或者它是否遇到了终极障碍的问题:这就是长期危机的问题,也是本章的中心问题,我们现在转向这个问题。

长期危机:对积累的结构性限制

给定 r 下降、π 上升的反向运动,沿着一致性路径,我们想知道利润率和利润份额是否有任何最终限制。据我所知,这个问题在马克思主义文献中还没有得到直接解决,因此,本节的讨论将只是一个初步的概述,需要进一步阐述。

金融障碍

我们已经看到,一个沿着或接近其一致性路径发展的资本主义经济在长期将经历利润率的下降,至少在它达到图 12.2 中的 S 点之前是这样。我们现在要问的是,在长期背景而非周期性背景下,为什么这很重要呢?

我们有理由想象,当利润率达到某个相对较低的阈值时,由 r 下降引发的周期性趋势,即"清偿危机"的流动性和再投资崩溃将变得普遍,这相当于临界趋势的一个质的飞跃,可以预测到一个更高的水平,那时危机特征成为永久性的。然而，这仍然是一个暗示性的形象，而不是一个理论性的论证。

为了赋予它更大的力量，请考虑积累过程中的竞争和资本转型的含义。转型方面的一个基本时刻是马克思所说的集中化，把以前不相干的资本集中在单一的控制单位之下（Marx,1967,Vol.Ⅰ,chap.32）。周期性危机的功能之一是消除较弱的资本，即在技术意义上以及与阶级斗争有关的较弱资本，为下一次激增恢复条件。由于在竞争性生存的斗争中，规模是至关重要的（"规模经济"是其中的一部分，但并不包括它的所有方面），较弱的资本往往被并入较强的资本中。最终，单一控制单元的更强大的部分可能成为必要，以保护和补贴较弱的部分，规模考虑优先于平均盈利能力。简而言之，资本的集中逐渐削弱了其自身的使命：单个资本表现出技术周期的延长（见本书第八章），以及效率最高的单位和效率最低的单位之间更大的差距。这增加了为维持生存所需的规模、市场份额和金融力量所必需的金融资本的数量。另一种选择是剥离资产，但这是可以避免的（也许危机时期除外），因为无论效率如何，小公司都是收购竞标的猎物。

如果集中化的一种影响是减少流动性，另一种效果则增加了对流动性的需求：随着资本规模的减小，不确定性变得更大，对投机储备的需求不成比例地增长。当一个决定可能对其产生定性影响时，信贷链条更容易崩溃。简而言之，集中化逐渐破坏了大数定律的平滑效应。

只要增长率较高，所有这些都是相对可控的。快速增长使资本能够在不牺牲规模的情况下，通过固定资本的贬值和更新，摆脱其较弱的组成部分。它也使得通过整合信贷来弥补流动性缺口成为可能，因为对不久的将来会大幅提高产出和利润的预期为贷款提供了必要的抵押。就像平衡自行车一样，快速运动有利于平衡单个资本的双重但又相互冲突的目标：增长和稳定。随着自行车的速度减慢，它会摇晃；平衡变得更加微妙，容易受到冲击。

正是在这里，利润率的下降开始起作用。利润率是增长率的上限，考虑到投资（积累）的利润份额，增长率与 r 成正比下降。一个相反的原因可能是净收入中利润的消费份额下降，因为社会上层阶级通过阶级分化在人口中的比例变小。在任何情况下，利润率的下降都会使增长率下降成为一种必然的趋势，从而使资本集中化所产生的矛盾发挥作用。当这些矛盾在一段时间内不再能通过周期性危机得到干脆利落的解决，即周期性危机不再是"再生的"（Gordon, Weisskopf, and Bowles,1983），利润率就进入了一个融资永久性混乱的阶段，已经触及金融障碍。

以利润率的范围来定义的障碍的位置，将由一系列制度和结构因素来决定,并且本身可能随着时间的推移而发生变化。本章稍后将考察国家(政府)部门对障碍的影响。

停滞障碍

就像在 r 下降的情况下,π 上升可能产生周期性趋势那样,实现危机会达到定性的持久:在这种情况下,工人购买力,即实现的最终基础的相对疲软,导致长期停滞(当然,在没有来自政府支出或与外国扩张有关的投资的抵消刺激的情况下)。我们可以把这种对利润份额上升的限制称为停滞障碍。①

这里的根本问题是投资的弱点,在资本主义条件下,投资受制于资本主义之间的竞争条件,即对越来越多的、必然的长期过程强加一个短的时间跨度(Foster,1982)。现代生产力涉及不断延长的生产流程和规划期(Galbraith,1967),资本主义的战略目标要求相对迅速地实现利润的周转。π 的临界水平将取决于独立于当前实现可能性的投资需求能够维持的程度。这种需求有一个很大的限制,它表明对投资资源的私人和分散控制最终是不充分的。事实上,金融障碍和停滞障碍归根结底都是建立在社会化生产和私人占有之间的基本矛盾之上(使用众所周知的公式),我们在这里的努力是试图给这个公式一个发挥作用的基础。

虽然这些障碍与长期的"技术"困难,即金融和实现问题有关,但它们意味着更明显的长期危机,即产出停滞或下降、严重的失业,以及与之相关的贫困,对公共支持机构的社会和金融压力,住房、教育、卫生、交通方面的紧张,还有所有形式的社会衰败,可称为"基础设施的衰减"。障碍的最终意义及其定位是由对这些结果的政治反应决定的:简单地说,工人阶级能容忍到怎样的程度?这最终决定了决策层可以接受多少不稳定因素(Bronfenbrenner,1965)。

应该提到一下,利润份额上升对工人阶级的影响,以及停滞障碍的地位是复杂的,特别是 π 上升不一定与实际工资率下降有关。然而,在社会恶化的条件下,实际工资的上升(在狭义上)可能与广义的生活水平下降有关,特别是必须考虑到上升的平均失业率水平和需要看人均工资,而不是每单位雇佣劳动力的工资率。另外,如果产出增长率随着融资障碍的接近而下降,生产力增长率也会如此,从而减少了实际工资增长的空间,使实际工资更有可能随着 π 的上升而停滞或恶化。

---

① 类似的概念也出现在后凯恩斯主义文献中;例如,琼·罗宾逊的通货膨胀障碍,参见罗宾逊(1952)。

普遍危机

我们可以把一致性路径和结构性障碍结合起来，紧凑地说明自由资本主义积累的矛盾性路径。请参见图 12.3。

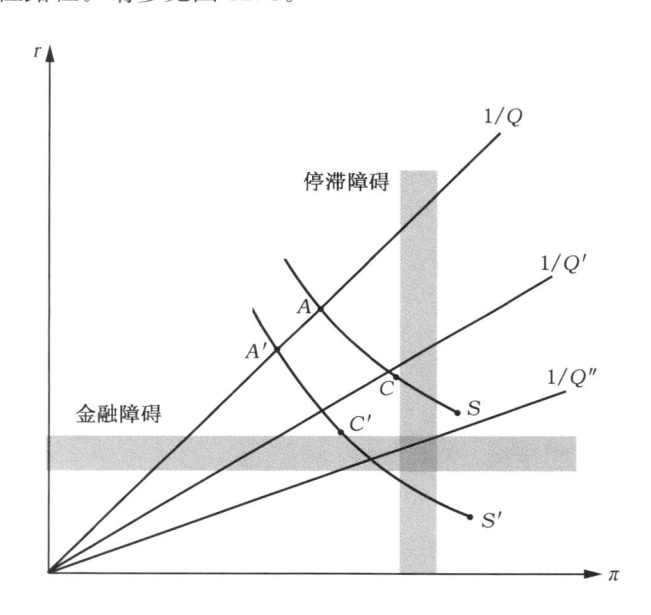

图 12.3　长期危机障碍

障碍画成了"厚"的区域，而不是精确的、"薄"的 r 和 π 的水平，以表明它们的位置是无法精确确定的。因此，随着积累的进行，射线在金融障碍之上和停滞障碍左侧的部分变得越来越小，在长期危机和不稳定这两个范围之间的回旋余地越来越小。[①] 资本主义增长有着明显的斯库拉－卡律布狄斯特征，事实上，资本主义比荷马更胜一筹，因为斯库拉和卡律布狄斯随着时间的推移会更加接近。在某些时候，当经济沿着一致性路径向东右下方向移动，就会达到一个点，用标有 $1/Q''$ 的射线来表示，在这个点上，必须同时遇到障碍、停滞和金融危机长期存在，当然还会相互加强。

这两个障碍的交叉处，即图中阴影较深的方块，表示资本主义在自由主义阶段的普遍危机。这应该认定为自发的私人积累的普遍危机。它的出现并不意味着任何机械意义上的崩溃[②]，相反，它表明长期困难的出现，其解决需要更

[①] 或者说，$1/Q$ 射线下降的斜率可以解释为利润对 π 增长的响应越来越小。参见赖特(1977)。
[②] 这种世界末日的解释源自马克思，它的一个数字版本来自布朗芬布伦纳(1965)。

高级形式的组织(下一节的主题)的政治推动。

图中显示了两条一致性路径,利用这些路径,可以进行两项观察。首先,资本主义经济体之间的历史和制度差异可能产生像 ACS 和 A'C'S' 这样的替代路径,这表明一个经济体可能面临更直接和外部危机形式的停滞问题(在 C 点),而另一个经济体可能直接遭遇融资不稳定和流动性问题(在 C' 点)。目前尚不清楚这种区别是否可以在不进一步具体化的情况下用于描述特定的历史经验,它只是作为一种提示性的工具。其次,绘制一致性路径,使它们的终点,即 S 和 S' 点,超出障碍,因此 Q 增加,直到遇到障碍。当然,这只不过是一种便利做法。路径可以绘制成在障碍左上方向稳定状态结束,具有中性的技术变革和稳定的 r 和 π,在这种情况下,周期性和长期危机论证的力量被大大削弱了。如果停滞障碍和金融障碍随着时间的推移分别向内和向上移动,普遍危机可能重新成为一个严重的问题。然而,这并不是一个令人满意的困难解决方案,因为没有理论上的假设,即这些障碍确实发生所需的转变。作为积累理论中的一个问题,这一点是相当普遍的:需要最终导致制度-政治转型的危机条件的出现,关键是取决于成分增加的技术变革的继续,然而,我们只得出了一个 Q 值上升的合格规律。除非能够证明资本主义超越自由主义阶段的转型是必要的,而且在资本主义晚期阶段有一个与 Q 值上升趋势相当的引发危机的动力在运作,否则内在危机的概念就不能得到充分证实。

国家-金融转型

无论经济是处于普遍危机区域,还是处于该区域之外的稳态点,资本的集中化最终都会带来两个相关的转变:资本单位的性质发生了变化(而不仅仅是变得更大),国有部门作为积累过程中的一个独特因素出现。在本节中,我将简要地谈一谈第一个方面,而考虑第二个方面只是为了提出一种将政府的作用分析与积累理论联系起来的方法,忽略了关于国家与私人关系的制度方面的大量文献(Fairley, 1980; de Brunhoff, 1978)。似乎有理由假设,自由资本主义的自发积累将经济带入普遍危机区域,或者至少足够接近该区域,以便过渡到更高级的组织形式,成为一种客观要求。我将论证:晚近资本主义的基本特征可以而且必须在理论层面上提出,这样一来,阶段之间的过渡,以及界定每个阶段的特殊性的特征,在对抽象资本主义经济的分析中是确定的,所有阶段(实际上,所有生产模式,包括前资本主义模式;见第十三章)都有可发现的运动规律。因此,对晚近资本主义的分析不是一个具体的问题,涉及从适合于自由主义阶段分析的高度抽象化的弱化,具体化对每个阶段都很重要,但决不能与阶段之间的过渡分析相混淆。在这一点上,我必须对日本马克思主义经济学的宇野学派提出异议,该学派只主张资本主义自由阶段的理论决定性,把所有的客观决定性与无限制的竞争市场所产生的客观决定性的亚类相混淆(Uno,1980,chaps. 4—6;MacLean,1981)。

金融积累

我们在此停顿了很久,只是为了解决如何描述资本主义控制单位转变的问题。问题的核心似乎在于确定质量上更高的控制权的运作形式,即对市场和资金来源的控制。前者提出了"垄断"一词(Baran and Sweezy,1966),后者提出了列宁的"金融资本"概念(Lenin,1937)。反过来说,"垄断"似乎解决了两个方向:第一,资本在两个部门之间的划分——垄断部门和非垄断("竞争")部门,这表明利润从非垄断到垄断资本的二次再分配,然而这似乎没有在积累理论中发挥系统性作用。第二,垄断被描述为一种无处不在的、历史上新出现的权力,在某种程度上包含了所有的资本,这种观点的问题在于,必须解释的正是这种权力的来源和性质。把价格提高到高于价值("竞争"水平)的权力,表明了一种影响部门间转移的权力(在这种情况下,部门可能不与产业相吻合,但可能包括每个产业的一部分),确定价格的一般权力(垄断程度,Kalecki,1968)需要固定这种权力的限度,尽管这种限度可能不同于马克思在反驳具有"意愿"做这个或那个的全能资本家时所使用的概念(Marx,1971)。最近在后凯恩斯主义者中出现了动态寡头定价的概念,并得到了一些马克思主义者的支持(Eichner,1976;Harcourt,1982;Nell,1983a),这些概念建议通过对不同价格政策对市场增长的影响的估计来限制定价,以实现目标投资率(鉴于外部融资的上限)。虽然这些提法很有见地,值得继续研究,但不清楚它们如何影响我们对积累路径及其关键属性的概念。金融资本的概念似乎很有希望被纳入动态垄断的见解。最重要的一点是,金融控制单位摆脱了对任何具体商品循环的依赖;其目标是抽象的资本再生产和扩张。通过融资来源的内部化,金融资本家获得了更大的自由,摆脱了失去控制权的危险,因此在投资规划上有了更大的自由度,脱离了当前的收益,这是凯恩斯主义的自主投资概念的核心真理。我们可以在此基础上增加内部资本和外部资本的区别,其中外部资本不仅包括租赁者资本,还包括工人养老基金、保险等的总储蓄。在这方面,我们可以注意到资本的利润率(作为一个整体)和内部资本的利润率之间的区别,内部资本的利润率包括赚取的利率和支付的利率之间的点差,后者大概是支配战略决策的比率。

国有部门

本节将国有部门引入我们的经济模型。这是一个大大缩小的国有部门,其中没有生产。(考虑到像法国这样的经济体,国有工业一直是一股重要力量,可以建立一个私人－国家两部门生产模型,结果与下面报告的情况非常相似。)

政府收税代表了对当前产出的要求。然后,政府从资本家那里购买商品,并使它们可供公众使用。我们可以想象政府直接从工人——教师、武装部队成员——那里购买一些劳动服务,而不是以商品的形式从私有部门的资本家那里购买。当然,政府和私有部门的工人都会帮助消费这些公共产品,但由于他们没有得到报酬,在下面的内容中,不需要将他们考虑进私人产出中。然而,我们需要将私营部门的总产出分为私人销售的产出和政府征用的部分:

$$\hat{Y}=Y+G \tag{2}$$

虽然政府产出没有得到衡量,但政府支出 G 是可以衡量的,而且它等于税收 T。这个平衡预算假设的理由是,在我们把政府纳入信贷关系之前,信贷应该先被纳入理论中。由于国家的作用基本上是由私人领域的生产关系的性质决定的,因此,在逻辑上,信贷范畴必须先于涉及国家的信贷关系(赤字、盈余)。因此,我们保持政府预算的平衡。最后,请注意,收入份额(W,P)现在定义为税后,而且我们忽略了税负归宿的问题:关于税收的制度安排并不重要,而且决定税收是"真的"来自工资还是利润似乎也不重要。

现在可以写出基本的马克思主义方程:

$$\frac{P}{K}=\frac{Y}{K}\frac{P}{Y}$$

它等价于式(1)。从式(2)中替换 Y,将变成:

$$r=\left(\frac{\hat{Y}-G}{K}\right)\pi \tag{3}$$

出于分析资本主义行为的目的,我们保留利润率 P/K,现在它代表税后利润率。利润份额 P/Y 是利润在私人销售产出中的份额,它是衡量实现—停滞问题的程度和可能性的正确概念。然而,为了保留其作为产出(无论是私人的还是政府征用的)所使用技术的进化状态指标的意义,资本构成必须与总产出 $\hat{Y}$ 有关: $Q=K/\hat{Y}$。

我们现在可以考虑式(3)中的斜率项。很明显,如果 G 相对于 Y 来说是上升的,那么这个项的值是下降的,即使 Q 是恒定的,因此 Y/K 这一项不会下降。

因此，在存在一个重要的国有部门的情况下，即使有中性（Q 不增加）的技术变革，如果国有部门比私营经济增长更快，危机加剧的模式也是完全有效的。

更高级形式的危机

为了了解这对固有关键趋势的影响，我们必须考虑政府产出的性质，它可以大致分为社会工资（卫生、教育、福利）和"社会利润"（基础设施支持、军事支出、受补贴的研发等）(O'Connor, 1973)（有些东西，比如道路，显然同时属于这两类）。国有部门的相对增长压低了射线，将经济推向其普遍危机点，例如，在图 12.4 中的主要障碍 $\pi_{\max}$ 和 $\pi_{\min}$ 的交叉点。[①] 不过，国家支出的一个主要功能是缓冲危机的影响，上下移动隔离线。例如，支持利润的政府支出包括贷款承销、救助和对处于破产边缘的企业进行最后的信贷安排，研发补贴相当于对利润率的承销，军事支出保护投资，特别是在全球框架下。正如以利润为导向的政府支出的存在所表明的那样，金融障碍很可能更低。同样，社会工资支出可以缓解停滞和失业的影响，也许可以将有效障碍向右移动，达到 $\pi'_{\max}$ 的位置。因此，次级障碍的交叉点成为一种一般的危机点，然而，这可能是一个没有意义的问题，因为同样的过程，即国有部门的比重增加，既压低了射线，又导致障碍的消失。

射线和障碍之间的追逐很可能以射线追上障碍而告终，因为政府开支移动障碍的能力很可能出现快速的收益递减。然而，在一些最后的普遍危机出现之前，一个新的矛盾浮出水面：国有部门权重的相对增加招致合法性危机——资本主义社会关系的危险弱化，工人阶级（及其盟友）可能掌握在资本主义控制和优先权框架内发展起来的政治机制，并使用这些机制来实现自己的目的。[②]

对这一结果的恐惧可能引发一种动力，以扭转晚近资本主义社会中国家资本主义成分增加的势头，正如最近在美国和英国最明显的供给侧和"自由市场"的攻势。除了通常将保守主义经济学分为供给侧、预算平衡、政府削减和货币供应控制等要素（Campen and MacEwan, 1982），模型还使我们能够区分传统的保守主义政策的主旨——捍卫利润率（沿射线向上和向右移动）——与新的方法，即削减国有部门的相对分量并增加射线的斜率。（事实上，至少在某种程度上，新方法可能是对旧方法的意识形态上的掩护，或者至少是将政府支出从社

[①] 虽然这些障碍应该解释为如图 12.3 所示的"厚"区域，但为了简单起见，它们在这里被绘制为"薄"线。

[②] 这方面的经典文献由后来的法兰克福学派的思想家贾尔根·哈贝马斯写就。Habermas, 1975; Sensat, 1979。

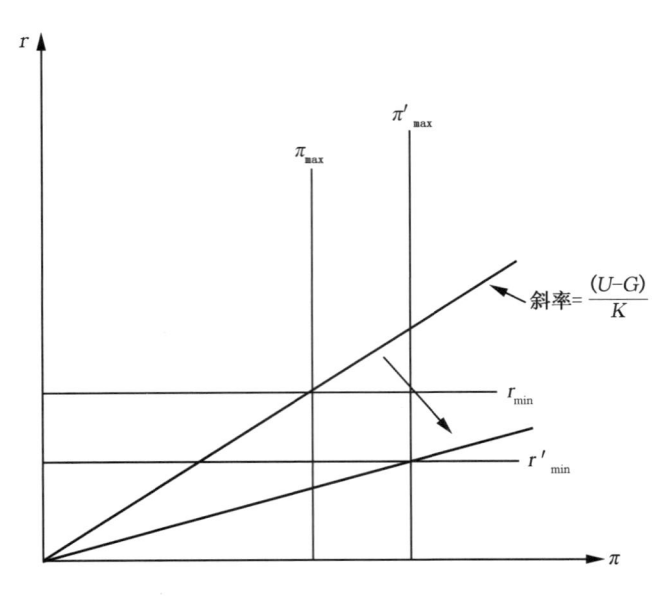

图 12.4 国有部门和障碍重置

会工资转变为社会利润形式的政策。)然而,G 的减少很可能与增加不对称,存在一种棘轮效应,因此,国家开支的削减将增加障碍并带来报复。这可以被称为紧缩危机,它与合法化危机一起,形成了比自由主义阶段的实现/清偿危机更高阶的危机(困境),并且仍然发挥次要作用。20 世纪 90 年代初的经济衰退,是自 20 世纪 30 年代大萧条以来最严重的衰退,可以解释为由预算(和减税)引发的紧缩危机覆盖了正常周期性危机。

我们现在已经达到了整合我所提出的内在关键趋势的最后阶段,它在某种程度上是作为对一元化思维的解毒剂,就像危机理论那样,后者把所有鸡蛋放在资本构成不断增加的单一篮子里。在图 12.4 中,这种可能性被另一种可能性所掩盖:国有部门的作用不断上升。现在,我们可以从本书第九章的危机理论讨论中了解到内部和外部资本之间的金融关系。该章的式(15)在此重述为:

$$r_i = \left[\frac{m(1+D)}{m+D^2}\right]r = \gamma r \qquad (4)$$

此处的 D 是外部/内部比率,假定随着时间的推移而上升,因此 γ 随着时间的推移而下降。那么,包括国有部门和金融关系在内的完整模型,可以用内部收益率的完整方程式来表示:

$$r_i = \gamma \left(\frac{\hat{Y}-G}{K}\right)\pi = \gamma \frac{1}{Q}\left(1-\frac{G}{\hat{Y}}\right)\pi \tag{5}$$

因此,存在不少于三种固有的关键趋势:一种是与 Q 的上升有关;一种是由于 γ 的下降;还有一种是基于国家与私人的比率 $G/\hat{Y}$ 的上升。这些过程中的任何一个都会恶化 π 和 r_i 之间的权衡。

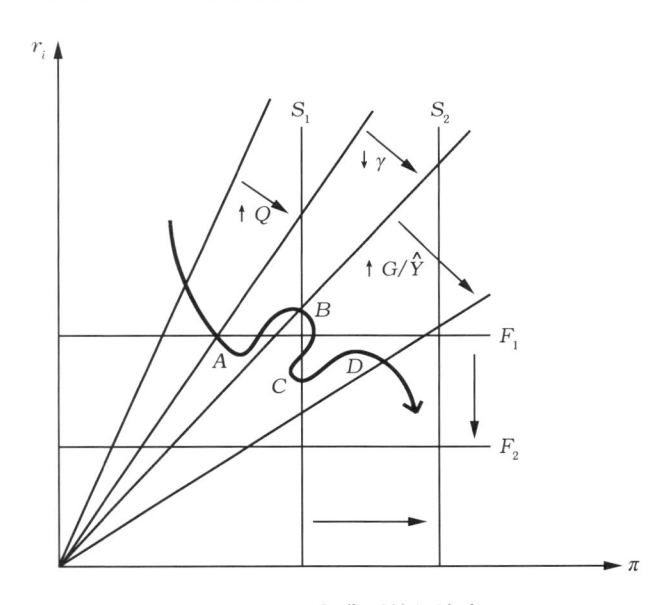

图 12.5 一段典型的经济史

事实上,我们可以利用这个框架来推测经济史的重大主题。参见图 12.5,图中绘制了美国经济在大约一个世纪的假设路径。该图分四个阶段。第一个阶段在 1873—1890 年的大萧条之前:根据这一设想,在 19 世纪的下半叶,推动经济发展的关键趋势确实是资本构成的上升。在这里,基本的潜在趋势可以视作由这一趋势背后的更常见的因素所强化,这得到了大量的经验证实,体现了在运输网络(特别是铁路)、电网和重工业生产基础上进行高度资本密集型基础设施投资的必要性。这个过程促使经济进入由金融障碍 F_1 主导的"普遍危机",即图中的 A 点,随后的萧条持续了近二十年。随着体制转型,也许特别是大型信托公司的崛起和金融资本在整体积累和控制中的作用增强,经济进入了第二个阶段,居于中心的关键趋势变成了不断增加的金融压力,特别是外部资本对活跃的企业家越来越多的掠夺,表现为相对利率的上升和银行权力的增长。(我们从不认为一个关键趋势完全取代了其他趋势;只认为在一个特定时期,一个或另一个趋势可能占主导地位。)在这个阶段,上升的 π 恢复了利润率。

在 B 点,在激动人心的 20 世纪 20 年代(以及反工会)的利润份额大规模上升之后,到达了第一个停滞障碍,即 S_1。这预示着 20 世纪 30 年代大萧条的到来和第三个阶段的开始。利润率急剧下降,直到 1945 年后才开始漫长的复苏(C 点),这一时期利润份额的上升只是"再生的"(见上文关于障碍的讨论),因为障碍本身已经向外转移,到了 F_2 和 S_2,这反映了现在由一个大规模的干预性国有部门向积累过程提供的新的和不可逆转的支持,然而,其增长也意味着第三个关键趋势的主导地位——上升的 $G/\hat{Y}$。大约在 1970 年,即图中的 D 点,发生了许多当代马克思主义和新马克思主义观察家所称的当代危机,这一关键趋势占据了上风,使利润率回到了长期的下降趋势。我不会试图将这一路径延伸到里根—老布什时代,尽管那是很容易建议的,令人振奋的(和反工会的)20 世纪 80—90 年代预示着与障碍的进一步对抗,特别是当新右派意识形态威胁要削减对这些障碍的社会支持时。

虽然这种分析是临时性的和推测性的,但我相信它提供了一种使用马克思主义基本理论结构的方法,不屈从于对任何有关长期趋势的特定命题的依赖,也不屈从于最近周期化尝试(积累的社会结构、调节体制等;Kotz,1990)等描述的不确定性。

对这类研究的经验方面的最后观察:如果我们再看一下图 12.5,可能注意到,A、B、C 和 D 四个点都相当接近。如果我对基本路径的假设是正确的,并假设对所有这些点的观察都会被相当多的统计"噪声"所包围,那么从观察中得出的合理结论是:利润率和利润份额是没有趋势可言的。这就是为什么我的假设是正确的。事实上,复杂的计量经济学技术很可能无法区分图中所示的几个时期,更不用说发现 r 下降、π 上升的长期趋势了。简单的经验主义根本无法找到复杂现实的基本属性。从方法论上公平地说,富有想象力的理论主义同样很难证明它的推测是有坚实基础的。但我认为,它们是值得思考的。

结 论

本章提出的模型是否有助于阐述当今资本主义经济的关键方面,还有待观察:信贷在晚近资本主义金融积累中的作用及其与政府赤字和债务的关系、通货膨胀的性质、宏观经济政策的性质和影响。

在某种程度上,我们已经为长期危机的理论给出了一些形式,它们是非常初步的。尽管如此，如果我们要弥合严格的概念化与丰富的现代问题的描述性处理之间的差距——前者未能纳入晚近资本主义的关键特征，后者则没有必要的理论结构，那么为这样一种理论打下基础似乎是必要的。

我试图保留对资本主义内在批判性的肯定，而不屈从于机械主义的表述。应该再次强调的是，上述任何概念或论证都没有暗示自动崩溃或超越的意义。同时，这个模型也揭示了一个中心结论，即资本主义的固有问题在这个社会经济体系的范围内是无法完全解决的。这个模型特别具有暗示性，它把自由派和保守派的经济哲学想象成各自抓住了积累的巨大困境的一只角：自由派在远离停滞障碍的道路上奋斗，而保守派则向另一个方向推进，远离危险的低利润率。传统观点中的两个阵营也分别向右下和左上方向推进，同时与正当化/紧缩的两难问题作斗争。相比之下，马克思主义的观点能够整体把握这些矛盾。与通常将马克思主义置于政治光谱的一端，将自由市场的保守主义置于另一端的观点不同，这一概念揭示了马克思主义的立场，基本上综合了传统自由主义和保守主义两极的部分真理，这是传统思维无法做到的，因为这种思维无法接受资本主义是一个具有内在的最终致命矛盾的系统。在这一领域追求辩证法似乎是一种微妙的平衡行为，然而，我越来越确信，机制和不确定性之间看似很小的裂缝，是进一步的理论综合和理解的道路。

第四部分

前资本主义与后资本主义

第十三章

生产方式与过渡理论

到目前为止,我们一直关注资本主义经济理论。在这一章中,我们转向更宽泛的历史唯物主义框架,在这个框架中,资本主义似乎是一个更加漫长的进化过程的顶点。为了评价这一领域自经典马克思主义形成以来的发展,我们从《科学与社会》杂志上关于从封建主义向资本主义过渡的历史性辩论(1977;Hilton,1979)开始。然后,我们继续讨论最近提出的一些关键问题,这些问题涉及一个更大的议题,即社会进化总体上是否"受规律支配",以及在什么意义上"受规律支配"。

罗杰·戈特利布(Roger Gottlieb,1984)在他关于摆脱封建制度过渡的研究中,识别了三种主要的过渡方法:多布、希尔顿、布伦纳和杜波伊斯的"阶级斗争"观点;佩里·安德森的立场强调经济和政治的融合,并侧重后者的影响;沃勒斯坦的"世界体系"理论,强调贸易的作用(这种观点与最初辩论中斯威齐的观点基本一致)(Dobb,1947;Hilton,1978;Bois,1978;Brenner,1976,1978;Anderson,1978,1979;Wallerstein,1974,1977;也可参见阿尔都塞在1970年阿尔都塞和巴里巴尔文献中的贡献;Hindess and Hirst,1975)。

戈特利布得出的结论是,这些方法各有优缺点,并呼吁综合每种方法的主要见解。然而,这种综合所涉及的各种因素使他得出结论:要做适当的处理,必须放弃生产方式的一般理论的概念,在这种理论中,一种方式包含一个关键的内部矛盾或"原动力",导致它被一种更高级的方式推翻和取代。戈特利布称这种一般理论为"硬"理论,认为封建主义的"硬"理论是不可能存在的。这是因为经济和政治的融合。马克思关于竞争资本主义的"硬"理论建立在自主经济过程确定性的基础上，而前资本主义社会形态中没有这种过程，意味着对它们只有"软"理论是可能的，在这些理论中，各种偶然力量形成了各种可能的结果。

然而，目前还不清楚戈特利布是否能够实现他想要的综合，这一定不仅仅是几种理论元素的折中并列。事实上，他值得称赞的综合意图与他对社会进化（对于除竞争资本主义以外的所有社会形态）的不确定性观点的承诺是不一致的。

在这一章中，我将论证一般社会经济发展的"硬"理论不仅是可能的，而且是必要的。那么，封建主义向资本主义过渡的问题就应该置于这种"硬"理论中，并且必须面对提出和捍卫这种理论所涉及的问题。

虽然下文展示的模型已经提出了好几年，但它的阐述是由科恩在历史唯物主义理论方面的开创性工作所激发的(Cohen,1978,1983)，这本身就引起了一轮富有成效的辩论(Elster,1980;Levine and Wright,1980;Miller,1981)。科恩的贡献是通过检视替代意义和消除歧义，巩固了基本命题的认识论基础——例如，"生产力的发展水平解释了经济结构的性质"。他令人信服地论证了，对生产力和生产关系（这些术语在下一节中会做详细定义）之间联系的功能性解释本身就明确了因果关系对生产力的归因，以及这些关系在生产力中的巨大作用之间的一致性。①

科恩同时注意到"说 A 解释 B 不一定表明 A 如何解释 B"，他断言"没有人给出好的答案"，诸如"经济结构促进生产力发展的事实如何解释经济结构的特征?"(Cohen,1983,pp.118—119)。这一章为这个问题以及相关问题的回答做出了贡献。

如果"硬"理论和"软"理论同时有效，那么它们一定发生在不同的抽象层次上，因此必须仔细区分。"硬"层次就是我所说的抽象社会总体性理论，其中确定的运动规律支配着生产方式的发展和转变，马克思称之为"铁的必然性"。接受它，对于历史唯物主义者的事业来说是绝对必要的，没有它，马克思主义理论就只能说是另一种实用折中主义。反过来，抽象社会总体性理论为研究历史唯物主义提供了一个概念结构，在较低抽象层次上，发挥作用的是偶然因素。对于（相对）具体的社会经济形态的观察不能直接反驳抽象层面上的关系和联系；这些关系和联系的有效性只能用一个宽泛的经验标准来检验，即它们在认识和改造现实方面的最终效用。理论体系的基本概念是从大量实践生成的信息中

---

① "没有其他处理方法能够保持生产力对经济结构的解释性首要地位与后者对前者的大规模控制之间的一致性……"(Cohen,1983,p.120)。可以在关系或经济结构（基础）和政治－法律复合体（超结构）之间获得类似的功能－因果关系，我们在本章中的注意力集中在生产力与关系上。

("综合")提炼出来的,相比之下,"分析"是基础概念通过连续的具体化,即具体的"重建",对实在性的解释/转换的适应。正如马克思所指出的,论述从综合的结果开始,因此综合的结果采取预先给定的公理形式。①

这使该项目具有理性主义的外观:分析具有唯心主义运动的外观,真实世界实际上是由思想元素"构建"的。唯物主义认识论必须支持认知过程(分析、综合)的两极,并因此努力超越经验主义(否认分析)和理性主义(否认综合)。事实证明,布丁在吃的过程中就能得到证明。②

下一节的目的是呈现抽象的社会总体性模型,在这之后的一节考察了关于模型具体化的各种问题,并在这一背景下讨论了关于过渡的辩论中出现的一些问题。最后一节重新考虑了方法论和认识论问题,并简要讨论了更广泛的含义。

抽象的社会总体性:生产力与生产关系

该模型是对历史唯物主义理论中公认概念的形式化。它的目的是赋予这些概念以精确性,揭示新的确定性特征,正是这些特征为识别不同抽象层次赋予了力量。

我们从生产力、生产关系这两个术语,以及与二者关系有关的概念开始(Suchting,1983)。生产力是社会活动中建立并再现社会与自然必要联系的那些方面。生产关系是社会活动中建立和再生产人际关系结构的各个方面。应该强调的是,生产力和生产关系是单一社会过程的各个方面,并且确实共同定义了这一过程。按照经验主义的方式对成分或"事实"进行分类和归类之后,不应将其视为不可约元素的离散集合,因此,技能是"属于"生产力(连同工具)还是属于生产关系(连同权力的分配和结构)的问题是一种误解。劳动过程的大部分要素同时具有生产力和生产关系两个方面。③

为了定义以生产力为中心的第一种关系,我们借用了马克思提出的另一个

---

① "当然,在形式上,叙述方法必须与研究方法不同。研究必须充分地占有材料,分析它的各种发展形式,探寻这些形式的内在联系。只有这项工作完成以后,现实的运动才能适当地叙述出来。这点一旦做到,材料的生命一旦在观念上反映出来,呈现在我们面前的就好像是一个先验的结构了。"(Marx,1967,vol. I ,p.19)

② 应当清楚地说明,我在这一章的目的是在历史唯物主义范畴的框架内提出一个概念方案。因此,我不仅忽略了马克思主义对经验历史的诸多贡献,还忽略了新兴的定量("计量史学")文献,这些文献研究了前资本主义社会中社会经济现实的各个方面。

③ 经验主义者和马克思主义者的阶级概念之间可以类比。区别在于是将阶级看作个人的集合,这是可以对个人"分类"的原则,还是把个人看作主要的社会现实,他们的兴趣和品质以各种矛盾的方式体现在个人身上。dos Santos,1970。

形象，并谈到了动力：一种推动渐进变革的根本的、无处不在的压力。限定词"无处不在"指的是这种力量的内在特征，它不需要由外界来决定。限定词"渐进"将变化限制在单一的、确定的方向上：人类适应、改造和利用自然环境中潜在力量的能力不断增强。虽然这种内在动力的存在并不是不言而喻的，但它是人类"这一物种"区别性的一种非任意的暗示，在不同场合分别称作意识、自我意识、象征、超有机体等，并与劳动过程密切相关。① 因此，生产力的进步特征并不取决于特定的制度安排或动机，虽然它体现在通过特定关系控制生产力的人的意志中，但它的普遍存在与主观或文化特定因素无关。

在继续前进之前，提及"原动力"概念的某些特定标准可能是有用的。人类意识的超有机体性质，无疑确立了抽象的、反事实的思维的可能性，因此也确立了人类改造外部现实的独特潜力。这并不意味着所有的社会，无论何时何地都在其文化信仰和实践中捕捉到这种可能性。原始文化在丰富的自然环境中的存在——潜在剩余巨大，但没有明显的动机去占有它并利用它来改变生产关系——有时被用来反驳"马克思主义者"的立场。然而，我们所需要的只是在某些历史的结合中，存在使给定潜能动态实现的要素，并且这些结合将因此支配其他的结合，并广泛地决定随后发展的进程。这就确立了生产力进步的必要性，即客观的"原动力"属性，然而，它只存在于具体的人类个体在特定文化历史情境中行动的愿望和可能性中。从这个意义上来说（也许不是在其他方面），我提出的概念结构应该能够应对"分析马克思主义"学派提出的挑战：从反面来说，不要使用不能基于具体人类个体行为的加总概念。

在图 13.1 中，生产力（PF）的"原动力"方面由每个面板左侧的粗体箭头表示，向下移动表示"时间"的进展。面板 a 中"时间"的下标 0 和 1 是任意的，正如我们将看到的，它们在 b 组中具有更精确的含义。

第二种关系指出，在生产力和生产关系（PR）的相互作用中，决定性的因果关系是从前者到后者。这由图 13.1 中的虚线箭头表示。如果因果关系是双向的，在两个方向上运行，则必须确定因果关系的首要程度，否则，这种关系不是

---

① 我提一部我认为特别有说服力的作品：怀特（1969），尤其是第一部分《科学与符号》，以代替关于这个主题的大量文献的参考书目。马克思在其成熟的著作中论述了人类意识的质的区别及其与人类和环境在不同地方必然的动态关系的联系，其中有一段话很著名："最蹩脚的建筑师从一开始就比最灵巧的蜜蜂高明的地方，是他在用蜂蜡建筑蜂房以前，已经在自己的头脑中把它建成了。"（Marx，1967，vol. I，p. 178）另见："在某种意义上，人像商品。因为人来到世间，既没有带着镜子，也不像费希特派的哲学家那样，说什么我就是我，所以人起初是以别人来反映自己的。名叫彼得的人把自己当作人，只是由于他把名叫保罗的人看作是和自己相同的。"（1967，vol. I，p. 52）这意味着米德和库利的符号互动学派已经出现数十年了。

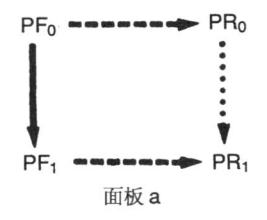

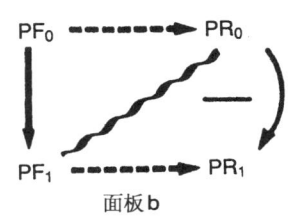

图 13.1　生产力/生产关系动态

因果关系，而仅仅是相关关系，这种关系是描述性的，而不是解释性的。相应地，占主导地位的因果关系从 PF 延伸到 PR，允许在另一个方向上出现更弱的相互影响。这里不会对主导性因果关系的方向进行先验论证，除了显而易见的如下情形：生产力对生产关系的可能变化设定了限制，而颠倒因果关系的顺序会违反这样一个前提，即具有"原动力"特性的是生产力，而不是生产关系。

将这两种关系结合起来，我们看到生产关系与生产力同步发展，形成了一个生产力/生产关系体系。这在图 13.1 的面板 a 中进行了说明，其中右侧的虚线箭头显示由内生性演变力量确定的关系的演变（考虑到相互影响）。当演变采取非周期性和非对抗性的形式时，这个面板可能被认为代表了社会演变——这些最后的属性将在图中的面板 b 中得到定义。换句话说，在面板 a 的情形中，没有任何东西会导致矛盾的发展，它的发展涉及破坏自身的发展，也没有任何东西导致对社会演变的不同时期或阶段的划分。如上所述，这就是为什么面板 a 中的时间下标只代表任意的时间差。

在面板 b 中，生产关系有一种系统性趋势（超越简单的惯性或一般的变革阻力）使生产力停滞不前，而不是以连续的方式发展，以便与生产力保持一致的关系，这是由于生产关系的阶级对抗特性。以一对剥削阶级和被剥削阶级为特征的生产关系不能自发进化，因为主导（剥削）阶级既有意愿也有能力阻止必要的进化，的确，它的再生产所处的环境也要求它阻止这种进化。这在面板 b 中由图右侧的水平线"堵塞"进度来表示。尽管如此，由于生产力的发展，生产力和生产关系之间逐渐缺乏相关性，目前用 PF_1 和 PR_0 来表示。连接这些术语的波浪线说明了静态生产关系和不断发展的生产力之间的紧张关系，拉伸的橡皮筋形成了有用的图景。当橡皮筋断裂时——它最终必然断裂——生产关系克服了障碍（弯曲的箭头）并迅速与生产力保持一致（相对于先前演变过程的时间框架，必须被视为质的飞跃）。这种（相对）突然的飞跃造成前后两个生产力/生产关系体系的脱节，下标不是指时间上的任意时刻，而是指不同的体系，

PF_0/PR_0 和 PF_1/PR_1 现在被确定为不同的连续生产模式。"革命"这一术语可以留给发生飞跃的过渡时刻。

至此,生产力/生产关系模型由两种可供选择的社会发展形式组成。它们似乎彼此无关,并且同样可能存在。事实上,面板 a 的过程可以被认为是人类社会"前历史"和"后历史"的特征(它们分别被确定为原始共产主义和共产主义"生产方式",尽管它们被称为"模式")。反过来,面板 b 代表"历史",它作为一个整体,只是非对抗性演变形式早期和晚期之间的过渡阶段。这个过渡阶段又分为三个子阶段,或称生产方式,其运动规律是周期性的/对抗性的,如面板 b 所示。我们有五个不同性质的时期——原始共产主义、奴隶制、封建主义、资本主义、社会主义/共产主义,其中第一个和第五个不是严格意义上的生产方式,但可以这样认为,因为它们是由中间时期的模式特征所区分的,其中,中间三个采取对立的形式,并且不是按照随机顺序,而是按照指定的顺序推进。

我们正在描述一个绝对确定的阶梯,这种确定性被视为存在于基本概念的逻辑含义中,尽管这些概念本身是认知合成时刻的结果。由此,逻辑分析,特别是辩证逻辑、展开的逻辑,提供了实际历史过程的精华,基本概念就是从这个过程中衍生出来的。① 这种研究方法的范式当然是马克思在《资本论》第一卷中对使用价值和交换价值概念所构建的。我们将考察生产力/生产关系模型的内在逻辑,以推导出线性进展通过五个阶段的必要性。然而,除了在抽象的社会总体性模型中,这种必要的进展在其他任何地方都不会发生。在下一节,具体历史的不确定过程将重新焕发光彩,不过,它会根据从自身衍生出来的和内在的理论结构进行重建,并再次出现。

我们现在的任务是在抽象社会总体的水平上推导出阶段的决定性,即每个阶段的特征和每次过渡的必要性。

我们将要描述的社会进化不包括占据特定领土或空间的所有个人(和社会关系),一般来说,它将被一个惰性的社会环境所包围,主要包括农民用以维持生计的农业或游牧狩猎。在这个被动的群体中,在他们和动态的生产方式之间,交换或商品生产在发展,首先是原始的、偶然的交换,后来出现了简单商品

---

① 如果要在用"束缚"概念解决科恩的困难方面取得进展,那么对阶段及其性质和矛盾的精确描述是必不可少的(Cohen,1978,p.125ff.)。尽管可以用生产力/生产关系模型来概括通过阶级斗争和革命来解决生产力和生产关系之间矛盾和束缚的事实,但这些概念必须通过在每个(抽象的)生产模式中单独看它们的必要性来证实。

我们不需要假设存在"辩证逻辑",即与形式逻辑相对的一套话语规则,就可以看到"辩证法"(恩格斯的三个、列宁的十六个及其他)的分析能力,即使在它们的认识论地位还不清楚的情况下,我们也会使用这些法则。Engels,1939;Lenin,1961;Cornforth,1965;Mussachia,1977;Priest,1989—1990。

生产的规律性。虽然后一种概念近年来受到了负面的报道（Weeks，1981；Meek，1967），但我相信它是交换关系理论构建中的一个基本要素，在资本主义出现之前的历史时期，它在所有领域都普遍存在。简单的商品生产方式是不存在的，出于我们在描述封建主义向资本主义过渡时将会出现的原因，简单的商品生产如果不演化为其更高级的形式，即资本主义商品生产，就永远不可能成为普遍的生产方式。此外，简单的商品生产不具备动态性质，即促进生产力的发展，使其有资格成为生产方式，事实上，它的内部规律几乎总是因与生产方式的接触而扭曲，而它正是通过交换获得次级收益。总而言之，生产方式的演变是在小规模的个人生产和交换的背景下进行的，不过，这两个因素仍然是分离的和被动的，直到产生把它们变成一种动态生产力的条件。

为了构建生产方式的阶梯式进展，我们将确定每种模式的三个方面。它们是：(1)从前一种模式继承而来的先决条件，使当前模式的存在成为可能并支配其核心特征；(2)矛盾，即固有的张力，通过这种张力，模式因其自身不可避免的发展而遭到破坏并变得不稳定；(3)贡献，即后续模式的前提。因此，这些模式是连锁的：每种模式都通过呈现由"矛盾"决定的特征来解决前一种模式的"矛盾"。

表13.1总结了生产方式的主要特征，这些特征可以结合该表来提出。如表中所附的关键字所述，几种不同类型的箭头区分了不同的因果关系级别或程度。"生产力"和"生产关系"栏本质上是对图13.1的阐述，或者更确切地说，是该图中以垂直顺序排列的一系列结构。关于右侧的一栏需要注意："地中海—欧洲地区"在这里仅用作真实历史过程的说明性原型，从中合成抽象的社会总体。该模型并不打算直接描述这个地区相对于其他地区的特定历史环境；尽管由于稍后会提出的原因，欧洲的经验与抽象的生产力/生产关系阶梯有着特殊的关系，但它并不是一种"理想型"，而抽象模型是完全从这种"理想型"中得出的。将它包括在内，是为了有助于将生产方式置于与它们所源自的实际过程的粗略关系中，正如马克思使用英国（一定程度上是出于实际原因）作为工业资本主义的原型，而没有将它指定为一般资本主义发展的绝对标准的作用。[①]

[①] 后来有人会说，西欧为最早解决的矛盾提供了场所，其原因与社会进化发生的自然环境不同有关。这是"环境"或"地理"决定论，但不是其背后的过程，只是其在实际历史过程中具体化的细节。地中海—欧洲的发展一旦完成，就会影响世界其他地区，并超越这些地区生产方式的发展。不必说，在一个世界区域导致进化突破的偶然情况，绝不是将任何先天优越或进步的文化或智力品质归因于该区域的人民。从这个意义上说，"欧洲中心主义"根本不存在争议。然而，鉴于自公元16世纪以来欧洲霸权，以及随之而来的现代世界许多其他地区学术发展的滞后，一个合理的问题出现了，即地中海—欧洲地区是否在生产力/生产关系概念的综合中发挥了过大的作用。综合是一个持续的过程，随着知识基础的扩展，抽象的类别本身也在不断重组。这是理论史上正在进行的研究的一个重要领域。

表 13.1

生产方式	生产力	生产关系	地中海—欧洲地区的关键技术变革
原始共产主义	在仅能维持生存的水平上联合,合作劳动 ↓ 集体生产的剩余 ---→	在无差别的家庭、亲属群体中互帮互助 分层、社区亲属关系的解体	采集食物、狩猎、园艺 农业革命:公元前7000—6000年 锄头、镰刀、陶器、纺锤、织机:公元前5550—4250年
奴隶制	基于劳动简单结合的粗放式增长 ← ↓ 能量源泉、劳动手段和劳动对象,用于集约生产	奴隶、奴隶主阶级;由直接物质力量再生产剥削 生产者激励弱化→再生产危机:生产力下降,剩余产品率下降	铜:公元前4250—3750年 轮式车辆:公元前3750—2750年 青铜、风箱:公元前3250—2750年 炼铁:公元前1400—1100年 阿基米德、动物能量:公元前250—100年
封建主义	基于单个生产者生产率的集约式增长 ← ↓ 个人生产的剩余;分工范围扩大 →	农奴被束缚在土地上、领主权力分散上。农奴的家园:激励措施改进 市场扩大,封建关系瓦解。贸易→生产危机:生产力提高导致剩余产品率下降	水力翻转水车、木工刨:公元475年 马鞍鞍具、耕作马具、马蹄铁、马镫:公元850—950年 风车、动力机械、轮作、地形农业:公元1050—1225年 现代犁、车床、铸铁:公元1225—1400年
资本主义	机器制造,生产中的分工 ← ↓ 社会化生产:社会所有制的技术基础 →	商品生产延伸到生活用品、劳动力。生产者通过自发的价值化从生产资料中剥离出来。 再生产危机:生产力上升,剩余产品率;有效需求,利润率等	工业革命——纽科门(Newcomen)蒸汽机、飞梭、焦炭冶炼等:公元1650—1800年 电力、流水线生产、核能、电子、机器人:公元1850年至今

箭头的含义:
——→ "动力":不需要由外部确定的内生过程。
--→ 因果关系1:根本决定
——→ 因果关系2:充分条件
--→ 因果关系3:必要条件

资料来源:表格最右侧源于Lilley(1966)和Childe(1969)的材料。

原始共产主义

如前所述,原始共产主义实际上是一种准生产方式,按照图 13.1 中的面板 a,它具有非对抗性的发展。它起源于从生物学到文化的交叉,劳动(物种对环境的有意识改造)取代自然选择(环境对物种的无主体改造)成为进化的动力。在这里,生产力对生产关系的决定采取了一种明显的形式:基本的生存斗争要求几乎没有社会分化和无阶级的社会结构。文化人类学所研究的大多数文字前文化,必须假定已经处于从原始公共模式开始的过渡状态,这种过渡包括原始亲属关系形式的逐渐消失和基本劳动分工的出现,并伴随着缓慢分化的仪式劳动、世袭祭司的出现、令人反感的地位等级等等。这种情况的基本原因和前提是集体(农业)生产出现永久的因而是可靠的剩余,在我们的历史原型中,这显然取决于农业中的粮食革命。

剩余是对立阶级出现的必要条件,尽管不是充分条件。尽管剩余和社会分化之间的联系被赋予了"因果关系 1"的地位,但这里仍有一些问题有待解决。一个显而易见的马尔萨斯式的问题是:为什么人口增长不能利用给定领土内不断增长的生产潜力?答案可能是人口增长由文化决定,而不是由生物学决定,马尔萨斯在后来的时代衰落了,但这个答案显然需要详细阐述。另一个问题涉及"剩余"的定义。如果需求随着生产力的发展而变化,并且由于长期形成的实践的文化惯性,分配仍然是平等的,那么就没有剩余可以"捕获"。显然,阶级分化通过使一部分社会产品被占有并因此被确立为剩余而发挥了次要的因果影响。提到相互竞争的部落群体之间的战争和俘虏被用作奴隶是有帮助的,但它们引发了战争,这本身就需要解释,因为没有任何天生的战争倾向。将战争从本质上视为集体剩余的出现所引起的社会分化的结果,而不是原因,可能更有帮助。然而,就目前而言,可以说生产力的逐步发展需要精英阶层获取并创造盈余,精英阶层则演变为统治阶级,并且可以通过未能实现这一点来精确定义替代的发展形式(请参阅下一节中的"堵塞"概念)。

奴隶制

随着原始共产主义向奴隶制的跨越,抽象的社会总体性进入了阶级对立模式的时代。我们首先讨论核心概念:阶级。

当然,阶级代表着不同的生产关系,因此由与社会生产过程相互定义的关系组成(经典短语中的"生产资料")。在阶级对抗生产方式的纯理论中,我们只需要考虑每种模式的两个基本阶级(尽管转换揭示了更复杂的运动,有时涉及第三个阶级)。基本阶级(剥削、被剥削)是基本的社会现实,存在于个人之外,个人可能(并且确实)以复杂和矛盾的方式体现阶级利益。[①]

作为在对立的生产方式中定义两个阶级的关键关系,剥削是通过剥削阶级对劳动过程的控制,将被剥削阶级的大部分劳动产品系统地转移给剥削阶级。只有在阶级关系的再生产手段确立之后,生产方式才能得到充分的界定。这些是剥削阶级对被剥削阶级的强制手段(因为我们假设劳动力转移必须是强制的)以及这些手段的再生产,简言之,剥削阶级继续剥削的权力以及被剥削阶级的依赖与从属,在生产关系界定它们的过程中得以更新。

取代对立生产方式的关键在于强制手段的性质。给定的方法只能在适当的生产力水平上使用,并且随着生产力超过历史水平,将逐渐变得不可用,然后需要向更高级形式的剥削过渡。因此,随着每次向更高级的生产方式过渡,剥削的形式变得越来越复杂、微妙和强大。

在奴隶制生产方式中,由其再生产方式定义的阶级涉及最残忍的剥削形式:直接的身体约束和强制,在所有权上合法化。生产力的水平是至关重要的决定因素,人口动态也包括在内。生产力使集体劳动的剩余能够既支持统治阶级,也支持有闲暇生产科学要素的社会群体,它将支配生产力的进一步发展。然而,在整个毗连领土上建立奴隶模式的人口密度不可能得到支持。奴隶制生产方式除了必要的奴隶供应内部再生产,不能"填满"它所寄居的空间。因此,如果要防止被剥削阶层的成员迁移,或以其他方式恢复公共生产或自给生产,以奴隶制形式对该阶层进行身体上的奴役是必不可少的。因此,我们必须首先描绘出控制的奴隶机制的稳定再生产,对奴隶的劳动中产生的剩余物质进行物理强制的机制。决定奴隶制生产方式下生产力发展形式的关键在于残酷的控制方法。以及对奴隶相应的低激励。如果给予最起码的生存条件(这对于控制的目的是必不可少的,而不是简单地反映最大化剩余的愿望),奴隶既没有欲望也没有能力操作或维持复杂的生产手段(工具、动物)。此外,将这些手段交到奴隶手中意味着冒着被用作武器或逃跑手段的风险,从而使控制问题复杂化。因此,在试图提高生产率(每个奴隶的产出)时会遇到固有的限制,只有通过经营规模的增大,奴隶种植园变得更大,奴隶人口增长,才能增加剩余的规模。这是生产力的粗放增长。它利用了奴隶生产的一个在非对抗关系下无法获得的特征:通过蛮力动员大量劳动力的能力。这种能力在农业、土地清理和道路、采

[①] 参见马克思《资本论》第一卷第 10 页:"我决不用玫瑰色描绘资本家和地主的面貌。不过这里涉及的人,只是经济范畴的人格化,是一定的阶级关系和利益的承担者。"

矿和冶金领域中应用到极限,这是生产力发展的一个重要方面。在奴隶劳动的基础上出现的劳动手段和劳动对象,包含了在个人劳动基础上生产力的集约发展潜力,这是奴隶制对封建模式的贡献的核心(也许由奴隶主阶级内部产生的科学来补充)。这就在抽象的社会总体层面上排除了从原始共产主义向封建主义的直接过渡,从而确立了奴隶制生产方式在理论上的必要性。

事实上,在奴隶制内部有效地阻止了集约式增长,然而,这也导致了奴隶制生产方式的矛盾。将外延式增长的驱动力与上文提到的不能允许奴隶拥有家庭"部门"的自主权这一事实结合起来,因此,大体上不进行有性繁殖,奴隶既要实现替代(可以假设平均生产寿命为 5 至 10 年),又要从外部来源获得增长。对日益增长的内部奴隶人口的控制,以及从外部获取新奴隶的军事力量,都必须从内部奴隶生产产生的剩余中获得资金。(一些剩余可能来自周边农民社区和处于向奴隶制经济过渡的早期阶段的臣民的税收;然而这也需要军事支持,投入—产出系数必须接近 1。)我们可以假设在内部和外部的强制手段下规模报酬递减,也就是说,如果奴隶人口增加一倍,就需要剩余支持的强制机制增加一倍以上,同样,奴隶的外部来源也受到更大的压力。因此,我们得出结论:有效剩余(扣除再生产费用)与总产出相比相对下降,并且最终绝对下降。在这种情况下,控制必须减弱,奴隶生产的生产力必须下降。这是奴隶制生产方式的内部危机,具体表现为生产率下降,剩余产品下降,有效剩余产品下降幅度更大。这场危机的外在表现是奴隶反叛的显著增加,外部挑战对奴隶制社会的压力,以及随之而来的奴隶主阶层内部的政治危机。

奴隶制生产方式下的控制需要集中管理。城市因此而首次发展,由于生产力发展水平低,城市寄生于农村。它们的重要性在于它们是政治控制的中心,因此也是最早的国家形式。奴隶制生产方式中的国家本质上与统治阶级没有区别,统治阶级一致行动,在它控制的整个领土或地理空间上管理其事务。虽然奴隶主阶级因此是一个国家阶级,但是认为这两个概念可以互换是错误的。从奴隶制生产方式所做的是履行统治阶级的中心职能,即确保其统治和统治所依赖的剩余的再生产这一事实可以看出,阶级是基本的范畴。

奴隶模式的矛盾现在确立了,它对封建模式的贡献也确立了。然而,在研究继续之前,必须提到一处困难。在我们的故事中,奴隶生产中激励/控制问题的中心地位似乎受到了奴隶制社会中存在的不平等的挑战,包括高技能和独立的阶层。这类似于内战前美国不合时宜的奴隶制中"家奴"和"田间奴隶"的划分。奴隶人口中熟练工匠甚至管理人员的存在是否破坏了奴隶关系只与低生产率的生产方式兼容的普遍命题?我相信矛盾只是表面上的,只要我们说明生产方式中的激励和控制的性质只能建立在整个生产关系的层次上。上层奴隶确实在更高的层次上发挥作用,对这些阶层的强制是由降到较低阶层的可能性——事实上是持续的威胁——建立起来的。这种强制只有在较低阶层的再生产成功的情况下才有效。因此,熟练的劳动奴隶关系不可能孤立存在,事实上,过度扩大该阶层会导致控制危机。在工人既能自主又能被剥削之前,除非在一个属于更原始的早期剥削形式的阶层中,否则进一步发展生产力是有必要的。

封建制

继奴隶制之后的模式必须克服该制度遗留下来的危机,同时使生产力能够朝着先前发展所可能实现的集约方向发展。这两个问题是相互关联的:封建生产关系通过克服大规模生产的强制/控制问题,确保只有集约增长才是可能的。

最基本的阶级是领主和农奴。作为奴隶制危机的一个方面,人口密度已经大大增加了。[①]

不过,社会组织的单位是庄园,由一个地方领主、他的随从和(也许)几百个臣属农奴组成一个完整的、自给自足的、自我复制的生产体系(与奴隶制模式一样,贸易在间隙中进行,主要影响剩余的形式,但对于潜在的社会经济组织来说无关紧要)。社会"空间"(物理领土)由许多这样的庄园占据,的确,大部分是由它们来填满(这是封建控制的一个关键因素)。庄园之间的关系是不规则和不系统的,因此政治控制是碎片化的、小规模的。

强制手段,即阶级再生产形式转变的关键在于直接控制从生产者(奴隶制生产方式)转移到生产的自然条件——土地(封建制生产方式),因此变为对生产者的间接控制。它最终依赖于物理力量(领主在小范围内复制奴隶主的镇压机构),辅以人口和庄园单位的密度,使得移民很难阻止这种形式的再生产危机。

---

① 人口密度通常随着生产力的发展而增加。在奴隶制模式下,人口密度增加主要是从边远地区强制移民、招募奴隶来实现的,而不是通过家庭繁衍来实现的,如上所述,大部分奴隶人口无法进行家庭繁衍。中间阶层很可能也会增加,因为作为上层建筑的贸易和控制活动是在奴隶过剩的基础上产生的。因此,奴隶制给封建制度留下了显著增加人口密度的空间,尽管除上层奴隶之外的所有人都被剥夺了生育权。

这个概括显然不适用于美国内战前的奴隶制度。与原始资本主义积累相关的奴隶制在历史上是不合时宜的,不能作为奴隶制生产方式的原型。即便如此,仍有迹象表明,稳定的家庭结构最终与奴隶阶级关系的再生产是不相容的,奴隶贸易中家庭的破裂可能更多地与控制问题有关,而不是出于纯粹的商业考量。

当阶级再生产的形式随着向更高级生产方式的过渡而变得更加微妙时,意识形态在再生产中的作用就变得更加明显。在西欧封建主义中,这种形式是罗马天主教,一种在被剥削/生产阶级中发挥系统作用的国家一教会机构网络(在奴隶制生产方式中没有对应的东西)。封建意识形态一般是确保领主霸权的再生产手段的一部分:地位(对庄园的依恋)、忠诚、神权等概念。①

农奴与其领主的关系存在很大差异,不仅在时间和空间上,而且在一个庄园内也是如此。范围从佃农(支付实物租金的个人耕种者)到自留地农奴(专门耕种产物直接归领主的土地)。而在奴隶制生产方式中,上层奴隶的潜在地位只与底层(决定性阶层)的条件有关。在封建庄园中,关键的一环是中间阶层,即农奴的地位,他们耕种自己的土地,这是他们与生俱来的权利,同时也有义务为领主提供劳动服务。剩余劳动和必要劳动的分工不同,反映了阶级力量的平衡,然而,这是完全可见的,体现在正式规定的工作义务和意识形态中。

农奴对自己的土地和工具的控制,以及农奴和领主之间对劳动时间的正式分享,意味着农奴可以享受到生产力提高带来的一些成果。这就是封建制相对于奴隶制生产关系的激励优势。在欧洲,这意味着在农业中引入风力、水力和畜力,在生产中使用金属,最终形成铁犁,以及需要通过技巧和精心管理(轮作、灌溉、等高耕作)来发展的栽培技术,所有这些都是基于在奴隶模式下产生的生产力潜力,但由于奴隶生产关系的固有限制而未能实现。对个体耕种者和工匠的激励,加上庄园规模小所带来的结构性限制,决定了封建生产方式中的生产力发展以集约型为主。因此,我们再次发现,生产力发展是主要的动态因素,或称动力,而生产关系控制着这种发展的形式,在当前情况下是集约增长。

正如其他对立的生产方式一样,封建矛盾和危机是由这种发展决定的。然而,危机的形式是与众不同的,敌对的生产关系将自身置于主要封建阶级之间,有一种向中心运动的趋势,从而取代了在奴隶制和资本主义下观察到的两极分化运动。封建矛盾的主要根源是个人生产的永久(可靠)剩余的出现,其坚实的先决条件当然是只有封建的生产关系才能实现生产力的集约增长阶段。正是这种集约产生的剩余使商品生产能够承担新的角色,最终走向生产关系的中

---

① 莱斯利·怀特(1959,chap.13)提出"国家一教会"的概念,作为文明早期阶段的一般概念。然而,我选择不将两者完全结合起来,因为在从奴隶到封建模式的过渡中,社会控制的行政强制(国家)和意识形态(教会)方面的平衡不会是固定不变的。

同样,意识形态的作用构成了另一个领域,在这个领域中,适用于抽象生产方式的概括不适用于特定的历史情况。美国的奴隶制在很大程度上依赖于意识形态的控制机制,在这方面必须与古代的奴隶制度区别开来。

心。在上文介绍的一个术语中,商品生产的主要组成部分现在是简单的商品生产,而不是以前的原始商品生产。由于农民能够在预期可交易剩余的情况下进行生产,贸易可以扩展到生活资料和生产资料,而不是局限于奢侈品。交易会成为常态,城镇发展成城市,市场开始发挥催化作用,成为庄园经济的溶剂。与早期从原始共产主义向奴隶制过渡的类比可以得出:在早期情况下,分层存在于原始文化中,起着被动的作用,但随着集体剩余的出现,分层转变为一种积极的、消解的力量。在后一种情况下,市场是被动的,直到个人剩余的出现允许它发挥积极的作用。

封建危机的发展涉及由密集释放剩余的力量(以城市、贸易和以它们为基础的新阶级的崛起为标志)和旧的封建生产关系之间的激烈互动。由分工引起的农奴制替代方案,为市场生产的独立手工业的兴起,以及农产品城市市场的形成,代表了基本封建生产关系的危机。领主可能以各种方式回应,权力的平衡可能向任何一个方向转移,这取决于持续的阶级斗争的结果,然而,长期的趋势是需要劳动的比例("封建租金比率")下降,剩余产品的比率也随之下降(Nell, 1967)。领主可以限制农奴的劳务,以阻止人口向城市迁移;他们可能减少劳动服务,代之以实物支付租金的制度,这一举措也是出于他们推销商品的愿望,最终,他们可能同意支付货币租金,使农民能够直接销售他们的产品。这些至少在一定程度上是为了加强和维护庄园系统的措施,但最终会进一步削弱该系统。

向资本主义的过渡

封建晚期城市的商业经济当然不是资本主义经济。这种更高的——事实上是最高形式的——对立阶级再生产的出现,要求简单的商品生产转变为资本主义商品生产。在这种形式下,剥削是通过社会关系的价值化实现的,特别是劳动力作为商品的生产和再生产,并通过资本主义商品生产部门和自主家庭部门之间的自发关系实现的(见本书第三章)。工人与生产资料的分离不是通过武力来实现的,无论这种武力有多弱,而是通过市场对社会系统化的不负责任来实现的,在市场中,成千上万的日常交易使指挥社会劳动的权力合法化,这种权力被赋予足以定性地充当资本的所有权。因此,变化形式的"面纱"不仅仅是理解上的神秘化,它是资本主义所有者和无产者之间的阶级关系再生产的一个基本组成部分,在这种关系中,在不基于商品生产的对抗性生产关系下,强制力被放大到无法想象的程度。

故事通常可能这样讲述:剥夺、圈地、殖民过程长达几个世纪,总的来说,强制建立劳动力卖方大军是资本原始积累的核心要素(一个经典参考文献是 Polanyi,1957)。然而,在马克思主义史学中,这个故事的呈现形式本质上是描述性的,给人的印象是作为资本家萌芽的商人,作为实业家萌芽的工匠,以及"真正革命道路"的追随者,即(在现代意义上)被剥夺和奴役、通过纯粹的意志努力即将成为无产者的大军。可以将原始积累简单地解释为一种旷日持久的动力,其中资产阶级显然是自愿存在的。这种观念有目的论的成分。阶级再生产一旦存在,就呈现出自主运作的形式,体现了资本主义社会的"运动规律",因此,本章开头所提到的结论,即只有资本主义社会才有任何意义上的运动规律,就此奠定了基础。本着生产力/生产关系模型的精神,我们应该能够进一步说明支配资本原始积累的运动规律。

我在这方面的分析将表明,过渡的两种变形,即商品生产和贸易导致的庄园经济的解体,以及资本积累将简单的商品生产转变为资本主义商品生产,已经被人为分开了,也许是受到这些过程在英国和西欧在时间上分散的影响,这种过渡理论可以从这些主要历史经验中得出。同样可以用马克思对商品形态的分析来类比,在这种分析中,货币—商品和商品—货币是可以区分的,但是将两者人为分开和集中可能是概念出现错误的来源。

从封建主义到资本主义过渡的两种变形是相互定义和彼此需要的,对这一点可以作如是观。以贸易为基础的反对者阶层,即工匠和商人推翻领主权力的能力,取决于他们继续发展生产力的能力。然而,简单的商品生产并不能为增长创造剩余,它的增长来自外部,依靠庄园的瓦解和农村人口向城市的迁移。随着封建经济规模的下降,它的内部关系可能加强,摆脱了自身最薄弱的环节,直到一个加固的封建部门和停滞不前的简单商品生产的城市经济之间出现大致的平衡。同时,要使生产力在商品生产的基础上发展,就必须获取剩余,而这种获取的手段必须得到进化和再生产。可以想象,随着商品生产者的逐渐分化和逐渐无产阶级化,创新者、幸运者等的剩余的缓慢积累是可能的。然而,考虑到原始积累的斗争规模,如果不依靠已存在的剩余及其产生机制,很难想象这场运动是如何进行的:这正是封建制生产关系在资本主义起源中的作用。由于新的生产关系本身的再生产方式尚未到位,我们必须确定在何种社会关系的基础上再生产剥夺和积累的手段;否则,原始积累可以说是悬在半空中了。领主通过减免封建费用和进入货币经济,获得类似于崛起的商人阶级的利益,这一事实表达了对立生产方式内部过渡的特殊"编舞",在这一阶段发生了介入而不是两极分化。因此,如果要展开商品生产的逻辑,封建领主不仅可以,而且必须承担将封建剩余转化为原始资本主义积累的任务。①

我们不会试图在这里描述资本主义积累过程或其危机——这无异于政治经济学的主题(见第十二章)。然而,为了完成对立生产方式的陈述,要注意到几个特征。独特而有力的剥削再生产手段,即劳动力增殖,使确定生产力增长的总体特征进入一个新阶段成为可能,这种增长是粗放-集约式的,结合了规模和生产力的特征,从而在相互高度依存的社会规模上构建了生产,即同经典马克思主义思想中的私人占有形成对比的"社会化生产"。当社会关系呈现商品形式时,它们自动发挥作用,尽管这不是社会进化中客观过程发生的唯一形式,政治或国家活动领域获得了独立存在性。因此,国家有别于统治阶级。然而,市场将社会聚集成领土单位,即国家,统治阶级和国家获得统一的地位(相比于封建生产方式的分裂)。

在资本主义中,生产率和剩余产品率(现在获得了一种价值形式)都有上升趋势,再次与早期对立生产方式的运动形成对比。最后,发展的形式是阶级两极分化,而不是介入,这种动力是内在的。表13.2旨在总结辩证法,特别是揭示了"双重否定"的方面,奴隶制生产方式和资本主义生产方式之间性质的增强重复。

表 13.2　　　　　　　　阶级对立生产方式中差异/进步的方面

生产方式	生产力增长类型	生产率/剩余产品率	国家与统治阶级的关系	阶级结构变化的类型/来源
奴隶制	粗放型	下降/下降	未分化的统一体	极化/外部
封建主义	集约型	上升/下降	未分化的分离体	介入/内部
资本主义	粗放/集约型	上升/下降	分化的统一体	极化/内部

分析:从理论到历史的漫长道路

以上就是当一个理论经济学家在历史的花园中获得自由时会发生的事情。请记住,综合永远不会完成,不仅是具体的东西必须不断地重建,理论也是如此,我们现在转向具体化的时刻,即从必然王国下降(或上升,如果你愿意)到偶

---

① "编舞"这个比喻来自尼古拉斯(1967)。不过,尼古拉斯把我所说的"介入"运动定位为晚期资本主义的阶级结构,而不是它所属的晚期封建主义。"商品生产的逻辑"当然是另一种比喻,这是一个潜力实现的问题,它的实现不是神秘的结果或致命的必然性,而是具体行动者在历史上具体的项目中最终实现的东西,他们渴望充实自己,而不是完成任何社会使命。

然王国。当然,我们的目的不仅仅是建议生产力/生产关系模型与历史进程的丰富性和多样性相兼容,如果成功了,我们将确定历史认知本质上取决于历史理论的产生和重新应用,只有历史理论才能从大量的经验原材料中提取意义。

生产方式和社会经济形成之间众所周知的区别,抓住了一般要点。后者是特定历史社会中生产力和生产关系的实际构成,例如,我们谈论的不是抽象的奴隶制生产方式或封建制生产方式,而是具体的例子,如古罗马以奴隶为基础的经济和随之而来的社会秩序,或者是公元13世纪法国北部特有的庄园制度。在这样做的时候,我们接受了人类发展在空间和时间上的分散:社会在完全或部分分离的情况下发展,并在各种气候和地理环境中发展。任何特定的社会经济形态都是其特定历史的结果:它与自然环境的独特对抗,与其他形态接触的历史,以及一个不可忽视的随机因素,该因素与具有创造性的个人在社会政治发展中的影响有关。[①]

在主要通过征服和贸易开展的跨文化交流中,"纯粹的"生产方式阶梯通过人类学家所说的"扩散"混合在一起。因此,生产力/生产关系模型的生产方式就像原色一样,创造出具体历史的多样色调。不同的生产方式可能在单一的社会经济形态中共存,它们的互动产生了有助于界定该形态特殊性的次要冲突。在这种情况下,如果生产方式的形成过程相对稳定和发达,构成它的一部分将占主导地位,反映其他模式的社会关系呈现出一种特征,这种特征只能通过结合这种支配地位来把握。

生产方式在社会经济形态中扩散的一个明显含义是,在具体社会中,没有不可避免的阶段性进展,这与生产力/生产关系模型的阶梯式运动形成对比。可以识别阶段过程的两种特定类型的失真:堵塞和绕路。

堵 塞

上一节提出了商品生产和贸易的进步力量之间的"平衡"概念,然而,这需要封建剩余的剥削力量来完成自身向资本主义商品生产的转变,领主们的权力根深蒂固,足以阻碍贸易的增长和他们自己在资本主义转型过程中的毁灭。这种平衡证明了"历史"正在"试图"实现的剥削性再生产新体系的复杂性(引号强

[①] 多斯桑托斯(1970)通过区分四个层次的抽象发展了阶级概念。在我建议的生产方式概念具体化中,有两个层次的关联因素都聚集在社会经济形态的平面上。这仅仅是一个近似问题,并不是任何宏大设计的一部分,例如,可能有人认为将社会经济形态概念限制在一个中间水平是可取的,它从随机因素中抽象出来,这些随机因素只进入一个更具体的层次,比如历史社会学。

调目的论表达的隐喻使用),并且可能解释从封建主义过渡的缓慢,这必须等待一个足够动态的历史性时刻的突破,它是一个与战争、移民、瘟疫导致的人口枯竭、长距离探索和殖民化或特定工业(使用价值)过程中固有的活力有关的"事故",例如,英国羊毛和纺织业的崛起。

堵塞当然必须根据生产方式阶梯中发生堵塞的点来考察。集体剩余的出现是从原始共产主义向阶级社会过渡的必要条件,但不是充分条件,上文中已经提到这一事实。许多古代社会形成的关键可能在于这样一个事实,即存在剩余并产生分层,实际上是一个庞大的上层贵族秩序,但由于有待确定的原因,无法分解主要的公社单元,因此无法建立进步的势头,即生产力的粗放增长。因此,剩余不会刺激技术进步,也不会为未来的集约发展奠定基础,相反,它支撑起了一个繁茂且过度扩张的官僚机构。这种形式的关键是未能打破公社并建立起足够规模的奴隶阶级。失败的一个可能原因是恶劣的自然条件导致高度稀缺,这就产生了对公共灌溉工程和类似形式的需求,从而使主要生产单位抗拒解体。我认为,马克思主义文献中通过"亚细亚生产方式"[Bailey and Llobera(1981)提供了一个很好的概述作为参考]对稀缺的堵塞进行了充分的描述。但这种现象可能不仅发生在东亚和南亚,而且可能发生在南美和中美,并且所涉及的不是一种生产方式,而是一种受到堵塞的转型。在此我的观点是,生产力/生产关系帮助我们准确地描述现象,避免对特定史料(例如公共灌溉)是否必须包含在"亚细亚"模式的"定义"中进行无休止和不确定的调查。

这里应该指出,要突破进步的奴隶经济,奴隶制度必须达到农业中的奴隶和奴隶主阶级充分发展的地步,取代生计农业和共同农业,从而垄断生计手段,这是强迫的根源,通过这种手段,奴隶生产可以释放其生产力粗放发展的潜力。奴隶关系的成熟是通过家庭和父权制奴役、偶尔战争俘虏的奴役等早期形式进行的,而这些形式的实际存在并不构成奴隶生产方式存在的证据。具有讽刺意味的是,在"证明""马克思主义历史理论"的正确性方面,人们花费了大量精力,证明"奴隶制"存在于古代中国和印度。再次强调,生产力/生产关系模型是一个有助于避免概念混淆的工具。[①]

稀缺堵塞概念暗示了它的对立面:丰裕堵塞。在这种情况中,由于自然的天意和随之而来的生活必需品无法垄断,剩余未能解散公社。因此,人们很想创造一种对称的"非洲生产方式",因为丰裕堵塞的地点显然是撒哈拉沙漠以南

---

① 从 20 世纪 50 年代后期开始,在英国期刊《今日马克思主义》的几卷中,对关于"社会发展阶段"普遍具有价值的辩论的贡献比比皆是。

的非洲地区，那里是马里和加纳古代王国的所在地(Davidson,1959)。这些文明也有偶然的奴隶制，而且像亚洲文明一样，未能产生生产力的动态发展。双重堵塞概念的一个有用的方面是如下推论：它使我们能够将欧洲想象成两个堵塞之间的"漏斗"，既没有被稀缺堵塞，也没有被丰裕堵塞。通过成功地消灭公社(统治者除外，参见柏拉图的《哲学王》)，从而使渐进式发展得以发生。这里的"发展"是指知识和技术在生产中的应用。有证据表明，知识在封闭的社会中大量积累，停滞不前阻碍了知识的应用，因此，大量技术从中国转移到欧洲，比如中国发明了火药，欧洲发明了枪支。[①]

扩散明确地确立了"略过阶段"的可能性，这再次表明，在具体历史的运行中，生产力/生产关系模型固有的必要性变得不再必要。同样，可以在通过征服绕过和通过被征服绕过之间进行细分。前者似乎适用于比当代早几个世纪的日耳曼部落：当罗马帝国从内部被削弱，他们超越了罗马帝国，能够吸收奴隶经济的技术及其后果，从而实现了从晚期原始社会形式到封建形式的过渡，并绕过了自身发展的奴隶阶段。后者可以用日本来说明，它从封建主义顺利过渡到晚期资本主义，绕过了西方资本主义霸权导致的资本主义发展的原子竞争阶段。几乎不需要强调人类社会作为一个整体不能略过阶段，因为略过需要接触到更高级的形态。

在探索各种史料时，总是有可能怀疑发展的某些方面是否可以略过，或者发展阶段是否可以结合起来。生产力/生产关系模式的强大之处在于，它使我

[①] 或许值得重申的是，生产力/生产关系模型并非"以欧洲为中心"，即从欧洲经验出发忽视世界其他地区独特的有效或理想的发展道路。生产方式代表了所有社会发展的理论精粹。然而，漏斗概念确实表明，由于地理气候因素，欧洲确实作为原型出现，最清晰地展示了所有阶段的特征，其中两个战略突破是公社的解体和集约利润的产生，出现的方式最为清晰。

布劳特(1989)批评我的堵塞/漏斗提议是"地理决定论"的一个例子，同时提出了他自己的观点：西欧与中国、印度、近东和"旧世界"的所有其他地区处于同一发展阶段，只有一个优势，即它靠近西半球，因此有机会利用该半球的人民和自然财富。对此，我提出三点建议作为回应：(1)我看不出地理决定论是不恰当的，因为正在确定的是历史路径的分化，而不是潜在的过程。在这方面，布劳特认为向资本主义过渡的现有一般方法是既定的、没有问题的；当然，我觉得发展这一一般理论恰恰是中心任务。(2)布劳特只是用另一种形式的地理决定论取代了前一种形式的地理决定论，事实上，考虑到集体剩余先前的潜在发展，我认为靠近西半球最有可能是西欧特殊性的有效组成部分。(3)即使西方殖民地提供了殖民剥削和富裕的机会，也必须构建利用这一机会的进化手段。人们可能注意到，布劳特在努力反驳他所认为的与非洲、近东和亚洲有关的欧洲中心主义观念时，含蓄地假定北美、南美和加勒比地区的社会不如"旧世界"发达；这一学说大概不会与"旧世界中心主义"相混淆。(布劳特还认为，欧洲对美洲的征服更多是通过瘟疫的传播而不是任何经济或军事优势来实现的；然而，这与他本人的另一个观点相冲突，即欧洲的资本积累主要是通过对殖民劳动力的剥削来实现的，如果天花如此重要，这种情况就不存在了。)总的来说，关键在于以 X 为中心(不是双关语)并没有暗示由于特定的气候地理来现实，X 地区或者是 X 的人们未必能够比其他人沿着特定路线进化得更快。

们能够提出这样一个问题：这怎么可能？在那种情况下，什么样的特殊情况会导致阶级再生产呢？

我们可以观察到社会经济形态具有独特的生命周期；这些通常与在其中占主导地位的生产方式在时间上不一致，并且参与了发展。这为涉及内部过程（而不是上面讨论的扩散因素）的发展的附属理论打开了空间。人们想到，在存在统一政治组织的奴隶制和资本主义模式下，类似汤因比的"挑战—回应"的机制可能很好地运行：一个城邦或民族国家通过征服变得强大，然后通过统治变得虚弱，最终让位于一个"更年轻"的挑战者（Toynbee，1972）。在某些情况下，可以将一种特殊的结构作为原型：如生产方式发展的早期阶段，如十六世纪的英格兰（从中可以最清楚地看到商品的细胞形式），或者是生产方式发展的后期阶段，如罗马帝国（奴隶制模式的矛盾达到了顶点）。①

简而言之，我们结合了马克思所说的分析的"细胞形式"，专注于分离细胞过程的简单早期阶段，然后我们通过不断增加的复杂阶段来追踪和分析"发达状态"形式，由此可以掌握"成熟"的特征，并在早期阶段识别它们的胚胎。自不必说，只关注其中一种形式的原型分析而忽视另一种形式，是一种方法论错误。②

我们以此为背景，最终转向封建主义向资本主义过渡的争论。此处不再详细引用，而是请读者参阅戈特利布（1984）的精彩总结。

问题的核心是斯威齐和多布原有立场的对立。斯威齐认为封建制度本质上是一个静态的使用价值生产体系，并将主要的因果关系转移到外部贸易因素上。多布（在我看来是正确的）为封建主义的危机寻求内在解释，并将其定位于领主和农奴之间的斗争，正如"统治阶级对收入的日益增长的需求"所表达的那样。应当明确的是，在生产力/生产关系模型的背景下，对生产模式的临时定义会产生出于不同目的的解释，此外，不植根于底层逻辑的假设没有解释力，因此作为理论是不能令人满意的。如果说贸易是一种溶剂，破坏了晚期封建经济，却不解释为什么贸易在一千年前没有这种影响，那是行不通的。如果不解释为什么贸易在一千年前没有这种影响，就说贸易是一种溶剂，破坏了封建经济的

---

① 可以确定其他周期性机制。盖伊·博伊斯（1978）假设了封建制度中的"扩张—收缩"循环，在这种循环中，人口增长和封建剥削竞相追逐，这让人想起古德温将沃尔泰拉的猎物和捕食者微分方程应用于资本主义积累。参见 Goodwin(1967)。

② 日本马克思主义宇野学派倾向于将资本主义视为所有社会分析的"发展状态"原型，从而在一个方向上打破了辩证法。这种观点认为只有竞争资本主义才有确定的运动规律，它揭示了整个社会内部运行的规律，与戈特利布的观点有亲缘关系。参见 Uno (1980)。

晚期，也是不行的；或者说，古代世界贸易的粗放发展为什么事实上并没有导致当时的资本主义，没有完全绕过封建主义。同样，如果没有解释低效率为什么在十二世纪到十五世纪很重要，但在七世纪到九世纪并非如此，封建主义的低效率是讲不通的（相对于什么标准？）；或者说，不解释为什么这些需求会增长，却引用领主的"不断增长的需求"是讲不通的。显然，斯威齐的理论必须与一个"天外救星"（即贸易）作斗争；而多布则援引了一个内部阴谋（阶级斗争和领主的需要）。

同样清楚的是，生产力/生产关系的构建在原理上超越了这些问题。生产力在封建经济内部的演变是市场催化作用的基础。因此，无须求助于"形而上学的解释"，就确定了内部"原动力"，这种解释可以定义为对解释的另一种描述的替代，或者临时调用的因素。① 阶级斗争也同样明显参与其中，因为阶级力量向农奴的转移，使得贸易有可能进一步进入庄园经济。

我并不建议对"外部"和"内部"的解释进行无形的综合，而是在生产力/生产关系模型的整体框架内对内部和外部因素进行明确的统一。此外，在抽象的社会总体性层面上，援引"硬"过渡理论不仅是可能的，而且实际上是必要的。"硬"理论是从"软"调查中获得洞察力和进步的重要基础，它与在具体社会经济形态层面分析各种偶然因素的"软"（极简主义）理论相去甚远。戈特利布追溯了"硬"理论家——多布、希尔顿、布伦纳、博伊斯将贸易和政治等"软"因素引入解释的方式，这与他们的程式化陈述相矛盾。他们这样做是因为适合不同解释层次的抽象层次没有保持区分。

在生产力/生产关系模型中，阶级斗争和贸易理论家提出的相互对立的各种困境，都遭到了戈特利布的反对，戈特利布提出的一种不确定的折中主义，似乎很容易解决这些困境。我们以东欧和西欧贸易复苏的不同影响为例。在生产力/生产关系框架内，对复兴的刺激在于生产力的集约发展，这主要是地理原因，首先发生在西方。如果同样的潜在发展没有在东欧发生，以至于那里的个体生产者没有进入市场的机会，那么很明显，贸易不可能像在西方那样对庄园堡垒起到冲击作用。相反，西方的谷物贸易给了东方贵族加强对农奴进行封建

---

① 莱斯利·怀特将"形而上学的解释"一词归于孔德。怀特（1969，p. 65n）举例说明，"因此，洛伊说，'由于土著人的分离主义，古代没有大量人口被置于一个共同的头脑之下'。在波利尼西亚，弗朗茨·博厄斯发现某些文化现象源于'类别式倾向'。赫斯科维茨告诉我们，'平原上的印第安人生活的基本民主'……抑制了经济特权阶级的发展。"

压迫的激励和手段,而农奴解放的内在条件尚未成熟。① 具体社会形态的差异化发展,以及贸易对这种发展的差异化影响,决不会削弱对内部原动力的理论认同。②

安德森提到了封建制的一个定义,即"它存在于全球任何原始和部落社会形态被取代的地方",然后问道:"如何解释欧洲在国际封建主义舞台上独特的活力?"(Anderson,1979,p. 402)。他的回答聚焦于西欧封建制的一个独特的政治品质——"主权碎片化"。这里有一个定义问题,还有一个形而上学的解释问题。后者包括一个事实,即给定的封建制定义几乎包含了前资本主义的所有经验,为什么"主权的分割"只出现在西欧?这一点仍然需要解释。但从生产力/生产关系模型的分析结构中可以清楚地看到前提是错误的:封建主义只存在于西欧、日本,以及后起之秀东欧,无须解释为什么中国明朝、塞尔丘克土耳其、成吉思汗蒙古、萨法维波斯、莫卧儿印度、图拉尼德埃及(等)的"封建制"没有产生资本主义。或者更确切地说,解释是显而易见的:这些社会经济形态除了定义,并不是基于产生个人剩余的生产力集约发展。③

综上所述,我认为生产力/生产关系方法建立了一个良好的概念基础,在此基础上可以回答关于封建主义的本质及其消亡的主要问题:为什么贸易在古代世界的扩张并没有在封建主义晚期接管生产方式,引致资本主义?西欧发生过渡的原因显而易见,为什么在资本主义关系的国际化中,是欧洲殖民了非洲和亚洲,而不是相反?最重要的是,对封建制危机的理论解释是建立在对立生产方式危机的一般模型的基础上。一旦这种结构到位,历史进程中的许多不同因素,例如阶级斗争、贸易、城镇的兴起、城乡关系、人口动态等,就会成为故事的一部分,尤其是在解释不同历史背景的差异方面。关键的一点是,尽管偶然性可以而且必须准确地出现在对这些差异的描述(在可能的情况下是解释)中,但它根本不会出现在抽象的社会总体性层面。在这个层面上确定存在不确定性因

---

① 参见马克思的惊人之语:"商业对各种已有的、以不同形式主要生产使用价值的生产组织,或多或少起着解体的作用。但是它对旧生产方式究竟在多大程度上起着解体作用,首先取决于这些生产方式的坚固性和内部结构。并且,这个解体过程会导向何处,换句话说,什么样的新生产方式会代替旧生产方式,并不取决于商业,而是取决于旧生产方式本身的性质。"(Marx,1967,vol. I,pp. 331—332)

② 将细节与根本原因放在同一平面上,为形而上学解释开辟了广泛的可能性。例如,在戈特利布的叙述中,我们看到布伦纳发现"(东欧)相对薄弱的公社农民制度允许在 15 和 16 世纪强加农奴制"(p. 11)。

③ 在这篇关于过渡文献的简短评论中,我未能考察沃勒斯坦和他的"世界体系"学派。虽然这一支的庞大的文献需要单独和长时间的处理,但我认为,归根结底,这一观点及其"核心-边缘"的区分与我试图发展的马克思主义方法有根本的交叉。只要把它们放在与本章所讨论的其他贡献者相一致的平面上对待,它们就几乎不会超出斯威齐最初的观点:资本主义是贸易对任何商业前社会组织解体作用的结果。

素,并不影响存在于所有社会进化中的必然性:人类生产力发展的最终方向,以及社会关系的相应进化。[1]

方法论的回顾

在这一节中,我将简要地讨论本章提出的模型所引出的一些更广泛的问题:技术决定论问题、社会进化的必然性问题、可证伪性标准的存在性及其性质问题,以及生产力/生产关系理论框架产生的一些更广泛的含义。

技术决定论

这个标签附着在这样一个观点上,即发明本质上是发现,技术进步沿着支配社会关系所有其他方面的既有曲线自主前进。这种治理的特征独立于阶级结构、社会组织等。虽然这一立场经常被归于马克思,但它实际上与马克思的方法完全相反(Rosenberg,1981)。马克思煞费苦心地表明,尤其是在资本主义的背景下,技术变革的性质远非中立和决定性的,而是源于它在阶级关系再生产中的作用:资本家使用新技术作为阶级控制的特定武器(再生产对工人阶级的征服),以及在资本家斗争中争取积累的统治(本书的第二和第三部分阐述了我本人对马克思理论的重建)。不存在单一的进步曲线,也不存在技术变革和社会影响之间的简单联系;相反,技术被打上了在成熟过程中社会价值观和要求的印记——这一现实同样适用于前资本主义和后资本主义社会,也适用于资本主义社会。

在生产力/生产关系模型中,这由从每种模式的生产关系到生产力的因果箭头显示,生产力发展的路径(尽管不是发展的事实)是由社会关系决定的,社会关系决定发展的本质特征(粗放的、集约的、粗放—集约的)和发展速度(即生产方式成熟的不同阶段不受"束缚"的程度)。对不同时期技术的社会性质的详细研究,应该很容易补充这一点。

不过,事实上我已经将"原动力"属性赋予了生产力,而不是生产关系,并断言主导因果关系的是从生产力到生产关系,而不是相反。考虑到互惠的作用,

---

[1] 谢苗诺夫(1980)提出了一个类似的观点:生产方式的顺序适用于社会"有机体"的总体,而不适用于个体形成的具体历史。见谢苗诺夫对麦克伦南的立场的表述(1983,p.146):

从经验上看,在任何历史阶段,只有少数社会有机体从一种生产方式过渡到另一种生产方式,然而,正是由于这些先进中心的历史经验和引领作用,新的社会有机体才能跨越历史阶段,成为下一个"领导者"或历史进步的载体。

这种观点可以称为"生产力决定论"。不过,它并没有将"人"定位于外部过程的被动结果,而是将人类改造其外部条件的意志力稳步(和不可阻挡的)增长确定为社会变革的物质根源。应该记住,生产力不仅是人类意志的外在体现和工具等形式的运用,它还包括人类与自然接触的意识属性。人类潜能的充分实现需要将对自然的控制扩展到对社会组织的控制,随着"后对立性"(共产主义)的成熟,生产力和生产关系的分离实际上结束了,并代表了技术决定论的对立面(毕竟,真理的核心在于人类对自然的力量在早期发展阶段的弱化)。最后,考虑到生产关系对生产力发展性质的影响,似乎不可能放弃"原动力"原则,或将其赋予生产关系,或赋予政治、意识形态或文化领域,从而不陷入理想主义或不确定性。长期以来,"决定论"一直是某些社会科学界的贬义词,不过,它的对立面"非决定论",无疑意味着反对科学思想的中心原则。

不可避免性

在本章第三节中,我提出了在任何特定的社会形态中,进步是不可避免的。不过,如果进步是普遍发生的,它必须有不同阶段的贡献,并朝着一个确定的最终结果前进,必须揭示:进步的性质在抽象社会总体性层面上是不可避免的。

在不去试图彻底解决哲学中"自由意志与决定论"之争的情况下,我们可以用一个简单的类比来说明必然性的常识。一个人被蒙住眼睛,处在一个没有窗户只有一扇门的空房间里,他/她只能独自行动,而且(我们假设)不能摘掉眼罩。行为的实际过程显然无法预测,我们可能预料到最终会沿着一堵墙摸索和探索,但不知道朝什么方向走出去,什么时候走出去。不过,我们关注的对象要想幸存,离开房间的唯一可能路线只能是门。生存是不能保证的(最终的"堵塞"将是生产力和生产关系之间平衡的扭曲,以核战争或生态灭绝等形式),但我们仍然可以说,我们关注的对象会从门边离开房间(也许只有在探索了所有其他可能性之后),这种不可避免性是有条件的。请注意,结果的不可避免性是基于关注对象的生存意志,及其按照这种意志行动的能力。这可以用一句格言来概括:共产主义是不可避免的,因为它是可能的。

可证伪性

如果从某种意义上说,该模型在原则上不可证伪,那么它就代表了向唯心主义理性主义的堕落。然而,与波普尔(1964)相反,我们将区分经验命题的可证伪性标准和适用于理论概念的结构的标准。

在后一类中确定适当的标准将是一项单独研究的主题,在此我只提两个开放式的建议。首先,虽然该理论的基本命题采取综合先验陈述的形式(Hollis and Nell,1975,chap. 6),因此不能在狭义的范围内被证伪。对综合命题具体现象的经验研究可以为对模型繁殖力的测试:它能够在多大程度上纳入不断扩大的经验知识并建立新的知识排序方式。停滞在"完备性"上是理性主义堕落的标志。其次,在评估替代理论结构时,可以应用一个相对有效性的标准:哪个框架最稳健,从某种意义上说,它最能够纳入并利用从他人那里获得的见解?

考虑到这些因素,让我直接进入我认为经验研究可能成功证实或瓦解生产力/生产关系模型的地方,即支持或质疑它在组织历史研究和从历史中提取意义方面的有用性。核心概念是集约剩余,它将资本主义发展的潜力与封建制模式下生产力的优先发展联系起来,确立封建制模式的独特性和必要性,解释了资本主义变革最初仅限于西欧地区的事实,并将东欧和西欧的不同发展水平、贸易的不同影响、阶级联盟等具体化为组织概念。如果仔细审视以确定西欧之外"中世纪晚期"存在的集约剩余,在很大程度上就是这样(这是从日本案例中抽象出来),对本章中提出的概念结构将不得不重新考虑。谨慎是有必要的,这不是列出在其他领域发现的集约剩余的孤立特征或组成部分:畜力在农业中的使用、金属在生产中的应用、单独使用的熟练工艺的出现,等等。任何特征都必须放在一个整体的背景下,例如,在持续存在共有关系并因此抑制贸易的社会历史中,在自然条件不可能扩大市场的情况下,由共有劳动力在亚洲的水稻种植中使用水牛,等等。概念正是从这类调查中提炼出来,然后必须引入上面建议的有效性标准:这种改进会导致稳健和增长,还是脆弱和停滞?不过,有一点需要明确:历史分化和复杂性的简单事实不能作为反对概念结构的证据,这种结构的设计目的正是为了穿透复杂的层次,找到历史变革的根源。经验批判要想有意义,就必须指向一种替代的和优越的理论。

更广泛的含义

这个最后的方法论主题将以最简洁的方式来处理。生产力/生产关系模型及其关于社会变革的主要动力或"原动力"的潜在概念,应该能够证实马克思主义历史学家和任何历史创造者基本进步意识的有效性,在我们这个时代,世界力量平衡的转变是不可逆转的,向社会主义转变,向完善社会主义的持续斗争转变,向为向社会主义过渡奠定基础转变,这些转变的先决条件仍然薄弱,就像在第三世界的许多地方一样。虽然我当然会警告不要从理论建构中不经意地得出政治结论,但历史唯物主义基本概念一经得到强有力的方法论标准和持续的实证调查的证实,就应当被证明是推动社会转型进程的支持和指导的来源,那么,对我的信念不做记录,是有倾向性的。

生产方式与过渡:一些争论与扩展

本章材料的首次出版,以及戈特利布(1984)的论文,在《科学与社会》杂志上引起了一场辩论,让我有机会回应和阐述生产力/生产关系模型的一些主题,并从新的角度解决一些理论和方法论问题。由于似乎不可能将后来的讨论合并到原文中,而且从答复中可以清楚地看到主要是对萨米尔·阿明和格雷戈尔·麦克伦南的批评意见,所以我基本上是在本章的最后一节转载这一答复,并做了些许修改。

第一,很高兴参加了关于历史唯物主义理论基本问题的新一轮讨论,并得到公认为马克思主义历史研究先驱的回应。首先,我要对那些呼吁做出更多贡献和进行更多讨论的人发表我的看法,因为很明显,这场辩论就像在关于从封建主义向资本主义过渡这一较窄问题的早期辩论(Hilton,1979)中一样,几乎没有触及复杂问题的表面,对这些问题的解决不仅仅是出于理论上的兴趣。我将在这里集中讨论三个问题:(1)除了(竞争性)资本主义,生产方式中是否存在"运动规律"?(2)对后共产主义/前资本主义时期历史的理论化,应该划分为一个(Amin,1985)、两个(Laibman,1984;本章前面的部分)还是三个(Marx,1913)子时期?(3)我对历史唯物主义理论的形式化,即我称之为抽象社会总体性理论或生产力/生产关系模型,究竟是对理性主义开放,还是对目的论开放?这种与方法论问题的汇合将顺利形成一些结论性意见。我不会重述本章前面提出的论证。下面的讨论无须参考辩论中的其他参与者就可以理解,尽管如果结合他们的贡献当然会更有用(Gottlieb,1984;Amin,1985;Heller,1985;Hoffman,1985—1986;Sweezy,1986;McLennan,1986)。

第二,只有资本主义才有可识别的运动规律的观点,在一些圈子里已经相当普遍,例如,本章中的戈特利布、阿明和斯威齐,以及日本马克思主义"宇野学派"(Uno,1980;Sekine,1984)都赞同这种观点。阿明谈到"所有前资本主义生产方式中的经济关系(包括剥削)的透明",意味着"意识形态在这些生产方式中占据主导地位"。相比之下,资本主义社会经济关系的不透明性直接源于这些关系采取市场关系的形式,正是市场,也就是竞争确立了社会生活的规律,这些过程发生在个体参与者的"背后"(马克思语)。"资本主义经济自主科学的可能性,以及前资本主义经济的类似科学的不可能性或无用性,是这种对比的结果。"(Amin,1985,p.196)

在不否认生产的商品形式和社会关系的商品形式在资本主义的中心地位的情况下，我仍然质疑市场关系是社会关系不透明的唯一原因，而这种不透明又是社会生活中客观规律性的唯一基础的假设。一系列复杂的因素在资本主义社会中产生了对象化、异化和自主发展，其中包括官僚化和资本碎片化成不同"场所"（所有权、管理、社会上层阶级等），其中，社会关系的增殖是最重要的，但绝不是唯一的（参见第十五章对这一点更全面的讨论）。阿明等人在将资本主义的运动规律完全与市场联系起来时，将资本主义经济含蓄地等同于"市场经济"，也就是说，他们将现代庸俗（新古典）经济学所基于的市场拜物教转移到了马克思主义领域。事实上，经济"实例"，即主流社会学提出的"要素"，与意识形态或政治实例相对立，并在资本主义社会中变得"自主"，（并且只有在那里）可以被看作是跨领域的，破坏了马克思主义的基本范畴（生产力和生产关系、经济基础和上层建筑）。这些范畴认识到在表面上分离的实例的深层含义，在不同生产方式中以不同形式相互渗透。

如果确定性运动规律不完全基于资本主义社会的市场关系，那么随之而来的，可能是关键的确定性（即运动规律）在前资本主义（顺便说一句，在后资本主义）社会也是如此。首先应该说明的是，所有的"运动规律"只在人的主观性中并通过人的主观性发挥作用，并且直到它们通过人类——最终是个人——的意识中介作用才成立。例如，当我们谈到"生产力的增长"时，我们不是（或不应该）暗示生产力有增长的意愿，而与人类的意识无关，是人类在社会生产关系中的地位使他们能够（以任何形式）实现这种增长。前资本主义模式的决定性质实际上取决于实现生产力增长的意愿在特定模式下受生产关系制约的方式，例如，奴隶制模式构成了全面发展的固有障碍，而封建制模式则相应地构成了粗放发展的障碍。自不必说，这些客观规律，加上我称之为生产力的"原动力"属性（向前）的单向压力，完全独立于与市场相关的规律，即自治单元之间分散的竞争关系，因为市场关系从属于资本主义的早期历史。同样明显的是，这些规律几乎不为行动者所知，因此否定了在资本主义模式之外社会过程假定的透明度。

第三，我们现在来看公有制之后/资本主义之前时期的分期问题。在进入实质内容之前，我想建议，在为马克思主义理论和实证研究的持续发展寻找最佳路径时，应避免将正统或异端作为积极或消极的标签。萨米尔·阿明提议将所有（我承认想在此处写下"一块"一词）相关的社会放在单一的"朝贡"生产方式中，这当然是异端的，不过，如果要以马克思1859年的《〈政治经济学批判〉序言》作为我们的指南，那么我的历史唯物主义理论及其从奴隶制到封建制的演进也是如此,因为马克思明确指出"亚细亚"是社会发展的基本阶段之一。为前资本主义设定两个阶段,并不比设定一个阶段更"正统",唯一的问题是哪个(如果有的话)显然更有效,并且根据什么标准?

现在我相信,以上所提出的"朝贡"模式,在各种形式的非市场、非资本主义胁迫下从直接生产者那里榨取剩余,并且不表现出该术语公认意义上的运动规律,从而最终对资本主义无法解释,就像生物进化中的随机突变或偶然事件。进一步看,资本主义在什么意义上(如果有的话)为其自身的超越性奠定了必要的基础,仍然无法弄清。我们可能尤其会问,资本主义是否在关键方面促进了生产力的发展?对这个问题的肯定回答意味着"朝贡"模式无法实现这一点,我们必须尝试回答下一个问题:为什么不呢?是因为"人性"需要竞争来激励其努力吗?阿明的立场使资本主义概念基本上与"市场"和竞争的外延相同,给出了这样一些答案,然而,这使我们陷入了马克思主义者可能不希望接受的生物还原论中,它还屈从于人们熟悉的意识形态,这种意识形态证明:市场永远不平等,原子主义是唯一可用的进步模式。这一结论可能彻底破坏马克思主义的研究计划。

显而易见且看似唯一的替代性解释必须是生产力的进步[阿明称之为"事实点",即"既定且无可争议"(1985,p. 96)]与生产过程中的激励和控制问题之间的关系。如果没有这种关系,就不清楚为什么生产力发展应该很重要。显然是为了避免这种推理,阿明转而(p. 204)从朝贡模式的基本形式谈到其完整形式,这暗示了一种中央集权的趋势。他没有告诉我们这种趋势的基础是什么,或者为什么它没有被经验上明显多样的形式所掩盖,他认为这些形式破坏了奴隶/封建的区别。

现在,任何试图超越描述层次的理论化,都会遇到可供研究的各种形式。两阶段(奴隶制、封建制)方法的要点是表明,在发展水平较低的情况下,生产力(粗放式、集约式)发展有两个基本任务,它们似乎是仅有的选项。生产力的粗放增长是集约增长的先决条件,它们是有序对。古代奴隶制经济中大规模协调的帮派劳动扮演了两个相互关联的历史角色:它打破了以社区、亲属关系和村庄为基础的社会关系(如果有的话,高生产率的集约式个体劳动就不会这样做);它还导致了土地清理、冶金和人口增长,简而言之,创造了一个社会空间,促使集约增长,特别是农业的集约增长成为可能。当然,这一动态过程发生在范围较小的地区,周围是广大的农民生产区和公社及半公社村庄,从这些村庄中征收贡品。从经验上看,奴隶制似乎只涉及一小部分人口,因此正如阿明所说,奴隶制是次要的和无关紧要的形式。但是,当社会理论从描述上升到解释时,它通常在重要性不那么明显的时刻显示其重要性。

因此,生产力/生产关系的概念表明,奴隶社会的粗放发展过程不仅独特地打破了公社的外表,而且为封建制的小规模、集约发展的特征奠定了基础。这反过来又是扩大市场关系并将其插入经济活动中心的必要前提,因此最终也是资本主义的必要前提。显然,除了某些例外,这种情况在历史上只发生在西欧,现在必须面对的问题是:生产力/生产关系模型是以欧洲为中心的吗?

我提出了两个关键的转变:公社的毁灭和集约剩余(基于生产力集约发展的个人生产剩余)的发展。这些基本上只发生在地中海和西欧。这一解释在很大程度上依赖于世界不同地区相异的自然和气候条件,导致了各种各样的"堵塞"。现在,"堵塞"这个概念显然预先假定了一条被堵塞的道路,如果所讨论的路径没有得到承认,那么将替代路径描述为"堵塞"路径似乎是武断的。我并不认为我的作品与那些把亚洲、非洲或中美洲的"封闭"社会描述为停滞不前的社会,或者暗示所讨论的堵塞是永久的或固有的(更不用说基于这些社会中人民的先天或生物特征了)的文献是一类。也许这一点可以表述如下:相对于西欧发生关键转型的时间框架(因为该地区的自然条件既不太丰富也不太贫困,也许还与运输和贸易的水道有关),其他地区的后公社社会的生产力和生产关系遭遇堵塞,它们的剩余发展为繁荣但非生产性的官僚机构,而不是转向生产力的动态转型。从这个角度来看,被封锁的文明在许多方面产生优越的生产力,也许除了本质上的生产力,它们还会在艺术、消费的精致化(为他们的精英)和科学知识方面取得卓越的成就。因此:(1)这并不奇怪;(2)这是对西方帝国主义文化的傲慢的有效指责;(3)对于生产力/生产关系理论来说,中国、奥斯曼帝国、埃及和印度部分地区的生产发展"绝不逊色"(Amin,1985,p.205)当然并不反常。

地中海和西欧的历史地理优势显然与居住在这些地区的人民的任何固有特征或文化特征无关。本章前面提到的比喻似乎很好地描述了这一点,在这个比喻中,有两个障碍(稀缺性和丰裕性),欧洲能够滑入它们之间的"漏斗"。[阿明(p.206)把这个概念描述为"人为的",但没有详细说明。]正如由于特定的历史原因,英国为马克思提供了资本主义工业化理论最丰富的案例材料一样,这个理论仍然或必须成为具有普遍适用性的理论。所以,我认为,欧洲的经验也可以用来说明抽象的社会总体的核心过程,而后可以视作世界其他地区更复杂的发展形式的基础。同样,在这种情况下,必须阐明该理论的普遍有效性,确立其核心概念对于分析社会结构和社会变化无处不在是非常有用的。在我看来,阿明提到欧洲封建制度的落后,给予它必要的灵活性,让它跳过更先进的朝贡国进入资本主义,并不足以替代生产力/生产关系方法,就像佩里·安德森的"主权分割"一样,本身似乎需要解释。此外,除了中央集权的朝贡国,有许多落后地区的例子,这些地区具有高度的灵活性和分割性,但没有农奴制,没有集约剩余;简而言之,没有封建主义独特的安抚性质。

第四,让我们转到格雷戈·麦克伦南(1986)提出的方法论问题。在从目的论到理性主义、确定性和不确定性的一系列方向中,麦克伦南(p. 92ff)将我的工作善意地置于"理性主义"范畴,"善意地"即拒绝将其置于极端目的论这一端。然而,他将"理性主义策略"描述为一种"有问题的策略",这种策略将理论与具体分开,并将最终模型简化为一种纯粹的启发式价值。麦克伦南指出,"莱布曼意识到这个术语对他的事业的适用性"(p. 93ff),他让读者参考一段话(在本章的第一部分),在这段话中,我讨论了我所认为的马克思主义研究的核心方法论,即避免理性主义(分裂的概念)和经验主义(飘忽的事实):"唯物主义认识论必须坚持认知过程(分析、综合)的两极,因此要努力超越经验主义(否认分析)和理性主义(否认综合)。"我将继续支持这个表述,尽管如前所述,它代表的是一个要实现的理想,而不是实现它的完整程序。除非理性主义者和经验主义者的危险都存在,否则我们将无法进行必要的综合。

中心问题是抽象的社会总体性与具体的历史过程之间的区别。在前者的层面上,发现了(可能是假设的)社会进化阶段的严格进展,从马克思著名的"铁的必然性"开始。相比之下,在具体的历史中,组合、堵塞、绕路、灭绝、倒退等都可能发生,对于实际的社会经济形态而言,没有阶梯形进展的理论。引用我自己的话:"生产力/生产关系模型的生产方式就像原色一样,创造出具体历史的多样色调。"顺便说一句,我必须略带疑惑地注意到亨利·海勒(Henry Heller)的陈述,即"莱布曼有力地证明了在从原始共产主义到资本主义的绝对确定的步骤中,生产力一直是原动力",并且在我看来,"从资本主义到社会主义的过渡是确定的"(Heller, 1985, p. 209),这完全忽略了抽象的社会总体性和具体历史之间的区别,而这是我的论文的核心。

现在,如果在抽象的社会总体性中发现的纯粹形式的确定性法则有任何意义的话,那么它们必须揭示真实的历史社会的运行过程,以这种方式为实证研究提供提示和活力。考虑到事实原材料的巨大复杂性,麦克伦南将抽象的社会总体性设想为一次炮火下的撤退。相反,我更愿意把它视为一种进攻形式,而不是撤退。虽然现实世界是复杂的,但生产力/生产关系框架中揭示的确定性并不存在(或不应该如此),相反,它会以更复杂的方式自行运作。

抽象的社会总体性和具体历史这两个层次之间的关系是一把双刃剑。如前所述,它们之间的中介意味着,首先,生产力/生产关系概念中揭示的确定性在现实世界中并未缺席,但它也表明,具体的现实不断(而不仅仅是"最初")为核心理论提供信息、重新充实,并在必要时转变核心理论。因此,练习的目的不是回避复杂性,或者将它们归为"非问题"。当麦克伦南写道,在我看来,"'硬'理论的任务不同于'软'现实"(1986,p.93)时,意味着"硬"理论的确定性已成定局。然而,我认为,"硬"本身,以及生产力/生产关系模式的具体承诺,都要经过广泛的经验检验。

然而,我相信"硬"本身,以及生产力/生产关系模型的具体承诺经得住广泛的实证检验。麦克伦南认为:"如果马克思主义以逻辑必然性为主要标准"(这不是我的立场的准确表达,尽管其他人的立场可能如此),"那么任何其他连贯的概念设置都可以声称与它相同"。不过可以这样反驳:"如果马克思主义以经验的清晰性为主要标准,那么任何其他在经验上看似合理的学说都可以声称与它相同。"在逻辑和经验交叉处的综合,问题仍然存在。

考虑到这个标准,我将重申最初提出的挑战,有趣的是,这个挑战还没有被任何参与讨论的人所接受。关键概念是集约剩余,它将资本主义发展的潜力与封建生产方式中的优先发展联系起来,确立了封建模式的理论必要性,并以之作为现代世界政治经济中地位分化的组织概念。我正在凭真正的波普尔式的勇气陈述我的模型的可证伪性标准:通过表明在我认为可以找到的地方找不到它,或者在重要的程度以及意义上,在其他地方可以找到它,来证明集约剩余概念的经验空白。当然,前一句的关键词是"重要的",这可能被视为一个逃生口;然而,我们不得不接受这样一个事实,即对人类发展有意义的假说的经验证伪,不会像自然科学中的许多(并非全部)命题那样简单。

我将在本节结束时重申:如果要验证生产力/生产关系方法,它一定不能成为麦克伦南所害怕的那种练习,在这种练习中,"软"的层面以自己的方式进行,没有来自上层哪怕最小的庇护,而"硬"理论成为信徒的一种教义式问答。抽象的社会总体性中的内容必须对研究计划很重要,对在真实历史研究中得出的结论很重要。例如,它应该使我们能够在具体情况下提出关于复杂性和异常性的有意义的问题:鉴于某些内在的发展趋势,特定的堵塞是如何具体发生的?先进生产技术扩散到特定的社会经济形态会产生什么后果?

特别是,"硬"理论提出了一系列嵌套的近似,这些近似可以在今天第三世界社会经济形态的研究中发现。由于上面暗示的历史原因,这些形态的发展有大量外在因素的混合。首先,将预先存在的结构隔离开来,最有可能是处于从原始共产主义开始过渡的某个阶段的社会或发生各种过渡受阻的社会。然后,可以研究殖民对由资本主义早期阶段主导的形态的影响，注意区分反映资本主义殖民主义总体的新兴形态的方面和反映殖民力量具体形态的方面，例如，英国和西班牙殖民主义之间的差异。下一个任务是追踪先进（发展中）国家和受支配（欠发展）国家向帝国主义（资本主义）阶段同时发生的、相互作用的但部分独立的演变。然后可以通过援引现代帝国主义的理论和它所强加的不发达的具体形式（或者我们已经能够得出的这种理论）来把握那个阶段。最后，所有这些都可以放在一个资本主义和社会主义原则相冲突的世界政治经济的背景下。与非结构化的经验主义相比，这种方法的丰富性应该是显而易见的。

理论在面对复杂性时是稳健的，还是变得脆弱？最重要的是，面对感知的复杂性，需要提出哪些重要问题？生产力/生产关系模型应该指导我们如何组织对复杂现实的思考，将它们视为结构化的复杂性，具有内部过程和不会立即可见的限制。生产方式概念明示了阶级和剥削的定义，并促使我们不断地对任何社会中剩余抽取的核心性质提出严格的问题，而不是求助于临时的解释。

第五，我将再次提及格雷戈·麦克伦南的评论。他写道（1986，p. 87）："尽管莱布曼的逻辑严谨性令人印象深刻，但他的目的或基本原理似乎是要增强我们对进步和社会主义完美性的信念。"我完全可以反问他：对进步的肯定必须建立在信念的基础上吗？这种肯定需要在什么样的智力环境中得到支持？术语有一些关键的歧义："完美性"是指到达某个最终静止的地方，还是指进步没有内在的限制？"信仰"是暗示一种对必然性的盲目、情绪化假设，还是一种合理的结论？显然，我会支持后者。不过必须将问题反过来。当麦克伦南认为"很少有人会轻松地坚持线性进步的分析或政治内涵，或没有矛盾的共产主义富足的可能性"时（p. 86），他正在扎一些稻草人。"线性""没有矛盾"又是何意？

不过除此之外，"少数"这个词还有一种孤立性，它超越了欧洲模式所假定的孤立性。从世界马克思主义的角度来看，只有少数人对持续的社会和技术进步的前景持怀疑态度，主要是在资本主义统治阶级利益霸权最强的西欧和美国，这在某种意义上是可以接受的。即便在东欧大部分地区社会主义陷入政治混乱，全球生态危机和预期革命正面临着人类前所未有的挑战的时候，我也会大胆猜测，新进步的羁绊因素会受到早期羁绊同样的能量和控制的冲击。矛盾的是，通过加深对人类发展道路上的客观性和规律性的理解，我们将掌握和加强对外部和内部自然的自由和控制。

第十四章

对苏联的历史唯物主义阐释

近几十年来,美国和西欧的部分左翼人士试图为他们对苏联和东欧(以及亚洲)社会主义国家的政治立场提供理论支撑,其中,解释的天平倾向于负面。这大致上催生了两种方法(当然,每种方法的侧重点各不相同)。其一是"资本主义复辟"的观点,认为资本主义已经或是正在以"国家资本主义"的历史特定形式在苏联复辟,资产阶级的剥削关系采取了国家所有制的形式。其二是"官僚—剥削"方法,这种方法将统治官僚描述为有权榨取剩余价值的阶级,也就是说,与从属的工人阶级建立剥削关系,必须将这种生产方式视为一种新的剥削性生产方式,它不同于资本主义或任何其他既定的社会形式。

本章对这两种概念都提出了批评。当然,自1989年秋天以来发生的动荡事件改变了这场辩论的背景,如果说有什么变化的话,那些在1989年以前的苏联社会运动中看到恢复资本主义的人,现在必须根据在东欧几个国家观察到的资本主义恢复的真正历史威胁,以及伴随着这种逆转而出现的巨大危机和不稳定,来评估这种观点。另一种观点,即一种新的剥削形式,不太适合随意的经验主义,尽管如此,我还是认为,它同样是空洞的,对社会主义社会内部非常真实的问题和面临的挑战缺乏有用的洞见。由于批判的基础是对适用于资本主义的马克思主义范畴的阐述,所以苏联社会的性质问题是对我们对这些范畴的理解程度的检验,讨论这个问题对资本主义世界的左派很重要,并且在当前社会主义重新评价和重组的关键时期仍然很重要。①

下一节将考虑阶级和资本主义剥削的范畴,因为它们与当前的问题有关。在之后的一节中,第二节中提出的理论立场将被用来概述原则上可以用来确定在苏联或其他任何地方是否存在:(1)阶级;(2)具体的资本主义剥削的操作(经验)标准。在第四节将初步勾勒对苏联的实证性测试(同样是在1989年以前的情况下进行的;如果这个方法是合理的,将指出它对新的政治现实的扩展)。最后一节是总结和归纳。

简明扼要地说明所得出的结论:"国家资本主义"一词不能用来全面描述任何社会形态,因此也不能用来描述该形态所依据的生产方式,否则就会严重扭曲资本的概念,使资本主义生产关系神秘化。类似的,如果不仔细划分任何可识别的领导集团所拥有的强制手段,以及这些手段在生产关系中的再生产,就不允许将该集团定义为剥削阶级。所有关于苏联社会分层和经济运行的已有数据都证明,如果用理论上的标准来评估这些数据,那么战后苏联社会体现了资本主义或某种普遍的剥削的说法是不成立的。自不必说,这个结论并不意味着没有镇压、胁迫、腐败、特权或官僚主义;如果有效的话,它应该为对社会主义建设过程中造成阻碍和矛盾的政治挑战的负面现象进行更具批判性和有益的分析指明方向。

阶级与剥削:马克思主义的概念基础

"资本主义"和"官僚主义"假说的关键概念分别是资本和阶级。

我们不打算对有关资本概念的文献进行任何综述(Schwartz,1977),我们可以说,它描述了一种社会关系,在这种关系中,阶级剥削通过交换呈现出平等和互惠的外在形式。由统治阶级系统地行使的胁迫性权力,导致该阶级对工人阶级的部分产品的占有,以自我扩张的价值总和为幌子,通过非个人的市场关系的运作,在任何人类机构之外变得有效。这种对阶级关系的神秘化是由产品采取商品形式这一事实促成的,剩余理论必须是一种剩余价值理论。生产力的先进状态使其成为必要,它使阶级社会早期形式所特有的不那么微妙、更明显的胁迫手段变得不那么充分(参见本书第十三章)。因此,神秘化不仅仅是一个意识形态的问题,它是以资本为名的过程中一个固有的和不可缺少的组成

---

① 我们关注的是基本概念的理论充分性,而不是这两种方法的细节。关于"国家资本主义"立场的雄心勃勃的经典陈述,请读者参阅 Bettelheim(1976)。而"官僚剥削"的立场则见于 Sweezy(1974)。另见 Chavance,1977;Sweezy,1977;Ticktin,1973;Mandel,1974。

资本的力量不仅在于它的物质要素具有价值形式这一事实,而且在于将这种价值作为财产加以扩大占有。生产资料的阶级垄断之所以具有强制性,是因为财产所有权在一般意义上的合法性,而后者又通过作为财产的商品的广泛所有权而得到再生产,这些商品由于其作为使用价值的性质以及它们未能被聚集到一个临界规模,因此不能作为资本发挥作用。简而言之,不仅是价值形式,而且是私有财产形式启动了资本剥削工人阶级的力量并使之永久化。[1]

从另一个角度来看,资本的力量似乎是劳动能力的增殖化:劳动能力作为商品的再生产。这方面的一个重要基础是"直接生产者与生产资料的根本分离"(Chavance,1977,p.2),然而,有必要详细说明这种分离在资本主义生产方式中得以实现的具体机制。在这里,我们可以单独指出失业后备军的作用和失业的威胁,缺乏支持穷人和老人的可靠机构,以及贫困的威胁,总之,围绕着"劳动力市场"的普遍不安全感,这个错综复杂的社会机器将劳动和劳动条件暂时集中在一个不负责任的、自主的所有权阶级的控制下。正是劳动条件的作为商品的所有权,以及在劳动条件被启动期间的劳动能力本身,确立了资本的支配地位。

当我们从资本主义生产关系的基本范畴转移到它们的制度表现时,我们发现,特别是在先进的资本主义社会中,有非常微妙之处。因此,马克思有意识地将"钱袋先生"作为这些关系的抽象体现,他意识到,在制度层面上,所涉及的角色是通过一系列复杂的连锁结构来协调的。[2]

尤其是,我们可以区分三种制度的复合物,它们的相互作用确立了资本的力量:所有权、管理和社会上层阶级。如上所述,所有权是一个重要的时机,它将资本主义的功能碎片化和非个人化,将积累的规律确立为独立于人类意志或机构的客观规律。当然,管理是将资本的力量以最直接的方式传递给工人的功能:生产点的强制性、控制力。社会上层阶级具有独特和合法的生活方式以及凝聚力和共同目的,建立了一个领域,资本主义阶级的代表或该阶级的特定部分之间的非正式互动,可以在其中进行。它还组织了有系统地从工人阶级和中

---

[1] 参见斯威齐(1977,p.18):"资本主义的区别不仅在于雇佣劳动(即资本—劳动关系)的存在,而且在于资本划分为多个单位,每个单位既要绝对扩张,又要相对于其他单位扩张……马克思所说的资本主义的'运动法则'以一种关键的方式依赖于这种根本的资本分裂……不会被存在于西方最先进的资本主义国家的'规划'所取代或克服。"

[2] 例如,见马克思为《资本论》第一版所作的序言:在这部作品中,我们被告知"这里涉及的人,只是经济范畴的人格化,是一定的阶级关系和利益的承担者"(Marx,1967,vol.Ⅰ,p.15)。这段话在本书第十三章有更详细的讨论。

产阶级中吸引有才华和抱负的人向上发展。这种"向上流动"是保证资本主义阶级关系再生产的一个重要安全阀。①

关于中间阶层,还应该谈谈小业主、独立专业人士等。虽然众所周知,积累具有消除这些阶层,并将其成员引向资本主义和无产阶级两极的趋势,但有一种矛盾的辩证法在起作用。中间阶层在资本主义再生产中发挥着积极的作用,它是工人阶级流动的目标和意识形态禁锢的来源,同时也是一种缓冲,使工人不断经历的对立的起源和性质变得神秘。为了发挥这一作用,中间阶层实际上必须有一个在本质上独特的阶级地位,要么基于对工作过程的自主和控制,要么基于小财产所有权。这种区别将体现在不同于工人阶级的组织形式上。简而言之,非熟练工人或半熟练工人无论是否渴望成为更高薪的技术工人,都是工人,或者以不同的生活方式和一套有定义的价值观加入不同社会秩序的行列。

因此,资本的权力是通过制度结构的异质性来行使的,其中任何一个结构都不能孤立地表现出这种功能。作为一个统一体,其各部分是相互定义的,但不能彼此简化,它们构成了资本主义生产关系的主要源泉。对资本主义的充分理解需要这种复杂的概念结构,在这种结构中,资本主义功能在生产关系的层面上是决定性的,但同时又由它所表现出的近似形式所构成。这种方法必须与理想类型的理性主义方法论形成对比,后者侧重于"本质"或"深层结构",作为唯一的"真实";而近似的形式仅仅是对"较低的抽象水平"的说明。资本不能还原为它的存在形式,但也不能与这些形式分离。

贝特尔海姆(1976,pp. 21—22)为这种辩证法的破裂提供了一个与目前主题有关的重要例证:

所有权的法律形式的变化并不足以使阶级的存在和阶级斗争的条件消失。正如马克思和列宁经常强调的那样,这些情况的根源不在于所有权的法律形式,而在于生产关系,也就是说,在于剥夺的社会过程的形式,以及这个过程的形式赋予生产者的地位——事实上,在于社会生产中他们之间建立的关系。

无产阶级专政和国家或集体财产形式的存在,并不足以"废除"资本主义生产关系,也不足以让无产阶级和资产阶级这些对立的阶级"消失"。资产阶级可以以不同形式继续存在,特别是可以采取国家资产阶级的形式。

"法律"和"实际"关系的对立在马克思那里有文本基础,他说"财产关系"是"实际生产关系的法律表达"(Marx,1913,pp. 11—13)。然而,我认为"财产关

---

① "一个统治阶级越是能够同化被统治阶级中最杰出的人,它的统治就越是稳定和危险。"(Marx,引自 Baltzell,1964,pp. 3—4)

系"这个范畴所包含的不仅仅是一种上层建筑的表达方式,事实上它构成了"实际关系"本身的一个方面：基本控制的合法化分割。在这个意义上,法律关系是生产关系的近似形式,并且由于上述所有原因,对其存在和运行至关重要。资本主义生产关系,特别是资本家阶级或资产阶级的存在,并不像一个脱离实体的精神,可以随意居住在一种或另一种法律形式中——如国家财产和私有财产。作为生产关系辩证法的一个重要应用,我们既不能把财产形式和"剥夺的社会过程"合并起来,把形式误认为真正的关系本身,也不能把它们分开,把基本的阶级关系说成是真正的"剥夺",而不解释剥夺权力的来源和再生产。

最后,"国家资产阶级"的可能性或不可能性,要根据国家的一个实质性概念来决定。我不想对这个复杂的问题进行长时间的讨论,我只想说,国家不是资本主义社会的主要机构(除了在两个或更多的社会阶级拥有大致均等的权力,而国家在平衡中实现相对自治的过渡情况；Miliband,1969；Poulantzas,1975)。与前资本主义(和后资本主义)社会不同的是,国家直接作为生产关系的一个组成部分运作,资本主义社会的生产关系独立于国家而存在,而国家的社会功能和权力又来自主导阶级的功能和权力。术语"国家资本主义"指的是在资本主义社会关系,即资本的权力产生于私人资本主义所有权的实质性部门的社会中,在政府所有权条件下的经济活动。这里的"实质性"意味着一个根深蒂固的资本主义社会结构,它拥有所有必要的制度性近似形式,并且能够进行自身再生产,然后将作为其自身运行一部分的社会关系传递给国有部门。

简而言之,国家资本主义是指资本主义社会中的国家活动,其中资本主义活动的资本主义性质是由私人资本主义关系的主导地位决定的。在任何一个大部分经济活动是在国家所有制下进行的社会中,必须确定统治阶级对被剥削的生产阶级进行系统性胁迫的手段,如果存在的话。在前资本主义生产方式中,对力量的制度化在各种情况下都有描述,这需要社会上层阶级的存在。下面将考虑后资本主义社会中国家活动的代理人的阶级决定。就目前而言,重要的是,对于资本主义关系中的资本生产要求,并不符合马克思主义观念中的国家资本主义生产模式。

如果这个推理成立,那么对苏联现实的"国家资本主义"观点的支持者就必须证明存在资本主义社会关系的复杂结构；否则,任何被认定为"资本家阶级"的群体,特别是贝特尔海姆的"国家资产阶级",可以说是悬在半空,没有资本的权力可以行使。

不过,同样重要的是,对一般社会阶级性质的严格理解,也揭示了另一种"官僚—剥削"观点的贫困。在控制的层级结构中任职的人是管理职能的代表,但这种职能的内容来自它所处的全部生产关系。想象一下，仅就其行政角色而言，"官僚"可以通过纯粹的意志行为将自己变成一个剥削阶级，这完全是一种幻想。为了证实"国家资本主义"或反常的"官僚生产方式"的概念，我们必须明确"国家资产阶级"或"官僚机构"作为一个阶级所行使的系统性强制力的性质。这必须在不诉诸形而上学的解释或重复的情况下完成，也就是说，像"最高领导层为自己确保了决策权的垄断"这样的说法不符合要求。此外，还必须确定这种阶级地位的主要积累的机制。

走向社会形态类型化的操作标准

虽然这些理论要求看起来很严格，而且它们必须是严格的，但有可能从中得出一套操作标准，可以作为实证检验的基础。

1. 资本权力的来源

在这方面，最重要的是工人与生产资料的分离。这一点可以通过研究生产地点的工人活动组织的现有证据，以及通过决策结构中更高层次的代表机构来直接检验。可以研究对劳动力分配过程的组织，看一看是否存在与劳动力市场类似的东西。后者需要独立的自发搜索作为寻找工作中的主要方法，企业随意解雇工人的管理权力，简而言之，是一种社会不负责任、无政府的工作条款制度。作为必要的支持机制，它还意味着在提供社会支持要素（教育、医疗、住房、基本生活保障）方面无处不在的不安全感和不负责任，以及通货膨胀（一种后资本主义机制，旨在破坏工人的储蓄并复制他们对劳动力销售的依赖）。

在确定资本的存在性时，最重要的是不仅要对独立的生产资料进行估价，而且要对企业本身进行估价。这意味着价值的总和作为资本发挥作用，也就是说，它体现在企业中，但独立于企业，因此可以从一个企业转移到另一个企业。因此，没有或带有物理设备的企业可以一起买卖。生产资料的增殖是以所有权的分散为前提的。价值的客观性产生于独立于人类机构的非个人力量，这需要不协调的、同时进行的微观决定，以及在事实面前不为人知的总量，事实上，它需要无计划的、竞争性的积累所特有的信息收集系统的保密性和重复性。在微观层面上对利润的追求必须被证明能决定产出构成、增长率、技术变革和收入的分配。此外，企业所获得的利润必须是自发斗争的结果，而不是社会计划活动的结果。因此，必须自发形成支配利润率的价格。

2. 统治阶级

在一个后资本主义社会，无论是"资本主义"还是"官僚主义"，建立统治阶级的第一步都是确定一个稳定的精英阶层，以独特的上层生活方式作为非正式交流和不同社会化的基础。其中一部分要素包括：定性显著的收入差异，与政治－行政结构中的权力地位有关；通过投资收入获得对自然和生产资源的股权控制的能力；居住隔离；接受教育的机会不同；有证据表明精英阶层之间有重大的通婚；有证据表明政治－行政等级制度中的大多数权威职位是由受过精英社会化教育的人占据，也就是说，他们来自非工人阶级背景。

根据更有限的主张，在职精英仅仅凭借他们所持有的职位就形成了一个统治或剥削阶级，我们提醒自己，如果领导职位赋予权力，就必须确定该权力的社会来源。尽管如此，我们还是可以制定某些操作标准。例如，我们可以问：职位是不是以阶级排斥的方式填补，也就是说，是否存在广泛的裙带关系？我们可以问：职位是否可以买卖？我们可以问：是否有任何证据表明高层决策者被限制在固定的法定范围内，他们是否接受评价，并在必要时通过下级的行动进行罢免，是否有制度机制从较低层次对上级决策和执行内容做重大投入？如果权力的组织形式不是一个而是几个具有不同功能的平行层次，如经济管理、工会、政治（领土）、教育、党派，那么我们可以问：这些权力的金字塔是否以一种系统的方式连接起来，也就是说，是否同样的人在每个层次都占据着领导职位？

3. 资本主义运动法则

最后，一个"国家资本主义"社会应该显示出资本主义社会特有的运动形式正在发挥作用的迹象。在列出这些形式的清单时必须小心谨慎，因为许多形式在被称为"资本主义"的社会中是有争议的。已经提到的有：利润率下降趋势、效率下降趋势、增长率下降、周期性增长、生产过剩的周期性危机、阶级分化和收入分配日益不均、集中和集中化的进展、轻工业和消费工业的先期发展（重工业紧随其后而非领先）。

苏联测试案例概览

基于上一节列举的标准，对苏联改革前现实的详尽检验超出了本研究的范围。此外，有些标准需要解释，而最终的结果在任何情况下都将取决于单独考虑的各个标准的测试结果的权重。在任何最终有意义的情况下，对"国家资本主义""官僚主义"和"社会主义"的假设进行明确的经验检验都是我们无法掌握的。应将本节视为对将我们的标准应用于苏联的历史经验所引起的经验性问题的初步评论。

我们从查文斯(1977)的"工人与生产手段彻底分离"开始,尽管他没有告诉我们这到底意味着什么。有很多证据表明,在苏联企业中长期存在着工人参与生产计划、决策和执行、控制和检查的正式机制,主要是通过工会进行的(Brown,1966;Kirsch,1972)。工会在 20 世纪 80 年代初招收了大约 1.2 亿名工人,在战后的整个时期,工会涵盖了绝大多数的劳动力(除了在过去几年里越来越多的人在"合作社"工作)。在工会的指导下,数百万工人定期入选常设生产会议的常务委员会。这些常务委员会(如果有的话)的特点是参与制定和管理在每个企业签署的年度集体协议、长期和短期规划、安全检查、发明和合理化、劳动争议、解释和应用计划目标和指导方针,特别是在工作规范和物质奖励基金、住房和文化发展基金的处置方面,等等。在 20 世纪 80 年代,发展了额外的参与形式,补充或取代了传统的参与形式,其中最主要的是组建纵队或团队,并选举出领导委员会。在执行和财务方面,团队理事会负责团队的计划,并负责评估团队和个人的成果以及分配物质奖励。

在这方面至关重要的是,从 1984 年开始,在企业中普遍实行了由工人直接选举企业管理层的制度。虽然这种做法在形式意义上的存在当然并不意味着在生产地点真正的民主控制的实际存在(这是社会主义哲学中的一个核心概念),但有两件事应该注意。首先,苏联的正式参与、选举控制和有组织的否决权制度远远超过了美国和西欧的最先进的计划,即西德的共同决策制"工作生活质量圈"等。其次,我想说的是,经理人的选举特别揭示了那些断然否认这里所提出的论证的人的思维中存在着不可接受的双重标准。那些习惯于拒绝所有关于苏联工作场所民主的主张的人,其依据是经理人传统上是由经济管理阶层任命的,而不是从下面选举出来的,现在他们不能一贯地否认这些选举的重要性,理由是这种选举本身并不是真正民主控制的保证。

在这种情况下,就像在所有涉及评价社会机构运作的情况下一样,要"证明"有关机构的运作方式能够确保工人在生产地点对经济过程进行高质量的控制,即使不是不可能,也是很困难的。[①] 关于这些活动的苏联劳工立法(改革前)

---

① Brown,1966,pp.327—328。"苏联的劳资关系制度,无论在应用上多么不完善,都倾向于有工人大量参与的宪法制度。其结果充其量是在中央计划和共同的共产主义意识形态的框架内进行工会—管理层合作……现在的趋势是建立一个劳资关系体系,将强烈的集体责任感和共同利益与个人发展能力的机会相结合。"

是与之相关的。然而,在援引法律之前,必须明确说明其作为证据的作用。当然,并不是说书上有的东西,现实中也有;也不是说法定权利和定义的存在完全不相关。由于一个立法和实践完全不一致的社会将面临大规模的"合法化危机",因此我们有理由认为,苏联的法规至少会影响它们所表达的权利的实践。

考虑到这种谨慎的解释,我引用了1971年苏联及其各加盟国的基本劳动法的一些段落。引用勃列日涅夫时期的立法来确定长期的背景是很重要的;之后改革时期的劳动法扩大了这些主题,但并没有从根本上改变它们。

以下是1971年劳动法第97条的全部内容:

工厂工人和办公室职工有权参与讨论和决定发展生产的问题,他们有权提出改进企业、事业单位和组织工作的建议,以及有关社会、文化等服务的建议。

工厂工人和办公室职工通过工会和其他公共组织、人民监督机构、大会和向他们开放的其他公共活动形式参与生产管理。

企业、机构或组织的行政部门有责任提供条件,确保工厂工人和办公室职工参与生产管理。企业、机构和组织的官员必须及时考虑工厂工人和办公室职工提出的建议和批评,并向他们通报就这些事项采取的措施。

第96条的全部内容:

工会参与制订和实现国家生态经济发展计划,决定与物质和财务资源的分配和利用有关的事项,它们争取工厂工人和办公室职工参与生产管理,它们组织社会主义竞赛,大规模参与推广技术方面的新思想,并帮助促进生产和劳动纪律。

建立工作条件,确定工资和薪金。实施劳动立法,使用公共消费基金……是与工会或经工会协商共同实施的企业、机构、组织及其上级机构的职能。

决定"离职"主张是否有事实依据时,基本劳动立法涉及另一个重要问题:劳动力市场的存在性。这体现在:(1)严重失业的存在;(2)一种不负责任的工作提供系统,包括管理层"解雇"工人的权力。关于后者,我引用了第9条"就业保障",即"法律禁止毫无根据地拒绝给予工作"。第17条列出了解雇员工的理由,只有在"经职工同意无法将其调到其他工作岗位时"才有效。还有第18条:"企业、机构或组织的行政部门未经工厂或地方分工会委员会同意,不得主动终止劳动协议(个人劳动合同)(必须事先获得同意)。"

关于失业、社会不安全和通货膨胀,考虑到在苏联基本没有这些现象的共识,在这里详细说明是多余的(同样,暂时不考虑目前的趋势,这绝不是确定的)。尽管在学术界和媒体界有一些努力来确定"变相"失业和"压制"通货膨胀的存在(不过,参见Laibman,1975),并贬低作为法定权利的最低成本住房、免费医疗、教育和老年人特殊支持服务的影响,但事实仍然存在。我只是强调这些事实在理论上的重要性。

正如上一节所指出的,资本只有在由自发的市场过程增殖的情况下,才会与工人"分离",成为一种高于工人、与工人对立的力量。我们必须想象,一个苏联企业可以自行关闭,转移到阳光地带,获得另一个企业的所有权——也许是通过向该企业的股份持有人发出要约——或者更普遍的是,通过与其他企业进行自发的非计划性竞争来获得账面价值。很简单,从"二战"后到20世纪80年代末,关于苏联经济组织的一切已知信息,至少都与这一情况相反。苏联的企业(当然集体农庄和一些新的合作企业除外)是不可分割的国有财产。它们的管理层是执行规划和行政职能的领薪职工。大规模的投资、重组或搬迁影响到较大的分支机构和领土单元,并由这一级的规划机构决定,由企业管理和工会机构参与。所有的决定无论大小,都包含在企业和所有相关高级组织单位的年度、五年和远景(十五年)计划中。这些计划一旦得以批准和实施,就会被公开记录在案,这一事实几乎消除了战略、寡头垄断行为、保密等的可能性。重大的转变是在预先知道的情况下进行的,因此不会对城市和地区产生破坏性影响,这在资本主义国家是众所周知的,是不符合原则的资本运动的副产品。[对勃列日涅夫时期的苏联经济组织的有用描述可以在伯利纳(Berliner,1976)第二章中找到。]

由于"国家的资本家"假说的支持者提到了20世纪70年代行业协会的形成,因此有必要对其进行说明。这些协会现在显然已经减少,数量约为3 000个。它们是中层机构,为组成它们的企业提供集中的研究、计划、采购和营销设施。它们从各部委获得控制数据,并负责制订详细的计划。这些数据构成了企业的控制数据,企业在自己的层面上制订计划细节。对于协会代表一种"竞争形式"的说法,即"弱肉强食"(Chavance,1977,p. 6),最重要的是一个鲜为人知的事实,即协会是由企业代表组成的董事会在单一企业的基础上管理。鉴于协会的成立是为了接管许多原先由各部委执行的规划职能,它们代表了集体在经营层面上参与规划的明显增加(Hohmann et al. ,1975,p. 8ff),也是苏联国有部门管理中的第一个选举原则,只是后来被上面提到的直接选举所掩盖了。

如上所述,随着戈尔巴乔夫改革进入20世纪90年代,多阶段计划体系及其各种制度形式当然需要重新考虑。在撰写本书时,我们不可能预测当前辩论和动荡的结果,只能指出,在概念上充分分析改革前的苏联社会形态,为把握当前的各种可能性提供了基础。如上所述,从改进计划到废除计划,以及国有企业退化为类似资本主义财产的过程,只能伴随着广泛的社会苦难和斗争(参考波兰第一届团结政府时期)。然而,无论变革的方向如何,改革前现实的性质问题对于理解这一过程至关重要。也许还应该注意到,到目前为止,体制上的连续性要比从苏联政治辩论的基调来看强得多。

苏联在20世纪60年代中期开始的经济改革的一个方面,吸引了"资本主义复辟论者",即更加强调利润和盈利能力(利润率)作为企业和其上级组织的业绩指标。这种强调催生了一种解释,即利润已经成为"一般工业活动和生产的客观和主要标准"(Chavance,1977,p.6)。对此,斯威齐指出(在我看来是正确的),苏联对重工业的强调表明,至少在短期意义上,利润在整个投资和增长决策中的作用很小。斯威齐还指出,利润最大化的目标是由企业在计划产出水平和计划价格的条件下进行的。他可能还说过,作为长期计划决策的一个方面,计划的利润水平在不同的部门是有差异的。因此,一般效益系数(类似于产出与投资的比率)在轻工业与重工业和非重工业(煤炭)之间有5—6倍的差异(Durgin,1977,p.41)。总之,据我所知,没有任何证据表明企业利润是产出、增长或技术变革的决定因素。还应该提到的是,价格是与社会政策一起规划的,大规模的住房补贴在大多数年份的规模超过了苏联的军事预算,也许是这方面的最好例子。

对于国家资产阶级(或者,对于官僚统治阶级的"官僚剥削主义者"来说)的确切位置,"资本主义复辟论者"意见不一。根据苏联的人口普查数据,1970年大约有200万人属于国家、党和经济管理类别。所有这三类人的增长速度都超过了整个劳动力的增长速度(与1959年相比),尽管比科学家、技术人员和工程师的增长速度要低得多。对"国家"一词的使用比苏联统计学家更宽松,"国家资产阶级"必须处在这个200万人口的基地中。他们行使了本章第二节所描述的资产阶级权力的三脚凳的三条腿的管理职能。另一条腿,即私有制,众所周知在苏联不存在,或者至少在1970年是不存在的。

那么,社会上层阶级呢?对苏联个人收入分配的所有研究都表明,在统计上有意义的就业人口中,收入差距在五比一左右(Matthews,1972,p.92)。"苏联公众认识到,如果个人占据了几千个高级部长或党的职位之一,或者因其在艺术或科学领域的努力而闻名,他的收入就会高得多。"(p.93)争论的问题不是相对少数的高收入者对整个苏联生活的影响,也不是对他们的收入的历史或其他解释。问题在于,这些人是否在苏联社会的生产关系中占有独特而统一的地位,以至于他们的收入,无论其名义形式如何,都被确定为基本上是从社会其他人的劳动中提取的剩余。在这个基础上,他们有资格成为某种"资产阶级"。请注意,"剩余"消费与工资的比例可以忽略不计;用马修斯的数字作为一个粗略的指导,大约是0.0002。①

此外,在战后的大部分时间里,收入分配趋势是朝着更平等的方向发展。因此,"据1968年的报道,产业工人的平均收入约为其1955年水平的156%。对于最低工资,相应的数字在255%—286%"(Kirsch,1972,p.183)。趋势是提高最低收入,而保持较高收入不变,这个过程削弱了较高收入对收入分配总体质量的影响。还必须记住,高收入的任何部分都不能投资——苏联根本没有证券市场(必须再次引用目前的讨论来限定这一概括,尽管不清楚金融机构是否会发生实质性变化)。法律禁止个人在国外投资。

收入差距是否与权威地位有关,这个问题必须得到否定的回答。政府和管理部门的高级职位工资很高,但正如马修斯和其他人所表明的那样,真正的高收入是在高级科学职位和艺术领域。简而言之,这些收入更像是"准租金",是稀缺人才的回报,而不是精英管理阶层成员的结果。应该顺便一提的是,这些收入也反映了西方资本主义国家施加的人才流失压力,这一因素提醒我们,社会主义社会并不是存在于真空中,因此,未经协调的经验主义对社会主义确定生活质量的指导是很糟糕的。

至于居住隔离和教育差异化的问题,我只想说,从来没有任何证据可以证明这些事实。苏联的城市没有被划分为"限制性地区"和工人阶级区。苏联的教育课程表和对每个孩子的投资是统一的,没有私立学校(为有才华的孩子开设的特殊物理数学学校提出了另一个问题,即知识分子的孩子和从事体力劳动的工人的孩子背景不同,但这很难不是精英接受精英教育的一个例子)。教育的总体影响是均等化的。在1959年至1970年的人口普查中,受过高等或(完整或不完整)中等教育的人口比例增加了34%。在同一时期,具有这种教育水平的生产工人的比例增加了60%—65%(根据《苏联新闻界当前文摘》第26卷49号中的数据计算)。

有关行政职务在任者的阶级背景的证据并不支持自我繁殖的精英概念。有关国家、党和经济管理部门的领导干部的数据表明,绝大多数人——通常是75%—90%——来自工人阶级或农民的背景,他们的职业生涯是从生产工人或农民开始的。对苏联共产党党员的研究表明,工人阶级的比例一直在稳步上升。1976年,工人占成员总数的41.6%,约占新成员的58%(《真理报》,1976

---

① 当然,"国家的资本家"解释的支持者会坚持认为,投资基金和精英阶层的个人收入都将被纳入剩余价值。为了避免误解,请记住,本节只关注个人收入的分配问题。然而,第二节提出的资本主义阶级概念的一个重要含义是,用于资本家消费的剩余价值份额必须是不可忽略的,这样社会上层阶级才有生存能力,并在意识形态和文化霸权、社会向上流动等方面发挥必要的作用。

年4月9日)。最后,有一些证据表明,不同职业阶层之间的通婚正在增加,有消息称,"每三次婚姻中就有一次是不同阶层和社会群体之间发生契约"(Rutkevich,1972,1975)。在这种程度上,家庭并没有成为将社会的分层概念强加给儿童的工具。

许多关于教育、通婚等方面的证据涉及面太广,无法作为反对极少数精英假设的直接证据。然而,我相信它确实构成了反对这一假设的间接证据,原因很简单,在一个广泛的阶层逐渐消失的社会中,很难设想出任何合理的机制来隔离和延续一个极小的上层阶级。在(毫无争议的)资本主义国家美国,一个极其富有的社会上层阶级扎根于广泛的分层土壤中。苏联"统治阶级"的理论家们应该解释,苏联的精英们是如何在没有基于自上而下的分层的社会中实现自我繁殖的。[1]

所有这一切都是相当明确的。然而,我们必须把苏联"国家资产阶级"的概念追求到其最高级的非实体化。我们必须想象一个不以个人收入形式获得剩余价值的资产阶级,不形成独特的社会上层阶级,不拥有财产,由工人阶级和农民的队伍组成。[2] 显然,我们必须接受这样一个定义,即现在的高官只是资本家统治阶级。我们必须忘记发问,他们是如何做到的?而且我们必须忘记询问,他们的统治权是如何在社会的生产关系中再生产的?

与这种说法完全相关的操作标准根本就不存在,因此,这种说法近乎同义反复。然而,可以提出一些关于苏联行政职位的组织和影响的初步意见和问题。我不知道有什么证据表明,苏联的高级职位是由单一家族担任的(裙带关系),目前的职位持有人可以选择他们的继任者,或者可以买卖职位。有相当多的证据表明,下级机构行使了法定的罢免权和控制权。[3] 历史记录似乎表明,就

---

[1] 考虑到中产阶级在资本主义社会阶级关系再生产中的作用,我们注意到,到20世纪80年代,在苏联没有任何类似中产阶级的存在,即自主的小业主。尽管苏联的文献和实践都支持各阶层之间仍然存在区别,但苏联的专业工人的组织形式基本上是由生产工人所特有的形式,即工会决定,并与它们融为一体。

[2] 不过,有必要做一个重要的限定。由于和平时期的建设和世代交替几乎没有五十年的时间,可以说,在可确定的控制就业的统治者阶层中,对职位的继承没有足够的时间出现。在一个快速工业化的社会中,当前的领导层来自非精英背景是很自然的。

[3] 例如,艾米丽·克拉克·布朗在总结她对劳工纠纷处理的讨论时写道:"尽管不断有关于侵权行为和对批评者进行报复的报告,但工人们随着他们的教育和经验的增加,在他们的抗议中显示出更加独立的迹象。当他们坚持的时候,他们可以选举出负责任的地方和区域官员。他们有渠道可以向上级机关施加压力,以支持他们的要求。"(Brown,1966,p.229)关于法定的罢免权来自《宪法》第107条:"未经证实获得其选民信任理由的代表,可以根据法律规定的程序,通过多数选民的决定,随时被罢免。"苏联方面称,在1971—1976年间,俄罗斯联邦有一千多名议员(总人数有一百万)确实根据这一规定被召回(俄罗斯新闻社,1972年,第29页)。

政策制定而言,最高领导层受到了相当严格的共识约束,一个人在领导岗位上的成功取决于他或她制定政策、说服、组织和授权的能力,以提高其管辖范围内政治或经济单位的士气。简而言之,正如赫鲁晓夫所发现的那样,对个人权力的行使似乎有严格的限制。

我们最后观察到,关于稳定的官僚精英的假设取决于是否由相同的人占据几个层次的领导职位。例如,工会领导层和经济管理部门的领导层是否连为一体?这些领域的高层官员之间的互动是否明显多于与自己的成员或选区的互动?除非有相反的确凿证据,否则答案似乎还是否定的。例如,企业的管理层成员成为工会主席,甚至在工会中担任高级职务,这是闻所未闻的(尽管管理层人员必须是工会会员,并受会员纪律的约束)。因此,管理层面对的是一个来自工人队伍的工会领导,而且是一个可以诉诸上级工会机构的权威的工会领导。自不必说,在工会和管理层中处于权威地位的人绝大多数是共产党员。但他们的权力来自这些办公室所在的组织,而不是来自党员身份,因为党员身份是普遍存在的。一般来说,他们不会是同一个党支部或单位的成员。

主要的一点是,苏维埃社会是这样构成的:工会的领导人必须为完成工会的任务而发挥作用,企业的领导人必须为完成企业的任务而发挥作用。在没有自发的竞争和对私人积累不负社会责任的情况下,从这些角色中出现的任何对立或基本冲突立即成为需要解决的政治问题。

最后,我们来谈一谈资本主义运动规律的存在问题。我们将忽略那些在明确的资本主义社会背景下有争议的"运动定律",如利润率的下降趋势规律。在这种情况下,必须再次提到没有重大的失业、通货膨胀和周期性过程。试图把苏联社会描绘成一个正在发生两极分化和相对不平等的社会的企图,似乎与已经引用的收入分配均等化趋势背道而驰。20世纪60年代的经济改革及《企业权利法》,20世纪70年代将以前由中央机构执行的计划任务移交给行业协会,以及20世纪80年代纵队层级计划、财政问责制和选举权下放的兴起,都显示了在综合计划框架内的控制权下放的趋势。这对苏联的中央集权和"资本积累"理论家来说是一个小小的安慰,尽管马克思的集中概念,即聚集成越来越大的生产单位的概念,似乎也适用于苏联社会和资本主义社会的生产力发展。我们已经注意到重工业的优先发展,不同于任何已知的资本主义发展经验。[①]

不过,这方面有一个关键点,有人认为苏联存在"生产的普遍无政府状态"

---

① 斯威齐在这方面写道:"如果利润是主要的考虑因素……那么对农业和消费品工业的投资就会比实际的多得多……如果苏联真的被认为是资本主义的,而利润是经济运作的主导因素,该怎么解释这一点呢?"(Sweezy,1974,p.16)

(Chavance,1977,p.7),斯威齐接受了这一说法,并将其解释为"对计划的遵守可能随着时间的推移而减少"。这可能是因为苏联公民"试图规避或阻止计划的可能性等同于遵守计划的可能性"(Sweezy,1977,pp.16—17),同时没有给出证据。当然,对第八个、第九个和第十个五年计划的遵守比对第一个、第二个和第三个计划的遵守更严。不符合规定的两个来源,即不一致的强制性指标和经济匮乏的普遍化,都由于产能的增长和详细计划的分散化,以及使用普遍的效率指标而降低了重要性。斯威齐提到了"处理被盗的国家财产",好像可以理所当然地认为这是苏联国内生产总值的一个主要组成部分,即使是这样,人们也会提醒那些将社会和历史解释建立在这种情况上的人,"掠夺的对象必须不断地再生产出来"。

概述与结论

总之,"国家资本主义"假设是错误的。在苏联,缺乏生产手段的私有所有权是实质性的,对它的引用不是混淆法律关系与实际关系的问题,而是建立资本主义实际生产关系的必要近似形式的问题。使用国家资本主义生产方式的概念,暴露了对资本力量的性质、起源和要求的完全误解。

如果"国家资本主义"的假设可以作为一个经验性的测试来实施,苏联就彻底失败了。有证据表明,上层统治阶级存在的所有必要条件,包括具有独特生活方式的社会上层阶级,通过财产所有权地位合法地要求享有特权,以及通过控制最高行政职位的填补来复制一个持续和对立的领导层的能力等,并不存在。我认为,如果人们在审视苏联行政机构时看到了"资本主义",就无法理解资本主义的本质。这也许是"国家资本主义"假设及其在左翼圈子里得以接受产生的最严重的含义。

要求"资本主义复辟"观点的支持者说明他们的主张可以证伪的条件是合适的。为了让苏联政治和行政领导人避开对"国家资产阶级"的描述,必须发生什么变化呢?如果这个特性建立在一个简单的事实上,即苏联有一个中央国家和层级组织的权威,那么它建立在古典无政府主义的基础上,可以识别出统治阶级与国家权力,以及国家使用的社会权力的起源——这个理论非常符合自由保守主义,但几乎不可能是马克思主义。如果它是基于其他理由,则必须陈述这些理由。如果"资本主义复辟论者"不能以一种符合马克思主义者对待社会阶级的方式来陈述,我们将被迫将他们的立场视为一种敌意的表达,仅此而已。在资本主义社会所施加的意识形态压力中并不难发现这种立场的起源,其政治表达揭示了最基本的乌托邦理想主义。

"剥削型官僚"假设也好不了多少。它对资本主义剥削的确切性质更加敏感,但它未能对苏联"官僚机构"的能力做出令人信服的解释,即把剥削的权力引向自己,除非人们屈服于权力存在于"办公室"的幻觉,这必定承认了理论的破产。正如"资本主义"的观点一样,"官僚们"开始化身为一种似乎具有神秘起源的邪恶。[1] 应该强调的是,马克思主义对"官僚阶级"概念的批判是对"资本主义"解释的批判的基础,因为后者最终建立在一个非实体的国家资产阶级的概念上,可以说,它的资本主义特质是凭空而来的。问题的核心是马克思主义的基本认识,即权力并不存在于它的经验位置,而是通过国家官邸、管理职能等观察到的权力来行使,是潜在的阶级关系的表现。如果没有彻底批判"官僚生产模式","国家资本主义"方法的不足之处就无法完全明确。

因此,在始终以马克思主义的方式评价证据时,似乎至少符合这样的观点,即苏联的社会形态,在整个战后时期的分类形式中是社会主义的,而且与任何提议的替代方案都不一致。[2] 自不必说,无论是这一结论还是它所依据的非常初步的证据基础,都不能排除对苏联社会的健康状况以及对官僚运作不良、政治压迫、腐败等给社会主义发展带来挑战的广泛看法。

我们必须认识到,资本主义社会的革命运动不能脱离世界各地的社会主义建设的实践。现在,东欧和苏联越来越多地对社会主义制度提出了前所未有的挑战,这一点就更加正确了。现实主义因素似乎往往是接受美国左翼时的障碍,实际上可能证明为左翼能够扮演主角的唯一基础。美国工人阶级将要求一个属于这个世界的社会主义,并将拒绝那些从理想主义立场攻击所有现有社会主义社会的人隐含的乌托邦主义。因此,我们从对苏联的分析中了解到,即使这个国家接近其未来社会主义发展的重要转折点,但它对我们的社会有两个关键的教训:主导其发展的资本主义原则的本质,以及革命之路的本质。以"马克思主义"分析苏联为幌子的乌托邦主义理想主义立场是这条道路上的障碍。

---

[1] 与此相关的"退化的工人国家"的概念也因类似原因而失败。只要问一句"从哪里开始堕落?",这个概念中所包含的"黄金时代"心理学的乌托邦性质,即它的空洞无物就很清楚了。

[2] 为了避免在本章中长篇大论地讨论社会主义的正式定义,我只陈述两个突出的特点。社会主义社会的决定性的生产关系(主导生产方式的关系)是非对抗性的,也就是说,它不涉及阶级剥削。从正面看,这意味着工人阶级统治并决定了国家权力和经济文化机构的性质和运行。此外,它还反映了社会主义出现在资本主义生产力和关系的历史基础上,生产和分配受到有意识的、政治的控制,以综合计划的形式,包含并决定了从属商品—货币关系的社会内涵。进一步讨论见本书第十六章。

第十五章

社会主义：价格、社会结构与劳动力价值

从20世纪50年代末到1965—1970年的改革，苏联经济辩论的复兴引起了西方经济学家的极大兴趣。然而，由于新古典正统的盛行以及对马克思主义传统缺乏熟悉或同情，评论主要集中于基于规划模型及与之相关的双重价格或"影子"价格的最优规划提议。对劳动价值的计算和马克思公式对当前实践的含义的持续讨论，被认为是经济思想自前科学阶段的不幸延续，尤其是关于"成本加成"定价的材料已经遭到拒绝，取而代之的是假定的优越的编程模型，这些模型显示出与瓦尔拉斯一般均衡和边际原则明显的相似性。①

与此同时，来自社会主义国家的许多文献要么只对价值理论作文献注解，要么过度专注于实践性的、计算性的考察，以及旨在支持各种政策立场的特别论证[一个值得关注的例外是 Brody(1970)，接下来有一些详细的讨论，这是我本人思考这个问题的几个线索的来源]。因此，人们感到非常需要社会主义价格形成的一般理论，这一章正是着眼于这一需要。我在本章中将不会尝试调查原始文献或衍生的"计划计量经济学"文献，而是会探讨社会主义定价一般原则的选项与社会主义社会结构中固有的规范性或评价性标准（生产关系）之间的关系。原则和结构是密切相关的，它们随着时间的推移而演变，这些发现意味

---

① 对于不同时期的苏联文献的综述，见 Ellman(1973)、Dobb(1955)、Feiwel(1967)、Felker(1966)。Zauberman(1967)也许是关于苏联和东欧规划建议的最好的概述文献，也是对西方"计划计量经济学"文献态度的典型陈述。Abouchar(1977)是一本关于社会主义定价各个方面的有用的材料集，塞顿在这本书中的贡献包含对东欧定价模型的批评性评论。关于线性规划模型及其与竞争性市场最优性关系的开创性工作见 Dorfman, Samuelson and Solow(1958)，可以在 Baumol(1965)中找到一个很好的简洁陈述。

着对西方批评文献的主题的一些评论,以及对新古典主义的间接评论。劳动价值论的地位,特别是它在社会主义价格计算中的作用,对于理解严格的数量经济学是有所启发的。

在下一节中,我将通过考察七种相关但不相同的可能性,并简要讨论每种可能性的基本原理,对社会主义定价的一般原则进行程式化探索。为此需要首先考虑这一问题:为什么一般原则应当适用于所有经济变量都受到有意控制的社会主义经济,继而受到政治控制?

再生产价格体系的一种类型学

在制定一般定价原则时,必须以一般方式对技术进行规定。我们关注的是适合整个技术-社会综合体的存在性和再生产的价格结构,因此,我们将不关注任意给定的资源存量价格的确定,而是关注适应某种再生产结构及其适当的投入存量和流量的价格。如果技术受到产出构成的影响,适当的定价技术将是与期望的或理想的产出构成相一致的技术,我们认为这是已知的。简而言之,没有必要假设该技术是线性的,甚至是恒定的,我们只关注一个给定技术的价格表达式和不同社会评价下的产出构成。

定价一般原则的关键是价格在社会主义经济中发挥的作用。虽然这种作用可以分成几个部分,并在几个抽象的层次上进行分析,但统一的原则肯定是使用计划的价格来促进社会主义的最优再生产。反过来,这就不仅要利用它们来实现资源的有效分配和技术的选择,其中效率标准本身就是由社会主义标准决定的,特别是,正如我们将看到的,把劳动的社会条件的再生产作为一个目标而不仅仅是一种手段,而且要利用它们来扩大社会主义社会关系的再生产,即提高社会主义意识和逐步克服异化的作用。

社会主义经济的统一性使分析工作倾向于一致的定价原则,这可以归结为分配社会剩余产品的一致方法。一致的利润率实际上只是反映了一个系统的总体扩张潜力,这提供了每个企业、生产单位或行业所用的总资源的社会效率或生产力的标准。似乎没有其他办法来制定这种类型的一般标准,如果社会主义经济的一般目标函数或对它的合理近似有可能得到证实,这种标准反过来似乎就是必不可少的。

不过,必须强调的是,在定义价格概念时使用的一致收益率,绝不是为了阻止分析的扩展,以允许收益率可能的差别化,原因是与社会主义目标有关的政治经济判断,就像众所周知的"补贴"(住房、儿童服装、书籍、食品)和"税收"(含酒精饮料、毛皮)那样,在社会主义国家的不同时期已经存在。

如果单一利润率 r 由一个利润率向量取代,以下论证的实质将不受影响。这个利润率是根据一个原则来区分的,这个原则不是我们当前关注的对象,目前可以暂时搁置对这个原则的判断。

在考虑各种价格结构时,我们将以适当定义的同质社会劳动时间作为价值单位。假设劳动力的技能或质量差异简化为同等的数量差异,这种方法同样不是目前关注的对象。①

给定劳动时间单位,所有价格概念的价格向量都是绝对确定的(也就是说,不仅仅是一个标量倍数),一个额外的假设是,系数 w 即每单位劳动时间的实际工资消费的劳动价值,是独立于任何特定的价格向量而决定的。② 应该指出的是,对系数 w 在本章中出现的几种情况下会有不同的精确解释。

我还假设,如上文部分解释的那样,存在单一的生产技术体系,可以用不可还原的、非奇异的流量和存量矩阵来表达,并且没有联合生产。符号的解释将随着符号的引入而放大。

l＝每单位产出的劳动投入行向量;

c＝每单位劳动所消耗的商品列向量;

A＝技术流量方阵;

w＝每单位劳动时间所消耗的劳动价值,可解释为增加值工资份额或劳动能力的"价格",一般来说,标量 $w=pc$;

m＝耗费单位劳动的"劳动力再生产"商品库存列向量;

B＝技术存量方阵;

Q＝$(\mathbf{I}-\mathbf{A})^{-1}$;

T＝$(\mathbf{I}-\mathbf{A}-\mathbf{cl})^{-1}$;

p＝以劳动价值单位计算的价格行向量;

---

① 将熟练劳动还原到非熟练劳动的多数方法都集中在计算形成特定技能所需的社会资源上,我们将假设下文定义的简单劳动投入系数,正是这种意义上的劳动技能的总劳动时间指数。关于这个问题的讨论,见 Kovyzhenko(1973),Rowthorn(1980),Morris and Lewin(1973—1974),以及本书的第一章。

② 在资本主义经济背景下,我提出了这一假设的定性意义,可以称之为"剥削不变率"(见本书第二章)。事实上,在本章和更早的章节,都隐含地使用了利润率一致的附加假设。如果利润率呈现分化,要么是任意正态化,要么(如果认为涉及实质性问题)不变假设(即利润率差别化和均等化情况下的利润总价值相等)将会生效。因此,对于剩余的每一层形成和再分配,都存在一个转型问题。我感谢约翰·伊特威尔指出了这一条件,并提供了这一思路。

r = 各种利润率,或存量的加成率;
$\overline{\mathbf{A}}$ = 增广流量矩阵;
$\overline{\mathbf{B}}$ = 增广存量矩阵;
$\overline{\mathbf{Q}} = (\mathbf{I} - \overline{\mathbf{A}})^{-1}$;
$\overline{\mathbf{p}}$ = 增广价格矩阵;
λ = 各种最大的特征值。

为了避免烦琐的符号,我们免除了随着价格概念变化而变化的术语的下标:$\mathbf{p}$、r 和 λ。这样做应该不会造成混淆,因为不同的价格从未在同一个表达式中使用过。[①]

劳动价值(L)价格

讨论的是传统的劳动价值,即单位产出直接和间接用于生产的劳动时间数量。它们协助生产的存量不计入利润,其定义独立于实际工资或价值工资(c 或 w):

$$\mathbf{p} = \mathbf{p}\mathbf{A} + \mathbf{l} = \mathbf{l}\mathbf{Q} \qquad (1)$$
$$w = \mathbf{p}\mathbf{c}$$

马克思和恩格斯的著作对社会主义下的数量价值关系较复杂。某些段落表明,L 价格可能是适当的,尽管在"劳动价值理论"中没有任何规定,L 价格在社会主义下"应该"在道德意义上成立的概念,如拉萨尔式的工人对其全部产品的权利,与马克思的观点无关,正如马克思对德国社会民主党的《哥达纲领》和其他地方出现的类似"理想主义"的批评所表明的那样。然而,从实际出发,苏联学者斯特鲁米林在 20 世纪 50 年代末和 60 年代初的辩论中,主张只根据工资成本来确定加价,这一程序如果持续进行,将得出 L 价格。[②]

[①] 对这里所综述的一类模型的最好介绍,包括特征化定理和符号,是 Brody(1970)。那些习惯于用劳动时间数量来思考"价值",用货币单位来思考"生产价格"的人,可能发现 $\mathbf{p}$ 的维度令人困惑。在此,我不会重复关于保持价值/生产价格转型和劳动形式/货币形式转换在逻辑上分离的论证(见本书第二章),只是在本章第三节中提出,劳动的价值在不断发展的社会主义经济中可能具有独特的评价意义。那些希望转换为货币价格的人可以这样做,用 w 和 $\mathbf{p}$ 乘以一个标量系数,给出每单位劳动价值作为流通媒介的美元或计价物的数量(这个系数不应该与货币或实际工资率相混淆)。将劳动用作直接的衡量标准,使我们省去了识别这个系数及其决定因素的麻烦,也就是说,使我们不至于陷入混乱的货币领域。

[②] 马克思和恩格斯关于直接计算劳动时间的零星提法收集于 Felker(1966)第 19 页及之后,Roberts(1971)第 11 页及之后。不过,这些段落涉及分配方法,它与各种定价原则相一致;即"……每个生产者在生活资料中的份额是由他的劳动时间决定的"(Marx)。在 Nove(1969)第 307 页及之后,可以找到苏联在定价辩论过程中对这些段落的解释。

生产(P)价格

劳动力按其成本进行评价,高于工资和非工资成本的剩余按一个共同的比率分摊给每个行业或部门的商品库存[①]:

$$p=w\mathbf{l}+p\mathbf{A}+r p\mathbf{B}$$
$$w=\mathbf{pc} \tag{2}$$

当然,P价格是马克思文献中的"生产价格",它最初与竞争性资本主义相关联。它也是转型争论的核心(一个基本的阐述,见 Samuelson,1971)。

它作为社会主义经济中适当的导向价格的候选者,好处在于会给所有企业带来平等的回报率,这就保证了没有一个企业会因为它所处的行业的资本—产出比高于平均水平而受到惩罚,也没有一个企业会从相反的情况中不公正地获利。(假设奖金和企业资金是按照每个企业的利润成比例形成的。)P价格另一个优点是,它不仅反映了当前成本,也反映了资本存量,从而帮助社会节约资本存量和当前的资金流量。

在社会主义定价辩论中,P价格确实有其拥护者。一些苏联理论家支持与P价格相对应的不太完美但更容易计算的价格,或者可以称为C价格,其标价与当前总成本支出成比例。这必然不是对P价格的估计,因为折旧和流动资本在各行业中与固定资本的比例不同,而且加成也是在工资流量之上形成的,在资本主义或社会主义经济中没有明显的库存对应物,因为劳动力是来自有自主权的个人。另外,还研究了一些"多通道"的价格公式,其中不同的加成率或回报率适用于生产的不同组成部分,这些比率是这些组成部分"对社会劳动生产率的作用"的指标,也就是说,大概是对边际生产率的估计。

这里也许应该提到,我们的矩阵 B 是一种不完全严格的处理库存的方法。它可以容纳原材料、坯料、原料投入和成品库存,但不能充分容纳固定资本的决定性因素,即设备和机械,这些因素的折旧流量不能用与设备本身相同的自然单位来衡量,而且一般来说不会与利润率无关。使用联合生产概念的固定资本

[①] 处理式(2),我们可得:$\mathbf{p}(\mathbf{I}-\mathbf{A}-\mathbf{cl}-r\mathbf{B})=\mathbf{p}(\mathbf{I}-r\mathbf{BT})=0$,其中 $\mathbf{T}=(\mathbf{I}-\mathbf{a}-\mathbf{cl})^{-1}$。展开$|\mathbf{I}-r\mathbf{BT}|=0$,得到了 r 中的 n 级多项式。进一步处理 $\mathbf{p}(\mathbf{I}-r\mathbf{BT})=0$,可得:

$$\mathbf{P}=r\mathbf{pBT} \tag{3}$$

这是一个特征方程,其中 $r=1/\lambda$,λ 是 **BT** 转型的最大特征值。根据众所周知的弗罗贝尼乌斯结果,λ 是唯一确定的,是该特征化的 n 个实根的最大值,只有该特征方程有一个全正的左端特征向量 **p**。因此,生产价格和 r 是共同和唯一决定的。假设技术流量矩阵 **A** 是生产性的,即有一个小于1的最大特征值,所有矩阵都可以证明满足非奇异性和不可分解性的充分条件。

的其他处理方法不适合分析,因此,我使用了这样的假设:库存可以通过周转系数与它们的对应流量明确地联系起来,因此,逐个元素$[a_{ij}t_{ij}]=[b_{ij}]$,希望得到的结果将由一个更严格的模型来证明(联合生产模型的经典论述见 von Neumann,1946;Sraffa,1960)。

社会再生产(SR)价格

我用一个新的词汇,将社会再生产之后的价格称为价格,以取代"双通道"或"多通道"价格的称谓,后者似乎只适合存在不同回报率的体系。[①] 这些价格包含了对 P 价格的主要批评,引入了社会为劳动力再生产而持有的商品库存的利润,包括整个住房、普通教育、交通、卫生和文化娱乐基础设施。

劳动生产的存量在我们的符号中用矩阵 **ml** 表示,这就是形成利润率的第二个"通道"。SR 价格而后将计算如下:

$$p=pA+wl+rpml+rpB=pA+(w+rpm)l+rpB$$
$$w=pc$$
(4)

在第二种形式中,SR 价格意味着加成工资率,为 rpm,这是一个代表总的劳动生产存量的利润的标量(进一步预测我们对 **m** 的解释)。如前所述,我们现在发现 SR 价格和 r 共同且唯一地确定,λ 是弗罗贝尼乌斯矩阵(**ml**+**B**)**T** 的最大特征值,这增加了向量 **l** 在决定 **p** 方面的权重。

因此,SR 价格产生了总库存的加成,包括没有进入 L 价格或 P 价格的劳动力再生产型库存。这个加成将低于与 P 价格相关的 r,因为对工资成本 rpm 有名义加成。它显示了一个能够降低实际增长的系统,但这只表明了 P 价格所隐藏的东西,即实际资本存量必须以劳动生产基础设施的形式进行周转。

如果像许多社会主义国家那样,一部分劳动生产资料由企业持有,如体育设施、音乐厅、疗养院、卫生所等,那么,根据这些更广泛的存量(用苏联的术语来说,是资本基金而不是资本资产)计算的 P 价格将包括大部分 SR 存量,而且这两个概念将相当接近。然而,如果所有这些存量,例如教育部门都移交给企业集体,用于它们的工作人群是不合适的,那么结论似乎是不可避免的:SR 价格是社会主义经济的优质导向价格,它原则上是对人类的需要做出反应和负

[①] Sagaidak(1977,p.94)提到"双通道"价格体现了"社会主义的价值修正",并引用了 Diachenko(1968)的作品。这里没有考虑定价问题的另一个层面,即由于征收营业税而存在的双层价格形成;见 Kyn(1974,p.25ff)。我对这一概念的阐述依赖于 Brody(1970,p.76ff),他对"双通道"概念的参考文献是 Esze and Nagy(1963)。另见 Hejl,Kyn,and Sekerka (1967)。

责，而不是别的什么。SR 价格反映了商品的全部社会成本，因此阻止了对包括劳动生产资源在内的社会资源的浪费。布罗迪对匈牙利经济定价中没有包括劳动生产部门所造成的扭曲做了一个粗略的估计，并得出结论说，这是很重要的。事实上，由于这种扭曲，劳动生产部门本身的增长速度比在 SR 价格引导投资和技术变革模式的情况下可能要慢（Brody，1970，pp. 77，80）。

为了确定 SR 价格和 P 价格之间的区别，有必要问一下 SR 价格或其等价物是否可以在资本主义下获得，如果向量 m 置于资本主义所有权之下，并被吸收到矩阵 B 中，情况就会如此。当然，在现有的资本主义社会中，并不存在这个条件：大部分住房和大部分耐用消费品由工人家庭持有，大部分教育部门由政府以"非营利性"方式运营。人们认为所有的税收最终都会落在利润上，为了使政府拥有的资源存量的利润进入私人生产的商品的价格中，资本家必须将税收支付作为投资来处理。众所周知，它们在传统的会计程序中没有得到如此对待，更重要的是，这种对待将掩盖政府的相对自治权，这使得税收疏离于资本家，而不是在他们的战略控制之下。

问题是，是否有可能设想一个资本主义社会，其中所有住房都在资本主义部门，工人以包含私人拥有的教育设施的利润的价格为所有教育买单。这是为了提问：在资本主义生产关系框架内，存量 m 是否可以合理地融入资本主义部门？

我们有充分的理由相信它不能。在一个工人家庭同自己的再生产无关的社会中，将很难在其资本主义形式下保持劳动能力的核心质量：一种自发产生的商品，来自未被剥夺的和独立的家庭部门，并根据自由合同出售给资本家。存量的资本主义所有者将越来越多地扮演劳动能力卖家的角色，这将破坏工人自由选择的假象，而这正是整座大厦的基础。如果没有未被剥夺的家庭部门（见本书第三章），马克思的"自由、平等、所有权和边沁至上的领域"将是没有实质意义、没有说服力的，经济将类似于与现代技术不一致的奴隶经济。[①]

因此，SR 价格似乎与资本主义不相容，而是社会主义特有的。在社会主义

---

① 只有在竞争性奴隶经济的不可抽象中，利润才会按劳动力的"存量"来计算。不可能像有时假设的那样，将工资资本化以估计劳动"存量"，从而将工资视为劳动"存量"的隐含估值，充其量只能用"净"工资，即超出生存水平的部分（后者更类似于实物资本的折旧和替换），而且尽管斯拉法提出了相反的建议，但将工资分成两部分似乎并不可行。

D. M. Nuti 在他为 Hunt 和 Schwartz（1972）所做的贡献中，为以下观点提出了强有力的、我认为令人信服的论据：劳动力再生产的自发、独立和非剥夺，是资本主义社会关系的一个基本属性。资本主义经济不能对 m 存量进行估值，原因与它不能发展劳动力的远期市场一样；Nuti 证明了后一种属性对 Malinvaud-Arrow-Debreu 的一般均衡概念具有重大意义。

社会中,SR 价格作为正确的导向价格,是有充分理由的。虽然全面讨论价格的信息内容及其在分权规划中的作用超出了本书的范围,但显然,技术和投资决策,以及有关产出构成的选择,将受到价格体系的重大影响,在这个体系中,各种替代选择"成本高昂"。

还应指出的是,如果获得了 SR 价格,那么在社会主义经济中适合于国家所有的存量利润,但下放至各个企业的账户,将再次以不同的积累速度,出现在不同企业中。因此,在"市场社会主义"中,自由竞争的企业自发地对其拥有或持有的资本存量实行共同的利润率如[Vanek(1974)的"劳动管理经济"],将无法实现 SR 价格。实际上,SR 价格不仅捕捉到了资本主义企业的资源,而且捕捉到了任何依赖自主原子化单位的系统所遗漏的资源,因此,它们构成了综合计划性社会主义的论据,并且反对自由放任的福利经济学,无论它是资本主义形式还是社会主义形式。

必须强调的是,SR 价格的特殊性与熟练劳动力向非熟练劳动力的还原无关,这一点在向量 l 中已经得到考虑。所讨论的劳动力再生产存量是生产一般非熟练劳动力所需的存量。只要参与差别化生产技能的资源也是在资本主义部门之外持有的,还原系数本身就必须修改,而且适合于 SR 价格的向量 l 将不同于适合于 L 价格或 P 价格的向量 l,我们在此不进一步探讨这种复杂的情况。鉴于熟练劳动力的还原问题,人们可能认为将所有质量的劳动力只按其时间维度输入 l,而不考虑技能,并将技能差异纳入 **m** 中,然后成为一个矩阵。然而,人们可以预期,随着时间的推移,未分化部分,即每个工人再生产仅仅作为社会一员所需的资源,其相对权重将会上升,因此 **m** 将接近每单位简单劳动时间消耗的资源向量。最后必须指出,在资本主义条件下熟练劳动的还原包含了大量与社会主义定价无关的因素,例如某些工艺职业的准垄断、不同教育机会、种族主义和性别歧视造成的分层,以及从资本主义霸权的角度发挥作用的其他形式的分层,因此即使在理想的典型水平上也不能忽略。

然后,SR 价格将价值归为整个可再生资源范围,原则上使有效选择的质量"更加"高,特别是通过克服"可再生性"和家庭部门之间的二分法,这是反映了资本主义所有权和控制的有限责任和理性所不能做到的。

极端社会再生产(ESR)价格

通过想象劳动再生产存量随着时间的推移而增长,可以引入极端社会再生产价格,并且比传统资本存量更为占据主导地位。当"比率"接近无穷大时,**B**

矩阵就消失了,在极限情况下,我们有:
$$p = pA + wl + rpml \tag{5}$$
$$w = pc$$

我们用通常的方法找到了特征方程 $p=r$**pmlT**,它体现了 $\lambda=$ **mlT** 的最大特征值,这是 **B**=**0** 的 SR 价格的转型矩阵。①

现在,我们将回到 ESR 价格的最有趣的特征,重新排列式(5)可以看到:
$$p = pA + (w+r\mathbf{pm})l = (w+r\mathbf{pm})lQ \tag{6}$$
$$w = pc$$

ESR 价格只是 L 价格乘以标量 $w+r\mathbf{pm}$。如果 SR 价格在社会主义条件下保持不变,且 **m** 的相对权重上升,SR 价格将渐进地接近直接加间接劳动价值。那么,SR 价格就会出现在两个极端情况之间:在 **B**=**0** 的情况下,它们就会降为(L=ESR)价格;在 **m**=**0** 的情况下,它们就会降为传统的 P 价格。

完全收入(F)价格

如果所有的净收入都计入所有权,我们就有了"完全收入"的价格。随着 $w=0$ 和 **c**=**0**,
$$p = pA + r\mathbf{pB} \tag{7}$$

特征方程是 $p=r\mathbf{pBQ}$,且 $1/r$ 为 **BQ** 的最大特征值(相较于 P 价格体系的 **BT**)。

F 价格的吸引力来自工人作为所有者的概念,事实上,在一个建成的社会主义社会,工资和财产收入之间的区别应该消失。工人-所有者将寻求最大限度地提高他们的全部收入,因此似乎没有理由引入工资定价条款。事实上,F 价格是"劳动管理"经济模型中定价的合适基础。这些价格的一个值得注意的地方是,它们不包含对当前劳动投入的核算,出于评估和控制的目的,它们被视为免费商品的数量。②

完全社会再生产(FSR)价格

与 P 价格的情况一样,F 价格可以修正为包括劳动力再生产的存量。将

---

① 应该强调的是,方程(5)是一个有限的概念,它并不意味着传统的资本存量完全消失(尽管在下一节将提出一个更激进的 ESR 价格概念)。不过,对于那些可能担心矩阵 **A** 流量相应的存量为零的人来说,首先,**A** 的一些元素是流动资本,如成分、原材料,而没有非负的存量对应物。其次,如果模型中只包含固定资本,并且 **A** 接近于零,这不会影响 ESR 价格的存在、唯一性和特殊属性,这一点可以通过检视方程(6)而得出。

② Zauberman(1967,p. 89)也描述了 F 价格,参见 Hejl et al. (1967)。

"完全社会再生产"价格写成：

$$p = pA + rpml + rpB \tag{8}$$

通常的操作将显示利润率是$(B+ml)Q$最大特征值的倒数。FSR 价格有一个看似矛盾的特性,即投入劳动的流量向量 **c** 是零向量,而对应的存量 **m** 是正的。这是因为前者具有新的价值形成的性质。我们再次面临 F 价格毫不妥协的有利条件。对工人的"投入"不是投入,因为工人是生产的目的或目标,而不是手段,因此这些流量的投入没有价值。不过,消费投入存量是有价值的。为了给 FSR 价格提供一个理由,我们可以认为,它来自工人－所有者的观点,他们一定没有把自己的活动,如 **c** 的流量所代表的,看作一种手段,但他们会自然地把相应的存量看作服务和估价的手段。值得注意的是,在 FSR 价格体系中,**l** 被重新引入存量的估值中,事实上,$w=0$ 隐含着对劳动 $r\mathbf{pm}$ 的归纳估值,对应生产劳动所涉及的存量的价值,而流量 $\mathbf{pc}=\mathbf{0}$。

极端的完全社会再生产(EFSR)价格

最后一步,我们设定 $\mathbf{B}=\mathbf{0}$,并计算出"极端的完全社会再生产价格"：

$$p = pA + rpml = rpmlQ \tag{9}$$

我们注意到,$1/r=\lambda$ 是 $\mathbf{mlQ}$ 的最大特征值,而且 EFSR 价格又是简单的 L 价格加上标量 $r\mathbf{pm}$（将其与 ESR 价格的加成标量 $w+r\mathbf{pm}$ 相比较）。当 $\mathbf{B}\to\mathbf{0}$ 时,EFSR 价格和 SR 价格一样,都会趋向于劳动价值。

价格体系的一般表述

在结束对价格概念的综述时,表明所有包含的概念都有一个基本的对称性,即它们都是系统的特征向量,可能是有所助益的。

$$\overline{\mathbf{p}} = \overline{\mathbf{p}}(\overline{\mathbf{A}} + r\overline{\mathbf{B}}) = r\overline{\mathbf{p}}\,\overline{\mathbf{B}}\,\mathbf{Q} \tag{10}$$

其中,流量和存量的增广矩阵 $\overline{\mathbf{A}}$ 和 $\overline{\mathbf{B}}$,以及增广的价格向量 $\overline{\mathbf{p}}=(\mathbf{p},u+v)$ 的分量 u 和 v,在表 15.1 中给出。①

---

① 在 L 价格的增广价格向量中,必须将 w 解释为完全等同于一单位劳动的劳动价值。这不应与工资等于净产品的主张相混淆,也不应与"简单再生产"的条件相混淆,只是因为价格方程在正利润或增长率的形成方面是中性的。可以注意到,表 15.1 提供的八种可能性中的一种被省略了,因为没有分析的意义,即"物质流量价格"$\mathbf{p}=\mathbf{pA}$。

表 15.1　概要：产生的价格体系 $\bar{p}=(p,u+v)$，受 $\bar{p}=\bar{p}(\bar{A}+r\bar{B})$ 约束，这取决于增广的流量和存量矩阵 $\bar{A}$ 和 $\bar{B}$ 的形式

$\bar{A}$	$\bar{B}$				
A c 1 0	B 0 0 v u w	0 0 0 0 0 L 劳动价值	B 0 0 0 0 P 生产	B m 0 0 r pm SR 社会再生产	0 m 0 0 r pm ESR 极端社会再生产
A 0 1 0	0		F 完全收入	FSR 完全社会再生产	EFSR 极端的完全社会再生产

迈向社会主义价格政策的一般模型

现在，我们转向研究各种价格概念，看一看它们是否会催生出一个符合社会主义经济的价格政策理论。

这些概念可以按照两个维度分类：第一，收入流量是指对劳动时间的回报，或是对所有权的回报；第二，现存资本存量可以视为可再生的商品（物品），或是可再生的劳动。在每个方面，我们都设想了两种极端的可能性，以及一种综合的可能性。然后，这些概念在表 15.2 中得到展示。

表 15.2　不同的价格概念及其与可能的收入流量和资本存量之间的关系

存量再生产	收入流向		
	劳动	两者	所有权
物体	L	P	F
两者	L	SR	FSR
劳动	L	ESR	EFSR

我们设想了一个社会主义经济，其中价格结构表示了社会主义生产关系。按照马克思（1933）和所有现有社会主义经济的做法，根据劳动的等级和技能以货币形式分配收入，净产出通过货币价格在消费市场上分配。价格是综合计划的，价格表作为经济计划的一部分获得了法律效力，尽管这并不意味着所有的价格都是中央计划的。出于当前的目的，我们可以略过大量的争论（Lange,

1956；Hayek，1935，1955b），以及极其复杂和麻烦的历史记录，并假定综合计划已经实现了社会主义概念的内在意图：社会关系是完全有意识的，经济运作完全受制于政治进程，广泛涉及工人对各级计划和管理的参与。人们同时认识到，在排除了以卢梭式城邦为原型的集体乌托邦设想之后，经济单位之间会有定期的交易关系，而这些单位彼此并不认识，因此它们的交往将是抽象的，并采取一种定量形式。此外，在没有自发的商品交换的情况下，仍然会有所谓的微观商品关系，甚至完全属于国有部门的交易也是如此。①

在这种经济中，最重要的特征是没有非劳动财产收入。不过，"工人/所有者"这一组合具有矛盾的方面，可以从表15.2的"横向"和"纵向"角度来分析。

在横向上，工人得到的货币工资低于劳动的增加值，同时通过一个代表机构，参与控制其企业以及整个经济所产生的利润收入。一方必须将另一方视为成本，并且是达到外部目的的手段，这样一来，社会主义首先将人类生命活动与最终产品的异化分离内部化，并没有废除这种分离。

F价格充分表达了这样一个概念：工人的收入与其对企业所有权和管理权的参与成正比，从而间接地与整个社会经济成正比。但实际上，F价格忽略了完全否定劳动时间经济的可能性，对付出不同劳动量的企业来说，同等的回报率可能令人沮丧。

L价格消除了这一问题，但带来了相反的困难：如果奖金、保险费、企业投资基金、社会消费基金等是根据利润率确定的，那么资本密集度高的企业将受到不公平的惩罚，而资本密集度低的企业则受到不公平的奖励。这种困难不能通过消除这些与利润挂钩的激励措施来解决，例如将激励工资建立在整个经济的总利润率之上，因为这将切断收益与企业集体自身责任之间的联系，而这种联系是不可或缺的，特别是在社会主义建设的早期阶段。②

P价格代表了这两个极端之间的"妥协"，但它并没有消除工人自我概念的矛盾问题，事实上，它是对其的一种反映，是其在定价领域的形象。

现在，沿着表15.2的中间一栏检查垂直维度。在我们讨论SR价格和它们

---

① 参见G. N. Khudokormov(1967)。"在社会主义社会中，每个工人和集体的劳动都是作为整个社会劳动的一个组成部分来计划的……这意味着，劳动直接表现为其社会形式。不过，由于社会主义企业在经济上是独立的，我们观察到它们之间的某种隔离，这使得有必要进一步确认劳动的社会性质……出售一个产品，意味着它满足了某种社会要求，在它身上花费的劳动是社会劳动。这间接地证明了劳动的社会性质，需要以价值交换产品，证明直接社会劳动的不完全成熟。"(pp. 134—135)

② 关于物质激励的一般论证是，它们存在于社会主义阶段，问题不在于是否"使用"它们，因为不存在这样的选项，而在于它们是否与道德激励和社会意识的提高相一致或违背。见Khudokormov(1967，p. 214ff)，Dobb(1969, pp. 130—132ff)，以及本书第十六章的进一步讨论。

的极端情形 PESR 价格之间的关系时，我们认为劳动再生产部门和商品再生产部门的存量可以识别且显著不同，并将前者日益增强的支配地位说成是生产力的增长和具体的劳动再生产存量增加的简单问题。现在我们可以假设一个更激进的概念。鉴于社会主义社会的既定目标是确保有意识地掌握经济进程，以创造更高层次的人类生存条件，所有的资本存量，包括传统的资本存量，都必须被视为本质上的劳动再生产。

那么，向 ESR 价格的演变并不是学校与工厂建筑比例上升的问题，它反映了社会意识的逐步演变，这种意识认为工厂建筑是在人类环境中再生产人类自身的一种手段，而商品产出是这一过程中一个不重要的中间步骤。那么，为什么 ESR 价格必须不断演变呢？为什么不能简单地把它们作为现在确定的社会主义积累的最佳价格来使用？因为 ESR 价格所体现的社会观点和集体的观点之间的冲突不能简单地抛弃。企业必须看到其收益率与自身努力之间的联系，直到社会经验和意识使其利益得到更大的认同。总的社会观点不能简单地由好战性口号来规定或实现，经验表明，人为加速道德和物质刺激融合的努力，在经验使意识的稳定复制成为可能之前建立一种意识水平，会导致微妙或不那么微妙的形式替代对物质奖励的超经济强制。

价格结构表可以转化为一个连续的图形，如图 15.1 所示。沿着盒状图的水平维度，代表了劳动和所有权所占的收入比例，在最左边，所有权的回报率为零，所有收入都是工资；在最右边，情况正好相反。在垂直方向上，我们衡量社会在多大程度上能够将资本存量纳入劳动再生产存量之下，顶部不包括任何存量，底部包括了所有存量。[①]

图中左侧和底部代表 L 价格或其变形的区域。F 点代表的是 F 价格的区域。P 价格沿着盒状图的上边缘水平排列，FSR 价格沿着最右边的垂直边缘排列。盒状图的面积代表了整个 SR 价格的可能领域。EFSR 点之所以被称为 EFSR，是因为它代表了 EFSR 价格，即共产主义社会中核算价格的最充分的演变，其中 $w=0$，所有交易价格和货币都不存在。曲线Ⅰ和Ⅱ代表了不同社会主义社会的价格结构的假想演变。在社会Ⅰ中，相对于工资收入而言，利润收入运动优先于存量的纳入，在社会Ⅱ中，情况正好相反。这表明，一条最初在右下方过于"平坦"的曲线，将代表企业过度的自主权，而没有伴随着计划体系的总体融入，简而言之，是社会主义建设的"无政府主义—辛迪加主义的退化"。

---

① 该图的尺寸很复杂，在此不完全说明。一个要点是存量—流量空间中的价格。结构我们可以定义参数 $0 \leqslant x_S, x_F \leqslant 1$，分别按顺序衡量存量和流量条件的变化程度，那么 x_S, x_F 空间中的每个点就是一个价格向量的指数。

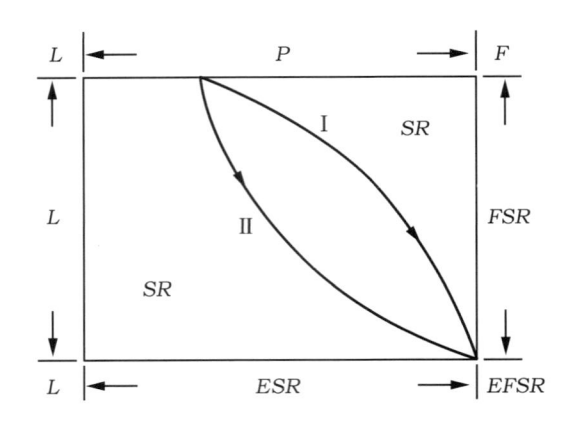

图 15.1　社会主义价格制度的假想进化路径

反之,左上方的曲线过于"陡峭",代表了一个社会在企业自治的经验方面集权过快,即社会主义建设的"官僚主义退化"。可以说,不同的路径适合具有不同历史经验的国家,也就是说,像图中曲线 I 那样的路径可能由一个具有高度发达的工人委员会和合作管理经验的国家所遵循。[①]

我们现在可以看到,沿盒状图上缘 LF 显示的矛盾,反映了工人/所有者的对立,随着社会能够向下缘移动,矛盾逐渐解决。同化为劳动生产范畴的资本存量越多,图中左右两边的价格向量之间的实际差异就越小,奖励工人的价格和奖励所有者的价格之间的差异也越小。

此外,收敛方向是明确的:社会主义社会的长期最优价格是马克思《资本论》第一卷中的直接和间接劳动价值。标量加成不会改变最佳价格比例,但它可以进入最佳控制和效率计算。当生产是在非恒定规模收益下进行时,价格也会对现有的资源配置提供奖励或确认。如果存在与所获得的目标配置不同的情况(即高消费配置与课税关卡),可以根据目标配置而不是实际配置来估计 **A** 和 **B** 矩阵,这将刺激稀缺性"瓶颈"方向的技术变革,推动短期约束的终结。

因此,将劳动价值的价格确定为最优是以其他方面的最优为条件的,包括许多我们没有考虑过的方面,例如那些同投资决策与投资和规划时间范围的选择有关的方面。尽管如此,我们仍应该一劳永逸地抛弃如下观念:劳动价值是与社会主义经济学清晰思维不相关的"意识形态"障碍。劳动价值与最优定价

[①] "双重堕落"术语来自 Lange(1962,p.12):"生产资料的社会主义所有制既意味着为了整个社会的利益使用生产资料,也意味着生产者和其他工人有效地民主参与生产资料的管理。"

没有关系的观点,在计划计量经济学文献中很常见(例如,Zauberman,1967,chap.6),是完全没有根据的。与动态线性(或非线性)程序相关的双重估值将降格为本章研究的价格概念之一,取决于目标函数的特点。按照瓦尔拉斯均衡的方式,基于固定资源禀赋的规划价格会产生各种收益率或租金率,这些价格可能确实适合在短期内进行决策,但是,它们不应该与长期的统一价格体系对立,后者在长期规划的框架内发挥着作用。[①]

计划计量经济学家以现代程序设计的名义对瓦尔拉斯均衡的关注,源于其研究方法的新古典主义基础。与其说它与短期和长期有关,不如说它与两者的短视有关。在新古典主义的"短期"中,过去的世界未经评价,包括人造资源在内的已有资源被视为给定的,而涉及其再生产的社会关系被忽略了。新古典主义的运行是一个痛苦的过程,它避免面对社会和历史对其参数的决定,而是躲在永恒和油灰中(Harcourt,1972)。

在此处采取的观点中,我们试图对所有的时间段以及与之相适应的定价问题进行长远的考虑。在社会主义的短期内,稀缺性获得了它的重要性,并且必须在更广泛的时间范围内结合明确的社会目标进行评价。随着时间推移,经济的几乎所有的方面都可以再生,并受到有意识的控制,上帝的行为变成了人类道德的问题,稀缺性和"瓶颈"作为社会关系运作的一个方面而出现,而效率的界定也不再独立于社会的演变和它的目标取向。价格结构不再独立于社会结构,人们对事物的评价也不再与不可避免的劳动活动相分离。

---

① 众所周知,增广后的矩阵 **BQ** 的右端特征向量产生最大一致增长率的数量比例。如果集体消费、国防和集中投资是通过增值税的方式实现的,那么价格和数量比例都可以通过单一的矩阵求逆得到,这就相当于一个制度化的黄金法则。

第十六章

迈向一个可行的社会主义经济理论

在 20 世纪最后十年开始时,后资本主义社会的前进势头受阻,以马克思主义理论为基础的社会主义概念因此受到质疑。由此产生的骚动为重新审视社会主义经济理论创造了机会和需要。在这一章中,我将探索注入新活力的理论社会主义的一些要素,明确的意图是帮助社会主义在理论和实践上重新发起进攻。

这项任务是基于两个前提。首先,如果资本主义,即少数上层和统治阶级为了积累而通过从被剥夺的多数人手中购买劳动力,实现对生产资料的私人占有,在历史上受限且具有内在矛盾,那么对它的超越最终催生了一种在性质上截然不同且更为优越的社会和经济组织形式,"社会主义"一词用于称呼这种形式。社会主义的根本论证,不同于可实现的或"可行的"计划,不能建立在务实的妥协之上,就像某些版本的市场社会主义或米哈伊尔·戈尔巴乔夫的"受管制的市场经济",社会主义在性质上的差别和优越性必须建立在高度抽象的基础上,与对资本主义的一般批判相一致。

其次,现有社会主义社会,即 20 世纪 30 年代的苏联、20 世纪 40 年代的东欧国家、朝鲜、越南、古巴的经验,是这一根本论证的重要物质基础。当代左翼讨论的一个显著特征(如果没有得到充分认识的话)是自 1989 年东欧政治转型以来的深刻失落感,这种失落感在许多意识形态边界普遍存在,尤其是在许多自认为关注现有社会主义政权的人中。尽管这些政权掌权的内部和外部条件复杂而且往往不友好,但这些政权的出现仍然为"第一"和"第三"世界的劳动人民和被压迫人民后来取得的进步奠定了基础。对这一经验,特别是规划系统、参与性工作场所结构以及支持社会福利和平等的机构与共识,必须予以重新审视和评估,以便将具有永久重要性的因素纳入未来的社会主义。换言之,社会主义的前景与迄今为止社会主义建设的实际历史经验密切相关,在真空中寻找介于复辟的资本主义和复辟的官僚主义之间新的第三条道路,就是将社会主义变为乌托邦的死胡同。

在这一章中,我不去尝试总结关于社会主义的大量且不断增长的文献。我的目的是推导出社会主义更新的概念要素,希望其他人能以同样的精神来吸收它们并做出进一步的思考。

下一节概述了社会主义社会核心经济制度的发展阶段,目的不是详细描述,而是阐述中心概念,特别是在计划体系和市场领域。第三节将以批判一元化"市场"导向思维的形式,汇集为"综合计划"模式辩护的要素。这一节实际上概述了社会主义对新古典主义、"自由"市场经济学的福利定理的回应。在第四节中,我将简要地讨论该模式与它在二十世纪社会主义建设经验中的历史渊源的关系问题(自不必说,这个宏大而困难的话题只能在这里初步提及)。最后一节将根据历史唯物主义理论的基本主题,重新讨论当前背景下的社会主义这个大问题。

综合计划的演变

马克思在《哥达纲领批判》(1933)中提出了一种共产主义的生产方式,超越了资本主义,将该体系的内在矛盾在社会进化的更高层面予以解决。此外,共产主义模式还有一个较低的阶段,后来被称为"社会主义",作为过渡时期,解决了来自资本主义的限制。当然,《哥达纲领批判》并没有提出社会主义阶段的结构蓝图,众所周知,往往认为这些蓝图需要以尚未掌握的历史经验为基础。不过,它确实表明,清醒的、有意识的指导取代了资本主义进程中盲目的、异化的、无政府的特征。因此,"生产者的自由联合"意味着某种形式的、被称为"计划"的东西。

我们对项目规划和系统规划进行了区分,前者是将资源集中在特定的部门和(或)项目上,后者是将所有这些经济部门纳入单一框架,可以分为指挥阶段和综合阶段(这些阶段将在下面仔细定义)。因此,我们在规划的发展中有三个总体阶段:项目、系统—指令、系统—综合。每一个阶段都对应着市场或商品关系发展中的一个演变阶段。因此,我们对市场的思考置于一个历史和社会关系的框架中,如果要以一种避免陷入"市场"或"自由"市场的非历史性模式来分析实际的市场进程,这一点是至关重要的。

项目阶段是一个打基础的阶段,在社会主义经济仍然被各种不同的前社会主义经济环境包围的情况下,这可能是尤其相关的。这个阶段将资源征用于特定的战略项目,而在经济的其余部分,大部分可能以某种自发的商品生产为特征,完全被排除在有意的政治过程之外,或者被当作分配后剩余资源的接受者(Vyas,1978)。

乍一看,市场似乎与社会主义经济发展的任何阶段都不相容。通过有意识的民主规划来超越自发的市场关系是社会主义的核心,当社会发展使意图性在系统的、全社会的层面上变得至关重要时,社会主义在历史上是可行的。这方面值得注意的是,在先进的资本主义社会中,市场作为协调、信息传递和激励的工具,其重要性一直在下降,不仅是在国有部门的增长中,而且关键是在公司的增长和公司内部越来越多的交易和联系中,这也是现代生产的特征(也有一些反趋势,即特许经营、外包等,但我认为它们并不违背总体趋势)。因此,"纯粹"社会主义的历史模式是建立在完全没有商品关系,即市场的基础上的,实际上是马克思和恩格斯关于共产主义生产方式的经典著作中的问题。

然而,在社会主义建设的项目阶段,仍然存在社会主义项目部门与其他经济部门之间的关系,特别是农业在这方面可能有很大的影响。那么,这些部门可能只接受与中央项目部门的商品关系,在社会主义发展的这个阶段,仍然存在着一种市场形式。①

当积累了足够的经验、政治意识和生产实力后,社会主义建设的第一个系统阶段(系统—指挥)就可以达到了,这时我们可以说是计划经济,在这个阶段,总体的物质平衡和整个经济的资源核算,包括物质和财政,都已经实现了(Davies,1966b)。然而,在这个阶段,人力资源和社会主义意识都是有限的,计划的形式是由中央计划机构进行详细的分配,或者说是指令。在这里,重要的是抵制将经济计划到最小的细节,从哈耶克和冯·米塞斯到他们今天的同行,都是对社会主义的"自由市场"进行批评的臭名昭著的稻草人(Roberts,1971)。在系统—指令阶段,我们仍然可以设想,中央机构将相当多的规划职能移交给较低层次的规划机构,并在这些机构和直接生产单位之间进行持续的对话。然而,在这个阶段,规划的总体特征仍然是为企业制定详细的指标,并将其从上到下传递。

众所周知,对这一系统的批评,主要是在研究苏联经验的背景下形成的

---

① 这就是斯大林著名的小册子《苏联社会主义的经济问题》(Stalin,1952)所构思的问题。

（Nove，1969），可以快速回顾一下。随着工业化水平的提高和复杂性的增加，计划机构在掌握和使用越来越多的信息方面所承受的压力变得难以忍受，并导致越来越严重的错误和低效率。在微观层面（企业），以实物产出（无论是数量还是重量）设定的计划目标导致了扭曲：由于企业根据计划的完成情况获得奖励，它们有不正当的动机使产出构成偏重或偏轻。同样的，以货币为单位的目标也会导致增加成本的不正当激励（如美国军事硬件的成本加成合同）。此外，还有一种获得广泛讨论的倾向，即隐藏人力资源和非人力资源，并在总体上操纵从微型单位流向中央计划者的信息，以便在未来实现最有利的计划。规划机构通过增加检查和视察的层次来抵制这些负面现象的努力，只会增加计划管理的成本和腐败及官僚主义扭曲的可能性。

此外，还可以加上与计划不一致和任意性有关的问题。当一个企业收到一份包含几十个具体量化指标的详细计划时，这些指标很可能至少有一部分是相互不一致的。例如，只有在违反工资基金或其他成本要素的情况下，才能完成分类计划，反之亦然。这意味着微型单位实际上对中心有相当大的自主权，可以自由地选择他们打算违反计划的方式而不受惩罚。显然，一旦系统－指令阶段发展起来，并为计划和生产的基本结构和日程安排配备了人员，就需要过渡到更高的阶段，此时微观层面的信息和激励措施可以不受扭曲。

在系统指挥阶段，商品关系会发生什么变化？人们可以想象，从简单的商品（贸易）部门的存在出发，国家部门可以在没有交换的情况下运行，也许使用某种影子价格来进行核算和评估（即使所有计算都是以实物形式进行的，但如果它们是全面且一致的，就会有一个隐含的价格向量）。事实上，按照苏联文献（例如，Khudokormov，1967），可以确定市场在国家部门内的单位中的独特作用。原则上，单个企业代表整个社会行事，企业资产的产权不属于工人或经理，而是作为不可分割的社会主义财产存在于整个社会。不过，企业工人的意识是有限的，人们在实践中主要是从他们的具体经验所在的生产单位的角度来思考。因此，他们不能依靠对他们的工作与计划的关系的政治评价，而是需要通过市场交换来"二次确认"他们工作的社会效用，而商品关系会进入他们的活动。最简单来说：企业不仅需要对它们的产出进行抽象的确认，当销售机构想要占有它们时，它们还需要出售。

这与众所周知的激励问题有关（Kozlov，1977）。激励可以在物质与道德、个人与集体两个方面进行交叉分类。唯物主义对激励问题的理解是持肯定态度，物质和个人激励的存在，独立于社会主义决策者者的意愿，在实际历史经验的基础上采取与社会意识发展阶段相对应的特定形式。这当然是马克思所规定的发展,即社会主义将由带有前资本主义印记的人来建设(Marx,1933)。道德和集体激励的基础是为更广泛的社会利益而行动的意识,但这种意识必须具体地发展,为了实现这一点,激励的物质/个人方面必须与道德/集体方面协调。如果不是这样,例如,如果要求人们为了所有人的利益而努力工作和提高技能,却没有得到个人的补偿,那么对偷懒者的不满可能滋生愤世嫉俗的情绪,阻碍社会主义意识的发展。必须在发展的每个阶段,寻求各种形式的激励措施之间的适当平衡(Kirsch,1972;Brown,1966)。

同样,回到市场问题上来,在系统－指挥阶段,必须在计划评价和市场在计划的二次确认中的作用之间取得平衡,作为计划和不断变化的需求之间的差异的衡量标准,以及必要的纠正措施。因此,一种市场关系在国有企业中发展起来,涉及合同、由货币促成的交换和价格的使用。应该指出,这种形式不是社会主义所特有的,而是社会主义发展的一个具体阶段所特有的。正如简单的市场经济(简单的商品生产)与资本主义市场经济有区别一样,在社会主义框架内,市场的历史演变也有不同的阶段。

如上所述,向第三阶段,即系统－全面阶段的过渡是建立在系统－指挥阶段所发展出的体制框架之上的,并基于克服后者的局限性的需要。中心思想是将所有详细的计划下放到企业层面,企业能够单独掌握其自身情况的细节,并将其应用于形成自己的计划。这首先需要在规划的各个层面之间建立一个协调系统,规划将发生在中央层面,并同时发生在一个或多个较低层面。(在我将遵循的最简单的版本中,将有两个层次——中心和微观单位,涉及额外的中间层次的结构也是可能的。)

多层次规划过程可概述如下。计划的形成采取了一种迭代的形式:中心和企业之间反复沟通的序列(Ellman,1979)。在这个过程的每一轮中,企业都会收到一些描述其未来一段时间活动的总体参数("控制数据"),并填写细节,预测技术变革、产品种类、成本等,并制订计划细节,包括其财务和物质要求。然后,所有这些得以重新分类,并转交给中心,这样,中心就能从较低的层次上获得更多基于当地实际情况的信息。利用投入－产出技术平衡产品和财务手段的来源和使用,中央规划人员现在可以得到一个充分证实的总体计划,在企业详细规划得出的数字基础上实现部门间的协调。当这个版本得以分解并由企业收到时,它将与原来的版本有些不同,需要对详细的企业计划进行一些修改。然而,在中心和企业之间的每一轮沟通中,差异(在理论上)会越来越小,并且逐步实现弥合,这一过程在关于计划的文献中称为收敛(Zauberman,1967)。当收敛工作基本完成时,计划就锁定到位了。

通过这种方式，企业被带入规划过程，原则上，这个过程变得民主了。在这种情况下，一个被赋予法律和财务方面责任的团队，在其职权范围内进行详细的规划，并参与将其计划与企业的计划相融合的过程，进而与这些部门、地区和整个经济相融合。目标是在整个规划过程中分离几个层次的细节，并将每个层次置于适当的组织地点。随着工人们直接参与纵队和企业的工作，经济民主的实质就可能形成。值得注意的是，批评社会主义和支持"自由市场"的大部分文献甚至没有提出这种全面规划的概念，而是把它归结为一个数学上的落后领域，即"分解原则"（Zauberman，1967），攻击早已不存在的中央指挥和中央细节规划的概念。

有了计划价格（下面会有更多的介绍），企业显然有兴趣最大限度地提高其利润率，并会在填写计划细节时考虑到这个目标。一个全面的计划体系和一个自发的竞争系统之间的关键区别在于，企业必须形成和陈述它们的计划，这是都知道的，并与整体经济的预期发展有关，体现在有关时期的总体计划中。一个关键的问题是：是否有可能为企业员工安排激励，以鼓励雄心勃勃地实现计划（例如，避免战略性地隐瞒储备），并积极地工作，一旦达成，就可能超额实现计划？答案有三个部分：目标（指标）的统一；奖金或收入形成指数的性质，以及多条轨道的可能性；奖金与该指数的计划和实现水平的关系。

给定计划价格的实质化（一个相当宽泛的"给定"，如下文所示），基本计划目标的统一是通过实现的净利润率来达成的：实际销售的货物的利润，减去当前成本（工资、材料和折旧），再除以资本存量价值的比率。这个指标要求企业注意类型和质量（即需求），并奖励它们降低成本（更高的生产力）和在使用资本货物时节俭（Liberman，1972）。因此，可以避免自上而下计划的系统－指挥体系的扭曲性激励问题，原则上是如此。不过，已实现的净利润率可能只是奖金形成指数中的一个因素。其他因素可能包括个别企业活动的激励结构，而这些因素在以独资资本为基础的收入形成的市场体系中会构成外部因素：企业在多大程度上为其员工提供了培训和工作机会，或参与了所在社区的教育活动；其活动对生态环境的影响，包括符合有关废物产生和处理的具体规范；其参与更高层面规划的程度和质量；帮助同一部门的落后企业克服其落后状况的工作；对需求和技术可能性的意外变化的反应质量（也许在计划中通过缓冲库存开展）；等等。因此，这种制度带来了一种耐人寻味的可能性，即根据企业及其人员在提高更广泛的社会福利方面所发挥的作用进行奖励，从而使道德和物质奖励比在自发的原子式竞争制度中可以想象的更紧密地结合在一起，并为在企业中出现一种深化的社会主义意识和逐渐减弱的市场关系的"二次确认"功能奠定基础。

这个阶段的最后一个问题是协调规划职能和履行职能(Liberman, 1972; Benard, 1989; Ellman, 1979)。其基本思想如下：企业因计划高奖金形成指数而得到奖励，也因计划得到采纳并履行而得到奖励。选择系数是为了通过选择最雄心勃勃的计划，同时也是现实的计划来获得最大的收益：大规模地过度履行一个简单的计划，比完全履行甚至稍微不到位地履行一个雄心勃勃的计划，获得的利润低一些。一旦计划到位，企业生产得越多越好（当然，这也受制于奖金形成指数的其他轨迹），但如果一开始就制订一个紧凑的计划，那就更好了（同样，奖金形成指数有指标来奖励谨慎持有储备）。

有人认为，这种方法并不能避免企业的战略行为，相反，它将这种行为从计划目标转移到奖金公式中的权重上。如果有一个类似的机制来确定计划的权重，那么就可以操纵这个公式的系数，以此类推，就会出现无限的退步。因此，我们有一个"不可能定理"(Gomulka et al., 1989)：假设企业有自利行为，就没有办法将企业纳入规划过程而不出现战略和信息扭曲的行为。我相信在博弈论的层面上，给定关键的自利性假设，这一点是正确的。然而，集体成员的动机需要坚持一些原则，而社会主义经济关系的一个重要特征是其可见性。为了达到不可能定理所预见的程度，企业管理者将不得不违反基本的礼节，以至于在降低士气方面的成本将超过任何可能的收益。在某种程度上，自利总是受到启发，尤其是在社会主义环境下，没有失业和贫困的消极激励，而集体激励的积极形式显示出其必要性。

我们现在要讨论的是适合于系统—综合阶段的市场关系问题。随着对二次确认的需求减少，从个人、合作或市场社会主义部门中抽离出来，并再次假设可以获得适当的计划基准价格，市场关系还剩下什么？

在一个复杂的经济中，产出的种类会不断变化，计划将只包含一个大纲分类，根据需要进行调整。最后，价格以外的考虑因素，如商品的质量、交货的及时性和可靠性、服务和信息支持的质量，可能是相关的。企业将不得不进行横向搜索和承包，这个过程可能涉及也可能不涉及价格偏离计划的基准价格。这个横向过程要接受规划机构的审查和质量评价，大型企业大概无权单方面改变客户或供应商，除非上级机构就这一行动对生态因素、交通网络、居住模式、长期计划中体现的其他资源的使用的影响提出一些意见。不过，企业层面上必要的灵活性和创造性要求它们有权参与横向合同，而不需要等待计划形成的纵向阶梯的确认。因此，在计划形成的体系中，出现了一个具有市场关系形式的横向联系的过程，并且实际上具有一种新型市场关系的实质内容。

这些横向联系，无论是发生在计划形成阶段，还是对现有计划的修改，都有一个关键的特点：中央计划机构不断了解横向过程的发展，以便能够描绘和预测宏观方向，并在必要时进行干预。此外，一般来说可以使用基准价格，而不是瞬时的市场价格来形成净利润率，因此，当市场价格形成时（例如，在消费品部门可能是必要的，以防止过剩和排队），这些价格将不会影响企业人员的报酬。就市场价格形成的过程而言，它将基于承包企业对本契约对其固定投资绩效的整体评估的看法。值得注意的是，目前还没有对在这些条件下形成的市场价格的性质进行理论研究，一个初步的猜想是，对政治评价和奖励形成的期望将减轻市场价格与基准价格的分歧程度，从而减轻周期性和不稳定现象。

因此，我们有一个更为适合社会主义计划的系统－综合阶段的市场关系概念，市场关系发生在综合计划之中，并受综合计划的约束，而且事实上是这种规划的一种形式。显然，没有什么比市场社会主义模式的"自由"市场价格或曾在东欧（以及某种程度上在苏联）流行的无形的市场教条主义更进一步的了。综合计划模式中的一个关键因素是，纳入横向计划市场的基准价格是已知的，相比之下，自发的市场经济（简单的、资本主义的或市场社会主义的）只存在于理论中，作为持续不断的和难以分析的波动的平均值，其中的周期和趋势完全不可能分开。（社会主义基准价格的"社会再生产价格"的历史具体性质，是在本书第十五章中提出来的，并将在下一节中加以扩展。）最后一点：无论市场价格与基准价格的偏差有多大，政治评估都会干预企业收入的形成和企业人员（经理、技术人员、工人）由此产生的个人收入。激励机制的逐步民主化确保了这一点，加上计划的总体方向，将有助于在收入分配、奖励的确定、企业和个人业绩的评估标准等方面形成社会共识，所有这些都是社会主义经济的核心，它们体现了个人活动与围绕个人的社会关系之间的密切联系。这是对综合计划和经济民主的论证的主要部分，与工人拥有和管理的公司的"自动领航"概念相对立（Sik，1967；Lange，1962；Hohmann et al.，1975；Vanek，1974，1977）。

不过，以上最后一篇参考文献使我们能够将对成熟社会主义经济的看法具体化。这可能包括社会化的各个层次，每个层次都有其适当的计划和市场关系形式的作用。核心层是一个综合计划部门，由那些具有足够规模和前后向联系的产业和生产部门组成，以保证纳入一个综合计划方案中。简而言之，这些行业如果不通过本节所述的迭代过程进行系统协调，就不可能实现经济民主。此外，特别是在手工业、服务业和农业，社会主义市场可能存在，并与核心计划经济共存。核心占据了"制高点"，而其他部门的工人拥有的企业可以在没有基准价格的情况下，在一个自发的价格体系中运作，当然，除了与核心部门的互动之外,还受到该部门计划价格的影响。基本的要求是,核心(综合计划)部门要足够大,以克服自发市场机制的不足。这个关乎社会主义计划核心的必要性和可取性的论证,与全面涵盖的市场社会主义(甚至是中央政策引导投资的作用)相反,是基于对市场和计划在社会主义背景下的有效性的批判性评价,我们现在就来讨论这个问题。

计划和市场功能:一种分类

本节将介绍有关市场和计划作为社会主义调节机制相对优缺点的综述。这几乎是一份论证目录,是简单描述而非对论证本身的详细介绍,目的是为进一步的研究指明方向。

有两个前提条件。首先,这里使用的"计划"是指综合计划的整个要素系统,包括上一节所述的类似于市场的横向组成部分。我也不排除这一节中将提到的计划外市场的次要作用,这里的问题涉及社会主义经济的核心机构。其次,应该清楚的是,这一切都与市场在资本主义市场经济中的核心作用无关:剥削性社会关系的异化是这些关系的再生产和资本积累的基础。这种作用可以比喻为一种麻醉剂:市场使历史上前所未有的权力集中在统治阶级手中的现象变得不可见,因此也没有痛苦(在正常的再生产时期)。与资本主义社会中市场关系的这一核心功能相比,我们在本节中所关注的协调和选择的功能是从属性的,实际上是服从于私人阶级权力积累的驱动力,是达到这一目的的手段。

对基于市场的社会主义模式的批判建立在一些熟悉的基础上。首先,在缺乏有意识的协调和远见的情况下,单个单位在原子式的竞争中会选择次优的最低限度。这基本上是一个外部性效应的问题,随着社会和技术变得更加相互依存和相互作用,外部影响也越来越大。其次,个人,例如负责储蓄决策和增长率的人,没有能力实现社会最优的时间范围(Dobb,1955b,1969),个人的时间贴现是社会储蓄和投资决策的不适当基础,它应该有无限的范围,并像当前的消费一样重视后代的消费。时间范围的问题也会以其他形式出现,特别是在生态问题上。最后,只要市场被用来分配投资和增长的资源,它们就包含了一个投机因素。投机性市场的最大悖论是,其"厚度"或稳定性要求大量的个人愿意对未来下相反的赌注,如果要满足这一条件,经济的反馈渠道必须有相当大的不确定性和随机噪声,这是在非金融市场也会出现的系统性信息不完善。因此,持续和任意的波动不仅是自发市场不可避免的结果(至少当这些市场延伸到面向未来的选择时),它是功能性的,在确保稳定方面发挥必要的作用。

然而,市场原子主义和计划政治学取向之间最根本的区别在于,前者缺乏人们直接互动的制度机制,完全自觉地体验所处的社会关系,而不是通过非个人的市场关系的麻醉性机制。长期以来,托马斯神学家一直都能理解市场的这种功能(Dempsey,1965);在论证公正价格的道德性时,他们已经意识到,"允许"市场进行分配和分销的意义是对基本社会关系的否定,是对道德责任的放弃。当然,他们在中世纪的公司制社群中看到了真正的替代模式,其中,支配着经济生活的是法律和传统,而不是社会主义的民主理性。在社会主义方向上,计划过程的一个主要功能,类似于资本主义背景下市场的增殖功能,是一个促成共识的过程,个人和集体的价值在这个过程中相互作用、相互塑造,形成一个共同的规范和目标的框架,在这个框架中,追求个人自身利益呈现出非对立的形式。

考虑到经济生活的基本性质这一点,我们可以转而讨论市场或计划在社会主义背景下的更实际的功能。表16.1列出了三种经济功能:协调,提供和传递信息,以及建立激励机制,使信息朝着社会理想的方向发展。我们将比较"市场"和"计划"(在上述有限的意义上),确定每个系统在这三种功能中的积极和消极特征。

表 16.1　　　　　　　社会主义经济中市场与计划功能分析

功能	市　场	计　划
协调	＋ 快速和持续的微观调整 － 被动、事后转向过度;周期	＋ 预期、长期、外部性 － 缓慢调整、需要缓冲库存
信息	＋ 快速传递 － 价格并非最优、随机噪声导致的高成本	＋ 纳入潜在信息 － 政治扭曲(战略行为)
激励	＋ 内在的、自我调节的 － 市场失灵,奖励供求差距而非调整的速度	＋ 多目标、将奖励与道德认可联系起来 － 政治:权力的误用

当然,协调是指在消费品和"资本"品(生产性投入)方面的供求匹配。在现代复杂的经济中,这需要管理不断变化的各种产出,并通过复杂的分配和分销渠道来实现这些产出。与这项任务相关的是,市场分配的一个明显优势是将价格作为持续的微观调整的信号,而不必等待政治机构的有意识的干预。相比而言,在没有市场价格的情况下,计划中的基准价格无法显示短期内需求和供应条件的波动,这种信息必须从库存运动中收集,有意识的决定必须传递给有关各方,这个过程要慢得多。在这个过程中可能出现的缺口必须通过持有缓冲库

存来解决，这是社会主义背景下库存成本中的一个因素。

然而在另一方面，我们注意到市场价格协调本质上是反应性的，包括对差异的事后调整，只要这些差异出现，能够突破随机噪声的帷幕，并建立一个可感知的价格趋势。在差异影响价格之前，没有办法发现，甚至没有办法猜测差异的程度。存在过度转向的可能性，导致周期性波动，甚至是爆发式周期。另外，在计划情况下，差异和不断变化的需求原则上是可以预期的，避免了与不断转变的微观调整有关的低效率。调整是有代价的。一个提示性的比喻是沿着蜿蜒的河流旅行，而不是直接向目标前进，"就像在直线上"。

与市场协调相比，计划协调的另一个潜在优势在于，通过计划能够考虑到与协调有关的外部效应（不同于一般的外部性，这属于"信息"范畴）。这可能导致企业在进行不可预见的快速调整时发生转移到其他生产单位的损失。

在评价支持或反对计划和市场协调的论证时，最有用的似乎是一个相对的标准：问题是，哪一个系统可以最好地接纳另一个系统的优点？（见本书第十三章对"相对有效性标准"的讨论）可以说，市场协调的主要优势，即通过市场价格变化进行调整的速度，可以纳入一个全面的计划体系中，相比之下，纯市场机制无法将计划协调的核心优势内部化：后者在时间和经济空间上有更广的视野。

信息功能对经济效率至关重要（Baumol，1965；Dorfman et al.，1958），在这里，"市场"的倡导者提出了最激烈的主张（Hayek，1935，1945）。概言之，市场价格传递了关于不断变化的需求和不断变化的特殊生产条件的信息，否则这些信息将被嵌入参数不断变化的"数百万个方程式"中。中央计划委员会极力寻求理解这套庞大信息中的哪怕一小部分，更不用说解这些方程了，这是人们最喜欢的形象（Roberts，1971）。虽然在综合计划的背景下，将规划职能大量下放给地方机构和生产单位，考虑这个问题在一定程度上削弱了这种形象的效果，但它仍然是令人信服的，而且至少使现代经济（或实际上任何经济）由一个单一意志、一个中央控制单元协调到最后的细节的概念得以消除。

不过，从社会主义的角度来看，仍然可以提出一些重要的问题，即自发市场中价格形成的本质，以及市场价格结构所传递的信息的性质。我将讨论纯社会主义市场经济的基准价格（"长周期均衡"）中可能存在的两个缺陷，以及一个围绕这些基准价格的短期波动。

第一个问题涉及均衡价格的特点，即通过企业间的竞争，无论是扣除工资和薪金的利润，还是"全部收入"，都与企业控制下的资产价值相比较，产生相等的回报率（Abouchar，1977；Hejl et al.，1967）。在任何一种情况下，这种回报率都没有包括大量的劳动力再生产资产，这些资产主要是在企业之外，因此是在企业的计算之外。这种外部性导致了均衡价格向量和社会再生产价格之间的差异，从整个社会的角度来看，社会再生产价格是最优的（本书第十五章）。社会再生产价格的最终立场是让所有的资源存量（资本品）都为其劳动力再生产而负责，为某一特定企业带来收入的物品不是目的，而是中间概念。因此，由此产生的最优价格与直接劳动时间和间接劳动时间成正比，也就是说，相当于古典的劳动价值（Laibman，1978；Brody，1965，1970；Hejl et al.，1967；Seton，1977）。随着企业越来越依赖更广泛的社会活动（特别是教育体系）来产生生产中使用的资源，这种外部性会随着时间的推移而增加，市场－社会主义均衡价格和社会再生产价格之间差异的成本会上升。如果把社会再生产价格作为一个综合计划的社会主义体系的基准价格，就意味着从其内部核算中得出的企业回报率将有所不同。因此，这些回报率与企业员工报酬之间的联系必须有不同的规范，以确保各行业的努力的回报的公平。这只有在计划体制下才能实现，在社会主义市场体制下，企业收入和企业成员的报酬是自动相等的（这就是均衡价格与社会再生产价格不同的原因）。

自发均衡价格的第二个缺陷涉及时间在估计资本品的重置价值方面的作用。在利润率的形成中，从竞争的角度看，资本品存量价值的相关概念是重置价值，因为这是再生产的成本。在竞争性价格形成的模型中，利润率是用现行价格来评价资本品的实物存量。在没有技术变革的情况下，现行价格可以准确地衡量重置成本。在资本品的役龄中体现出持续的技术变革时，最新役龄的价格可能成为未来重置成本的最佳估计（本书第八章）。在市场－社会主义背景下可能发生类似的情况。然而，如果一个较长的时间范围是相关的，在这个较长的时间范围内有可能设想到有计划的、结构性的技术变革，那么资本存量的相关预期重置成本将是不同的，价格也将受到相应影响。时间跨度再次与之相关，而计划建立的跨度比原子式竞争制度下可能的跨度要长得多，这一事实体现在一个不同的最优价格向量中。

现在假设时间和外部性都可以至少通过一系列连续的近似，纳入基准价格的最优计划向量中。现在问题来了：这个向量应该多久改变一次？以市场为导向的理论几乎毫无疑问地偏向于朝着不断变化的方向，对不断变化的条件做瞬时反应。这是快速、边际微小调整作为市场效率的标志的愿景，意味着计划价格是不可能的，因为研究和计算成本将排除以任何类似于所需的频率来改变计划价格向量。

然而，很明显的是，在一个不断自发调整价格的制度中，与带有既定价格表的制度相比，信息成本很高。价格的随机性和特殊性创造了一层噪声和不确定性的面纱,使得难以进行有效的选择。问题在于,如何确定这两种成本之间的最佳平衡。价格变化频率过高,会造成未来成本的不确定性和经济选择评估的随意性(例如技术选择)。不够频繁意味着随着生产条件的变化,计划价格逐渐偏离其"实际"水平。随着电子计算和信息传输手段的改进,计算成本应该会下降,并有可能越来越频繁地进行价格修正。这就避免了随机的、瞬间的波动所带来的消极后果,同时也减少了价格大幅增量变化所带来的边际"意外"收益和损失的影响。但总的来说,价格计划制度可以(原则上总是)沿着从频繁变化到不频繁变化的频谱寻找最佳点,而市场一社会主义制度则坚持即时调整的教条,并产生相关的负面后果。

论及信息传递功能和计划的变形,我们可以发问:是否有一些类型的信息可以以价格以外的形式进行传播?琼·罗宾逊(1967)提出了一个挑战:社会主义能否最终实现真正的消费者主权?即使撇开消费者是否对现代消费品的复杂范围有足够的了解,从而在决策中拥有真正的主权,以及与之相关的广告和"家庭活动的去理性化"(Lange,1963)的问题,消费者在市场体系中的被动角色仍是该体系的显著特征之一。如果我想将某种消费品 x 的性质从 x_a 变成 x_b,那么我必须安静地等待,直到某个生产者恰好提供 x_b,然后我才能"用我的硬币投票",登记对这种性质的需求。相比之下,通过适当设计的政治程序,可以直接传递消费者的愿望,真正的消费者教育可以得到保证。进入企业奖金形成指数的目标之一,可能是参与同消费者直接对话的组织程度和效果。①

虽然对这一点的讨论集中在自发产生的市场信息的不足,以及计划价格和其他信息渠道的优势,但计划环境有一个主要缺点必须解决。规划是政治性的,在政治结构中,个人或集体可能"利用该制度"来获得特定的优势。这可能涉及信息的扭曲,就像对系统指挥计划的经典批评那样。我不知道这个问题有什么简单的解决办法,它的规模和影响可能是相当大的。这至少是一个很好的理由来假设市场关系的"二次确认"功能应该继续发挥作用,即使在以横向计划功能为主的系统—综合规划中也是如此。

现在我们来谈一谈激励机制的问题:同样,第一轮是在自发市场上,信号和盈亏在价格中是紧密联系在一起的。这个论证在一般的经济论述中是非常普通的,因此在此无须详细阐述(Ellman,1973;Dorfman et al.,1958)。然而,关于奖励和惩罚的分配方式也存在一些问题。主要的一点是,企业对它所面临的

---

① 以一个类比表明生物演化和文化演化之间的区别:前者(对应于市场)需要随机突变,因此在有利的或适应性的突变发生之前,需要漫长的时间;后者进展迅速,涉及环境的有意识转变。

供求差异不负责任,然而,在一个自发的短期价格调整系统中,奖励或惩罚将与差异的大小成比例,而不是与企业对它的反应的质量和速度成比例。简而言之,这一机制通过意外的收益和损失来运作,而不是通过衡量实际活动和努力的收益和损失来运作。当生产规模较小,因此规模经济、前向和后向联系以及固定资本存量相对较小时,财富的"不公正"可能是为一个自主和有效的监管机制付出的小代价。然而,当涉及大规模的、相互关联的和时间密集型生产时,由于社会期望的产出种类的自发转变而产生的收益和损失的分配可能在深层次是次优的。面临收缩的行业工人可能受到不公平的惩罚,而扩张的行业的工人则会得到不公平的奖励。事实上,类似于缪尔达尔的累积过程可能出现:收缩的行业或一个行业内相对低效的企业获得低收入,由此产生的生产力和质量的进一步下降加剧了这种状况,导致形成"有"和"没有"的阶层。正如我们所假设的那样,在一个整体的社会主义框架下,不希望像以往那样跟随市场回到过去,让市场关系变得如此普遍,以至于"麻醉"这种分层,让人看不见它,从而接受它。另一种方法是将激励机制的关键部分纳入计划过程,使其成为有意的、民主的决定。

这也许是综合计划的社会主义中最不被理解的一面。有必要指出一个显而易见的问题,因为对这个问题的讨论一直受困于一种强烈的相反观点:收入分配规划中没有什么系统地违背根据生产贡献对收入的有效区分;事实上,这种区分自从《哥达纲领批判》以来一直是马克思主义关于社会主义思想的一个固定特征(Marx,1933;Kirsch,1972;Kozlov,1977)。在社会主义框架中,这种分化的关键特点是,它作为政治过程的结果出现,而不是作为盲目的经济规律的运作。就好像在生产结构中占据不同位置、拥有不同等级和性质的社会成员,要面对面地协商工资差异的载体那样。例如,工厂工人和办公室职工(隐喻,也许是字面意思)与煤矿工人见面——这些矿工的状况明显更危险和令人不快——并告诉矿工,他们认为采矿的差别化工资系数应该是多少。通过这种方式,在劳动力中占据不同阶层或部门的人相互了解,并相互理解。与这一过程相比,市场似乎是一种安排社会成员不必进行沟通和互动的绝佳方式,诚然,这一过程可能很烦琐,而且会遭到滥用;然而,沟通和互动是出现共同价值观和责任感的基础,它们强化了物质激励,并最终取代了物质激励成为主要推动力,因为生产条件对工作、个人和集体的必要评价,不再由单一的、可推广的标准,如产量、生产力或销售额来代表。

科学社会主义最基本的论证是,生产力的发展会逐步引导生产过程向这个方向发展:如果要支持生产力在最广泛意义上的进一步发展,那么劳动力与社区的关系、新一代工人的产生、生态等,都必须纳入激励机制的计算之中。

不过,我们仍然要考虑市场和计划激励之间竞争的主要领域,即生产率增长和技术变革。一个可以追溯到经典的奥地利社会主义批判(Hayek,1945)的论证表明,现代经济的基本活力及其发展潜力需要自发的市场的分散激励。伯利纳(1987)的一篇论文很好地总结了这一立场,他列出了快速技术变革的如下要求:企业自主权、决策灵活性,以及风险的足够回报。[①](从"自由"市场理论的角度反对市场社会主义的一个经典论证是,如果没有生产性财产的私人所有权和个人对这种财产所产生的收入的不受限制的使用,就不能提供最后一项。)动态经济的微观特征在大多数情况下被认定为不言而喻的,几乎没有什么正式的论证来表述它们。

然而,从综合—计划的社会主义角度来看,并从现代生产的角度来看,广泛的详细分工、电子化的相互依赖以及时间和空间上的强大联系(Galbraith,1967),所有这三个标准即使不是错误的,至少也是不完整的。每一个标准都有一个对应物,可以说在意义上逐渐增强,最终可能是决定性的。例如,关于自主性和灵活性的标准,鉴于现代生产中从构思到执行的时间跨度越来越长,问题是:对于一个企业来说,与一个稳定的环境相联系是否同样重要,在这个环境中,可以合理地知道近期和中期的宏观经济形态,并且可以很容易地获得有关相关价格和竞争企业的技术计划的信息吗?就企业的自主性而言,这种性质可称为连通性。它并不假定未来是完全可知的,但它确实预先假定,在没有竞争保密和浪费的重复努力的情况下,以及节省用于工业间谍、竞争产品的反向工程等资源的情况下,基本技术变革和生产力增长的动力可以加强。社会主义宏观环境的稳定性和对经济长期("视角")计划演变的最重要结构特征的预测,也有可能增强创新的动力。

对于风险和创新(创业)活动的回报,可以说什么呢?一种近乎神秘的肯定光环附着在这样的概念上:激励人们陷入未知水域的唯一方法是以资本所有权的形式保持极端财富的可能性,伯利纳(1987)重复了这种肯定,同样没有严格的支持性论证。科学家和工程师是否需要成为资本家的前景来进行创造性的劳动?来自资本主义社会的证据可以解读为,发明只是一条偶然的致富之路,而创新的长期收入大部分归于拥有生产、营销和传播手段的资本所有者。创造性劳动本身是有回报的,结合适当的收入差异,它应该是即将到来的,而不会为

---

① 我在一定程度上简化了伯利纳的清单,将"生产自主权"和"销售自主权"结合起来,并取消了"国际化",即对外部技术来源的获取,就目前的讨论而言,它属于较低层次的侵权行为。伯利纳对苏联工业的创新进行了一项重要的研究(1976),并对创新的制度障碍进行了彻底的分析。

阶级统治提供获得永久权力的机会。鉴于观察到的努力和奖励之间关系的高度文化差异，举证责任应该落在那些声称财富和收入的极端两极化就可以为社会提供足够的创造性努力的人身上。

就风险而言，可以提出两个问题。第一，风险的确切性质是什么？相当多的资源将被投入一个可能不会产生预期结果的项目，因为创新研究的结果不能事先知道，而且因为需求也只是部分地知道。创新的一些风险是任何技术变革的不确定性所固有的。然而，很大一部分可能是相对于社会制度而言的，在资本主义或市场社会主义背景下，其他公司的计划对特定的创新者来说是未知的，消费者与生产者直接接触的隔绝（通过价格机制限制参数化的互动）阻止了对需求的重大预先认识，金融市场和宏观环境中的随机性、噪声和不确定性不利于对结果进行理性计算。因此，尽管大笔的创新投资是有风险的，但这种风险的主要部分是由系统特定的因素造成的。

第二，"冒风险的"是社会资源，承担风险的创新者是代表整个社会而行动。如果一个资本家冒着所有权地位的风险，这不是社会的负担，实际上，社会风险远远小于私人风险，如果私人风险主导了创新者的"供给侧"激励，那么表明私人所有权可能抑制创新。在社会主义背景下，人们是这么理解的：只要一个集体已经准备好了一个经过充分研究和深思熟虑的创业行动，它所带来的风险就由整个社会来承担。就像科学家的实验产生了负面的结果，却为最终确定为正面的结果做出了贡献一样，一个创新失败（但有能力）的公司也为最终成功的行业技术改造做出了贡献，并有权获得正常的回报。那么，社会主义经济就有可能将风险社会化，将其分散到整个社会中，而社会是风险资源的最终所有者，也是创新的最终受益者，从而减少创新的负面成本。因此，在评价不同社会经济体系各自的创新潜力时，应将风险的社会化与"风险回报"标准相对照。

对苏联和东欧经验的评价

显然，本章第二节所提出的模型广泛借鉴了 20 世纪社会主义建设的经验，特别是苏联的经验（Ellman，1973，1979；Shaffer，1984，1986；Nove，1969；Feiwel，1967；Hohmann et al.，1975；Gregory and Stuart，1981）。项目阶段让人联想到 20 世纪 30 年代的苏联，那是一个"欢呼计划"的时期（Davies，1966a）。在"二战"后的苏联模式中，向系统－指令阶段的过渡得以清楚地划分（Felker，1966；Davies，1966b），而在自 20 世纪 60 年代以来的苏联讨论和转型中，则达到了系统－综合的门槛（Feiwel，1967；Gregory and Stuart，1981；Bomstein，

1977)。

在东欧,项目阶段遭到了压缩,系统－指令计划实施得相当早,也许比最佳的时间要早,因为过度模仿苏联的经验(Hohmann et al., 1975)。相比之下,中国的项目阶段似乎拉长了,因为要把中国庞大的经济纳入一个统一的管理之下是很困难的,特别是在生产力、教育和通信的当时水平上。由于一些原因,苏联的情况似乎最清楚地表达了社会主义发展的核心阶段性特征,正如英国展示了纯粹形式的资本主义工业化的特征,地中海盆地最直接地揭示了发展中的前资本主义生产模式一样,这是出于与它们具体的历史结合的原因(见本书第十三章)。

苏联在20世纪60年代的经济改革中引入了除企业承包合同之外综合计划的基本要素,最终在1968年通过了《企业法》。在整个20世纪70年代,这一制度不断进行修改和试验,特别是随着行业协会,即企业与政府各部委之间的中层机构的发展。20世纪80年代初,根据勃列日涅夫晚期的指导方针,大多数行业引入了团队委员会制度。团队或纵队选举(我用的是现在时态,因为在写这篇文章时,还没有收到关于这一制度已不存在的信息)一个理事会,以及一个领导理事会的组长。这个集体选举产生的领导层为团队准备和管理计划,团队根据企业对团队整体表现的评估从企业获得奖金。因此,这是一种集体的物质激励,它让团队中的每个成员都对其他成员的工作感兴趣。不过,团队委员会负责基于"劳动参与系数"将奖金再分配给个人,不仅考虑到个人生产(计件工资部分),而且考虑到对工人在团队中过度参与的定性评价、自我提高(通过工作轮换和丰富工作内容掌握新技能)、培训新工人、照顾工作站、参与企业附属的社会服务的安全管理、教育活动等。因此,激励机制是集体和个人奖励借助一个政治和集体过程的微妙结合。

在此,我不会尝试详细评价苏联的经验,也不会评价苏联理论与实践之间的差异程度。在评价苏联社会主义的现实("实际存在的社会主义")时,很明显,苏联官方文献所描绘的田园诗般的画面(在开放之前)已经为后来的事件所掩盖。我还认为,这一现实的积极方面,即工作场所的民主结构、可观的收入平等、长期的经济稳定、社会供给和机会、关于共同未来的有组织的对话的实例是重要的(Shaffer, 1984; Brown, 1966; Kirsch, 1972),并掩盖了普遍存在的只看到失败和负面的倾向。就此,我留下的是两个明显不一致的主张:(1)苏联的经验对社会主义有重大的积极教训,这些教训对社会主义的复兴确实至关重要;(2)实现苏联社会主义建设的前进势头和社会效益的努力导致了巨大的失败。这些主张可以调和吗?

我相信二者能够兼容。失败的根本原因也是为什么在今天的政治气候中，在过去的"命令和管理"制度与所谓的激进分子倾向的自由市场化之间，前瞻性的社会主义模式几乎没有呼吸的空间的原因：在专制的斯大林时期形成的压制习惯。例如，《企业法》赋予企业制订其自身计划的权利和责任，但管理人员多年来一直（在达尔文的意义上）被挑选出来，以顺从地（在阿多诺的意义上）符合威权结构的特征。企业管理者只习惯于被动和务实地适应上面的要求，并向下属发出压制和沉默的指令，他们符合新程序的文字，却破坏了它的精神，各部门和苏联国家计划委员会的官员有意识或无意识地起到了教唆作用。因此，企业人员有意义地参与计划的制订和执行在纸面上是存在的，但在现实中并非如此。这些消极的习惯在苏联和东欧的体制结构和政治文化中根深蒂固，要根除它们需要大规模和长期的民主动员。

结论：理论与前景

本研究概述的社会主义综合计划体制的模式，辅之以二次确认和横向计划市场，并可能由一个自发的但处于从属地位的市场社会主义部门所包围，在20世纪90年代初，在苏联和东欧似乎没有得到多少政治支持。由于对斯大林时期的专制主义进行认真清算的工作遭到长期推迟，这种情况变得更加严重。对于目前的僵局，还有什么可说的吗？

第一批重要的社会主义实验是在20世纪技术和政治落后的条件下进行的，与在资本主义充分发展、为社会主义奠定安全基础之后的无中介过渡概念形成对比，见证了两种制度之间长期的立场之争。社会主义社会在努力缩小差距的过程中引进了资本主义关系的各个方面，反过来，资本主义社会也受到了社会主义制度结构的影响，如社会福利的规定和工作场所的参与，特别是在西欧，东欧社会的现实比美国更为人所知。尽管有内部矛盾，资本主义仍然在坚持着，矛盾的是，它被拖入社会安排违背了自己的意愿，造成了财富和权力日益两极化的影响和巨大的潜在不稳定性。与此同时，社会主义面临着来自技术上优越的资本主义社会的巨大意识形态障碍，这些社会在某些方面确实也发展出了优越的政治形式。有人认为，欧洲从封建主义向资本主义的过渡受阻，在这种情况下，封建贵族在一个缩小但加强的庄园经济中巩固自己，而新生的资产阶级在没有广泛的无产阶级化的情况下，由于市场积累的力量不足，无法利用封建的剩余（见本书第十三章）。

东部集团国家需要在恢复资本主义（当然是高度依赖的资本主义）回归社

会主义威权控制形式之间找到一条道路。这条道路的明显特征是先进社会主义的新形式，包括工作场所的民主，社会主义企业之间和企业与个人消费者之间几种形式的市场关系，以及民主计划。我认为，要使计划真正民主，其核心部分必须存在，因此，要进行全面计划。这可以确保协调、稳定，以及有能力做出有效的决定，从而在较低层次上做出计划。对中央计划优先事项的民主投入也至关重要，必须探讨从通过公共组织参与到经济全民投票的许多可能性。市场关系总是从基本的社会关系中获得其真正的内容，在先进的社会主义背景下，代表着计划过程的横向组成部分，因此，它不是与计划相抵触的，相反，它是计划实施的一种手段。

社会主义作为一种超越资本主义私人积累并以经济民主取而代之的制度，其最后的论据在于人类生活中最基本的内在转变趋势：劳动生产力的提高。关键是假设避免热核灾难或生态灾难，不断增长的产出蛋糕必须带来财产份额的不断增加，或者使大多数劳动者的物质生活水平稳步提高。由于许多原因，前一种结果在资本主义背景下是不稳定的，特别是逐步破坏了财产制度本身的合法性（见本书第十二章）。后一种结果导致了古典的、残忍的资本主义工作激励机制的不断恶化，即恐惧。显然，需要有新的激励机制建立在普遍分配富足的基础上，这些激励机制将利用工人与劳动过程的积极和创造性关系，因此预先假定生产中的民主原则的实体化，这是以前从未实现过的。经济民主以另一种方式挑战资本主义的先决条件，挑战官僚特权和权威控制，这些都是中央和地方民主计划的障碍。它在小业主和简单商品生产的反动视野中是不可想象的，苏联和东欧知识分子中的自由市场远见者似乎还没有认识到个人财产和当今社会化生产之间的矛盾。

总而言之，民主和计划都是人类生产力增长的长期后果。只要这些力量继续出现，社会主义远没有为当前的发展所驳倒，就很可能作为人类社会和经济发展进入第三个千年的健全基础而重新出现。

参考文献

Abouchar, Alan, ed. 1977. *The Socialist Price Mechanism*. Durham, NC: Duke University Press.
Alberro, Jose, and Joseph Persky. 1979. "The Simple Analytics of Falling Profit Rates." *Review of Radical Political Economics* 11, 3 (Fall): 37–41.
Allen, R.G.D. 1967. *Macro-Economic Theory*. New York: Oxford University Press.
Althusser, Louis, and Etienne Balibar. 1970. *Reading Capital*. New York: Pantheon Books.
Amin, Samir. 1985. "Modes of Production: History and Unequal Development." *Science & Society* 49, 2 (Summer): 194–207.
Anderson, Perry. 1978. *Passages from Antiquity to Feudalism*. London: New Left Books.
———. 1979. *Lineages of the Absolutist State*. London: New Left Books.
Bailey, Anne M., and Josep R. Llobera. 1981. *The Asiatic Mode of Production: Science and Politics*. Boston: Routledge and Kegan Paul.
Baltzell, E. Digby. 1964. *The Protestant Establishment*. New York: Random House.
Bandyopadhyay, Pradeep. 1984–85. "Value and Post-Sraffa Marxian Analysis." *Science & Society* 48, 4 (Winter): 443–48.
Baran, Paul. 1957. *The Political Economy of Growth*. New York: Monthly Review Press.
Baran, Paul A., and Paul M. Sweezy. 1966. *Monopoly Capital*. New York: Monthly Review Press.
Barclay, William J., and Mitchell Stengel. 1975. "Surplus and Surplus Value." *Review of Radical Political Economics* 7, 4 (Winter): 48–64.
Barrett, Michele. 1980. *Women's Oppression Today: Problems in Marxist Feminist Analysis*. London: Verso.
Baumol, William J. 1965. *Economic Theory and Operations Analysis*. 2d ed. Englewood Cliffs, NJ: Prentice-Hall.
Benard, Jean. 1989. "Socialist Incentive Schemes and the Price Setting Problem." In Stanislaw Gomulka, Yong-Chool Ha, and Cai-One Kim, eds., *Economic Reforms in the Socialist World*. Armonk, NY: M.E. Sharpe.
Berliner, Joseph S. 1976. *The Innovation Decision in Soviet Industry*. Cambridge, MA: MIT Press.
———. 1987. "Soviet Economic Reforms and Technical Progress." Paper presented at Fukushima International Symposium, Fukushima University, November 27–28.
Bettelheim, Charles. 1976. *Class Struggles in the USSR. First Period: 1917–1923*. New York: Monthly Review Press.
Blaug, Mark. 1968, 1983. *Economic Theory in Retrospect*. Homewood, IL: Richard D. Irwin.

——. 1968. "Technical Change and Marxian Economics." In David Horowitz, ed., *Marx and Modern Economics*. New York: Monthly Review Press.
Blaut, J.M. 1989. "Colonialism and the Rise of Capitalism." *Science & Society* 53, 3 (Fall): 260–96.
Bleaney, Michael. 1970. *Theories of Underconsumption*. New York: International Publishers.
Böhm-Bawerk, Eugen von. 1930. *The Positive Theory of Capital*. New York: G. E. Stechert.
——. 1966. *Karl Marx and the Close of His System*, ed. Paul Sweezy. New York: Monthly Review Press.
Bois, Guy. 1978. "Against the Neo-Malthusian Orthodoxy." *Past and Present* 79 (May): 60–69.
Bornstein, Morris. 1977. "Economic Reform in Eastern Europe." In *Eastern European Economies Post-Helsinki*. Joint Economic Committee, 95th Congress, 1st Session. Washington, DC: U.S. Government Printing Office.
Bortkiewicz, Ladislaus von. 1952. "Value and Price in the Marxian System." *International Economic Papers* 2:5–60.
——. 1966. "On the Correction of Marx's Fundamental Theoretical Construction in the Third Volume of *Capital*." In Eugen von Böhm-Bawerk, *Karl Marx and the Close of His System*, ed. Paul M. Sweezy. New York: Augustus M. Kelley.
Bowles, Samuel, and Herbert Gintis. 1986. *Democracy and Capitalism: Property, Community and the Contradictions of Modern Social Thought*. New York: Basic Books.
Bowles, Samuel, David M. Gordon, and Thomas E. Weisskopf. 1983. *Beyond The Waste Land: A Democratic Alternative to Economic Decline*. Garden City, NY: Anchor Press/Doubleday.
Bradley, Ian, and Michael Howard. 1982. *Classical and Marxian Political Economy*. New York: St. Martin's Press.
Braverman, Harry. 1974. *Labor and Monopoly Capital*. New York: Monthly Review Press.
Brenner, Robert. 1976. "Agrarian Class Structure and Economic Development in Pre-Industrial Europe." *Past and Present* 70:30–70.
——. 1978. "The Origins of Capitalist Development: A Critique of Neo-Smithian Marxism." *New Left Review* 104 (July–August): 25–93.
Brody, Andras. 1965. "Three Types of Price Systems." *Economics of Planning* 5, 3: 58–66.
——. 1970. *Proportions, Prices and Planning: A Mathematical Restatement of the Labor Theory of Value*. Budapest: Akademiai Kiado; Chicago: American Elsevier.
Bronfenbrenner, Martin. 1965. "*Das Kapital* for the Modern Man." *Science & Society* 29 (Fall): 419–38.
Brown, Emily Clark. 1966. *Soviet Trade Unions and Labor Relations*. Cambridge, MA: Harvard University Press.
Bullock, Paul. 1973. "Categories of Labour Power for Capital." *Bulletin of the Conference of Socialist Economists* (Autumn): 82–99.
Campen, James T., and Arthur MacEwan. 1982. "Crisis, Contradictions, and Conservative Controversies in Contemporary U.S. Capitalism." *Review of Radical Political Economics* 14, 3 (Fall): 1–22.
Chavance, Bernard. 1977. "On the Relations of Production in the USSR." *Monthly Review* 29, 1 (May): 1–13.
Childe, V. Gordon. 1969. *What Happened in History*. New York: Penguin Books.
Coddington, Alan. 1976. "Keynesian Economics: The Search for First Principles." *Journal of Economic Literature* 14, 4 (December): 1258–73.

Cohen, G.A. 1978. *Karl Marx's Theory of History: A Defence*. Princeton, NJ: Princeton University Press.
———. 1983. "Forces and Relations of Production." In *Marx: A Hundred Years On,* ed. Betty Matthews. London: Lawrence & Wishart.
Cornforth, Maurice. 1965. *Marxism and the Linguistic Philosophy*. New York: International Publishers.
Davidson, Basil. 1959. *The Lost Cities of Africa*. Boston: Beacon Press.
Davies, R.W. 1966a. "The Soviet Planning Process of Rapid Industrialization." *Economics of Planning* 6, 1:53–67.
———. 1966b. "Planning a Mature Economy in the USSR." *Economics of Planning* 6, 2:38–53.
de Brunhoff, Suzanne. 1978. *The State, Capital and Economic Policy*. London: Pluto Press.
Dempsey, Bernard, S.J. 1965. "Just Price in a Functional Economy." In *Economic Thought: A Historical Anthology,* ed. James A. Gherity. New York: Random House.
Desai, Meghnad. 1978. "Balanced and Unbalanced Growth in Marx's Model of Extended Reproduction." Unpublished manuscript, London School of Economics.
Diachenko, V. P., ed. 1968. *Nauchnye osnovy planovogo tsenobrazovaniia*. Moscow.
Dobb, Maurice. 1947. *Studies in the Development of Capitalism*. New York: International Publishers.
———. 1955a. *Political Economy and Capitalism*. New York: International Publishers.
———. 1955b. *Economic Theory and Socialism*. New York: International Publishers.
———. 1955c. "A Note on the Transformation Problem." In M. Dobb, *Economic Theory and Socialism*. New York: International Publishers.
———. 1958. "The Falling Rate of Profit." *Science & Society* 23, 2 (Spring): 97–103.
———. 1969. *Welfare Economics and the Economics of Socialism: Toward a Commonsense Critique*. New York: Cambridge University Press.
Domhoff, G. W. 1967. *Who Rules America?* Englewood Cliffs, NJ: Prentice-Hall.
Dorfman, Robert, Paul A. Samuelson, and Robert M. Solow. 1958. *Linear Programming and Economic Analysis*. New York: McGraw-Hill.
dos Santos, Theotonio. 1970. "The Concept of Social Classes." *Science & Society* 34, 2 (Summer): 166–93.
Dumenil, Gerard. 1983–84. "Beyond the Transformation Riddle: A Labor Theory of Value." *Science & Society* 47, 4 (Winter): 427–50.
Dumenil, Gerard, and Domenique Levy. 1982. "The Tendency of the Rate of Profit to Fall." Unpublished manuscript.
Durgin, Frank A. 1977. "The Soviet 1969 Standard Methodology for Investment Allocation versus 'Universally Correct' Methods." *ACES Bulletin* 19, 2 (Summer).
Dymski, Gary A., and John E. Elliot. 1989. "Roemer vs. Marx: Should *Anyone* Be Interested in Exploitation?" In *Analyzing Marxism: New Essays on Analytical Marxism,* ed. Robert Ware and Kai Nielsen. Calgary, Alberta: University of Calgary Press.
Eagly, Robert V. 1972. "A Macro Model of the Endogenous Business Cycle in Marxist Analysis." *Journal of Political Economy* 80, 3 (May–June): 523–39.
Edwards, Richard C., Michael Reich, and Thomas E. Weisskopf, eds. 1986. *The Capitalist System*. 3d ed. Englewood Cliffs, NJ: Prentice-Hall.
Eichner, Alfred S. 1976. *The Megacorp and Oligopoly*. New York: Cambridge University Press.
Ellman, Michael. 1973. *Planning Problems in the USSR*. New York: Cambridge University Press.
———. 1979. *Socialist Planning*. London: Cambridge University Press.

Elster, Jon. 1980. "Cohen on Marx's Theory of History." *Political Studies* 28, 1 (March): 121–28.

Emmanuel, Arghiri. 1972. *Unequal Exchange: A Study of the Imperialism of Trade.* New York: Monthly Review Press.

Engels, Frederick. 1939. *Anti-Duhring.* New York: International Publishers.

Esze, Zs., and T. Nagy. 1963. "The 'Several Channel' Producer Price System." [In Hungarian.] *Kozgazdasagi Szemle* 10, 1.

Fairley, John. 1980. "French Developments in the Theory of State Monopoly Capitalism." *Science & Society* 44, 3 (Fall): 305–25.

Feiwel, George. 1967. *The Soviet Quest for Economic Efficiency: Issues, Controversies, and Reforms.* New York: Praeger, Special Studies Series.

Felker, J.L. 1966. *Soviet Economic Controversies: The Emerging Marketing Concept and Changes in Planning, 1960–1965.* Cambridge, MA: MIT Press.

Fine, Ben. 1985–86. "Banking Capital and the Theory of Interest." *Science & Society* 49, 4 (Winter): 387–413.

———, ed. 1986. *The Value Dimension: Marx versus Ricardo and Sraffa.* London: Routledge and Kegan Paul.

Fine, Ben, and Laurence Harris. 1979. *Rereading Capital.* New York: Columbia University Press.

Foley, Duncan. 1982. "The Value of Money, the Value of Labor Power and the Marxian Transformation Problem." *Review of Radical Political Economics* 14, 2 (Summer): 37–47.

Foster, John Bellamy. 1982. "Marxian Economics and the State." *Science & Society* 46, 3:257–83.

Fox, Bonnie, ed. 1980. *Hidden in the Household: Women's Domestic Labour under Capitalism.* Toronto: Women's Press.

Galbraith, John Kenneth. 1967. *The New Industrial State.* Boston: Houghton Mifflin.

Gillman, Joseph M. 1957. *The Falling Rate of Profit.* London: Dennis Dobson.

Gleicher, David. 1982. "The Historical Bases of Physiocracy: An Analysis of the *Tableau Economique*." *Science & Society* 46, 3 (Fall): 328–60.

Glyn, Andrew, and Bob Sutcliffe. 1972. *Capitalism in Crisis.* New York: Pantheon.

Gomulka, Stanislaw, Yong-Chool Ha, and Cai-One Kim, eds. 1989. *Economic Reforms in the Socialist World.* Armonk, NY: M.E. Sharpe.

Goodwin, Richard M. 1967. "A Growth Cycle." In *Capitalism, Socialism and Economic Growth: Essays Presented to Maurice Dobb,* ed. C. H. Feinstein. Cambridge: Cambridge University Press. Reprinted in R.M. Goodwin, *Essays in Dynamic Economics.* London: Macmillan, 1982.

———. 1991. "A Dynamic Analysis of Industrial Capitalism." In J. Halevy, et al., 1991.

Gordon, David, Richard Edwards, and Michael Reich. 1981. *Segmented Work, Divided Workers.* New York: Cambridge University Press.

Gordon, David, Thomas E. Weisskopf, and Samuel Bowles. 1983. "Long Swings and the Nonreproductive Cycle." *American Economic Review* 73, 2 (May): 152–57.

Gottheil, Fred M. 1966. *Marx's Economic Predictions.* Evanston, IL: Northwestern University Press.

Gottlieb, Roger S. 1984. "Feudalism and Historical Materialism: A Critique and a Synthesis." *Science & Society* 48, 1 (Spring): 1–37.

Gough, Ian. 1972. "Productive and Unproductive Labour in Marx." *New Left Review* 76 (November–December): 47–72.

Gregory, P.R., and R.C. Stuart. 1981. *Soviet Economic Structure and Performance.* 2d ed. New York: Harper and Row.

Habermas, Jürgen. 1975. *Legitimation Crisis*. Boston: Beacon Press.
Hahn, F.H., and R.C.O. Matthews. 1967. "The Theory of Economic Growth: A Survey." In *Surveys in Economic Theory*, vol. 2. New York: St. Martin's Press.
Halevy, Joseph, David Laibman, and Edward J. Nell. 1991. *Beyond the Steady State: A Revival of Growth Theory*. London: Macmillan; New York: St. Martin's Press.
Harcourt, Geoffrey C. 1972. *Some Cambridge Controversies in the Theory of Capital*. New York: Cambridge University Press.
———. 1982. "Pricing and the Investment Decision." In *The Social Science Imperialists: Selected Essays*. London: Routledge and Kegan Paul.
Harris, Donald J. 1972. "On Marx's Scheme of Reproduction and Accumulation." *Journal of Political Economy* 80, 3 (May–June): 505–22.
———. 1983. "Accumulation of Capital and the Rate of Profit in Marxian Theory." *Cambridge Journal of Economics* 7, 3–4:311–30.
Harrod, Roy F. 1966. *Towards a Dynamic Economics*. New York: St. Martin's Press.
Hayek, Friedrich A. 1935. *Collectivist Economic Planning*. London: Routledge.
———. 1945. "The Use of Knowledge in Society." *American Economic Review* 35, 4 (September): 519–30.
Heilbroner, Robert. 1985. *The Nature and Logic of Capitalism*. New York: Norton.
Hejl, L., O. Kyn, and B. Sekerka. 1967. "A Model for the Planning of Prices." In *Socialism, Capitalism and Economic Growth: Essays Presented to Maurice Dobb*, ed. C. H. Feinstein. London: Cambridge University Press.
Heller, Henry. 1985. "The Transition Debate in Historical Perspective." *Science & Society* 49, 2 (Summer): 208–13.
Hicks, John. 1965. *Capital and Growth*. New York: Oxford University Press.
———. 1973. *Capital and Time: A Neo-Austrian Theory*. London: Oxford University Press.
Hilferding, Rudolph. 1966. "Böhm-Bawerk's Criticism of Marx." In Eugen von Böhm-Bawerk, *Karl Marx and the Close of His System*, ed. Paul M. Sweezy. New York: Augustus M. Kelley.
Hilton, R.H. 1978. "A Crisis of Feudalism." *Past and Present* 80 (August): 3–19.
———, ed. 1979. *The Transition from Feudalism to Capitalism*. London: New Left Books.
Hindess, Barry, and Paul Q. Hirst. 1975. *Pre-Capitalist Modes of Production*. London: Routledge and Kegan Paul.
Hobsbawm, Eric. 1964. "Introduction." In Karl Marx, *Precapitalist Economic Formations*. New York: International Publishers.
Hodgson, Geoff. 1980. "A Theory of Exploitation Without the Labor Theory of Value." *Science & Society* 44, 3 (Fall): 257–73.
Hoffman, John. 1985–86. "The Dialectic of Abstraction and Concentration in Historical Materialism." *Science & Society* 49, 4 (Winter): 451–62.
Hohmann, Hans-Hermann, Michael C. Kaser, and Karl C. Thalheim, eds. 1975. *The New Economic Systems of Eastern Europe*. Berkeley: University of California Press.
Holesovsky, Vaclav. 1975. "Marx's Triple Theory of Unproductive Labor." Paper presented to Fifth Annual Convention of the Eastern Economic Association, May.
Horowitz, David, ed. 1968. *Marx and Modern Economics*. New York: Monthly Review Press.
Hollis, Martin, and Edward J. Nell. 1975. *Rational Economic Man: A Philosophical Critique of Neo-Classical Economics*. Cambridge: Cambridge University Press.
Hunt, E.K. 1979. "The Categories of Productive and Unproductive Labor in Marxist Economic Theory." *Science & Society* 43, 3 (Fall): 303–25.
Hunt, E.K., and Jesse Schwartz, eds. 1972. *A Critique of Economic Theory*. New York: Penguin.

Itoh, Makoto. 1978. "The Formation of Marx's Theory of Crisis." *Science & Society* 42, 2 (Summer): 129–55.
———. 1980. *Value and Crisis.* New York: Monthly Review Press.
———. 1981. "On Marx's Theory of Accumulation: A Reply to Weeks." *Science & Society* 45, 1 (Spring): 71–84.
Jarsulic, Mark. 1991. "Dynamic Behavior in a Two-Sector Classical Model: Some Simulation Results." In J. Halevy, et al., 1991.
Jones, Hywel G. 1976. *An Introduction to Modern Theories of Economic Growth.* New York: McGraw-Hill.
Kaldor, Nicholas. 1955–56. "Alternative Theories of Distribution." *Review of Economic Studies* 23:83–100.
———. 1957. "A Model of Economic Growth." *Economic Journal* 67 (December): 591–624.
———. 1960. *Essays in the Theory of Growth and Distribution.* London: Duckworth.
Kaldor, Nicholas, and James A. Mirlees. 1961–62. "A New Model of Economic Growth." *Review of Economic Studies* 29, 3:174–92.
Kalecki, Michal. 1968. *Theory of Economic Dynamics.* New York: Monthly Review Press.
Keynes, John Maynard. 1961. *The General Theory of Employment, Interest and Money.* London: Macmillan.
Khudokormov, G.N., gen. ed. 1967. *Political Economy of Socialism.* Moscow: Progress Publishers.
Kirsch, Leonard Joel. 1972. *Soviet Wages: Changes in Structure and Administration Since 1956.* Cambridge, MA: MIT Press.
Kotz, David. 1990. "A Comparative Analysis of the Theory of Regulation and the Social Stucture of Accumulation Theory." *Science & Society* 54, 1:5–28.
Kovyzhenko, V. 1973. "Problems in Reducing Complex Labor to Simple Labor in Marxist Political Economy." Trans. in *Problems of Economics* 16, 4 (August): 3–22.
Kozlov, G.A. 1977. *Political Economy: Socialism.* Moscow: Progress Publishers.
Kregel, Jan. 1972. *Rate of Profit, Distribution and Growth: Two Views.* New York: Macmillan.
Kyn, O. 1974. "On International Comparisons in Artificial Prices." *Forschungsberichte Wiener Institut für Internationale Wirtschaftsvergleiche* 15 (May).
Laibman, David. 1973. *The Invariance Condition for Value-Price Transformation in a Linear, Non-Decomposable Two-Sector Model.* Ph.D. dissertation, New School for Social Research.
———. 1973–74. "Values and Prices of Production: The Political Economy of the Transformation Problem." *Science & Society* 37, 4 (Winter): 404–36. [2]
———. 1975. "Inflation in the USSR?" *New World Review* 43, 4 (July–August): 12–13, 18–19.
———. 1976. "The Marxian Labor-Saving Bias: A Formalization." *Quarterly Review of Economics and Business* 16, 3 (Autumn): 25–44. [5,7]
———. 1977. "Toward a Marxian Model of Economic Growth." *American Economic Review* 67 (February): 387–92. [7]
———. 1978a. "The Marxian Profit Cycle: A Macromodel." *Eastern Economic Journal* 4, 2 (April): 119–28. [10]
———. 1978b. "Price Structures, Social Structures and Labor Values in a Theoretical Socialist Economy." *Economics of Planning* 14, 1:3–23. [15]
———. 1980. "Exploitation, Commodity Relations and Capitalism: A Defense of the Labor-Value Formulation." *Science & Society* 44, 3 (Fall): 274–88. [1]
———. 1981. "Two-Sector Growth with Endogenous Technical Change: A Marxian

Simulation Model." *Quarterly Journal of Economics* 96:47–75. [8]

———. 1982. "Technical Change, the Real Wage and the Rate of Exploitation: The Falling Rate of Profit Reconsidered." *Review of Radical Political Economics* 14, 2:95–105. [7]

———. 1983. "Capitalism and Immanent Crisis: Broad Strokes for a Theoretical Foundation." *Social Research* 50, 2:359–400. [12]

———. 1984. "Modes of Production and Theories of Transition." *Science & Society* 48, 3 (Fall): 257–94. [13]

———. 1984–85. "Value: A Dialog in One Act." *Science & Society* 48, 4 (Winter): 449–65. [1]

———. 1987. "Technical Change and the Contradictions of Capitalism." In *The Imperiled Economy*. Book I: *Macroeconomics from a Left Perspective,* ed. Robert Cherry, et al. New York: Union for Radical Political Economics. [5]

———. 1987–88. "Growth, Technical Change and Cycles: Simulation Models in Marxist Economic Theory." *Science & Society* 51, 4 (Winter): 414–38. [9]

———. 1991. "Optimal Choice of Technique and Biased Technical Change: From the Steady State to the Consistent Path." In Halevi, et al., 1991 [7]

———. 1991. "Cyclical Growth and Intersectoral Dynamics: A Simulation Approach." In Halevi, et al., 1991 [11]

Laibman, David, and Edward J. Nell. 1977. "Reswitching, Wicksell Effects, and the Neoclassical Production Function." *American Economic Review* 67 (December): 878–88.

Landes, Joan. 1977–78. "Women, Labor and Family Life: A Theoretical Perspective." *Science & Society* 41, 4 (Winter): 386–409.

Lange, Oskar. 1956. *On the Economic Theory of Socialism*. Minneapolis: University of Minnesota Press.

———, ed. 1962. *Problems of the Political Economy of Socialism*. New Delhi: People's Publishing House.

———. 1963. *Political Economy*. Vol. I: *General Problems*. New York: Macmillan.

Lebowitz, Michael A. 1988. "Is 'Analytical Marxism' Marxism?" *Science & Society* 52, 2 (Summer): 191–214.

Leijonhufvud, Axel. 1968. *On Keynesian Economics and the Economics of Keynes*. New York: Oxford University Press.

Lenin, V.I. 1937. *Imperialism: The Highest Stage of Capitalism*. New York: International Publishers.

———. 1961. *Philosophical Notebooks*. In *Collected Works,* vol. 38. Moscow: Progress Publishers.

Leontief, Wassily W. 1976. *The Structure of the American Economy*. 2d ed. White Plains, NY: International Arts and Sciences Press.

Levidow, Les, and Bob Young, eds. 1981. *Science, Technology and the Labour Process*. New York: Humanities Press.

Levine, Andrew, and Eric Wright. 1980. "Rationality and Class Struggle." *New Left Review* 123 (September–October): 47–68.

Liberman, E.G. 1972. *Economic Methods and the Effectiveness of Production*. White Plains, NY: International Arts and Sciences Press.

Lilley, Samuel. 1966. *Men, Machines, and History*. New York: International Publishers.

Lipietz, Alain. 1982. "The So-Called 'Transformation Problem' Revisited." *Journal of Economic Theory* 26, 1:59–88.

Lowe, Adolph. 1954. "The Classical Theory of Economic Growth." *Social Research* 21, 2 (Summer): 127–58.

———. 1976. *The Path of Economic Growth*. New York: Cambridge University Press.

Luxemburg, Rosa. 1951. *The Accumulation of Capital.* London: Routledge and Kegan Paul.
MacLean, Brian. 1981. "Kozo Uno's *Principles of Political Economy.*" *Science & Society* 45, 2 (Summer): 212–27.
McLennan, Gregor. 1983. "Historical Materialism Today." In *Marx: A Hundred Years On,* ed. Betty Matthews. London: Lawrence and Wishart.
———. 1986. "Marxist Theory and Historical Research: Between the Hard and Soft Options." *Science & Society* 50, 1 (Spring): 85–95.
Mage, Shane. 1963. *The "Law of the Falling Tendency of the Rate of Profit."* Unpublished Ph.D. Dissertation, Columbia University.
Mandel, Ernest. 1974. "Some Comments on H.H. Ticktin's 'Towards a Political Economy of the USSR'." *Critique,* Autumn.
Mansfield, Edwin. 1968. *The Economics of Technical Change.* New York: Norton.
Marx, Karl. 1913. "Preface." *Critique of Political Economy.* Chicago, IL: Charles H. Kerr & Co.
———. 1933. *Critique of the Gotha Programme.* New York: International Publishers.
———. 1963. *Theories of Surplus Value.* Moscow: Progress Publishers.
———. 1967. *Capital,* vols. I, II, III. New York: International Publishers.
———. 1971. *Value, Price and Profit.* New York: International Publishers.
———. 1973. *Grundrisse.* New York: Vintage Books.
Matthews, Mervin. 1972. *Class and Society in Soviet Russia.* New York: Walker and Co.
May, Kenneth. 1948. "Value and Price of Production: A Note on the Winternitz Solution." *Economic Journal* 58 (December): 596–99.
Meade, James E. 1961. *A Neo-Classical Theory of Economic Growth.* London: Allen and Unwin.
Medio, Alfredo. 1972. "Profits and Surplus Value: Appearance and Reality in Capitalist Production." In *A Critique of Economic Theory,* ed. E.K. Hunt and Jesse G. Schwartz. New York: Penguin.
Meek, Ronald. 1956. *Studies in the Labor Theory of Value.* New York: Monthly Review Press.
———. 1962. *The Economics of Physiocracy: Essays and Translations.* London: Allen and Unwin.
———. 1967a. "Karl Marx's Economic Method." In *Economics and Ideology and Other Essays.* London: Chapman and Hall.
———. 1967b. "Some Notes on the 'Transformation Problem'." In *Economics and Ideology and Other Essays.* London: Chapman and Hall.
Menshikov, Stanislav. 1975. *The Economic Cycle: Postwar Developments.* Moscow: Progress Publishers.
Miliband, Ralph. 1969. *The State in Capitalist Society.* New York: Basic Books.
Miller, Richard. 1981. "Productive Forces and the Forces of Change." *The Philosophical Review* 90, 1 (January): 91–117.
Mohun, Simon. 1984–85. "Abstract Labor and Its Value Form." *Science & Society* 48, 4 (Winter): 388–406.
Morishima, Michio. 1969. *The Theory of Economic Growth.* Oxford: Clarendon Press.
———. 1973. *Marx's Economics: A Dual Theory of Value and Growth.* London: Cambridge University Press.
Morris, Jacob, and Haskell Lewin. 1973–74. "The Skilled Labor Reduction Problem." *Science & Society* 37, 4 (Winter): 454–72.
Mussachia, M. Mark. 1977. "On Contradiction in Dialectical Materialism." *Science & Society* 41, 3 (Fall): 257–80.
Nell, Edward J. 1967. "Economic Relationships in the Decline of Feudalism." *History and Theory* 6, 3:313–50.

———. 1972. "Property and the Means of Production: A Primer on the Cambridge Controversy." *Review of Radical Political Economics* 4, 2 (Summer): 1–27.
———. 1973. "Cyclical Accumulation: A Marxian Model of Development." *American Economic Review* 63, 2 (May): 152–59.
———. 1978. "The Simple Theory of Effective Demand." *Intermountain Economic Review* 9, 2 (Fall): 1–32.
———. 1983a. "Anarchic and Hierarchical Market Systems." Unpublished MS, New School for Social Research. [Also published in E.J. Nell, *Demanda Efectiva, Precios y Salarios,* part 3. Mexico: Editorial Trillas.]
———. 1983b. "Value and Capital in Marxian Economics." In *The Crisis of Economic Theory,* ed. Daniel Bell and Irving Kristol. New York: Basic Books.
Nicolaus, Martin. 1967. "Proletariat and Middle Class in Marx: Hegelian Choreography and the Capitalist Dialectic." *Studies on the Left* 9, 1 (January–February): 22–49.
Nove, Alec. 1969. *The Soviet Economy.* New York: Praeger.
———. 1983. *The Economics of Feasible Socialism.* London: Allen and Unwin.
Novosti Press Agency. 1972. *Labour Legislation in the USSR.* Moscow: Novosti Press Agency.
Nuti, D.M. 1971. " 'Vulgar Economy' in the Theory of Income Distribution." *Science & Society* 35, 1 (Spring): 27–33.
O'Connor, James. 1973. *The Fiscal Crisis of the State.* New York: St. Martin's Press.
———. 1975. "Productive and Unproductive Labor." *Politics and Society* 5, 3:297–336.
Okishio, Nobuo. 1961. "Technical Change and the Rate of Profit." *Kobe University Economic Review* 7:86–99.
———. 1963. "A Mathematical Note on Marxian Theorems." *Weltwirtschaftsliches Archiv* 91, 2:287–99.
———. 1977. "Notes on Technical Progress and Capitalist Society." *Cambridge Journal of Economics* 1, 1 (March): 93–100.
Pasinetti, Luigi L. 1977. *Lectures in the Theory of Production.* New York: Columbia University Press.
Perlo, Victor. 1968. "Capital-Output Ratios in Manufacturing." *Quarterly Review of Economics and Business* 8, 3 (Autumn): 29–42.
Pevzner, Ia. 1984. *State Monopoly Capitalism and the Labor Theory of Value.* Moscow: Progress Publishers.
Phelps, Edmund S. 1963. "Substitution, Fixed Proportions, Growth and Distribution." *International Economic Review* 4 (September): 265–88.
Polanyi, Karl. 1957. *The Great Transformation.* Boston: Beacon Press.
Popper, Karl. 1964. *The Poverty of Historicism.* New York: Harper and Row.
Poulantzas, Nicos. 1975. *Political Power and Social Classes.* London: New Left Books.
Priest, Graham. 1989–90. "Dialectic and Dialetheic." *Science & Society* 53, 4 (Winter): 388–415.
Ricardo, David. 1951. *Principles of Political Economy and Taxation.* Vol. I of *The Works of David Ricardo,* ed. P. Sraffa. London: Macmillan.
Roberts, Paul Craig. 1971. *Alienation and the Soviet Economy.* Santa Fe: University of New Mexico Press.
Robinson, Joan. 1942. *An Essay on Marxian Economics.* New York: St. Martin's Press.
———. 1952. *The Rate of Interest and Other Essays.* London: Macmillan.
———. 1959. "Comment." [On Gillman, 1957.] *Science & Society* 23, 2 (Spring): 104–6.
———. 1962. *Essays in the Theory of Economic Growth.* New York: Macmillan.
———. 1967. "Socialist Affluence." In *Socialism, Capitalism and Economic Growth:*

Essays Presented to Maurice Dobb, ed. C. H. Feinstein. Cambridge: Cambridge University Press.
———. 1969. *The Accumulation of Capital.* New York: Macmillan.
———. 1978. "The Organic Composition of Capital." *Kyklos* 31, 1.
———. 1979. *The Generalization of the General Theory and Other Essays.* New York: St. Martin's Press.
Roemer, John. 1978a. "The Effect of Technological Change on the Real Wage and Marx's Falling Rate of Profit." *Australian Economic Papers* 17:152–66.
———. 1978b. "Marxian Models of Reproduction and Accumulation." *Cambridge Journal of Economics* 2, 1 (March): 37–53.
———. 1979. "Continuing Controversy on the Falling Rate of Profit: Fixed Capital and Other Issues." *Cambridge Journal of Economics* 3, 4 (December): 379–98.
———. 1981. *Analytical Foundations of Marxian Economic Theory.* New York: Cambridge University Press.
———. 1982. *A General Theory of Exploitation and Class.* Cambridge, MA: Harvard University Press.
———. 1989. *Free to Lose: An Introduction to Marxist Economic Philosophy.* Cambridge, MA: Harvard University Press.
Rosdolsky, Roman. 1977. *The Making of Marx's "Capital."* London: Pluto Press.
Rosenberg, Nathan. 1981. "Marx as a Student of Technology." In *Science, Technology and the Labor Process,* ed. Les Levidow and Bob Young. *Marxist Studies,* vol. I. London.
Rowthorn, Bob. 1980. "Skilled Labor in the Marxist System." In *Capitalism, Conflict and Inflation: Essays in Political Economy.* London: Lawrence and Wishart.
Rutkevich, M. 1972. "The Intelligentsia in Socialist Society." *Pravda;* translation in *Daily Review* (Novosti Press Agency), May 16.
———. 1975. "Social Structure of Developed Socialist Society." *Pravda;* translation in *Daily Review* (Novosti Press Agency), July 4.
Sagaidak, E.A. 1977. "The Level and Dynamics of Current Purchase Prices on Agricultural Products." Trans. in *Problems of Economics* 19, 12 (April): 87–104.
Salter, W.E.G. 1966. *Productivity and Technical Change.* London: Cambridge University Press.
Samuelson, Paul A. 1957. "Wages and Interest: A Modern Dissection of Marxian Models." *American Economic Review* 47:884–912.
———. 1970. "The 'Transformation' from Marxian 'Values' to Competitive 'Prices': A Process of Rejection and Replacement." *Proceedings of the National Academy of Sciences* 67, 1 (September): 423–25.
———. 1971. "Understanding the Marxian Notion of Exploitation: A Summary of the So-Called Transformation Problem Between Marxian Values and Competitive Prices." *Journal of Economic Literature* 9, 2 (June): 399–431.
———. 1972. "Liberalism at Bay." *Social Research* 39, 1 (Spring): 16–31.
Schmookler, J. 1966. *Invention and Economic Growth.* Cambridge, MA: Harvard University Press.
Schumpeter, Joseph A. 1939. *Business Cycles.* New York: McGraw-Hill.
———. 1976. *Capitalism, Socialism and Democracy.* New York: Harper and Row.
Schwartz, Jesse G., ed. 1977. *The Subtle Anatomy of Capitalism.* Santa Monica, CA: Goodyear.
Science & Society. 1977. *The Transition from Feudalism to Capitalism: A Symposium.* With Paul M. Sweezy, Maurice Dobb, R.H. Hilton, H.K. Takahashi, and Christopher Hill. New York. Republished as R.H. Hilton, 1979.
———. 1984–85. "The Theory of Value: A Symposium." *Science & Society* 48, 4 (Winter): 385–465.

Sekine, Thomas T. 1984. *The Dialectic of Capital*, Vol. I. Tokyo: Yushindo Press.
Semenov, V. 1980. "The Diary of Socio-Economic Formations and World History." In *Soviet and Western Anthropology*, ed. E. Gellner. New York: Columbia University Press.
Semmler, Willi. 1986. "On Non-Linear Theories of Economic Cycles and the Persistence of Business Cycles." *Journal of Mathematical Social Sciences* 12, 1:47–76.
Sensat, Julius. 1979. *Habermas and Marxism: An Appraisal*. Beverly Hills, CA: Sage Publications.
Seton, Francis. 1957. "The 'Transformation Problem.' " *Review of Economic Studies* 24, 3 (June): 149–60.
———. 1977. "The Question of Ideological Obstacles to Rational Price Setting in Communist Countries." In *The Socialist Price Mechanism*, ed. Alan Abouchar. Durham, NC: Duke University Press.
Shaffer, Harry G. 1986. "Towards New Economic Reforms in the USSR." *Research Papers in Theoretical and Applied Economics*, 86-3, Department of Economics, University of Kansas.
———, ed. 1984. *The Soviet System in Theory and Practice: Western and Soviet Views*. 2d ed. New York: Frederick Ungar.
Shaikh, Anwar. 1977. "Marx's Theory of Value and the 'Transformation Problem.' " In *The Subtle Anatomy of Capitalism*, ed. Jesse Schwartz. Santa Monica, CA: Goodyear.
———. 1978a. "An Introduction to the History of Crisis Theories." In *U.S. Capitalism in Crisis*. New York: Union for Radical Political Economics.
———. 1978b. "Political Economy and Capitalism: Notes on Dobb's Theory of Crisis." *Cambridge Journal of Economics* 2, 2 (June): 233–51.
———. 1979. "National Income Accounts and Marxian Categories." Unpublished MS, New School for Social Research.
Shaw, G.K. 1984. *Rational Expectations: An Elementary Exposition*. New York: St. Martin's Press.
Sherman, Howard. 1972. *Radical Political Economy: Capitalism and Socialism from a Marxist-Humanist Perspective*. New York: Basic Books.
Sik, Ota. 1967. *Plan and Market under Socialism*. White Plains, NY: International Arts and Sciences Press.
Smith, Adam. 1970. *An Inquiry into the Nature and Causes of the Wealth of Nations*, ed. A.S. Skinner. New York: Penguin.
Smith, Paul. 1978. "Domestic Labour and Marx's Theory of Value." In *Feminism and Materialism: Women and Modes of Production*, ed. Annette Kuhn and Annmarie Wolpe. Boston: Routledge and Kegan Paul.
Solow, Robert M. 1956. "A Contribution to the Theory of Economic Growth." *Quarterly Journal of Economics* 70:65–94.
Sraffa, Piero. 1926. "The Laws of Returns under Competitive Conditions." *Economic Journal* 36 (December): 535–50.
———. 1960. *Production of Commodities by Means of Commodities*. London: Cambridge University Press.
Stalin, J.V. 1952. *Economic Problems of Socialism in the USSR*. New York: International Publishers.
Steedman, Ian. 1975. "Positive Profits with Negative Surplus Value." *Economic Journal* 85 (March): 114–23.
———. 1977. *Marx after Sraffa*. London: New Left Books.
———. 1982. "Marx on Ricardo." In *Classical and Marxian Political Economy: Essays in Honor of Ronald L. Meek*, ed. I. Bradley and M. Howard. New York: St. Martin's Press.

———, et al. 1981. *The Value Controversy.* London: Verso.
Steindl, Joseph. 1952. *Maturity and Stagnation in American Capitalism.* Oxford: Blackwell.
Suchting, Wal. 1983. "Knowledge and Practice: Towards a Marxist Critique of Traditional Epistemology." *Science & Society* 47, 1 (Spring): 2–36.
Sweezy, Paul M. 1942, 1956. *The Theory of Capitalist Development.* New York: Monthly Review Press.
———. 1974. "Some Problems in the Theory of Capital Accumulation." *Monthly Review* 26, 1 (May): 38–55.
———. 1977. "Paul Sweezy Replies [to Bernard Chavance]." *Monthly Review* 29, 1 (May): 13–19.
———. 1986. "Feudalism-to-Capitalism Revisited." *Science & Society* 50, 1 (Spring): 81–84.
Ticktin, Hillel H. 1973. "Towards a Political Economy of the USSR." *Critique* 1, 1 (Spring).
Toynbee, Arnold. 1972. *A Study of History.* New York: Oxford University Press.
Uno, Kozo. 1980. *Principles of Political Economy: Theory of a Purely Capitalist Society.* Trans. and ed. by Tom Sekine. Sussex: Harvester Press.
Vanek, Yaroslav. 1974. *The Participatory Economy.* Ithaca, NY: Cornell University Press.
———. 1977. *The Labor-Managed Economy.* Ithaca, NY: Cornell University Press.
van Parijs, Phillippe. 1980. "The Falling-Rate-of-Profit Theory of Crisis: A Rational Reconstruction by Way of Obituary." *Review of Radical Political Economics* 12, 1:1–16.
Vogel, Lise. 1983. *Marxism and the Oppression of Women: Toward a Unitary Theory.* New Brunswick, NJ: Rutgers University Press.
———. 1986. "Feminist Scholarship: The Impact of Marxism." In *The Left Academy,* vol. 3, ed. Bertell Ollman and Edward Vernoff. New York: Praeger.
von Neumann, John. 1946. "A Model of General Economic Equilibrium." *Review of Economic Studies* 13:1–9.
Vyas, A. 1978. *Consumption in a Socialist Economy: The Soviet Industrialization Experience, 1929–37.* New Delhi: People's Publishing House.
Wallerstein, Immanuel. 1974. *The Modern World System I: Capitalist Agriculture and the Origins of the European World-Economy in the Sixteenth Century.* New York: Academic Press.
———. 1977. "Rise and Future Demise of the World Capitalist System." *Comparative Studies in Society and History* 16, 4 (September): 387–415.
Walsh, Vivian. 1991. "The Classical Dynamics of Surplus and Accumulation." In J. Halevi, et al., 1991.
Ware, Robert, and Kai Nielsen, eds. 1989. *Analyzing Marxism: New Essays on Analytical Marxism.* Calgary, Alberta: University of Calgary Press.
Weeks, John. 1979. "The Process of Accumulation and the 'Profit Squeeze' Hypothesis." *Science & Society* 43, 3 (Fall): 259–80.
———. 1981. *Capital and Exploitation.* Princeton, NJ: Princeton University Press.
White, Leslie A. 1959. *The Evolution of Culture.* New York: McGraw-Hill.
———. 1969. *The Science of Culture.* New York: Farrar, Straus, and Giroux.
Winternitz, J. 1948. "Values and Prices: A Solution of the So-Called Transformation Problem." *Economic Journal* 58 (June): 276–80.
Wolff, Robert Paul. 1984. *Understanding Marx: A Reconstruction and Critique of Capital.* Princeton, NJ: Princeton University Press.
Wright, Eric Olin. 1977. "Alternative Perspectives in the Marxian Theory of Accumula-

tion and Crisis." In *The Subtle Anatomy of Capitalism,* ed. Jesse Schwartz. Santa Monica, CA: Goodyear.

Yaffe, David. 1973. "The Marxian Theory of Crisis, Capital and the State." *Economy and Society* 2, 2:186–232.

———. 1975. "Value and Price in Marx's Capital." *Revolutionary Communist* 2.

Zauberman, Alfred. 1967. *Aspects of Planometrics.* New Haven, CT: Yale University Press.

Zeeman, E.C. 1976. "Catastrophe Theory." *Scientific American* 234, 4 (April): 65–83.